营销教材译丛

THE PRACTICE OF MARKET RESEARCH
AN INTRODUCTION
4th Edition

市场调研实务

（原书第4版）

［英］ **伊冯娜·麦吉温**（Yvonne McGivern） 著

李桂华 等译

机械工业出版社

机械工业出版社
China Machine Press

图书在版编目（CIP）数据

市场调研实务（原书第 4 版）/（英）伊冯娜·麦吉温（Yvonne McGivern）著; 李桂华等译 .
—北京：机械工业出版社，2017.7
（营销教材译丛）
书名原文：The Practice of Market Research: An Introduction

ISBN 978-7-111-57326-5

I. 市… II. ① 伊… ② 李… III. 市场调研 – 教材 IV. F713.52

中国版本图书馆 CIP 数据核字（2017）第 142827 号

本书版权登记号：图字：01-2016-8231

Yvonne McGivern. The Practice of Market Research: An Introduction, 4th Edition.
ISBN 978-0-273-77311-5
Copyright © 2013 by Pearson Education Limited.
Simplified Chinese Edition Copyright © 2017 by China Machine Press.
Published by arrangement with the original publisher, Pearson Education Limited. This edition is authorized for sale and distribution in the People's Republic of China exclusively (except Hong Kong, Macao SAR, and Taiwan).
All rights reserved.

本书中文简体字版由 Pearson Education（培生教育出版集团）授权机械工业出版社在中华人民共和国境内（不包括香港、澳门特别行政区及台湾地区）独家出版发行。未经出版者书面许可，不得以任何方式抄袭、复制或节录本书中的任何部分。

本书封底贴有 Pearson Education（培生教育出版集团）激光防伪标签，无标签者不得销售。

本书全面论述了市场调研实践，涵盖市场调研定性和定量分析两方面，内容包括调研设计、抽样、定性数据分析和调研伦理等。同时，本书提出了调研人员日常工作的价值观点，对从创建项目时间表到写报告进行了全方位指导。

本书适用于营销学专业本科生、研究生及 MBA 学员，也可供企业营销管理人员参考之用。

出版发行：机械工业出版社（北京市西城区百万庄大街 22 号 邮政编码：100037）
责任编辑：岳小月　　　　　　　　　　　　　　责任校对：李秋荣
印　　刷：三河市宏图印务有限公司　　　　　版　次：2017 年 7 月第 1 版第 1 次印刷
开　　本：185mm×260mm　1/16　　　　　　印　张：24.75
书　　号：ISBN 978-7-111-57326-5　　　　　定　价：79.00 元

凡购本书，如有缺页、倒页、脱页，由本社发行部调换
客服热线：（010）88379210　88361066　　　　　投稿热线：（010）88379007
购书热线：（010）68326294　88379649　68995259　　读者信箱：hzjg@hzbook.com

版权所有·侵权必究
封底无防伪标签均为盗版
本书法律顾问：北京大成律师事务所　韩光 / 邹晓东

译 者 序
The Translator's Words

　　鉴于我团队成功地翻译出版了由得克萨斯大学阿灵顿分校市场营销系主任小卡尔·麦克丹尼尔教授和罗杰·盖茨先生合著的《当代市场调研》（原书第8版），机械工业出版社再次邀请我主持翻译英国伊冯娜·麦吉温撰写的《市场调研实务》（原书4版）。之所以接受该任务，主要是目前国内同类外版教材的作者大多来自美国，而英国作者还不多，而且该教材实属英国同类教材的代表作；同时该教材与前者比较确实有很大区别，有自己的特点，那就是特别强调"实务"。实务性主要体现在：

　　（1）每章都安排有多个"专栏"和"案例研究"，目的是用示例或案例的形式解读相关的内容，有利于未从事过市场调研的学生理解真实的操作过程和方法。

　　（2）每章末"问题与练习"的设计也紧密结合实际，而不是停留在理论复习层面。正是由于实务性强，致使本教材英文版部头超大，文字量超多，因此在翻译过程中，经与出版社协商删除了部分"专栏"和"案例研究"，望请读者见谅。

　　本教材可以与《当代市场调研》（原书第8版）对照学习或参考，两者有一定的互补性。本教材不仅可以用作市场营销专业本科、研究生及MBA教材，还是市场调研实战者不可多得的参考书。

　　由于任务紧迫，我们仍然借鉴以往的工作经验，组成翻译大团队，工作方式仍然是分头行动，分阶段讨论，反复斟酌，咨询专家，团结协作，逐渐定稿。首先，参加初稿翻译的有（按章顺序）：蔡奇、麦新达（第1章），张强、赵德振（第2章），卢茸、石月玲（第3、4章），李嫦娟（第5、6章），郭卓（第7章），谷亚云（第8、13章），陈楠、胡吉海（第9、10章），赵翼舒（第11章），李复清（第12、16章），魏明阳（第14、15章）。

　　其次，在初稿完成后再进行校读，参加校读的人员主要有：李桂华（前言和第1～3章），黄磊（第4～7章），申媛婷（第8、9章），魏明阳（第10、11章），李嫦娟（第12章），李复清（第13章），谷亚云（第14章），郑帅（15）和李艳双（16）。最后，由李桂华逐章进行校对，统一风格和措辞，最终定稿。参加翻译工作的成员工作非常努力，非常敬业，为了按质按量完成任务，他们牺牲了很多休息时间，在此对他们的工作表示衷心感谢！

　　鉴于时间和水平方面的限制，翻译中的错误或不当之处在所难免，敬请读者批评指正。

李桂华

于南开园

2016年3月22日

目 录
Contents

PART 1

第一篇

市场调研与社会调研导论

第 1 章

Chapter 1 ....

市场调研实践

□ 引言

本章的目的在于提供一个关于调研是什么，为什么要调研，以及调研如何操作等的概述。我们关注调研在企业和社会中的角色、应用以及局限性，关注客户方和调研代理方的角色；我们也关注道德准则和数据保护以及它们对调研实践的意义。

□ 本章主题

- 什么是调研
- 市场调研和社会调研的应用和价值
- 调研过程
- 调研的角色
- 道德准则与调研实践
- 数据保护与调研实践

□ 学习目标

- 理解调研的本质
- 认清调研的价值和贡献
- 理解调研的局限性
- 理解调研供应商和调研委托方的角色
- 理解调研实施的道德和法律框架以及该框架的含义

1.1　什么是调研

调研与询问有关，它是关于系统观察并发现一些东西；它是我们发现与这个世界相关的证据和知识的过程；它建立在科学方法的基础上，这种科学方法由关于知识的本质和我们如何构建这些知识的哲学准则所支撑。

所谓的纯调研（pure research）是在于获取知识和对事物的理解的调研，而对其中的知识或理解没有一个具体的应用。应用性调研（applied research）是为了满足具体需求而进行的获取知识或理解的调研。应用性调研在很多领域被使用，在本书中，我们关注应用性市场调研实践和社会调研实践。

ICC/ESOMAR（www.esomar.org）在《市场调研和社会调研国际准则》（2008）中把调研（市场、社会和舆论调研）定义为：

> 系统化地收集和解释属于个人和组织的信息，运用统计和分析的方法与技能，以及应用社会科学专业知识获取洞察力或为决策提供支持。未经被调查者明确许可，不得将被调查者的身份透漏给信息的使用方；不得根据被调查者提供的信息对他们采取相应的销售策略。

MRS（www.mrs.org.uk）在《MRS 行为准则》（2010）中将调研定义为：

> 对关于个人或组织的特征、行为、态度和观点等进行取样或调查，并对这些数据进行收集和分析。该过程包括所有形式的市场、观点和社会调研，如消费者与工业调查、心理调查、定性访谈和小组讨论、观察法、民族志和专门小组调研。

由于其他的商业活动（如直接营销或直接销售）与调研很相像，这些商业活动也需要联系有关人员并提问和记录数据，ESOMAR 在《如何区分市场调研和其他数据收集活动指南》（2009）中做出了清楚的区分：

> 调研对于被调研者的身份没有兴趣，被调研者被选取作为代表，……有关被调研者的个人数据是保密的，不能泄漏到委托方单位。

1.1.1 什么是市场调研和社会调研

你会发现本书中一些例子或案例是关于行为、态度或两者兼有的描述与发现。调研者对理解行为的动机感兴趣，这可能与理解一个产品或服务到底如何被实际使用相关，或者与如何进行购买决策相关，同时理解它的目的在于通过市场沟通影响购买，如广告或政府信息活动。"实际"购买行为被商店里销售终端（POS）的数据所记录，或者被一个陪同消费者购买的调研者所记录。记录行为（reported behavior）即人们说了什么，做了什么，这也是被大范围的定性、定量调研所收集的，通过各种方式提问题。

作为一个调研者，理解行为的本质以及它如何起作用非常重要。例如，行为可以是故意的和非故意的。如果是非故意的，这类行为是习惯性或常规性的，通常涉及高频率重复的工作，那么提问题就可能发现很少信息，观察则可能是获得信息的唯一途径。人们也会在思考和做事时或在计划和决策时采用思维捷径，例如，人们可能在没有弄明白的情况下做这件事。你理解了人们的做法，那么你可以再针对这个问题设计如何进行调研。

在市场和社会调研中，我们收集各式各样的态度数据，例如人们关于事件、话题、产品和品牌的态度，这些态度可能因为经验、媒体覆盖和广告而改变；又或者与价值体系和个性相关的问题，这种态度是难以改变的（政治和社会的态度、金钱观）。态度是"市场调研者最喜欢测量的（Sampson，1989），调研者如此感兴趣的原因在于他们自身的目的。一个关于态度的调研帮助我们了解人们对于世界的观点，了解个体与群体的表现如何不同。态度也帮助我们理解是什么影响人们行动的动机，态度在研究行为和理解我们如何去影响行为的方式方面很有用。然而，态度和行为之间的关系并没有那么坚固。有一个叫作价值行为缺口（value action gap）的概念，这个缺口在人们的行为和态度不一致时出现。例如，一个关于对环境态度的调研告诉你人们很关心环境事务，但关于回收习惯的调研显示，他们并没有像说的那样做。

态度调查起来很难也很复杂，为了设计、调研和草拟问题去收集与态度有关的数据，尽可能清晰地表达你需要知道什么，这个非常重要。就像塔克（1976）解释的，调查关于特定事件的态度比调查大众的态度更重要。态度对于特定行为来说是明确具体的。

需要注意的是，并非所有的行为和决策过程都是理性的。情感对于行为有直接的、非直接的、有意识的或无意识的影响。另外，我们对于一种或另一种有助于我们决策选择的东西都有偏见（例如，选择短期利益超过长期利益）。另外，为了把握实施调研和设计调研所要解决的问题，你需要知道，情感和偏见可能会或可能不会在调研中产生作用。

转换到个体层面，态度和行为受到其他社会群体的影响，它们通过通用的社会规范、情景、当地环境以及更广阔环境产生影响。例如，你可能喜欢穿得更随意些去工作，但是如果办公室的人穿得比你正式，你可能也会穿得正式一些；又或者你可能对环境保持乐观的态度，尤其对于有机食品，但是你因为太贵而从来不买。

对与行为有关的理论和模型，以及在个人、社会和更广阔环境层面上影响行为的因素有一定理解，对从事市场和社会调研的调研者来说非常重要。使用这些理论和模型会帮助你设计与规划调研，并解读来自调研的数据。虽然记忆很重要，但是在使用理论和模型时，它们是真实世界复杂事物简化了的代表，它们只是像调研结果描述的那样好。

1.1.2 市场调研和社会调研

市场调研和社会调研的区别很大程度上在于调研问题——要调研问题的本质和问题的背景，而不是因为它们的方法和方式不同。两者都需要对于确定问题清楚的思考，都需要理解调研的过程，都涉及系统地整理和分析数据，都要求在更宽广的环境、问题情境或调研区域中得出能解读和应用结论的技能。

然而，市场调研和社会调研会使用相同的方式手段，各自都可能是应用结果和在发挥作用的独立区域内拥有详细知识的专家。对于市场调研者来说，知识的主体总体上就是典型的商业（包括经济、企业战略、商业过程）和特定的市场（包括产品开发、定价、广告和推广、竞争策略、市场细分、消费者行为）。社会调研者的知识主体是社会科学，包括社会学、人类学、犯罪学、心理学和社会政治学等。

1.2 调研背景

市场调研和社会调研都是对不同背景下的广泛定义进行调研。尤其是市场调研，它包括几个完全不同类别特征的调研，类别的划分涉及被调查者的类型（客户调研或 B2B 调研）、调研的主题（广告调研、产品开发调研或受众调研）、调研的定位（国际的或国内的调研）。本书中有不同调研背景下的案例，我们将关注更多细节。

1.2.1 消费者调研

消费者调研，顾名思义，就是在消费者之中实施的调研，包括个人的和家庭的。消费者调研的目的通常是了解消费者行为、消费者客观态度和对商品、服务有关的意见，以及在他们身边的商业活动。书中的大部分案例可以被归类为消费者调研课题。

1.2.2 B2B 调研

B2B 调研（有时指行业调研或贸易调研）的目的通常是了解这类企业的行为、态度和观点，这类企业往往是将产品和 / 或服务等营销或销售给其他企业。 为了进行 B2B 调研，选取样本人群的总体类别包括商业和零售组织（如 CEO 圈子的成员、COO、CFO 等，以及 IT 管理者、采购官员和人力资源经理等）；专业执业人员（如牙医、法官和调查员等）；榜样和意见领袖（如政客、社区领导、记者和博主）。接近 B2B 成员是困难的，因为他们经常被门卫、私人助理、年轻的行政人员所"保护"。尽管消费者调研中使用的技术也可以用在 B2B 的调研中，但大量的 B2B 调研课题涉及二手调研，即从那些已存在的数据和资料中进行调研。

1.2.3 广告调研

广告会使一些组织花费大量本身并不多的资源，因此它们想知道花的钱有没有产生效果。所以，它们使用广告调研来帮助它们确定哪个广告产生效果了？哪个广告在当地的效果最好？哪个比较居中？广告在目标受众中产生了多大效果？广告给组织、产品或品牌造成了什么印象？从购买行为的角度看广告在目标市场产生了什么印象？广告调研占了市场调研的很大一部分，包括概念开发与测试、广告预测试（投放之前）、广告后测试（投放之后）、广告跟踪（一个广告结束及以后）。

1.2.4 国际调研

国际调研（或多国调研）是由超过一个国家组成的调研。它由两种典型的方式组成：整个项目是由一个国家集中协调的，只有数据收集是在当地进行；或者每个国家根据调研计划分别运行项目，实施标准化的数据收集。我们关注国际课题中产生的一些问题，例如集中协调或本地组织调研和数据收集工具转换。文化差异的重要性在后面的章节中会提到。

1.3 调研的应用、价值和局限性

调研现在是一项广泛应用的、世界性的活动。事实上你只需要在 www.rbg.org.uk 上浏览《调研购买者指南》（*Research Buyers' Guide*）就能关注现今市场的状况和社会调研的应用。针对运输和配送、训练和教育、运动、休闲和艺术、地产和建筑、治安、住房、就业和信息传播技术的调研都会被列出来。

不仅是私人领域的组织，也包括那些公众和非营利组织，依靠调研去证实和改善它们的计划和决策，在所有的组织中资源都是缺乏的。一个组织想要生存、发展就必须理智地使用有限的资源。为了有效地做到这一点，需要理解顾客和股东（例如，对于私人领域组织而言，主要是员工和股东；对于公共领域组织而言，主要是城市纳税人和选民）的需求和观点。

这是调研的价值所在：在复杂的决策环境中提高信息使用的质量（很多其他质量和价值都很难接近的信息资源——竞争者的注意力）中制订计划和决策。建立在牢靠可信的调研证据基础上的决定会导致更高质量的决策、更好的资源利用、更好的产品和服务、更好的顾客关系以及股东关系，提高顾客和股东的满意度，最终延长组织的寿命。因此，调研影响提供什么和提供方式。它联结着那些使用组织产品和服务的人群，影响组织生存的政策，并因此为组织提供一种声音、一个角色和一定程度的影响。

调研的购买者和提供者都很难确定商业对于调研的冲击。菲利普斯（2011）用证据表明，在调研中花更多钱的公司在长期竞争中更容易胜出。因此，调研更多地被看作是一项投资而不是花销。然而，由于对利润价值底线的产出很难进行核对，所以很容易理解为什么将调研视为一项支出。就像坦纳（2005）指出的那样，为了把调研看成一项投资，调研者需要向决策者展示调研目标及其与商业的联系，他们需要把调研结果应用到更广阔的商业背景和社会背景中，这可能意味着将调研数据与其他数据组合起来，如金融数据和销售数据，并且他们必须使用商业或社会的语言进行交流，而不是调研的语言。你可以在阅读第 13 ～ 15 章时理解数据分析，在第 16 章时了解调研结果。

1.3.1 市场调研的应用

市场调研为哪些计划和决策提供数据？第一个例子就是下面的"案例研究 1-1"。如果你对市场过程不熟悉，那么你会发现下面的段落对你理解经常提到的计划和决策种类很有用。

案例研究 1-1

麦当劳的倾听

在这个案例研究中我们将观察著名品牌麦当劳，是如何从广受欢迎到不受欢迎的，调研是怎样帮助重塑一个品牌的。

这个案例研究为什么值得阅读

这个案例研究值得阅读有以下几个原因：它是一个市场调研的实际案例；它提出了一些关于庞大组织与顾客保持联系，以及理解为其所操控的正在变化的环境的话题；它描述了调研的最终结果——采取的行动，以及它们对组织和品牌的影响。

关键词：消费者反响、消费习惯、不情愿、否定、反击、调研、消费者的看法、倾听活动、行动、信任重建、销售增长。

引言

在英国，第一家麦当劳餐馆是 1974 年开设的，它带来了一种新的饮食方式：轻松、愉快、快捷和便宜。消费者反响非常积极，该品牌因此而兴盛。直到1983年，也就是9年后，开设了100家餐馆，又3年之后，又多了100家餐馆，直到2000年，麦当劳在英国一共拥有超过1 200家餐馆。

1988年，人们开始关注麦当劳包装中采用的氯氟碳（CFC），事实上，在1988年CFC就已经被要求清除了；1989年，有一个谣传是关于供应麦当劳的肉牛啃光了南美的热带雨林。类似的传闻出现在2006年，麦当劳所用的大豆是来自种植户对于亚马孙河流域树木的砍伐。1993年，格伦达·杰克逊（Glenda Jackson）领导了一场反对麦当劳在伦敦郊区汉普斯特德开店的运动，一个叫华伦天奴（Valentino）的设计师在罗马做了同样的事情。事情正在发生变化，而麦当劳却保持不变。它们为什么需要改变？原有方案还有效，不是吗？

发生了什么

生活方式已经改变了，消费习惯改变了，饮食习惯也改变了，更多的人开始购买准备好的饭食和快餐，随之肥胖开始成为话题，政府和媒体开始找可以指责的人。麦当劳成为目标，人们开始主动讨厌麦当劳。

反应：不要做什么

首先，麦当劳不情愿承认发生了什么。这是实践中第一个值得注意的要点——缺少有效的情报和理解力，部分原因是否定的。然后该公司试图反击：这些行动中包括试图通过推出沙拉回避健康问题。这是实践中第二个值得注意的要点——避重就轻。推出品冒着被认为是"赎罪"和"认罪"的危险，消费者会说，"我们一直是对的"。

接下来，到了麦当劳话语词典发展的时间了，尤其是"麦工"（McJob）和"麦当劳诽谤案"（McLibel）。在所谓的"麦当劳诽谤案"案件中，莫里斯（Morris）和斯蒂尔（Steel）两人指控麦当劳广告推销和生态破坏的弊端，麦当劳在法庭上胜诉，但失去了公众的舆论。这是实践中第三个值得注意的要点——攻击可能不是最好的防御。如果你很强大，看起来好像可以很威风。麦当劳却成了大街上的弃儿，销售额、特许经营现金流量下降，商业模式越来越难以维持，压力从组织内部开始滋生。

用来救援的调研

调研引导思考。实践中第四个值得注意的要点——需要宏伟蓝图让你明白现在正在发生什么。首先，更详细地了解消费者的看法是很重要的。每个人都需要意识到品牌的不信任程度。2004年，麦当劳开展了倾听活动，在英国，开展了包括消费者、经销商、店面经理和工作人员在内的40个定性小组讨论。新的首席执行官彼得·贝雷斯福德（Peter Beresford）参加了每一次讨论，调研取得了成功。

实践中第五个值得注意的要点——开放思维。这是到了明显的新技术尝试、深度的数据收集和挖掘的程度。麦当劳通过细分标准跟踪调查，开始理解谁正在疏远品牌以及为什么疏远（即查看数据，看特定群体的人们是否以相同的方式思考或行动，找出他们所属的人口群体，例如有幼儿的母亲、年轻人等特殊群体）。关键是当前消费者对食物的反应，以及需要明确成分、营养含量、来源和工艺。

使用美国政治民调专家佩恩·舍恩·伯兰（Penn Schoen Berland）开发的技术，麦当劳开始关注它们所需要影响的群体，这种技术对消费者问题和可能的解决方案进行渗透。本文着重分析了该解决方案中哪个对摇摆群体的影响最大，很明显这是要关注的第一目标受众。其他受众被识别为提出具体问题的群体。强调开放思维并不是一个放之四海而皆准的方法。最后，实践中的第六个值得注意的要点是"开放思维从行动和沟通上构建与受众的关系"。

调研引导行动：从食物中去除反式脂肪酸；从食物链中移除转基因成分；牛肉仅从英国和爱尔兰农民那里购买；提供有机牛奶和自由放养的鸡蛋；介绍水果袋。网站"做出自己的决定"，允许消费者对麦当劳提出一切要求，让他们参与制作广告，并在 2007 年与绿色和平组织合作，如绿色和平组织的网站所说："一个不受欢迎的组织……成功地迫使跨国贸易商从位于亚马孙新开垦土地上购买大豆的两年计划暂停"（http://www.greenpeace.org.uk/blog/forests/the-odd-couple 访问，1，April，2008）。

补救

结果是积极的：品牌信任被重建；人们乐意回到餐厅；销售增长；加盟商有积极的现金流。麦当劳已经做了大量的工作，但还有很多工作要做。YouGov 的品牌指数（监控 1 200 个品牌的态度）显示麦当劳是一个低得分者：被调查者说他们听到的麦当劳的负面消息比正面消息要多，但趋势是向好的。品牌已经改变了，消费者接受度正在缓慢转变。

资料来源：Adapted from Davidson, G. and Payne, C. (2008) 'How research saves scapegoat brands©: retaining brand and business perspective in troubled times', MRS conference, www.mrs.org.uk.

1.3.2　营销过程

英国特许营销协会（CIM）将营销过程定义为：负责判断、预测并满足消费者需求的管理过程。在一些营销组织中，可能这个过程并不是正式的，甚至是不能被看出来的，然而这些任务过程却依然存在。一个营销者的工作是找到（商业）机会，而这些机会刚好符合组织的需求。当一个机会被发现了，营销者的作用就是制订一个计划将组织的资源用来获取可测量的市场营销目标，进而实现组织目标。营销目标可以表述为"将要获取的东西"。例如，营销目标可能是将一个新的储蓄账户转到网上银行市场，并且一年内获取 5% 的市场份额；或者开始一项新的癌症筛查服务业务，并获得目标市场的 80% 客户的参与。

为了开发市场计划和确定市场目标，营销者需要对他们操作的环境有一个清晰的理解。他们也需要理解由更多（社会、法律、经济、政治、技术条件）影响（你可以把这些简称为 SLEPT 或 PEST）和组合环境以及资源组织构成的外部社会。他们需要对外部环境的机会和威胁、自身的优势和劣势有清晰的理解。这个对外界环境和资源组织的了解被称为营销审计（marketing audit），关于优势、劣势、机会和威胁的理论被统称为 SWOT 理论。

一旦完成市场审计和 SWOT 分析，并且创建和评估了商业机会，就要开发一个营销计划并确定营销目标。为了获取营销目标，就要建立一个营销战略，即一个达到目标的计划。该计划包括界定市场营销组合，也就是 4P 组合：产品（或服务）——设计、特征、包装等；该产品的价格；该产品将如何促销——广告、直接邮件、公共关系等；渠道——分销和销售渠道，顾客服务水平等。营销者的任务是实施营销计划，监控和评估实现市场营销目标的程度。

不仅是个体的商品和服务需要营销给顾客，组织本身也需要把自己营销给顾客和更广阔的利益相关受众，对私人领域的组织而言，这包括员工、股份持有者，而如果是公共领域组织的话，就是纳税人、选民以及其他（参见"案例研究1-1"）。

如果营销过程想要有效地完成，需要考虑和关注所有的信息需求和调研需求。如果营销的目标是实现"判断、预测并满足消费者需求"，市场调研可以被用来达到以下的目的：

- 理解广阔的环境以及环境如何影响组织；
- 认清机会和威胁；
- 认清市场、竞争者和消费者；
- 有助于优先设定和直接利用资源；
- 构建知识以获取长期利益；
- 理解消费者和市场驱动力；
- 监测消费者和投资者的满意度；
- 懂得如何建构和改善客户关系；
- 识别或监控市场的变化和趋势；
- 开发市场营销战略；
- 测试不同的市场营销战略；
- 监督或控制市场计划；
- 理解怎样去影响消费者的态度和行为；
- 理解怎样最好地与消费者和投资人交流；
- 开发广告和传播战略；
- 开发和测试广告执行；
- 开发和选择产品或服务、品牌名称、包装设计、价格点和分销渠道。

1.3.3　社会调研的应用

社会调研被赋予的功能很大程度上和市场调研相同，为了获得信息，清楚更广阔的环境中将发生什么，了解民众的态度、观点和行为，目的是为政策的开发和执行而制订有效的计划和决策。在社会调研中，广阔的外部环境就是社会，对于利益的态度就是"社会"态度，关于"社会问题"的态度以及利益的行为就是我们如何在"社会"中生活和行动。社会调研可能是被授权进行的，例如，描绘社区中老年人的生活标准，或理解危机产生时的决策，或在监狱中推广某种药物，又或者为无家可归的人建立医疗救助。这些信息可能对政策制定者、服务提供者和资源管理者而言有很大价值。"案例研究1-2"提供了一个政府授权的社会调研案例。

![icon] **案例研究 1-2**

应对反社会行为[⊖]

本案例研究描述了如何针对反社会行为这样的复杂主题开展调研。

为什么这个案例研究值得一读

本案例研究值得阅读有以下原因：它是一个社会调研的例子；它是一个描述性调研的实例；它阐述了调研的必要性并提出了调研目标；它是一个如何安排一手资料和二手资料调研，定量和定性调研的例子；它介绍了调研项目如何被结构化，以及如何识别它的关键要素。

关键词：反社会行为、目标、竞争性招标程序、指导小组、案头调研、深度访谈、定量（在家中）调研。

引言

处理犯罪和犯罪效果是当今英国最重要的问题之一。我们意识到在数量和效果上公众犯罪和犯罪实际经验之间的差别。犯罪由许多不同的元素或行为构成，这些需要独立和敏感地检测才能形成准确的成像。反社会行为是其中要素之一。一个地区在公共交通方面的反社会行为被识别为：咨询者认为政府采取措施是重要的（Scottish Executive，2003）。

调研公交车上反社会行为的原因如下：

- 乘公交车出行的普及率很高；
- 反社会行为对公交公司的财务影响；
- 反社会行为在公交车上可能产生更多的社会成本。

苏格兰行政院决策委员会的调研作为其年度运输调研项目的一部分，调查公交车上的反社会行为的程度和影响，并提出解决问题的方法。具体而言，本调研的目标是：

- 苏格兰公交车上反社会行为的程度，以及通过公众人士预测对公交车上反社会行为的认知程度；
- 在公交车上最有可能发生的反社会行为类型；
- 在什么时间和地点反社会行为最有可能发生；
- 反社会行为对公交司机和司机招聘的影响；
- 最有可能表现出反社会行为的群体类型和最有可能受反社会行为影响的群体类型；
- 反社会行为对其他乘客的影响；
- 公交车上反社会行为的广泛社会影响；
- 目前，解决公交车上反社会行为的措施及其相对影响；
- 降低公交车上反社会行为的成功途径；

调研机构通过竞争性招标程序被委托。

调研如何进行

成立一个指导小组，包括从调研机构来的代表团队和有相关问题经验的地方议会客户代表，以及从英国邦联客运公司来的代表，该指导小组的建立为调研项目提供了灵活和准确的方法、坚固的知识基础。在指导小组的指导下，调研制定了以下结构：

⊖ 反社会行为（anti-social behavior），这里指不愿遵守社会标准、不体谅他人，可能引起社会危害的行为。

- 案头调研；
- 两人／三人一组的公交车司机深度访谈；
- 公交公司管理人员的深度访谈；
- 在居民家中的定量调研；
- 对公交车司机的定量调研；
- 对公交公司管理人员的定量调研；
- 对关键利益相关者的深度访谈。

为什么这个调研是重要的

调研证明了关注苏格兰公交车上反社会行为的程度及其影响的有用性。调研表明，有必要加强机构间的合作并实施一系列不同措施，包括有形的、预防性的和转移注意力的措施。

参考文献

Scottish Executive (2003) Scotland's People: Results from the 2003 Scottish Household Survey.

资料来源：Adapted from Granville, S., Campbell-Jack, D. and Lamplugh, T. (2005) ' Perception, prevention, policing and the challenges of researching anti-social behaviour ', MRS Conference, www.mrs.org.uk.

显然，社会对高质量信息的需求与企业或营销领域的需求同样重要。计划和决策要针对当前的社会如何运作，如何解决"社会问题"，如何分配稀缺的资源，应该提供什么服务，应该如何设计，应该针对谁，它们应该如何实施。有关政策和提供公共服务的计划和决策在当前需要受到审视并经常需要证实，它们应该都是基于强大的、站得住脚的证据，而通过客观调研是提供证据的最佳途径。

社会调研是受政府部门、公共机构、公共服务、地方政府、非政府组织、慈善机构、政策调研组、媒体、学术界和调研机构委托的。主题是多种多样的，包括社会医疗保健，犯罪，交通，娱乐和艺术，工作和家庭生活，住房，劳动力参与率、培训和技能需求。很多社会调研项目被委托有着和市场调研被委托相同的原因，例如下面一个或多个原因：

- 帮助设定优先次序和指导资源的使用；
- 了解更广泛的环境；
- 识别和监测变化和趋势；
- 为长期利益而构建知识；
- 制定政策和方案；
- 监测或评估方案交付；
- 识别利益相关者；
- 了解利益相关者的信仰、价值观和态度；
- 了解如何影响利益相关者的态度和行为；
- 了解如何建立和提高与利益相关者的关系；
- 监测利益相关者的满意度；
- 了解如何与利益相关者进行沟通。

1.3.4 调研的局限性

调研的价值取决于它提供的可用于决策过程中可操作的、有见地的、高质量的信息。是什么会限制它的价值？调研拥有的唯一价值就在于它可能实现的目的——其所提供的信息和知识有助于规划和决策过程。调研是达到目的的一种手段，而不是目的本身。只有明确了解什么问题或解决什么问题时，又或者具有明确的目的和目标，清楚地了解什么样的信息对决策有效时，调研才会被使用。事实上，有许多限制调研价值的因素，包括以下内容：

- 问题界定不清；
- 对问题（或手册）认识不足；
- 不完善或不恰当的调研设计；
- 使用方法的局限性；
- 执行力差的调研；
- 对结果的解释；
- 知识的层次；
- 委托调研与提供和应用调研结果之间的时间差；
- 决策者对调研证据的使用、滥用或不采用。

1. 问题界定不清

这是调研过程中的一个关键阶段。如果调研是为决策提供有用的信息，那么清晰而准确的问题陈述或定义是必要的（Bijapurkar，1995）。高质量的调研比较容易开展，但如果调研在实施过程中无法提出问题或解决问题，它就没有任何意义。如果现在还不清楚是什么问题，就不能处理问题。调研者的一个关键技能是能够定义或帮助客户确定需要调研的问题。为了能有效地这样做，调研者必须理解广泛背景下的问题，并基于研究证据制定决策，这些包括会影响执行或行动的证据被视为研究发现的结论。重要的一点是，调研者需要去审查所有那些在客户决策单元（DMU）中已经确认了的关于调研的问题，以便根据调研所收集的证据，他们清楚可以做什么——制定什么决策，清楚采取什么行动。

2. 对问题（或手册）认识不足

如果调研者不知道调研必须提供什么，或者曲解了什么是需要的，他可能设计出不合适的、意义不大或没有价值的调研。委托调研的人有责任确保调研的概述清晰无误，这并不意味着调研问题的陈述或概括就应该无须讨论。调研者有责任确保他理解调研问题或手册（Pyke，2000），并了解需要通过调研得到哪些证据。

3. 不完善或不恰当的调研设计

由于调研的适宜性在于为解决问题提供证据，因此任何调研的价值都要受到调研设计的限制。如果调研设计（包括抽样设计）有缺陷，该调研将失去价值。好的设计依赖于对问题有一个清晰明确的认识，以及对调研概括有清晰的理解。例如，如果用户需要知道向目标受众传递品牌信息的广告有什么样的效果时，开展一个针对第一次广告开销的调研可能无法提供适当的证据。更有效的设计才可能提供更有力的证据，比如可以花较长的时间跟踪品牌态度。

4. 使用方法的局限性

数据的收集质量取决于收集这些数据的方法。例如，如果你要详细地、深入地理解女性面部清洁的过程，通过电话采访收集到的数据可能是有限的；为了获得正确的理解，它可能更适合使用定性的方法——访谈法和观察法。在随机抽样调查中，55% 的响应率可能无法提供代表目标人群的数据。

5. 执行力差的调研

如果调研可能执行得不好，问卷设计、抽样、实地调查、数据处理和数据分析中都可能出现误差。例如，质量很差的招募样本，措辞不佳的问题，访谈者没能很好地把握对调查问题的试探和提示，在对被调研者的答案进行整理时没能简洁地编码，都可能导致低质量的数据。

6. 对结果的解释

调研数据和调研结果可能会被误解，而误解会限制调研价值。调研者必须防止任何可能的误解，以客观和系统的方式确保自己清楚地理解如何分析和读取数据（定量的或定性的）。

7. 知识的层次

调研并没有产生"正确答案"的结果，任何调研总是局部的、偶然的或依赖于环境的（Shipman，1997）。知识并不是"不受价值影响的"，它会受到收集过程所处的社会和文化背景、被调研者的看法，以及由调研者设计的调查、收集及解释数据等环节的影响。尽管我们努力进行客观的调研，但永远不可能是完全客观的——我们认识和了解事物的过程是通过自己的思维方式以及观察和了解世界的方法对其进行过滤。在设计、实施、解释和使用调研的过程中，我们需要了解可能的误差来源以及它们的影响。

8. 时间差

实施调研与传递应用结果之间的时间差可能限制调研的价值。数据可能过时，即时间的推移会降低调研的价值，因为数据具有时间依赖性。

9. 决策者对调研证据的使用、滥用或不使用

调研价值也在于其结果是否被使用，如果它们被使用，又是如何被使用的。它们可能被正确使用或滥用，或者被忽视。调研证据被忽视可能有许多原因：决策者可能根本不相信它们，也可能不相信它们是有效的和可靠的；他们可能会认为调研证据很难理解，或不能令人信服，或与决策无关；他们可能不清楚调研证据如何使用，或他们很难将其纳入决策过程。调研结果并不总是明确的，即它们是不确定的，这可能会限制其使用，或者导致错误的决定。一个组织的文化和任何内部的政治问题可能会影响使用、滥用或不使用调研结果；也可能是由于组织结构、技能水平和资源阻碍决策者对调研结果进行整合及利用

（Wills and Williams，2004）。确保任何调研的价值最大化，从一开始就要明确决策者希望通过调研了解什么非常重要；他们将如何看待调研者处理或呈现的结果；他们打算怎样利用调研结果，并在调研的基础上做出怎样的决定。作为调研者，需要发挥的作用是管理调研购买者的期望，即这个调研能够提供什么，不能提供什么。

1.3.5 调研购买者对于调研产品的看法

调研购买者和用户认为调研者提供的服务有何不足？

关于调研管理者和调研用户的讨论，从文献的回顾来看，拜尔菲特和斯珀吉翁（1998）发现，调研往往没有达到预期。他们认为，调研购买者觉得提供的调研结果很差，是由于缺乏良好的管理，而且调研结果没有提供金钱价值。斯珀吉翁的机构对壳牌用户的调研访谈揭示了一个现象，很少有调研者是"企业导向"的，并且很少有调研者具备关于客户企业活动的知识或对此感兴趣；相比洞察力和解释力，他们宁愿关注数据。此外，调研所产生的数据被认为是"听起来不错但是不具有可操作性"，这些数据是历史性的，没有关注未来。调研被认为是一种"黑箱技术"（black box techniques），并且调研过程充满神秘感。它被视为在设计和交付方面缺少创意，其产出（即呈现的方式）被视为枯燥和乏味的。

西蒙斯和洛夫乔伊（2003）认为，调研往往不能为首席执行官提供需要了解的东西，因为调研者没有充分考虑到调研的实际意义是什么。坦纳（2005）的研究表明了首席执行官需要从调研中获得什么。一位首席执行官说："我们想要的结果是，任何调研的困难现实都能产生有益的结果。"在同一调研中，另一个被调研者说："这几乎就像他们说不同的语言。你向他们（调研者）介绍情况……但他们常常给出一些抽象的回应，这是令人沮丧的，我经常感觉自己为他们支付了金钱，然后没有获得任何可以轻松理解的东西……我不得不问：'我浪费了我的钱，我会这么做吗？'"坦纳指出，因为大多数调研者没能与决策者进行平等对话，高层管理者会失去一些在战略业务决策中所需的调研结果。比扎布卡（1995）认为，为了更好地促进战略决策，调研者要提高自己定义问题的技巧和对商业环境的理解，并学会展望未来而不是描述现实。

克雷塞斯（1990）认为，市场调研行业持有的观念是"生产导向而不是营销导向，……他们专注于什么可以销售，而不是客户想要购买什么"。他还认为，调研者需要更大程度的洞察力、创造力、创新和个人的责任：对结果拥有更大程度的主人翁自豪感；对捍卫结果有真正的、燃烧的渴望。史蒂夫·盖特（Steve Gatt）是大众集团中具有经济头脑和洞察力的经理，他似乎同意这一观点，指出这个产业已经"向过程驱动的工具转移"，大部分调研机构并不知道"向企业交付什么东西"（Bain，2010）。

查德威克（2005）指出，客户期望"传递的理解中有更多主动性，更多对信息的整合……更多的咨询和更高层级的参与"。埃德加和麦克兰（2002）认为，调研者应该将自己定位为客户的综合性商业伙伴，客户应寻找那些可以为他们提供解决企业问题的方案和知识，而不只是数据的调研者。此外，他们指出，客户会将为这些调研者支付更多酬劳，给予他们更有趣的工作。

案例研究 1-3

你的客户想要什么

西蒙·查德威克（Simon Chadwick）通过两个关于客户希望从调研者那里获得什么的研究，得出了关键结论。

为什么这个案例研究值得一读

本案例研究值得阅读的理由有很多：它是 B2B 调研的实例；它是定性调研的实例；它阐明了行业调研的实质、调研者的作用以及调研实践的不同风格。

关键词：知识管理、企业决策支持、附加值、信息整合、产生顿悟、多数据源、分析、报告、项目管理、质量控制、获取价值、伙伴关系。

需求的分类

2002 年，调研机构 NOP 在美国和欧洲对世界 500 强公司的 35 个调研主管和营销人员进行了深入访谈。主要的调研结果表明，在顾客之间存在一个分类需要，范围从非常基本的需求（纯粹的一手资料收集）到超精确的需求（知识管理和企业决策支持）。总的来说，客户往往分为五个不同的级别（或附加值水平）。

他们的需要和对供应商的调研要求分以下级别：

5 级：知识管理和企业决策支持；

4 级：跨越多数据源的信息整合能力和产生顿悟；

3b 级：设计、分析、报告和产生跨越多个研究的见解（即客户的累积经验）；

3a 级：来自于当前单一研究的设计、分析、报告和卓越见解；

2 级：项目管理、数据处理和质量控制；

1 级：一手资料收集。

市场调研总监想要什么样的调研

从他们调研的公司来看，2/3 的市场调研总监要求的服务级别在 1 级和 3a 级之间。相反，一旦超出了这一范围，他们会觉得不舒服，觉得这是对他们在组织中所充当角色的挑战。然而，另外 1/3 的市场调研总监期望至少达到 3b 级甚至 4 级，于是他们自己重组所在的部门，使之在公司治理结构和公司决策构造中变得更具顾问性以及更有影响力。

市场人员的期望

该调研中的多数市场人员（主要是市场调研总监及以上）想要从调研公司得到 4 级和 5 级的服务。他们的观念是，从这些调研公司的专家身上，他们可以得到产生于市场交易的见解和建议。

从调研到知识

坎比尔（2004）发表的一项来自于 10 个跨国公司（5 个在美国，5 个在英国）的定性调研，重申了 2002 年提出的这一主题。被调研者提到"发展包含决策制定"以及"管理其他企业部门关系"的重要性。市场调研总监开始用一种更具有战略性的眼光看待他们的作用。一位英国技术公司的调研主管说："这是来自世界各个企业的信息整合，它不再只是交付项目。我们需要更多的时间和更少的项目，需要更多的调研。"另一位说："更少的调研，更多的知识。"被调查者称他们自己和所在部门为"思想领袖"和"整合家"，他们的工作是产生洞察力，洞察力高低可以影响战略。正如一个被调查者所说，他们"从调研和团队知识中获取价值。"

许多人承认，他们需要的是更少的"纯粹"的调研者和项目经理，更多的拥有咨询和沟通技巧的洞察型人才。调研公司会被转变为数据收集者和项目经理的角色吗？从客户反映看，答案很明显是"不"。客户希望看到的是调研合作伙伴利用他们已经拥有的，并能带来对调研见解进行整合的优势，成为他们合作关系的一部分。

资料来源：Adapted from Chadwick, S. (2005) ' Do we listen to journalists or clients? The real implications of change for the market research industry ' , MRS conference, www.mrs.org.uk.

结论

那什么是可以从调研者的实践中获取的呢？很明显，对调研的感知价值可以通过将数据转变为信息和知识得到提高。这意味着要从调研结果中总结出意义，并在客户的商业环境中对结果进行解释，而不是仅仅呈现数据。查德威克（2005）指出，调研者需要形成他们的技能，"强调咨询、商业头脑以及通过研究和数据集整合数据的能力"。你不仅需要知道史密斯（2005）所谓的"内容"的市场调研，也需要能够将其含义传达给那些想使用它的人，通常是高级管理人员。那么你一定是史密斯先生所称的"值得信赖的信息顾问"。根据史密斯的观点，可概括出以下内容：

- 能够与客户以伙伴的关系进行工作；
- 能够处理和理解数据；
- 能够采用"情境解读"理解数据的含义；
- 能够形成站得住脚的观点，帮助客户做出明智的判断；
- 能够通过主动的、投入的方式，而不是被动的、脱离的方式呈现调研证据；
- 能够参与决策过程。

专栏 1-1

如何与公共部门的客户共事

Jo Butcher of ENCAMS（一个环保机构），以及 The Marketing Works 的西蒙·斯特拉特和卡罗琳·伯德，根据他们在公共部门的调研经验，提供了以下意见。

1. 成为顾问，不只是调研机构

如果客户要求的是对其没有帮助的东西，建议他们不要浪费预算：大量堆积的无用信息只会破坏市场调研建议的信誉。数据不仅必须是正确的，它也应该成为一种形式，不只是调研专家，而是整个组织中的客户都能理解和购买的形式。这就要求结论简单，而不是迷惑和蒙蔽外行人的视觉呈现。如果调研不是用来做决策的，那么这个行业注定失败。

2. 高目标

聘请资深的员工，使他们对信息感兴趣，给他们一些个人和智力表现的奖励，使他们对市场调研的感觉变得快乐和有灵感，并提供高质量的思考，包括关于组织和高层人员充分理解的目标。

3. 尽早获取

调研可以在早期的战略思考阶段提供最多帮助。调研行业有责任维持一个恒定的政府机制的准确反馈流，不仅探索什么人会支持，也关注他们将如何在政策和建议的变化中做出反应。这给调研行业在政府中提供了一个关键角色，不要浪费钱财试图去做那些百姓不需要且不可能的事。

资料来源：Adapted from Butcher, J., Strutt, S. and Bird, C. (2005) ' How research drove the metamorphosis of a public sector organisation ', MRS Conference, www.mrs.org.uk.

成为一个可信任的信息顾问取决于几个方面，包括你的技能、你对技能和能力的信心、你和客户的信誉（Smith，2005）。它还取决于客户以这种方式参与的意愿，如查德威克（2005）的和其他人（Pyke，2000）所发现的情况。

1.4　调研过程

调研过程可以分为若干阶段。虽然这些取决于项目的类型和数据收集的性质，以及与客户和调研者或机构之间的关系，可以概括为：①规划设计阶段；②实地调查/实施阶段；③报告和分析阶段。这在细节上有一些关键要素。

1. 规划设计阶段

- 识别、定义和细化要调研的问题；
- 撰写调研手册；
- 询问基本情况和澄清有待调研的问题；
- 设计调研；
- 撰写调研计划；
- 回顾调研建议；
- 委托调研。

2. 实地调查/实施阶段

- 启动项目；
- 简要介绍调研小组的基本情况；
- 设计或获取样本；
- 设计数据收集工具；
- 介绍实地调查团队的基本情况；
- 开展实地调查；

- 监测实地调查；
- 规划数据的分析；
- 简要介绍数据处理团队。

3. 分析和报告阶段

- 进行数据分析；
- 撰写调研发现/结果；
- 与客户保持联系；
- 计划和设计调研成果展示方式；
- 展示调研成果。

我们在随后的章节会介绍每个阶段的过程。

1.5 调研的角色

我们知道了调研必须要提供什么，客户想从调研中获得什么，以及调研过程涉及哪些环节的一个概况，现在回顾一下这个过程中的日常任务的角色。

实际上调研过程中有三个角色很重要，分别是调研供应商、调研购买者和调研使用者。调研供应商，顾名思义，是提供调研的一方。供应商通常是以向调研购买者或使用者报告调研结果为目的，负责调研设计，监督其执行。调研购买者，顾名思义，购买调研的数据并从调研中获取专业知识。举例来说，数据或专业知识的来源可以是一个知识中心、一个部门，或者一个营销计划、营销服务、消费者调研、市场调研或外部组织调研的团队（如调研机构或顾问）。一些组织调研的购买者也是调研使用者。例如，你能从上面的讨论看出，委托调研的也许是一个品牌经理或营销总监、一个广告公司的策划经理、一个公共部门决策者。其他调研组织的使用者可能会通过中介机构内部调研者委托调研项目，例如，一个调研经理、营销策划和消费者研究专员——从组织内进行调研或进行外部组织。下面我们将看到客户端或内部人员的作用，不同类型调研供应商的角色，调研机构的作用，特别是调研专员的作用。

1.5.1 客户端调研的角色

客户端调研的角色取决于组织的类型、企业性质，以及它看待调研的方式。一些组织从来没有市场调研部，其原因可能是由于不断变化的商业实践导致调研服务外包；也可能是将调研功能整合到一个更宽泛的功能集合中，如信息和知识管理、营销服务、企业和战略规划或政策制定。而一些机构客户调研者发现自己处于一个相当传统的调研部门中，现在有些人属于更宽泛的职能和职位（角色）正反映了这种变化。浏览行业性杂志和在线展示的广告中客户端角色的变化。有些广告由以下角色负责：市场调研经理、营销策划经理、市场分析者、品牌规划者、信息经理、客户、消费者和市场执行经理，以及观察分析师。

很多机构进行重组以确保客户是它们的业务重点，其结果是调研和市场规划功能被重新命名，在某种程度上，这是对客户或消费者执行专员进行重新配置。在某些情况下，这可能为了重新调整或重新定义调研的角色而仅仅改变名字。其他方面也反映了传统市场调研角色的转变，例如需要管理和使用各种来源的数据，包括社交媒体、电子扫描仪的数据，以及其他数据中所包含的数据库（如地理人口统计数据）的识别，而不像传统的市场调研，数据产生于初始调研。对有些组织，调研者已经参与到业务、营销或政策制定过程的早期阶段，正式调研的委托往往发生在思想和行动的发展阶段，而不是在最后阶段。

1.5.2 内部人员的日常工作

内部人员可以负责调研某一特定市场、产品（或服务）、地区，或成为一个特定类型的调研专家。工作可能涉及联络决策者或在决策者的身边工作，例如参与战略、市场营销、销售、生产或政策等决策的制定。它可能起到内部顾问的作用，为调研的实施提供建议，回顾调研发生过程，并确保调研的数据能转化成信息和知识，并被有效运用于业务和问题的前沿。理查德·埃尔伍德（2011）是欧洲药品管理局（EMEA）品牌和市场营销的调研主任，他在谈到一个组织调研者的角色时说：

> 不纯粹是为了提供从调研机构到内部团队的数据沟通，（而且）作为顾客的声音还要去解释、深层次地挖掘、产生关联和提供持续的咨询。

通用磨坊（General Mills）的品牌包括麦圈（Cheerios）、优诺酸奶（Yoplait）和哈根达斯冰激凌，盖勒·弗吉特（Gayle Fuguitt）是其消费者调研副总裁，在谈到关于客户端的调研功能时，他说（Tarran，2012）：

> 我一直对可以帮助企业发展功能的重要性有一个明确认识……我们每年年初会与公司经理探讨什么是他们业务中最大的问题。我们不会说，"对，这是我们的调研计划……

弗吉特列出客户端的调研者所需技能为"倾听技巧、敏锐的商业头脑、倡导式的行动、人际交往能力和沟通技巧"，以及"双重聚焦"，她将其定义为"一只眼睛关注这里和现在，另一只眼睛关注将出现的威胁和机会"。

调研者的作用也可能会涉及提供指导和内部数据分析的建议，它可能涉及管理和开发数据库以及决策支持系统。这种作用还可能包括提供和／或承担调研、管理调研过程、调研和管理与供应商的关系，以及参加实地调查（观察小组讨论、运作一个客户专题研讨会，或者在某些可以观察客户和产品的地方进行参观）。

下面的"案例研究1-4"提供了进一步深入了解客户端角色。这也说明了内部人员在有外部供应商的情况下是如何工作的。在客户组织中调研的其他例子，可参看网站视频：http://www.quadrangle.com/theusesofresearch/.

案例研究 1-4

李维·施特劳斯：调研迫使企业行动

本案例研究描述了李维斯 501 牛仔裤制造商李维·施特劳斯通过开展市场调研并对调研成果在组织内进行沟通和实施，对其企业产生怎样的积极影响。

为什么这个案例研究值得阅读

本案例研究值得阅读有多种原因：它表明调研功能在一个巨大的消费者组织之中得到了体现；它表明内部调研与外部供应商的调研是怎样联系在一起的，显示了这种关系如何发挥作用；它提出了这类组织所采用的调研类型实例；它阐述了调研是组织为达到目标而不得不做的工作；它展示了组织如何在企业中从调研过程细节向调研结果的应用转变。

关键词：消费者洞察、调研作用、调研过程、企业文化、伙伴、团队内部、外部机构、商业目标。

引言

作为一家公司，李维·施特劳斯设定了其工作风格，即每年在原有基础上实现两位数的增长。突破式的销售计划成为一种常态。"消费者洞察"是少数设计师的专属领域，产品创新是通过 501 牛仔裤进行传达的。我们关注的焦点越来越多地从消费者和市场转向内部供应链问题，以及如何从我们取得的伟大成就中获利。因为李维·施特劳斯期待成功，调研发挥了主要作用：市场份额上升、股价提高，以及关注消费者群体对品牌的表达。但是在不经意间，我们创造了一种氛围，它成为李维斯品牌陷入困境的关键：它减少了调研组织的作用，调研实际上关注的是过程，而不是对消费者意见的采纳，这导致大量信息未被开发出来。

调研工具把大部分时间都花到了广告上。我们没有围绕产品或零售展开调研，一旦 501 牛仔裤有下跌的趋势，这两个领域将被证明是软肋。我们监控资产的主要工具都设置为只采访在过去 6 个月曾买过一条牛仔裤的消费者。在一个稳定的市场，这是个了不起的观点，但却成为了解品牌分类出现两位数下跌和外部竞争时的主要障碍！

基本上，调研成为"应有的努力"，我们这样做是因为我们不得不做，而不是因为我们致力于消费者洞察的工作。1997 年年初，有明显的迹象表明，所有的状况都不好，但是我们选择忽略它们：牛仔裤在年轻人（我们的核心市场）中下降了 6 个百分点，斯堪的纳维亚的（Scandinavia）股票（被作为领导市场舆论被讨论）在下跌，501 牛仔裤的定性调研表明，年轻消费者开始疏远 501 牛仔裤。

在危机的边缘

到 1997 年年底，我们开始把在欧洲不同等级的信息共同创建成对消费者、市场和位于欧洲品牌情境的完整分析，但情况并不理想。

牛仔裤的市场呈现出自由落体式下降，消费者正转向如 Zara、H&M、Mango、GAP 等，他们开始寻找其他服装而不是牛仔裤：战斗裤、休闲裤、户外服装、高科技纤维材质等。1997 年年底，年轻男性和女性在李维斯牛仔裤上的消费和上一年相比下降了 6%。更糟糕的数字是我们在 1997 ～ 2000 年将失去 50% 的年轻消费者，使得消费者谈论起李维斯品牌会表现得越来越陌生。正如另一家美国大公司所言："李维斯处于恐慌之中，它们正在失去市场份额并绝望地保持冷静。"产品大众化和缺乏创新："501 牛仔裤适合每个蠢人，不幸的是，每个蠢人都只穿一条。"

当我们从牛仔裤设计这样的小方面扩大调研范围时，股票却开始急剧下降。这是第一个表明我们已经太局限于市场"内部"观点的迹象，竞争开始变得困难，我们需要快速站起来实现反弹。

内部的挑战

内部面临的最大挑战是如何克服调研只会带来好消息的心理。对情境分析最初的反应是"股票下跌是什么意思，你知道销售预测实现了，对吗？"

从调研的角度选择你的责任延伸多远？业务状况让它做出选择如何行动或是强迫去行动？选择第二条路径的话，我们将命悬一线。尽管作为一家企业，我们希望能从现有模式中获得更多成功，但我们需要不断地寻求关键受众回归的消息，消费者和市场的迹象表明，这是一条注定会导致我们倒退的路径。

当现实逼迫我们和销售预测突然走低的时候，经过深思熟虑和公司定位，我们开始反对原有的企业文化，这最终给了我们无限的信心。它创造了一个平台，通过调研工具带来变化（和增长）。更重要的是，它带来一个根本性的变化，在这种变化中，我们成为一个更具包容性的公司，与合作伙伴在采取行动方面建立起利益关系。

与外部合作伙伴的参与

为实现这个定位并对开放做出响应，必须对内部提出具体要求，而且还需要一个从调研过程向结果的实际应用进行重心转移的过程。这意味着彻底理解品牌和企业的需要，往往比员工能做出更好的决定。它意味着愿意和能够参与一个关于采取什么行动的讨论，以对消费者洞察为基础，激发员工相信我们所选择的路径。

我们把重点从调研过程细节转移到调研业务应用，这对于确保我们和外部机构的合作关系是至关重要的。要做到这一点，我们需要投入时间向他们介绍我们的调研计划和结果。我们分享内部会议，频繁联系，无论是否有项目正在进行；我们在使用调研公司之间建立一个非竞争的环境，这可以让我们交叉引用它们的信息（这意味着我们将寻找一个"讨价还价"的实践）。结果是，外部合作伙伴可以支持我们发展有用的调研计划和产出见解，推动企业向前发展。因为我们已经获得企业的共同利益，因此也将获得对市场更深刻的理解。

资料来源：Adapted from Flemming from Thygesen and McGowan, P. (2002) 'Inspiring the organisation to act: a business in denial', MRS conference, www.mrs.org.uk.

1.5.3 调研供应商的类型

调研供应商可分为三大类：全方位服务机构、专门的供应商和有限服务供应商。全方位服务机构提供一个完整的调研，包括定性调研和定量调研，提供调研设计、实地调查和数据处理分析的结果及其影响报告等。专门的供应商是那些专注于一个特定的数据收集方案，如在线调研；或者那些专注于特定的市场领域，如医药、金融服务、媒体或 B2B 调研；或那些专注于特定技术或应用的调研，如消费者小组、神秘购物或产品测试。

有些种类之间存在重叠，例如，定性调研机构可以被认为是专门的供应商；那些专门从事特定的定量方法，或特定技术部门也可能被认为是全方位服务机构。有限服务供应商有很多形式，这些供应商专注于调研过程中的一个特定部分，通常只提供实地调查（包括定性调研的招募工作）或数据处理。还有那些独立提供建议和咨询的公司，提供包括咨询、调研设计、项目管理、定性的实地调查、数据解释和报告服务。

1.5.4 调研机构内部的职务角色

大部分全方位服务调研机构和大部分专门机构会有客户服务或项目管理部、实地调查部门以及数据处理部门。这些服务可以作为独立项目提供，正如我们看到的，有些服务机构主要专注于某个或更多这些方面的工作。在这些部门或服务功能会有不同层级的高层管理者。根据组织惯例，这些高管会有不同的称谓，最常见的是根据资历进行排列，分别是调研经理、实地经理或数据处理经理、高级经理、副董事或者高级副主任和主任。在实地调查方面，有访谈人员、主管、区域经理或区域监察。在数据处理部门，可能有数据输入和编码人员，脚本编写者或程序员（建立计算机辅助的数据收集和数据分析所需的程序），以及规范编写者或准备和执行分析的数据分析师，一些数据处理部门也可能包含统计人员。在较小的机构中，其角色可能定义得不太清楚，例如调研经理可以做一些数据处理工作（例如，撰写分析或字符串参数或者编写在线调查脚本）。在较大的机构中，可能会有不同的结构，除了那些从事日常工作的调研项目和人员，还有客户管理人员，以及指定的开发人员和技术人员。

1.5.5 执行调研的角色

执行调研的工作涉及管理并成为客户调研业务的一部分。显然，对于业务各方面的职责和参与程度不仅随职位高低而变化，而且还取决于调研小组、机构或公司规模的大小以及调研项目的性质。然而，这项工作基本上包括从调研概述阶段（有时在这之前）到调研结果和其意义（有时还包括其他内容）的交付阶段。除了这种角色，调研执行是一个典型的项目管理和面向客户咨询的混合体，调研执行可能参与新业务的销售准备，甚至参与内部开发工作。同时，调研执行可能会被用于跟进最新的调研实践发展，一方面跟其自身工作内容有关，另一方面，也被用于客户商业领域发展及其他方面的工作。

调研执行人员的主要职责如下：

- 与客户保持联系；
- 帮助定义问题或进行调研；
- 设计调研；
- 成本核算；
- 撰写建议；
- 与客户和同事讨论提议；

- 数据收集工具 / 脚本的设计；
- 建立并管理调研；
- 开展探索性调研；
- 以探索性调研结果为依据，细化调研计划与数据收集工具；
- 简要地介绍实地调查团队或招募人员；
- 简要地介绍数据处理团队；
- 刺激物的制备；
- 与现场工作人员一起开展工作；
- 参加（或实施，在定性调研的情境下）实地调查工作；
- 准备一个分析计划；
- 撰写数据处理的分析说明；
- 检查数据表的准确性；
- 听录音调研或对其准备转录；
- 分析和解释数据；
- 准备一份报告结果和 / 或陈述；
- 陈述调研对客户的影响；
- 参加与客户的后续讨论；
- 组织项目文件归档和存储。

1.5.6　数据处理服务的内部人员角色

数据处理部门或数据处理服务提供商通常由一组数据处理人员或数据分析人员组成，包括程序员（对计算机辅助或在线访谈的调查问卷进行编辑；专门撰写程序运行表并进行分析），如果采用纸质问卷进行调研，还会包括编码人员，数据录入人员——以上人员都被数据处理经理全权管理，数据处理经理则是向数据处理总监或数据服务总监报告。此外，该机构还可能有一个内部的统计员，也可能有具备专业知识的 IT 专家开发定制的数据收集、分析或数据可视化的软件和 / 或数据库管理工具或数据集成软件包。

数据处理部门中的编码部负责对代码列表或来自问卷的开放式问题进行编码。大多数定量调研包括一些开放式的问题，如"请解释为什么……"。这些问题给出的回答必须被编码成单个元素，这些元素是从所有的调查问卷中提取一个特定问题的响应，列出标题和分配一个数字代码后才能进入分析包并出现在表格中。我们随后将更详细地介绍如何编写一个编码帧（参见第 12 章）。调研执行提供了编码器，该编码器对如何处理回答有一个概述，因此能够指导如何构建编码框架。编码者会在编码研究需求上与调研经理、数据处理主管或经理保持沟通，以确保编码计划能有效地组织和完成，并在规定时间内进行数据处理。

如果采用的是纸质问卷，在数据处理中的下一个阶段将涉及数据录入和数据验证工作。如果数据收集使用了计算机辅助方法，那就不需要数据录入了。数据收集过程中被访问者或应答者直接在计算机中进入回答。数据已被电子化，因此可以下载到一个分析软件包中。但是，如果采用原始的方法，即把收集来的数据记录在一张纸质问卷上，然后还必须将这些数据输入到计算机分析软件包中。该数据的输入过程则由具有经常接触数字或字母经验的数据录入员完成，或对问卷进行电子扫描完成（使用扫描技术，要求调查在某种程度上可以被扫描器阅读）。一旦数据输入完成，要仔细检查以确保问卷调查的代码没有输入错误。

数据处理人员对数据收集、数据录入、验证、数据清理和生成数据表，以及统计所必需的程序进行编写、测试和实施。调研执行准备分析规范（通常称为字符串参数或数据处理参数）对数据处理执行进行设置，规定数据如何编码，如何汇总分析以及如何执行统计测试或特殊分析。我们随后详细解释如何准备数据处理的规范（参见第12章）。数据处理经理将在该规范的基础上编写表格和所需分析的程序。

数据处理经理的职责是管理数据处理部门的工作量，与客户以及他们的调研需求保持一致。数据处理经理可能会参与数据处理任务的成本核算，负责质量控制和参与招聘、培训与监督员工，以及对数据处理预算负责进行管理。数据处理总监要为数据处理项目运营成功、全面质量管理、业务发展以及技术发展更新负责，要为传递顾客和调研者需求的实施系统负责。

1.5.7　实地调查服务的内部角色

对于电话和面对面的调研，实地调查的任务包括准备实地调查成本核算，与调研者共同进行调查问卷的设计、样本设计、采样点的选择以及安排和实地调查管理。实地调查管理涉及分配工作，确定访谈人数以完成每天所准备的访谈、准备访谈介绍，对如何介绍基本情况进行培训并对现场的进度进行检查。实地调查管理可能还包括参加或监督现场访谈、管理访谈者报酬、培训和招募访谈者以及对访谈效率的管理。对于在线调研，调研执行通常包括监测现场进展和汇报进度等任务。

根据组织的规模，对场域的大小进行实地考察，实地调查执行者的角色可能是有区别的，在某种程度上这些任务是由专家进行的。例如，可能有专门的采访者训练专员、专门的实地安排人员、专门的管理人员、专门处理被调查者的抱怨或调研支出的人员。

如果涉及国际或跨国调研，跨国的实地调查协调者可能成为实地调查、客户服务团队或部分独立国际业务单位的一部分。协调专员的任务是保证每个国家的实地考察采用同一标准，包括与市场调研的供应商保持联系，确保那些实施实地调查的人员充分了解项目要求，甚至培训本地市场的工作人员。这还涉及检验调研问卷和讨论调研指南是适应市场，以及有关资料的翻译是否准确。回译是指将材料重新翻译成本国语言，确保原来意思不因翻译而丢失或失真。协调专员将同时检查不同语言的调研问卷和调研指南都反映同样的问题，该角色还可能要求确保调研执行人员能够意识到环境因素的影响，包括文化、社会、经济、技术、法律和政治，这些因素都将影响如何进行调研或如何获取数据，调研或数据获取方式包括招募中使用的采样技术、数据收集方法、问题的措辞和刺激物的使用等。协调专员也可能在实地调查工作结束后参与监督数据检查及数据的处理，包括重译开放式问题的答案，翻译焦点小组和深度访谈的回答。

　　现在我们已经了解调研及其内部的角色，下面我们将把注意力转向"游戏规则"，即更广泛的框架内的调研工作。

1.6　调研中的道德与实践

　　我们首先审视调研中的道德准则，并将在第 2 章基于职业准则提出更正式的原则框架，包括执行《MRS 行为准则》。在这一章中的最后一节，我们将审视数据的立法保护和它对调研实践的影响。

1.6.1　什么是道德

　　道德是用来指导行为的准则。道德研究是行为标准、特定个人或群体行为正确与否的研究。道德准则是用来规范人们如何与人打交道的行为集合或职业标准，调研行业也不例外。道德标准在任何调研背景下都很重要，那些调研者、被调研者、客户和其他用户甚至更广泛的社区，应该知道什么调研行为是可接受的，什么是不可接受的。调研者的道德准则延伸到如何对待客户，例如，推荐不需要的调研、误报结果、泄露客户数据的机密或其他调研者的工资等，都是不能接受的。然而，大多数道德准则的基础关注点是设定对待调研参与者的行为标准。

1.6.2　建立合作

　　为什么人们同意参与调研？我们问了很多调研参与者并且只给他们很少的报酬。我们闯入他们的生活——包括观察、测量和询问他们的行为、态度和意见，并分析、解释和将他们的回答做成报告。我们经常要求他们透漏个人的敏感信息，甚至是陌生人的信息。尽管我们有时会为他们提供很少的有形或无形的酬劳——大部分情况是这些酬劳并不是他们感兴趣的。在这些条件下，大多数情况是人们不愿意配合调研工作，尤其是他们觉得无法信任该调研。建立信任的方式之一是保证并证明该调研是在一个可接受的、道德方式下进行的。这很大程度上是通过宣布和促使正式的、调研者同意遵守的行为准则来达成的。各种调研行业机构 [ESOMAR（www.esomar.org）、社会调研协会（www.the-sra.org.uk）、MRS（www.mrs.org.uk）] 已经制定了实践和 / 或设置了关于权利和保障的概要，他们有权在调研过程中提高公众信心的道德准则，明确调研者需要在调研中承担的责任，特别是针对弱势群体时。在本书中，我们会专门提及一个关于准则的部分，即关于调研实践中的《MRS 行为准则》，在这部分中，我们将更详细地介绍道德准则。

1.6.3　对待被调研者的道德准则

　　这是在与被调研者相关的、最标准的基础上进行调研的道德准则，包括如下内容：

- 自愿参与；
- 不能伤害被调研者；
- 获得被调研者许可；
- 匿名和保密（隐私）；
- 透明度；
- 没有欺骗性的调研话题。

1. 自愿参与

自愿参与是伦理道德的基石：它要求任何人不应该强迫或欺骗别人参与调研。调研者应获得一个人或一个组织的同意，而同意又应基于对调研有清晰的了解，包括调研将如何收集数据以及如何使用这些数据。被调研者应被告知他们有权在任何时间退出该调研，并且没有义务回答任何问题。

2. 不能伤害被调研者

在调研实施的所有实践中，被调研者都应得到尊重。调研者的责任是确保被调研者的情绪以及身体健康，并采取措施确保被调研者不会由于参与调研项目而受到伤害或不利影响 [《MRS 行为准则》（2010）]。识别可能对被调研者造成的物理伤害，要避免发生此种情况应该是比较容易的。例如，如果调研涉及一个产品的应答测试，客户和调研者应采取措施确保产品的安全使用，或者提供相关使用说明。但是，认识到什么会引起人们情感上的伤害则是比较困难的。基于很多可能的原因，调研会导致焦虑和压力（Gordon and Robson，1980）。在不合适的或不方便的时间进行调研可能引起被调研者的烦恼和痛苦，询问敏感的话题可能让被调研者尴尬和不快。在以报告或出版为结果形式的调研中，个人或调研情境可能会给被调研者造成尴尬和窘迫，并可能损害被调研者的自我形象或声誉（Lee，1992）。

3. 获得被调研者许可

自愿原则和不伤害参与者是建立在取得许可的基础上。调研应该针对取得许可的被调研者进行，被调研者应该清楚地了解参与什么以及他们所提供的数据将被用于干什么，确保调研的性质不以任何方式被歪曲，这是调研者的责任所在。下面的讨论我们将重新审视获得被调研者许可原则在有关数据保护立法方面的作用。

4. 匿名和保密

保证被调研者及其所提供的数据具有匿名性和保密性，这是两种保护被调研者的安宁和利益的方式。匿名和保密经常被混淆，有时被认为是同一件事，实际上它们是不同的，在对被调研者做出担保时记住这点很重要。如果你答应保密，这意味着当你针对特别的个体获得特别的回答时，你承诺不会将其回答公开。但是如果你保证匿名，就意味着你不能针对特定的个体获取特定的回答。在大多数项目中，为保证个人数据收集处理的质量控制和达到验证的目的，匿名并不总是可行的方式。数据记录可以通过移除所有的识别信息被匿名，这是正确的做法，在数据质量检查完成之后也应该尽快这么做。如果有必要再联系被调研者，任何个人资料应该与数据分开记录存储（只有那些参与调研的人应获得相关信息）。在某些项目中，可能有必要为了安全合作而对被调研者做出匿名承诺（如对性行为、吸毒、犯罪活动的调研）——数据集中不应该有个人数据记录，不能根据他们的回答识别其身份。这也意味着质量检查或验证无法开展。一旦向被调研者保证保密或匿名但却违反承诺，就是不道德行为。例如，你把被调研者的数据交给客户时，还顺带把客户背景资料一同交给客户；或者把调查结果出版时详细描述被调研者身份，这也会违反你与被调研者之间的协议，这些都属于不道德行为。如果不是出于保护数据机密的意图，你就不应该答应保密，或不该将调研表述为具有保密性质，你必须告诉被调研者收集数据的目的是什么。员工满意度调查中，如果你答应被调研者他将匿名，但是你却打印出被调研者的员工数（包括他们）。例如，调查问卷和数据记录并没匿名，那么你违反了你与被调研者间的承诺。如果你不诚实地告知被调研者调研的性质和目的，你也没有履行取得同意的原则而欺骗了他们。

5. 透明度

调研可以在没有任何匿名或保密的承诺下进行。例如，数据可以基于特定的原因进行收集。但是，这只能在被调研者同意的情况下实施，这些数据也只能用于向当时的参与者所描述之目的。个人或组织收集数据必须要透明地反映该调研的目的，反映数据的最终用途。

6. 没有欺骗性的调研话题

为了能使对方参与调研而编造一些东西就是不道德的。例如，你明明知道访谈过程要花 45 分钟，却告诉被调研者只需要 15 分钟，这就是不道德的。欺骗项目实施人员认为，他们参与调研时都不会是不道德的。作为欺骗性话题的结果，可能导致调研的声誉受到损害以及被调查者的合作率下降。调研主题不应该以任何方式进行误导或欺骗，即主题应该明确（透明度高）。作为良好的调研的一部分，具有透明度的主题应该诚实地告知被调研者。

1.6.4 对客户和调研团体的道德考虑

调研者对被调研者应承担的道德责任无处不在，调研者还应对客户或调研的资助者承担道德责任（Lovett，2001），对调研者的同事和更广泛的团体承担道德责任。因此，调研者有责任确保所采用的调研方式不会导致公众或商业界对调研失去信心，他们不应该提出或实施不必要的调研，不应该使自己的资历和经验蒙上不诚实的阴影。如果正在实施调研项目的人员被委以机密的和商业敏感性信息，那么他们有道德责任不披露这一信息。当计划或披露关于调研的报告或结果时，调研者的道德责任就是必须以公开和诚实的方式，说明调研将会或已经采用怎样的方式进行，以及陈述该调研的局限性和不足。如果遇到困难或犯了错误，也应该坦然承认，这是为了让别人吸取教训，也是为了更广泛的调研团体的利益，并允许其他人来判断调研的有效性和可靠性。调研者还必须确保调研结果（无论是正面还是负面的）报告具有准确性和诚实性，它们不能用来误导任何事物。他们有责任确保在没有得到许可的情况下，不使用或不利用另一位调研者的成果。

1.6.5　理解和应用道德准则的歧义

上述准则是被大多数调研者所认可的，包括获得被调研者许可，被调研者不应被欺骗或强迫参加调研，或者关于数据的用途欺骗他们，并且数据应该保密除非另有商定。虽然这一切（连同问题）最初看起来都相当简单，但还是有一些需要考虑的问题：

- 你在鼓励不愿意参加的被调研者方面做了多少努力？如果你试图说服一个被调研者参加，你是否违反了自愿参与的原则？它取决于你所说和所做的都是为了说服吗？那些实际参加调研的样本是否具有代表性（调研的外部效度）？

- 如果在数据收集开始时你无法获得自愿参加的被调研者的同意，你是否会为了让他们参与而欺骗他们？它取决于调研情境的类型吗？观察调研法中，如神秘购物，其调研的有效性依赖于主体不知道他正在被观察，也意味着数据收集之前没有得到他们的允许，这合理吗？

- 为了遵循获得被调研者许可的原则，你该告诉被调研者多少关于调研的信息（Robson，1991）？你应该把所有情况都告诉他们吗？所有的情况又究竟是什么？如果你出于担心他们带有倾向性的回答问题而保留一些调研细节的话，这是欺骗还是对获得被调研者许可原则的妥协？例如，如果你正在进行一项关于顾客满意度的调研，这项调研中要对几个服务组织进行比较，而你担心把组织真实名称告诉被调研者，可能会导致他们出现应答偏差，这时你该怎么做？

- 你承诺调研视频、小组讨论、被调研者所提供的数据和记录都将被保密或仅用于调研。调研训练用视频记录是正当的吗？你是否违背了保密的承诺？你是否因为使用数据而欺骗了被调研者？

- 你在一个相对较小的组织或员工组群中开展关于员工经验的调研，以便了解经验是否随部门不同而变化。尽管不会记录员工个人的名字，但需要记录部门名称，这是否会泄露个人信息？如果员工是在工作日接受访谈，他的同事是否会因此知道谁参与了该访谈项目？在这种情况下，你如何保证被调研者的保密性或匿名性？如果被调研者认为保密性可能会受到损害，数据质量是否会因此受到影响？他们回答的开放性和诚实度会受到项目保密承诺的限制吗？你能肯定不会由于他们的参与而使其利益受损吗？

- 谁有权拥有调研项目所收集的数据？参与调研的被调研者有权拥有关于他们的数据吗？如果被调研者有这样的权利，他们有权依据数据的用途而收回数据吗？这些做法对于保密和匿名又有什么意义？一旦采用匿名，他们又是否还有这样的权利？

这些问题和困境表明，道德问题是模糊的。关于如何运用道德准则的问题一直都会存在。为了解决这些问题并确保专业的、一致的实践标准，市场调研协会、MRS 等这样的专业调研团队已经开发了正式的行为准则。

1.7　专业行为准则

正如我们已经看到的，在调研实践中出现的许多情况和问题都是模棱两可的，都可以从道德的视角获得宽泛的解释——某个人在特定情境中对行为做出一定的判断，另一个人却可能与此相反。为了明确什么是道德的，什么是不道德的或可接受的调研行为，专业调研团体开发了正式的行为准则。这些准则的目的是在其成员之间建立良好的实践和道德行为的最低标准。准则的目标是确保重要的道德问题得到识别和处理，并试图澄清任何有歧义的道德准则解释。大多数准则覆盖三个方面：调研者对于被调研者、调研出资者和其他调研者的职责。欧洲民意与市场研究协会（ESOMAR，www. esomar.org）的成员代表了世界范围内调研的专业人员，他们是由国际商会（ICC）/ESOMAR营销与社会调研实践国际准则组成，MRS成员的行为受到该准则的约束。社会调研协会（www.the-sra.org.uk）出版了道德指南。

准则和指导方针是一种自我约束，尽管它们可能具有立法意义，但它们并不会替换立法或凌驾于立法之上。ESOMAR（2009）指出，这些准则能适用于法律背景和任何严格的标准或规则，可在任何特定的市场提出相应要求。"这些准则要求调研者与立法和准则保持一致，这些立法与准则会影响调研的实践开展。"

MRS 行为准则

《MRS行为准则》首次出版于1954年，并随着调研实践和立法变化而修订与更新。MRS指出，保持自己行为准则的变化与更新是成员的责任。一个完整的行为准则，其中包含有关它的注释可在MRS网站（www.mrs.org.uk）上获得。为了向调研者提供更为详细的准则解释框架，MRS还出版了一系列指南（也在该网站上），这些指南解释了适用于不同类型调研实践的行为准则。此外，关于咨询服务的MRS操作称为准则系列。准则系列是由调研专家向被调研者、调研者、客户和其他感兴趣的群体提出的建议，这些建议是关于行为准则和指南系列的合理使用。你可以通过向codeline@mrs.org.uk发送电子邮件提交查询请求。在本章的其余部分，我们着重强调调研方法或调研过程背景下的《MRS行为准则》。

专栏 1-2

《MRS 行为准则》

准则的目的

行为准则是设计用来支持那些从事市场、社会或舆论调研如何保持专业标准的。准则也意在安抚公众和其他利益相关方，使调研以专业和道德的方式进行。

准则的原则

以下是《MRS行为准则》的原则：

1. 调研者应确保他们的活动是在获得被调研者许可的基础上进行的。
2. 调研者所有专业关系的建立都应该是明确的诚实的。
3. 调研者对被调研者的调研目的应该是透明的。
4. 调研者有责任保证专业调研中收集到的数据的保密性。

5. 调研者应尊重个体和所有利益相关方的权利。

6. 调研者应确保被调研者利益不会受损，或避免由于他们的专业调研而造成不利影响。

7. 调研者应平衡个人、客户和调研之间的需求。

8. 调研者应在调研设计、调研执行和调研报告中发挥独立的专业判断。

9. 调研者应对从事职业活动的人员进行适当培训。

10. 调研者应保护行业的声誉和诚信。

准则的结构

A 部分的准则体现了职业行为的一般性原则，B 部分的准则体现的是调研者采用不同调研方式时应遵循的更为具体的原则。附录中列出了选择其他调研者可能感兴趣的准则。

资料来源：MRS Code of Conduct (2010). Used with permission.

1.8　调研与数据保护的法规

1995 年，欧盟通过了《个人数据保护指令》。该指令第 1 章中就提出了一个目标，即保护自然人的基本权利和自由，尤其是在处理与他们隐私相关的个人数据时。欧盟各成员国提出相关立法以遵循该指令。英国的立法是《数据保护法案》(1998)。前面讨论的道德准则都符合该数据保护立法的要求，尤其是获取被调查者许可的原则和保密原则。

1.8.1　《数据保护法案》(1998)的适用范围：个人资料

该法案的目的是确保在收集和使用个人数据方面的保密性。在该法案背景下，个人数据是指那些可以用来识别一个有生命的自然人（儿童和成人），一个可以通过"身份证号码或者物理、生理、心理、经济、文化或社会特征可直接或间接识别的人"。

1. 个人数据的访问权

当个人的数据连接到诸如调查问卷这样的数据记录时，数据主体——问卷的被调查者，在法案下有权要求访问这些个人数据。然而，一旦数据已失去个人信息，即某个个体的标记符号从数据记录中被删除掉，这种权利就不再适用。因此需要考虑的是，处理过程中的数据多久可能会失去个人信息。在许多调研项目中，个人数据的收集是以保持质量控制为目的——为了验证已进行的调研。一旦质量控制检查完成，个人数据就可以从数据记录中删除。

2. 个人数据存储

遵循法案并不意味着数据在存储的时候都要去掉个人信息。事实上，个人数据可以保存下去，只要不与该法案的第五个原则相冲突，即个人数据的使用不能违反收集时所做的承诺，这与调研中数据去掉个人信息的问题尤其相关。调研者如能保证数据安全地使用，或避免未经授权的访问，就不需要使数据失去个人信息（虽然这是从管理的可行性视角来看）。

坚持保密性是关于数据安全的话题。英国信息专员办公室（ICO，www.ico.gov.uk）是一个独立的机构，由司法部主办，其目的是为保护个人信息，它有权修正 1998 版的法案，并对那些没有加密个人数据的组织进行经济处罚。在对违规的组织进行处罚时，ICO 要清晰地说明未加密的移动媒体设备被视为违约行为，而不考虑其他效果的衡量。在调研实践的含义中（Ryan，2011），调研者必须采取一切必要措施确保数据的存储和传输安全。这适用于短期内被设备存储的数据，以及那些调研者和被调研者在公共场合或家里进行传输的数据。

在《数据保护法案》（1998）中，被调研者有权访问他们的个人数据。这意味着，如果被调研者要求查看调研者所持有的数据，调研者应该为他们提供数据所有者的具体联系方式，以及 / 或者告知数据所有者必须在 40 天内回应被调研者的请求。如果被调研者要求将数据从记录中删除，或要求更正不正确的数据，或者要求数据拥有者联系他们，调研者也应为被调研者提供详细的联系方式，并在 40 天内通知数据拥有者回应被调研者的意见。

1.8.2　个人数据处理

在《数据保护法案》（1998）中，有八个原则规定了个人数据的处理：

第一个原则：个人数据必须经过公平和合法的处理。

第二个原则：个人数据只能用于指定的、合法的目的。

第三个原则：个人数据应该是充分的、相关的和不过分的。

第四个原则：个人数据应当准确、及时。

第五个原则：个人数据必须不能超出收集时所承诺的目的。

第六个原则：个人数据的处理应与数据对象的权利相一致。

第七个原则：个人数据必须保密。

第八个原则：个人数据不得从欧洲经济区（EEA）转移出去，除非有足够的保护措施。

1. 个人数据处理

在英国《数据保护法案》（1998）目录中，术语"加工"（processing）意味着获取、记录或保存数据，它是指任何对数据的操作，如组织、更新和改变数据。它包括涉及的检索、查阅资料或使用数据的过程；它还包括涉及公开的数据传输或传播过程中，任何破坏数据的行为。

2. 以调研为目的的个人数据处理

《数据保护法案》（1998）将以调研为目的的个人数据处理视为一种特殊方式。如果进一步加工的目的与最初对被调研者描述的目的一致，它允许个人数据再加工。只要不与该法案的第五个原则相冲突（个人资料必须不能超出他们收集的目的），它允许个人资料被保存下去。正如我们前面看到的，如果这些数据包含了关于个体识别的信息，数据个人有权要求备份数据记录，而一旦数据被移除，他们没有权利再要求进行访问。尽管如此，要合理采用这种方式必须满足三个条件：

- 数据必须仅用于调研；
- 数据不应该以造成实质性损害或损害数据对象的方式来使用；
- 数据不应该用来支持任何特定个人的行动与决策。

数据库特别是客户数据库，被越来越多地用于调研取样，它们的使用与数据保护法案息息相关。如果调研者以取样为目的使用数据库，他们可以把信息从个人传递给数据拥有者吗？他们可以把个人信息数据库传递给数据库所有者吗？出于什么目的的数据所有者能使用这些信息？换句话说，什么样的反馈是被法案允许的？

1.8.3 市场调研的处理与分类

为了区分在《数据保护法案》（1998）允许下调研项目中数据披露或反馈的形式和范围，MRS 这个专业机构的代表调研者，认同 ICO 调研项目中的分类。该分类保护六个类别项目，其中五个类别被描述为"传统"调研；第六类包括不符合传统调研要求的项目。区分传统和非传统调研项目的方式是考虑其收集数据的目的或数据的最终用途。在传统调研中收集的数据——那些从第一个到第五个类别，被用来理解和预测态度和行为；第六个类项目中收集的数据被用来实施直接营销，比如针对个人识别。这些类别之间不是相互排斥的，一个项目可以属于多个类别，例如，依据样品的来源和数据最终用途进行归纳。

一般调研实践的启示

这对于调研实践有什么意义吗？当被调研者同意参加调研时，MRS 成员必须确保没有歧义（获得被调研者许可原则和透明度原则）。调研者必须明确告诉被调研者数据将被如何使用，具有保密性的调研显然与其他调研有区别，因此充分利用调研目的之外的其他个人资料非常重要。五个项目中的保密性调研或传统调研（类别一到类别五的项目），达到了进行 MRS 调研的严格条件。在进行传统调研时，MRS 要求如下：

- 被调研者同意他们的个人资料被用于指定的其他用途；
- 他们有机会退出任何后续活动；
- 如果收集的是敏感数据，在同意的基础上需要详细说明如何使用数据。

1.8.4 在线数据收集的数据保护和隐私问题

在线调研一直是不断变化的。社交媒体监测或社会媒体的市场调研正在越来越受欢迎。亨宁（2010）将其定义为，"网络信息的搜索和关于这些讨论的后续分析"。亨宁举出很多与这种形式的调研和道德行为相关的问题与实践：

- 我们是否尊重或忽略对隐私的期望？
- 我们是否从事在线评论员的工作？
- 在我们的调研中，我们是否寻求许可以分享顾客的观点？
- 当我们引用评论时，我们是否对其进行判断？

这是一个快速变化和合规的复杂领域。2011年,MRS的市场调研标准委员会(MRSB)发表了一篇论文《在线数据收集和隐私》(2011)。这篇文章的目的是探讨"哪些个人数据在没有获得个人同意的前提下采取行动,可以既合法又符合道德地在线上收集的程度"。2012年,在收到大量关于这篇论文的反馈后,MRS发表了一篇名为《对辩解的回应》的文章,并在文中明确了它的定位。以下是编辑的摘录:

> 虚拟世界是由一样东西构成——数据。我们在线看到、听到或经历的所有东西都有赖于媒介的基本编码、数据复制的方式,以及那些我们用来进行传输和提供数据的设备。在所有数据中,有一组数据与识别生活中的自然人息息相关——个人数据,这是问题开始的地方。
>
> 个人数据在《数据保护法案》(1998)的影响下进行处理。
>
> 现实世界中,在合理的范围内,我们可以在公共场所没有取得被调研者同意的情况下观察到个人。这种调研可能是在公共场所观察人来人往,计算并观察他们在某个地方花多长时间。按照当前法规,这样的行为是可以接受的,因为这些数据不是来自互动……在网络世界中,调研者并不观察个人,而是观察个人数据——这种观察需要对数据进行处理。这意味着,该行为要以认真阅读法律条款为前提,并且要将法律规定应用到观察中。
>
> 尽管你可能会说:"这是公共信息而已"。
>
> 《数据保护法案》(1998)没有包含关于私人领域个人数据和公共领域个人数据的区别,它仅针对数据的处理。公共空间的个人数据可帮助调研者理解那些可用的数据,但这些数据缺少关于进一步收集和处理的判断标准。
>
> 进一步,"公共"的现实情况已经改变了。30年前,任何人都能看到或听到你,你也同样可以看到和听到对方。现在的"公共"是指能看到的无数陌生人,我们所看到的远远超出自己的能力范围。面对快速变化的"公共"的含义,在调研者认为无法获得同意收集和公平合理地处理之前,应该暂停调研。
>
> 从法律的角度看,起决定作用的是数据能否公开获取,而不是这些数据处理的初衷。网络博文(tweet)有相似的自由,因为Twitter实际上成为一种广播媒体,评价一个朋友在Facebook上的照片不会受到这些限制。
>
> 资料来源:After edited extract from 'MRS Market Research Standards Board Online Data Collection and Privacy Response to Submissions', April 2012. Used with permission.

MRS已更新它们的《在线调研指南》和《儿童与青少年调研指南》,这些指南包含了上述行文所讨论的问题和对这些问题的持续回应,并将会通过持续更新推动这个领域更深入的发展。

消费者会如何看待社交媒体市场调研?在"案例研究1-5"中,来自美国的调研阐述了在线用户的意见和社交媒体监测。我们将在后面对社交媒体监测有更详细的讨论(参见第5章)。

案例研究 1-5

社交媒体在市场调研中的良好行为：顾客视角

在本案例研究中，Vovici 的杰弗里·亨宁（Jeffrey Henning）描述了一个他在美国完成的调研发现，这是一个关于社交媒体的市场调研，以及消费者对市场调研开展的满意度的调研。

为什么这个案例研究值得阅读

本案例研究值得阅读的几个原因：它说明了消费者的意见对调研实践而言是很重要的建议；它是一个消费者调研的例子；它是一个在线调研的例子。

关键词：社交媒体监测认识、监测、隐私问题、期望、不参与、共享的认同、模糊的身份。

调查及其结果

我们对 426 个在线用户进行了关于在社交媒体调研看法的调查（85% 的回答率），包括他们对社交媒体监测的认识，他们的隐私问题，以及希望被调研者如何对待等。

对于被调查者来说，95% 都会担心自己在互联网的隐私问题，其中 40% 非常或极其关注这个话题。作为附加说明，这项调研与 Facebook 的隐私丑闻一致。它很合时宜地表达了对网络隐私问题的关心，但却没有将关心转化为行动。那些非常关注却没有行动的消费者与那些毫不关心的消费者并没有实质上的不同。

69% 的被调查者意识到"组织在监测和分析公共互联网的讨论"，45% 的被调查者知道"市场调研者监控这样的讨论"。

尊重隐私。由于大部分社交媒体中的对话都是谈话式的，所以要考虑到窃听的问题。毕竟，在公共场合的谈话是不应该被公开的，有些只是因为被偷听到而已。在社交媒体讨论中，调研者不能诱导被调查者。

不参与评论。只有 15% 的被调查者认为被单独的市场调研者通过社交媒体联系是可以接受的，虽然 56% 的被调查者认为通过组织他们参与评论的方式进行联系是可接受的。

在你的调研中寻求对消费者评论共享的认同。如果你必须分享调研报告中的评论，85% 的被调查者希望你得到他们的同意。

评论者最不想暴露身份：43% 的被调查者希望你根本不能识别他们；24% 的人希望他们的人口信息得到描述；只有 7% 的人认为公布他们的真实姓名和评论是合适的。

资料来源：Adapted from Henning, J. (2010) 'The etiquette of eavesdropping', Research, August, 531, pp. 26–7.

1.8.5 调研与《隐私和电子通信法》（2003）

《隐私和电子通信法》（2003）经过修订，于 2011 年 5 月生效，该法案对调研实践有重大意义。该法案涉及两个方面：不请自来的电子邮件和文本，以及信息记录程序。

1. 垃圾电子邮件和文本

《MRS 行为准则》（2011）在《隐私和电子通信法》（2003）范围内设置了关键的要点

和提出其对调研的意义。简而言之，不请自来的商业电子邮件（垃圾邮件）和短信必须经过个人同意——他必须有所选择或提出"主动同意"。有一个例外与现有的客户关系相关——一些关于产品或服务的主动沟通会发送给现有的客户，除非或直到他们"选择退出"。MRS 为从业人员提出以下指导：

（1）以调研为目的的电子邮件和短信在法规范围内不会被定义为商业沟通。但是，调研者应该准备与法规相关的反馈和 / 或问题，以应对那些不能辨识两者区别的被调研者。

（2）客户组织可以向市场调研者提供它们客户的电子邮件地址。唯一例外的是，客户已经决定从他们的标准数据保护中退出，在这种情况下，邮件地址在提供之前必须把该客户从列表中删除。

（3）对于非调研性或包含营销目的（那些以组织销售促进为目的）的混合项目，必须遵循和依照法案实施。具体请看 MRS 的《关于非调研目的的调研技术法规的使用》。

2. 信息记录程序

修订的《隐私和电子通信法》（2011）中要求，在更换用户机器或设备中的信息记录程序时，要取得用户同意（Ryan，2011）。MRS 认为，这些新规定满足了关于信息记录程序使用中体现更大透明度的需要（详细介绍了在线调研以及样本组和调研社区的条款及情境），潜在的调研参与者可以决定是否参加调研。

🖐 专栏 1-3

调研项目的 MRS 分类

- 第一类包括传统的保密性调研，这类调研不会反馈任何个人数据，除了那些参与项目者的行为准则受到《MRS 行为准则》约束，或同意仅以调研为目的而使用数据。

- 第二类包括的项目，是那些所使用的样本来自客户数据库或其他第三方拥有的名单。遵守《数据保护法案》（1998）第四个原则——个人数据应准确、及时，当数据库或列表中的个体已经不存在（又缺少新的地址）或者已死亡时，使用该数据库或名单的人员（调研者）应该告知其所有者。

- 第三类包括使用客户拥有或第三方拥有的客户数据库或采样名单的项目。为避免对数据库或名单中的个体过度地调研，调研者可以向数据库所有者提供联系人的姓名或身份证号码，包括那些拒绝接受访谈的人，完全是为了达到建立"不是为了调研而进行挑选"的目的。

- 第四类包括对具体投诉进行反馈的项目。被调研者或客户可以要求调研者提供关于调研投诉的具体细节，申请人必须认同该反馈的发生原理和投诉的内容（保证）。给客户提供的唯一细节是被调研者的联系细节以及对投诉的描述，客户只有在提出问题以及非其他目的的情况下才能使用这些信息。

- 在第五类项目中，客户在个人数据是使用于调研目的的情况下，可以得到个体被调研者层面的调研结果（例如，小组讨论的一盘录像带），这是调研者和客户之间合同的一部分，这些项目都在《MRS 行为准则》中描述为以"归因"为目的的数据收集指南。

- 第六类包括将数据用于归结原因的项目。

在实施这六大类项目中，如果数据收集的目的不是为了调研，MRS 成员必须确保以下规则：

- 个人数据的用途已经清楚地描述给了被调研者；
- 这样的目的是合法的；
- 被调研者已同意将数据用于所描述的其他目的；
- 被调研者有机会阻止个人数据被用于任何目的的对象（即所谓的"选择退出"）；
- 数据不被用于任何不被调研者许可的目的。

当开展非市场调研实践或那些包括市场调研在内的多种目的的实践时，MRS 建议其成员按如下要求实施：

- 坚持既定的行为或实践准则，如直复营销实践行为准则（http:// www.dma.org.uk）；
- 不能遮挡任何有关"选择退出"列表，因为这是法律的要求。例如，在进行直复营销相关活动时的"电话优惠服务"（www.tpsonline.org.uk/tps/）。

➦ 本章总结

- 调研是系统地观察或调查以发现结果。它是我们形成关于世界的证据或知识的过程。它建立在科学方法基础上，反过来这种方法又受到有关知识本质以及我们如何构建知识的哲学原理的支撑。
- 市场调研和社会调研在提供坚实可靠证据的广阔情境中扮演着重要角色，有助于组织中的公共、私人或非营利部门的计划与决策。其价值受到很多因素的限制，包括：
  - 问题界定不清；
  - 对问题（或手册）认识不足；
  - 不完善或不恰当的调研设计；
  - 使用方法的局限性；
  - 执行力差的调研；
  - 对结果的解释；
  - 知识的层次；
  - 委托调研与提供和应用调研结果之间的时间差；
  - 决策者对调研证据的使用、滥用或不使用。
- 调研行业由调研供应商和那些购买和 / 或使用调研的人组成。有几种调研供应商，包括全方位服务的机构、专门机构和独立顾问。家庭或客户端调研者是那些在客户组织内工作的人员，和那些角色随着组织改变而改变的人员。它可以是内部顾问，建议决策者使用调研，整合调研和来自各种来源的证据，并确保与其他调研数据转换为信息和知识的有效应用，其作用可能还包括提供、委托和管理外部调研。机构调研者的作用是从最初的客户介绍开始管理一个调研项目，通过调研设计和安排，实地调查和数据处理分析，解释和演示结果来影响客户。
- 道德是用来指导行为的准则，道德准则是用来规范他们如何与人打交道的职业行为标准。在调研的背景下道德是重要的，那些参与调研的调研者、被调研者、客户和其他调研者以及更广泛的社区，应该知道什么是可接受的、什么是不可接受的调研行为。

- 不同的专业团体，包括 MRS 和 ESOMAR，代表了更大范围内的调研者和调研行业，它们的目标是通过出版行为实践的指南或准则，确保调研以职业和道德的方式开展。虽然这些准则和指南可能涵盖法律所包括的规范，但它们不能替代或凌驾于立法之上。与调研准则相关的实施标准大多以道德原理为基础：
  - ◆ 自愿参与；
  - ◆ 不能伤害被调研者；
  - ◆ 获得被调研者许可；
  - ◆ 匿名和保密；
  - ◆ 透明度；
  - ◆ 没有欺骗性的调研话题。
- 在英国《数据保护法案》（1998）的影响下，如何对待个人数据需要遵循八个原则：
  第一个原则：个人数据必须进行公平和合法的处理。
  第二个原则：个人数据只能用于指定的、合法的目的。
  第三个原则：个人数据应该是充分的、相关的和不过分的。
  第四个原则：个人数据应当准确、及时。
  第五个原则：个人数据不能超出其收集时所承诺的目的。
  第六个原则：个人数据的处理应与数据对象的权利相一致。
  第七个原则：个人数据必须保密。
  第八个原则：个人数据不得从欧洲经济区（EEA）转移出去，除非有足够的保护措施。
- 与隐私和在线数据采集相关的道德实践，是调研者和潜在被调研者之间的一个关键问题，个人数据的在线收集以及《数据保护法案》（1998）的应用也是如此。在有关社交媒体监测和使用这种方式收集数据的分析方面，调研者应该谨慎。正如 MRS 指出的，"公共空间中个人数据的可用性可以帮助调研者理解使用它的目的，但是仅仅是可用性不足以成为判断收集和进一步处理的标准。"

➡ 问题与练习

1. 你的客户最近在招聘新的内部调研执行人员和一名新的市场专员。客户要求作为机构调研者的你训练他们。这个会议要准备以下主题：
   a. 什么样的调研是不能提供的。
   b. 调研的外部供应商可以向客户组织提供什么。
2. 一个手机零售商与客户进行一系列讨论，这些客户包括以下一些组别：12 ～ 14 岁、15 ～ 17 岁和 18 ～ 21 岁。该营销经理在介绍中表示，除了使用结果来帮助他更好地了解自己的客户之外，他会将小组记录在视频中，以帮助他用这些记录来培训销售人员。想象你如何撰写调研方案。在提出客户简介和你如何实施时，确定道德、法律和行为规范等问题。

第 2 章
Chapter 2 ·······························

调研的类型

□ 引言

在第 1 章中我们讨论了什么是调研，在什么背景下采用何种调研方式来解决问题，以及调研的具体用途和局限性；我们还讨论了调研过程的各种角色。基于此，在第 2 章中我们将讨论不同类型的调研方式，以及调研设计和调研设计过程。本章旨在介绍进行项目的规划和设计时，如何做出有效合理的选择。了解调研需求，为了解决调研问题需要哪些证据，以及现存的可以用来收集相关类型证据的途径，所有这些都可以帮助你委托或设计出有效的调研。除此之外，文中还辅以许多实际案例，对不同类型的调研加以说明。

□ 本章主题

- 调研类型
- 调研设计的过程
- 调研设计的类型

□ 学习目标

- 了解描述不同类型调研的专业术语
- 了解每种调研类型的基本问题
- 了解每种调研的主要用途
- 理解调研设计的含义以及调研过程所涉及的内容
- 理解主要调研设计的关键方面

2.1 调研类型

根据其背景，调研是可以进行分类的，包括消费者调研 [有时又被称为企业 – 消费者调研（B2C）或企业 – 企业调研（B2B）]，以及我们早已了解的社会调研（第 1 章），它还可以通过以下方式加以描述：

- 调研的性质——探索性调研、描述性调研、解释性调研以及非正式调研。
- 数据的情形与来源——一手资料调研和二手资料调研。
- 数据的类型——定性调研和定量调研。
- 数据收集的方式——连续性调研和临时性调研。

- 数据收集的方法——观察调研和访谈调研，个人或自我完成性调研，面对面调研、电话调研、在线调研以及邮寄调研等。
- 调研设计的类型——横截面调研、纵向调研、解释性调研、非正式调研、经验性调研以及案例研究。

一种调研可以通过不同的方式进行描述。调研可以被描述为描述性调研、临时性调研、定量调研、二手资料调研和/或消费者调研。一个调研项目可能包括几种不同类型的调研方式。例如，它可能包括定性阶段、基础性阶段以及定量阶段；它可能包括二手资料调研——一种文献综述或已存在数据（和一手资料调研）的分析，一种特定设计的调研；它可能开始于观察训练并包括后续的访谈阶段。本章我们将简要地对这些类型的调研方法进行讨论。

2.2 调研的性质

根据调研问询的性质与其想要产生证据的类型，调研可以被分为三类：探索性调研、描述性调研以及因果性或解释性调研。在接下来的章节中我们将会再次讨论这一内容（参见第3章），这是一种对调研进行分类的有用方法，它不仅可以帮助你在设定调研目标时对自身的想法进行分类，当在计划和执行分析时，其对调研过程的其他方面也非常有用。描述性调研与解释性调研问询有时会被视为结论性调研。每种调研问询类型都可能涉及一手资料调研、二手资料调研、定性调研或定量调研。以下总结了每种问询的本质和用途。在本章接下来的内容中对调研设计的细节进行更多的讨论时，我们将回顾这些概念。

2.2.1 探索性调研

顾名思义，探索性调研（exploratory research）是一种负责探索问题或话题的调研。探索性调研对于识别问题、澄清问题本质或问题所包含的内容非常有用。它可以用于发展适用于更深入调研的建议和假设，寻找一个对问题达到更深入理解的视角。例如，为了理解消费者对于新产品概念或广告概念的反应，或者当讨论到"企业家"时，试图弄清业务主管（business executives）的含义，或者帮助定义"虐待老人"（elder abuse）这个术语的含义等，都会采用探索性调研。

2.2.2 描述性调研

许多市场调研和社会调研既是描述又是探究（寻找调研中关于何人、何事、何地、何时、为何以及多少等一系列问题答案的调研类型）。当探索性调研可以提供描述时，描述性调研（descriptive research）的目的是解释更加清晰的特定调研问题。描述性调研的目标是建立一个情景，例如关于市场、特定顾客组合（a set of customer）、社会现象、一系列经历等的情景。它的目标是识别、描述以及在一定情况下做出解释，它可以用于检验一些面向营销人员和政策制定者的关键项目。

2.2.3　因果性或解释性调研

因果性或解释性调研（casual or explanatory research）关注有疑问的问题：为什么消费者选择品牌 A 而不是品牌 B；对我们所提供的服务为什么一些消费者满意而其他消费者不满意；为什么一些犯人会使用毒品而另一些犯人不会？什么可以解释这些事情？因此，设计因果性或解释性调研来回答这类问题，以使我们排除反面的解释并得出结论，帮助我们发展因果性解释。

1. 因果性解释

因果性解释（casual explanations）可能是品牌 A 的销量受广告支出影响（或者收入与受教育程度相关）。换言之，因果性解释说明变量 Y（例如，品牌 A 销量或收入）受变量 X（品牌 A 的广告支出或教育程度）的影响。

协方差和相关性

观察两个变量之间的关系或联系是比较容易的。可以通过检查交叉量表中的一个变量对应另一个变量，绘制其中一个变量关于另一变量的图表，或通过统计技术来发现协方差和相关性（covariance and correlation）（我们将在第 3 章讨论这些方法）。例如，如果广告投入增加，那么品牌 A 的销量确实可能会增加；或者，受教育程度较高的群体收入也相应较高。两个变量之间的关系可能是直接的因果关系——变量 Y（产品 A 的销量）的变化由变量 X（品牌 A 的广告投入）直接引起。另一方面，两个变量之间也可能存在间接因果关系——变量 X 和变量 Y 之间可能存在中间变量，或引起因变量 Y 变化的变量。例如，职业可能是受教育程度与收入两者之间的中间变量。如果你想要找出它们之间还存在其他中间变量的可能性，调研设计一定可以使你做到这一点；如果存在中间变量，调研设计一定可以保证你检验它的有效性。

然而，牢记两个变量之间的关系或联系并不意味着它们之间存在因果关系这一点是十分重要的。两件变量可能是共变（co-vary）的，即一个变量伴随着另一个变量，变量 X 的变化伴随着变量 Y 的变化——广告投入增加，销售量增加。变量 X 和变量 Y——广告投入和销售量可能存在很强的相关性。然而，牢记当你对数据进行分析并解释它时，变量 X 与变量 Y 之间只是相关而根本不存在任何因果关系是非常重要的。例如，广告投入与销售量之间的关系可能是具有欺骗性的（也就是说，它们之间并不存在因果联系）；可能你所观察到的相关性是由另外的变量引起的，无关的变量（或干扰的变量，例如竞争者的活动或社交媒体的"免费"宣传）。调研需要这样设计或构造：通过这样的设计或构造，你可以更好地发现变量之间的关系类型是什么，什么变量与之相关。

2. 推断因果关系

你可以观察到协方差、联系与相关性，但你不能观察到因果关系，只能推断出来。为了推断出因果关系，必须明确调研设计可以使你达成下列要求：

- 寻找联系、协方差或相关性；
- 寻找合适的时间序列；

- 排除作为原因的其他变量的能力；

- 合理的常识或结论。

（1）联系、协方差或相关性

如果 X 与 Y 之间存在因果关系，你可能会发现它们之间的相关性，即变量 X 的变化与变量 Y 的变化之间的相关性。可以通过评估相关迹象的有效性来考虑变量 X 与变量 Y 之间相关的程度。你可能会基于一个强相关依据或另一个弱相关依据而做出推断。但需要牢记的一点是，即使存在联系，无论变量之间的相关性有多强，它都不一定意味着变量之间存在因果关系。

（2）合适的时间序列

影响肯定伴随着原因。如果你认为变量 X 造成变量 Y（广告支出增长造成销售量上升），并且发现事实上变量 Y 先于变量 X 发生，那么就会失去解释因果关系的证据。然而，如果观察到变量 Y 确实随着变量 X 的变化而发生变化，那么便具备了一些解释原因的证据。不过，在真实的调研情形中，你需要应对多种情况发生的复杂环境，很难建立时间序列。

（3）排除作为原因的其他变量的能力

即便你已经观察到了变量 X 与变量 Y 之间的相关性，但也可能是因为第三种变量的存在而造成了这种情形，并且你所观察到的关系可能是由于第三种变量的影响而造成的。例如，造成收入水平差异的"原因"可能是职业，而不是受教育程度。事实上，联系变量 X 与变量 Y 的可能是包括其他变量的整条因果关系链。排除其他变量的能力在一定程度上可能取决于识别另一些涉及变量的能力。然而，即便你识别出了关键变量（我们生活在一个复杂的环境中，所以想要识别出调研所涉及的营销或社会环境中的所有变量是不可能的），我们怎么排除它们？例如，品牌 A 的销量不仅仅只是由广告支出所决定，另外一些营销环境的组成部分（如竞争者活动等）也可能会产生一些影响。因此，在真实的环境中，关于因果关系的解释是变量 Y 直接或间接地受到包括变量 X 在内的一系列因素的影响。

3. 常识或结论

还需要提出疑问：是否一件事情会影响其他事情？解释的真实性有多大？它是否经过真实性检验？其他的证据可以告诉我们什么？

2.3 资料的来源

一手资料调研是为特定问题形成或收集资料而设计的，资料收集——一手资料不会先资料收集而存在。二手资料则是为了当时目的而不是为现阶段的调研目标而设计的——通过再查询和修改，可以将它们用于其他用途。收集、分析以及利用二手资料的调研方式被称为二手资料调研。

2.3.1　一手资料调研

一手资料调研（primary research）的作用是为满足特定问题的信息需要而生成资料的调研方式。例如，假设你想弄清楚顾客是如何回应服务的变化，关于这个问题，没有任何先前存在的有效资料，所以就需要利用一手资料调研。一手资料调研可能是解释性、探索性或者因果关系的；定性的或定量的；企业的或顾客的。一手资料可以通过面对面、电话、邮寄、互联网以及观察等方式，依据一次性或者连续性的原则，针对任何市场或任何问题而收集。

2.3.2　二手资料调研

二手资料调研（secondary research）又被视为案头调研（desk research）——一种不需要离开你的桌子便可进行的调研与资料收集的方式。与之相反，有时候一手资料调研被视为实地调查（field research）——需要亲自实地操作。二手资料调研的过程包括识别合适来源——经常视为二手来源；发现那些来源并接近它们；检验、评估它们对于你的调研目标的合理程度，评估它们的质量；通过它们进行学习；利用或将它们吸收到你的调研中（或考虑你的调研，利用它们提出你的调研目标）。

二手资料调研有许多有效的来源。二手资料的来源包括文件——书籍、杂志文章以及各种类型的调研报告，还有现存的资料以及资料集合。二手资料可以来自组织外部——在组织外部形成，例如来自政府的统计数据；或是一个组织产生的数据（内部数据），包括销售数据，或者来自先前调研项目的数据，或者来自组织的数据库或数据档案，其内部信息管理系统或决策支持系统。

二手资料调研常常是解释性调研或探索性调研，常被用于解释性或因果性研究。例如，二手资料调研常常被用于探索问题的背景，描述问题更广泛的背景，帮助定义问题，或者形成或检验假设和观点。例如，通过查找已发表的关于某话题的文献以更加了解调研所涉及的问题，或者帮助发展面谈问题以及分析框架的调研方式，就是二手资料调研；咨询由其他调研者先前指导的调研报告或数据，以帮助你了解或建立与当前变化相联系的背景问题，是二手资料调研方式的形式；分析销售数据以发现价格变化的影响，或分析数据库以便发现支出模式，是以二手数据分析为形式的二手资料调研的例子。在所有这些调研例子中，调研的开展或资料的收集是基于其他的目的，你会在脑海中回顾与调研目的相关的资料来源。

后面我们会更详细地讨论二手资料调研，并对二手资料来源进行评估（参见第 5 章）。

2.4　资料类型

调研中最主要的区别之一存在于定量与定性调研之间，表 2-1 对这两种调研方式之间的差异进行了总结。

表 2-1　定量调研和定性调研之间的差异

主　题	定量调研	定性调研
调研询问	探索性、描述性以及解释性	探索性、描述性以及解释性
问题和回复的特征	何人、何事、何时、何地、为何、多少等非常浅显、合理的回复测量、测试以及信度	表面化、感性的回复 探索、理解并形成观点
取样方式	概率方式以及非概率方式	非概率方式
样本大小	相当大	相当小
数据收集	不是非常灵活 访谈与观察 标准化 结构化 更多的相关问题	灵活 访谈与观察 低标准化 低结构化 更多的开放式结尾与非直接性问题
数据	数字、百分比与意义 较少细节或较浅深度 规律性描述 高效度、低信度 统计性的参照可能	文字、图片与图表 详细且深入 具体描述 高信度、低效度 不可能统计性参照
成本	每位受访者的成本相当低 相当高的项目成本	每位受访者的成本相当高 相当低的项目成本

2.4.1　定量调研

定量调研（quantitative research）包括从非常大的样本中收集数据：所收集的数据常常表现为数字形式，常常在表格、图片以及图表中。定量调研常用于支持结论性（描述性或解释性）调研的目标；它也可能用于解释性目的——对于大量例子的稀少描述。此外，定性调研提供非图表描述，即关于描述的细节丰富，但仅限于非常少的事例。

定量调研通过普查、样本调查或消费者小组收集数据，定量访谈是结构化和标准化的——问题通过同样精确的方式进行提问并在每一次访谈中都按照相同的要求进行提问。此外，定性调研更像谈话，形式介于半结构化与半标准化、非结构化与非标准化之间。定量访谈可以通过面对面（在街上、在场地中央——经常被称为"厅堂测试"或中心地调查，或受访者家中，或工作地点）、电话、邮寄、在线等方式开展。后面我们会更详细地讨论定量数据的收集方式（参见第 7 章）。

定量调研方式对于描述人口或市场的特征非常有用——例如，家庭消费支出模型、市场和品牌分享、科技的应用、选举行为和意图、经济活动的水平。它对于测量、确定数量、证实和检验假设或理论非常有用。但它也存在着一些局限，不像定性调研那么灵活，其数据收集是结构化与标准化的（即使这么做提供了真实性）。结构和标准比细节描述和理解产生更多的精确性，但封闭式问题导致我们无法通过受访者的言论收集反馈，因此我们可能会丢失关于细节与背景的真实反馈；标准意味着我们漏掉受访者在反馈中的细微差别。这些都可能造成低有效性（在本章的后面以及第 9 章中，我们将更详细地讨论关于效度与信度的含义）。

2.4.2　定性调研

　　定性调研（qualitative research ）非常明显地只包括非常小的样本容量，其技巧应用包括访谈、通过小组讨论（通常被认为是焦点小组）、深度访谈、专题研讨会以及观察（包括民族志）。定性调研可以通过面对面或在线的方式进行。结论通过文字（或图片）表述，而很少使用（但有时会用）数字进行表述。

　　定性调研被视为包含丰富且具体的描述、理解以及洞察，而非测量，它的目的是透过表面，超出自发的或理性的反应，获取更深入和更多的情绪，它通常被运用于获取人们的行为、想法、感受、欲望，以及他们产生以上想法、感受、欲望的原因。它寻求发现导致特定行为的原因，例如，监狱里的毒品使用，或者导致顾客忠诚以及品牌忠诚的因素，它善于揭露一系列的响应范围，以及响应和概念微妙的细微差别。与定量调研相比，它不那么虚假和肤浅，可以提供高效度的资料。定性调研非常适合于解释性以及描述性调研。与定量调研相比，它更加灵活——调研者在实地调查有机会修改或改变访谈策略或样本，以适应其研究发展的方式。然而，低结构化和低标准化的方式意味着它在效度上非常低，这是定性调研者所承认并需要采取措施解决的问题（例如，在实地调查开始前，要有培训，要强调个人感受、观点和原则，与其他调研者或团队成员讨论方法和结论）。定性调研可能会被用于解决复杂的问题，例如掌握危机宣传的决策过程。

　　定性研究有时会遭到批评，理由是调查结果来自调研样本，不能代表更广泛的总体。这是一个具有误导性的批评：定性调研的研究结果并不需要具有统计代表性。支撑定性调研样本策略的选择逻辑与定量调研是显著不同的。我们将在稍后章节中更详细地讨论这一话题。可以说，在设计一个定性研究时，定性调研者将已选择适合该调研目标的抽样策略，在该策略中，样本和更广泛的总体之间存在着明晰的关系。定性调研的样本选择过程与定量调研一样，是严谨且系统的。

　　定性调研应用于各种各样的情形。它被运用于形成、探究、发展关于产品、服务以及广告的概念，例如，为了了解社会问题，它被运用于为指导和发展政策和战略提供信息——为商务、营销、广告传播以及为社会政策的发展。它被运用于评估政策和战略以及它们的完整性。它可以与定量调研一起使用并产生深远的影响。在研究的初始阶段，它可以用于形成以及发展概念和假设；在调查中定义问题；发现人们的想法、感受以及行为，他们对于问题或产品持有的观点。这一类型的信息对于帮助构建定量调研以及设计问卷非常有用。定性调研还被用于研究的结尾阶段——更深入地探究定量研究的结论，为理解和解释它们提供一个更广阔的背景。当在定性调研中，每名受访者的受访成本比定量调研大时，相对较小的总样本容量往往意味着该项目总成本可以更小。我们将在接下来的内容中更详细地讨论数据收集的定性方法（参见第 6 章）。

　　案例研究 2-1

调查蜘蛛侠

　　在这一案例研究中，通过《蜘蛛侠》(SPIDER-MAN）电影品牌，我们会发现调研的合理性，我们也会观察到定性调研（使用焦点小组访谈）所展示的结论。

为什么这个案例研究值得阅读

本案例研究值得阅读主要有以下原因：它是一个消费者调研的例子；它展现了为什么需要调研，以及调研是如何与组织营销和商业目标相联系的；这是一个探索性调研询问的例子；它提供了定向调研可以获得什么的例子。

关键词：知识、理解、竞争性环境、焦点小组、全球经营状况检查、关键优势、探索、了解、评估和营销活动。

简介

哥伦比亚三星集团（The Columbia TriStar Group）渴望通过知识武装自己。在多年的勤奋工作和投入数百万美元可能会在电影首映周付诸东流的行业和竞争环境下，了解使《蜘蛛侠2》（蜘蛛侠系列电影）成功概率更大的必要性。

调研阶段一：焦点小组

在《蜘蛛侠2》的营销活动开始之前，第一次电影通过英国、德国、法国、西班牙、意大利、日本以及澳大利亚的一系列焦点小组承担了蜘蛛侠品牌的"全球经营状况检查"的任务。九个焦点小组访谈在儿童和青少年中开展。

这些焦点小组召集了看过第一部电影的有广泛代表性的影迷。借此我们可以探讨该品牌和第一部电影的关键优势，探索面对第二部电影的所有障碍以及特许经营长久兴旺面临的潜在困难。通过缩小目标，我们可以了解为什么第一部电影没有被购买，并评估是否有许多错误可以避免。或者，至少知道是营销活动力所不能及的，以及为什么。

发现

所有市场调研的焦点小组的共性是意识到第一部电影的优势来自于特效、情节；它成功地将连环漫画转移到了电影银幕上；男主角的可信性和可信度。所有这些都是建立在特许经营的核心优势和本质上的：蜘蛛侠自身的特征。座谈人员还提出了这样的缺陷，漫画改编的电影常常会失败，其中第一部电影被看到的就是下滑到有内疚感的程度——包括命名、预见能力以及对儿童的内在吸引力等。另外，这一类型的电影会经常被看到有一个令人失望的续集以及沉闷无聊、苍白的故事线。

结论

当然，所有的障碍都可以通过营销活动来克服，在《蜘蛛侠2》发布之前，需要让公众相信这一电影比其之前的更加宏伟并具有观赏性；它具有更加强大的故事（无法预知的曲折的情节，更为复杂而具特色的发展）；里面有更特殊的结果并有更多的手段。

2.5 连续性或"一次性"资料收集

连续性调研，正如它的名称所表达的，是指在连续的基础上或定期完成调研活动，以观察随时间而发生的变化，例如在特定的市场里或特定的人群中实施的调研。专项调研是指以"一次性"原则为指导，以提供在特定时刻的快照的调研方式。"专项"是"为了这一特定目的"的拉丁文表达。

2.5.1 连续性调研

进行连续性调研最常见的方法是选择一组受访者来代表目标总体，定期从受访者中收集资料。由家庭或个人组成的小组通常被称为消费者小组，它也可以由企业与组织组成，例如零售小组是由零售店样本组成。

连续性数据可以来自同一总体的独立样本，独立样本为每一次实地调查再次采取的样本。例如，综合研究（omnibus studies）与广告跟踪研究，或同样的方法论被运用于相似或同一样本的产品测试，可以提供连续性数据。这一连续性或规则性的调研的例子包括由英国政府代表开展的普通家庭调查以及国家食品调查。

2.5.2 专项调研

专项调研（ad hoc research）用来解决某一特定时间点出现的问题或帮助理解某一问题。例如，你可能在员工中采用专项调研，以了解他们对新办公环境的满意程度，或者了解海外学生在进入大学最初几个月里所面临的问题，或者评估你最近投放的广告是否向目标市场传播了关键产品信息。专项调研方式包括广告预测试和沟通测试、使用与态度研究、厅堂测试、店铺测试、市场组合测试以及品牌 / 价格平衡研究。

2.6 资料收集的方法

资料可以通过观察法和访谈的方式收集。观察技巧被用于定量和定性调研。访谈可以用于收集定性和定量资料，它可以分为疑问句方式——访谈法（面对面和电话），自我完成法（邮寄和在线）和观察法。我们将会在后面的内容中更详细地讨论资料收集的定性方法和定量方法（参见第 6、7 章）。在此我们讨论观察法和访谈法的主要特征，以及它们在定量调研和定性调研中应用的主要区别。

2.6.1 观察法

基于应用于人类学和社会学的民族志方法的观察技巧，也适用于社会调研，并在市场调研中更多地被运用。与访谈法相比，观察法的主要优点是，在访谈中受访者回忆并叙述他的行为，在观察法中调研者可以观察到第一手信息——没有回忆和选择的过滤。观察法在以下情况中一样有用：

- 当你不知道或不确定该问什么问题时；
- 当你启动一个你不熟悉的项目时；
- 当你想要用一种新的途径检验活动或过程时；
- 当你想要从细节中观察个体行为时；
- 当你想要观察背景中发生的事情时；
- 当你想要从其他的角度收集资料时；
- 当你需要过程或行为的更多细节或理解时；

- 当你想要观察无意识的或习惯性的行为时；
- 当你的目标顾客不能进行语言沟通时；
- 当你关注访谈资料的效度和信度时；
- 当你想从整体上观察人们的行为时。

观察法可用于产生定性资料和定量资料。收集定量资料的观察法倾向于机械的和自动化的。这种方法也可能是不显著的——那些被观察者很大程度上是无意识的。他们倾向于在活动中，而不是在人和活动中收集资料。机械化与自动化观察装置的例子，包括计算通过某一地段的汽车与行人数量的交通计数器；扫描、记录条形码和商品上产品代码的电子扫描仪，在数据库中记录顾客在商店购买的数量 [常被当作电子销售点（EPOS）扫描仪]；射频识别（REID）电子标签，嵌入产品或标签或包装的微小芯片，以保证它们可以被处理；记录人们观看流量的闭路电视监测系统；计算和记录网站浏览量的网站计数器；向浏览器发送信息以保证识别用户进入网站的" cookies"。这些资料收集的主要优势是它们贯穿了计量和记录活动，主要的劣势是它们可能会产生大量难以操作、处理和分析的资料。

收集定性资料的观察法一般由调研者完成，有时需要借助相机与录音机。这种观察法可能会受到更多的干扰——被观察者意识到他们被观察；从个体或活动中收集资料的目标——需要获得牵涉其中的人们的同意。在关于定性和定量资料收集的章节中，我们将会更详细地讨论观察法所带来的问题——意识到被观察者对资料收集的影响以及围绕观察的道德思考，以及观察法的其他实践方面的问题（参见第 6、7 章）。

2.6.2　访谈法

访谈法是一手资料调研的一种形式，可以通过访谈收集定性或定量资料。

1. 定量访谈

为收集定量资料，访谈者会采用标准的结构化或"半结构化"的形式——访谈时间表或调查问卷和日志。有两种获取样本和完成访谈的途径可以让受访者独自完成，这种方法被称为"自我完成"（self completion）；或者通过访谈向受访者提问，可以是面对面或通过电话来进行，在表格中记录其回答，这种方法被称为"访谈者管理"（interviewer administered）。方法的选择取决于所做事情的数量。你可以通过以下内容考虑使用那种方法合适：

- 调研本身及其调研目标；
- 调查的话题或问题；
- 接触正确的样本；
- 获取合适的数量；
- 合理的时间与预算。

例如，你面临的是敏感的环境，那么电话可能是最好的选择，因为与面对面访谈相比，它可以提供一定程度的匿名与距离。如果你的样本很难接触到个人——企业高管样本，例如，电话、邮寄或邮件调查是接触他们的唯一方式。如果你需要向受访者展示刺激物料，例如一则广告或让他们试用产品，那么面对面的方法可能是唯一可行的方式。如果你需要获得一个特定的样本容量，你可能会决定采用邮寄或邮件调查，除非你十分确定回收率或完成率（有时很难预料）可以给你所需要的数量。如果你的预算非常紧张，你可能会考虑邮寄调查，因为不需要访谈成本，它可能会比电话或面对面调查便宜。如果你的截止日期非常紧迫，采用邮寄调查可能不太合适——回收时间通常相当长，因此可以考虑电话或邮件调查。我们将在后续内容中会更详细地讨论这些资料收集方法（参见第 7 章）。

2. 定性访谈

定性访谈和定量访谈之间的区别是访谈的风格。定量访谈是标准化的，大多数问题是结构化的、封闭性的；定性访谈更像是"引导性的谈话"（Rubin and Rubin，2011）或"带有目的性的谈话"（Burgess，1984）——更少结构化和标准化，利用开放性的结尾和非直接的问题。

与定量访谈相比，定性访谈更加灵活（Sampson，1967 and 1996）。访谈对于访谈者回应受访者的回答有更多的自由，并可以相应地调整访谈。他们可以改变提问的方式以及提问的要求。如果受访者提到访谈者想要更加详细查明或探究的事情时，受访者也可以插入提问后续性的问题。我们将在后面内容中更加详细地讨论定性访谈（参见第 6 章和第 11 章）。

访谈的选择或观察取决于两点：环境与调研的目标；时间与成本的实际情况。当调研目标可以清晰地界定和需要从更大范围及数量的人们或环境收集资料时，访谈可能会是更加合适的选择。访谈——依赖于访谈数量，它们将如何被完成，受访者的位置——相对观察研究来说，需要更少的时间，所以它可能更便宜，但也并非总是如此。

2.7 调研设计的过程

在我们更详细地讨论不同类型的调研设计之前，有必要讨论我们所说的调研设计。有些人将调研与数据类型的选择和数据收集方式混淆，将其视为运用定性或定量方法的选择，例如利用在线调查而不是面对面访谈的方式收集数据。这些选择是调研设计过程的一部分而不是全部。一般认为调研设计有两个阶段。

在第一阶段，调研设计是关于调研的逻辑，它的框架或结构。也是在这一阶段，会产生我们调研什么问题以及调研类型的思考——探索性、描述性或解释性，它要求我们决定调研的结构。这一结构可能包括特定的调研设计——横截面、纵向、实验设计或案例研究。部分调研设计过程包括分析单元的决定——提问或观察"谁"或"什么"。我们将在后续内容中讨论这些，以及调研设计过程第一阶段的其他先期步骤（参见第 3 章）。

在第二阶段，调研设计是关于调研"技术"（mechanics）的确定：数据的类型（一手或二手、定性或定量或两者的结合）、数据收集的方式、样本策略等。

因此可以总结为：第一阶段是关于决定调研的整体结构，以便调研可以产生需要回答的调研问题的证据；第二阶段关注收集这些证据的方式。调研设计的具体步骤如下。

2.7.1　第一阶段设计内容

- 定义调研问题；
- 考虑数据的最终用途；
- 决定所需证据；
- 确定单元或分析单位；
- 决定调研的逻辑和结构；
- 选择可以产生所需证据的调研设计或结构。

2.7.2　第二阶段设计内容

决定数据的类型以及数据收集的方式：
- 一手资料调研、二手资料调研或混合调研；
- 定性调研、定量调研或混合调研；
- 面对面、电话、互联网 / 在线调研；焦点小组、深度访谈等。

决定抽样策略：
- 识别目标群体；
- 识别样本单元和样本因素；
- 选择样本途径；
- 确定样本容量。

决定数据收集的工具：
- 定义概念、选择指标、实施概念；
- 设计问卷或讨论指南。

1. 为什么调研设计重要

调研设计的目的是构建调研，以便它能产生尽可能准确、清晰以及明确回答调研问题所必需的证据。一个完善的调研设计是建立高质量调研的框架。如果调研设计出错，就不能提供令人信服甚至有用的证据以表明调研问题，不能基于调研结果传递令人信服的信息，用于调研的时间与金钱也随之被大大地浪费了。关键之处是，明确需要调研的问题——没有对所需了解内容的清晰想法，就不能为发现结论做出最好的设计。

2. 效度与调研设计

效度（validity）是评估调研质量的关键概念。它被视为调研设计（调研的方法与措施，或者调研所利用的问题）产生能够回答调研问题的准确、清晰、不含糊的证据的参照。从其他角度来看，效度是调研设计能否测量其所想要测量问题的指标。效度的类型有两种：内部效度与外部效度。

（1）内部效度

在调研设计背景下，内部效度（internal validity）被视作调研能够为解决调研问题产生可令人信服的证据的能力。保证调研具备内部效度是调研设计所必须要做的事情。例如，在因果性或解释性调研中，能够允许我们在变量之间建立联结或关联，以排除其他解释或对立假设以及做出因果关系解释是调研设计的功能。当需要设计数据收集工具以及构建问题时，也必须要考虑内部效度。在这种背景下，内部效度是指我们设计的问题能够最终测量我们希望它测量的事情的能力。

（2）外部效度

当一项调研具备外部效度（external validity）时，它意味着我们可以通过将样本（或特殊的情形）运用于更广泛的群体。调研结论的普适性是大多数调研的关键目标，在调研设计和样本设计阶段必须给予重视。

2.8　调研设计的类型

调研设计有四种主要的类型：
- 横截面调研；
- 纵向调研；
- 实验；
- 案例研究。

在这里我们要讨论每种类型调研设计的内容，以及每种调研设计能够产生的证据。

2.8.1　横截面调研设计

横截面调研设计可能是市场和社会调研中最常见的调研设计类型了。利用横截面设计，你可以在一个时间点从群体兴趣的横截面中收集数据。人口普查是横截面调研的一个例子——它描述了在一个特定时间点人口的组成情况。大多数的专项设研究（为解决特定问题而收集信息的调研设计）是横截面的。例如，对使用和态度的调研就使用横截面设计，同样也用于广告预测试。一个一次性的横截面设计只涉及一段或一轮资料收集——资料仅从一个样本或场合收集。一个重复性的横截面设计涉及开展多于一段（更多或更少）的相同调研或在每一段调研中使用新的样本。在每一轮资料收集过程中使用独立样本是重复性横截面调研与纵向调研之间的区别。在纵向或面板调研中，资料是从在不同场合的同一样本中收集的。

用途

横截面设计可以为探索性或描述性调研提供数据。在特定的时刻，它也可以用于解释性调研——用于寻找并检验变量之间的关系；测试概念和假设；帮助拟合解释或理论与数据之间的关系；帮助建立因果方向但不提供原因。重复性的横截面设计——特定时间点的快照，在合适的间隔内与其他快照相连接——可以通过时间检验趋势。对比不同年份的普查数据就是一个例子；投放前和投放后的广告效果是另外一个例子。大多数的跟踪研究都倾向于使用重复性的横截面设计。重复性的横截面设计要求你进行比较，例如，比较一个时间点（16～24岁年龄段）与另一个时间点（16～24岁年龄段）的数据。横截面设计与实验调研设计之间存在着一些差别，依靠样本内部的差别以便可以在不同组间进行比较。在实验调研设计中，我们通过操作其中的一个变量（自变量或解释性变量）产生设计样本内部的差异，以观察它对其他变量也就是因变量造成的影响。在横截面设计中，对相关样本进行细分，提问相关的问题，最后通过检验数据以便观察样本内部的关系或存在的差异。

2.8.2　纵向调研设计

纵向调研在市场和社会调研中非常普遍，在这些领域中它常被视为面板设计。使用这类设计的主要原因是在一段时间内检测事情——态度、行为、经验和观念。通过纵向设计或样本设计，你可以从同一样本（比如个体或组织）在不同的时点收集数据。相比横截面设计提供情况的"快照"，纵向设计提供连接起来可以构成一张动态图像的一段时间内的一系列快照（相同的群体）。快照的数量与频率或数据收集的时点，很大程度上取决于调研目标（以及合理的预算）。例如，调研的目的是观察广告活动直接、短期的影响，那么采用相当少的数据收集时点、相当紧密的时间间隔，可能会比较有效。要检验品牌广告的长期影响可能需要许多年里相当多的数据收集时点。

纵向设计与重复性的横截面设计之间的区别，主要是在多个时点从同一样本中收集数据，而不是每一次都从独立的或新的样本中收集数据。纵向设计与重复性的横截面设计之间存在着一些重叠，跟踪研究或趋势研究的分类方式能很好地做出解释。在一些资料中，跟踪研究被归为纵向设计，争议主要是每一段的样本非常相似（尽管由不同个体构成）。相比这种归类方法，跟踪研究还被归为横截面设计，因为即使每一段的样本相似，但它们还是独立的样本。

面板数据的第二次分析（即你不是基于原始目的而是基于其他目的分析数据）非常普遍。尽管样本设计与定量调研有关，但是它们也可以用于定性调研。

1. 用途

纵向设计最主要的应用是检测市场或社会环境的变化，因为正常的过程或已计划好的事件而发生的变化，例如，因为广告活动、新产品发布或选举而发生的变化。可以运用纵向设计为描述性调研提供资料。尽管它不能用于证明因果关系，但它可以用于实现以下事情：

- 探究和检验变量之间的关系；
- 建立事件、变化、年份或历史影响的时间要求；
- 帮助拟合解释或理论与数据之间的关系；
- 帮助建立因果关系方向（而不是证明因果关系）。

2. 退出或更换固定样本

随着时间的推移，固定样本中包含的总体会发生变化——在快速变化的市场和新市场中尤其如此，因为渗透和用途会增加（或减少）。当然，固定样本成员会发生变化——一件事就是他们变老了。一个固定样本持续得越久，它的成员退出的可能性就越大。固定样本设计和管理的一个关键问题为是否需要替换它们。如果你不替换它们，那么你可能会以一个非常小的样本结束，这样一来样本就不具有代表性（并缺乏外部效度）——退出的成员与留下的成员之间可能存在差异性。如果你决定替换退出，你应该怎么做？主要有两种途径可以完成替换。第一种途径是找出退出成员的特征，征收新的与之具有非常相似特征的替换者。当然，意识到你不知道个体（可能会有一些你不会遵照来选择受访者的特征，但还是会存在一些其他需要依照的特征）的所有特征这一点很重要。第二种途径是使用滚动固定样本设计，这是在大多数市场调研固定样本中都会使用的技巧，特别是在给予受访者相当大压力的固定样本，结果会是受访者感到疲劳以及造成高的退出率或流失率。在使用这一方法时，你应该经常或固定地通过替换老成员或将老成员与新成员组合以恢复面板关系，确保所有的固定样本特征保持一致。滚动固定样本方法的优势是它的成员退出非常顺利。它对于影响数据质量的"训练"也很流畅。"训练"是指在前一轮的数据收集过程中对回答相同或相似问题的方法进行训练的现象。

数据质量也是面板吸收新成员的一个问题：加入者不像固定样本中已存在者（指从个体而不是整体水平审视数据）那样，可以在相同时间段内提供数据；他们可能会比已存在于固定样本中的成员更具热情，因此他们所提供的数据与已存在固定样本中的成员不同，且难以进行比较。解决方法就是忽略新进成员的第一次一手甚至二手资料收集阶段。

2.8.3　实验调研设计

可以从横截面调研与纵向调研设计的"为什么"问题中得到线索。你可能会发现一个变量与其他变量之间的关系，或者一个变量与其他两三个变量之间的关系，这取决于你所提出的问题以及你所做的观察。然而，环境的复杂性会造成许多困难，有时不大能够提出原因。

实验调研设计的目的是让你可以独立地检验一个变量（独立性或解释性变量）对于另一个变量的影响（因变量）。这一做法是为了清晰地观察一个变量的影响，其他变量的影响会被消除或得到控制。实验调研设计的主要应用是决定因果关系是否存在以及关系的性质，以便获得其他变量的影响，建立时间的序列（什么是因，什么是果）。它是决定因果关系最有效的调研设计。在医疗和制药调研中，在心理调研和营销实验中，这一方法被广泛应用。例如，进行营销组合要素的决策，评估广告 A 或广告 B 的影响效果，广告费用的多少，或者在广告活动中所用媒介的组合等。

实验调研设计是这样进行的，征集两种相同的样本或组合：其中一个被视为实验组，另一个被视为控制组。实验组与控制组按照关键规则进行匹配，换言之，两组在关键特征上是一样的。自变量（也就是被视为原因或解释变化的变量）会被加以操作，以观察其他因变量发生的改变，这个过程被视为实验。实验被运用在实验组中而不是控制组中。实验组的目的是观察实验的效果；控制组的作用是起到对比作用。因为实验没有被应用到控制组中，所以任何发生的变化不能归结于自变量，而应该归结于其他因素。实验的设计应该使其他因素的影响被限制或控制。实验组和控制组的对比可以使我们意识到变化的内容仅仅是因为自变量而已，这一类型的实验设计被称为"后测控制组"。有许多对于这一设计的变化：当自变量和因变量在实验发生前于两个组中得到测量，那么设计便被称为"前后测"。不出意外的话，控制组会如其被称为"前后测控制组"那样加以运用。

前测量的目的是保证实验组和控制组在关键测量上相似。然而，如果我们对于实验组和控制组样本的所有测量（例如，如果每组都是使用随机样本进行挑选）都感到满意，那么先前测量并不是一定要进行的。实验后测试与控制组之间的不同便足以说明变化是由于自变量的行为而产生的。根据调研的目标，我们可以采取几种实验后测量方式，例如，一些影响可能持续得更长，或者我们可能想要观察自变量的长期影响。

上述实验调研设计只针对一个变量。如果我们想要观察几个变量，这种方法是不切实际的（并且昂贵）；如果我们想要知道一组变量是如何相互影响以及相互作用的时候，这种方法也是不合理的。

当我们想要发现多于一个变量的作用时，便需要采取析因设计的方式。这种设计类型要求我们检验两个或者更多变量的主要影响，以便观察变量之间的相互影响（例如，性别和年龄对于生活质量的影响，或者价格和包装对于销量的影响）。

实验设计中临床术语的使用反映出它是基于实验室的科学。然而，实验可以在感官测试、测试营销（包括模拟测试市场）以及广告测试领域，还包括调研实践的测试，就像"案例研究 2-2"所描述的那样。

案例研究 2-2

奖励实验

这一案例研究描述了实验设计是如何用于检验奖励对于邮寄调查回复率的影响。

为什么这个案例研究值得阅读

本案例研究值得阅读有如下原因：它是一个消费者调研的例子；它是一个定量调研的例子；它是一个实验设计；它形成了调研目标；它描述了调研怎样完成；它形成了结论。

关键词：目标、实验、同等数量、控制组、实验组、统计显著性结果。

这个实验的目的之一是检验预付现金奖励的相对有效性：一个是现金奖励，另一个是给同等价值的非现金奖励，作为提高邮寄调查回复率的方法。

样本由随机选出的 900 名新西兰居民组成，他们是从代表了主要城市中心的 57 个选民登记册中抽取的。来自每个社会经济阶层的受访者的数量大体一样，他们被分为九个小组：一个控制组和八个实验组，每组 100 名受访者：

（1）控制组：无奖励。

（2）第一次邮件寄出时只给 20 美分硬币。

（3）第一次邮件寄出时只给 50 美分硬币。

（4）第一次邮件寄出时只给 1 美元。

（5）第二次邮件寄出时只给 20 美分硬币。

（6）第二次邮件寄出时只给 50 美分硬币。

（7）第二次邮件寄出时只给 1 美元。

（8）在每次邮件寄出时提供 200 美元现金。

（9）在每次邮件寄出时提供 200 美元礼品的抽奖券。

所有受访者都收到一份调查问卷、一封介绍信以及回寄信封。几个不同小组的介绍信仅仅是在一个使他们注意到奖励的句子上有所不同。

受访者的回复率被监测。结果为那些宣称"金钱奖励是邮寄调查中提高受访者回复率的有效方式"提供了合理性的支持。在第一次邮件寄出时给 50 美分很有影响。然而，与控制组进行对比，在三次邮件中，这是唯一可以产生有效统计显著性结果的奖励方式。这也说明，金钱奖励方式在超过两次邮件以后未必还会有效。

资料来源：Adapted from Brennan, M., Hoek, J. and Astridge, C. (1991) ' The effects of monetary incentives on the response rate and cost-effectiveness of a mail survey ', *International Journal of Market Research*, 33, 3, pp. 229–41, www.ijmr.com.

实际运行实验调研是有困难的（且昂贵），并不总是能够隔离或计量复杂的变量。必须关注对于结果的解释，特别是当实验被运用于真实世界的营销或社会问题，经常可能会有其他不受控的外部因素产生影响。例如，想要了解广告对于品牌 A 销量的影响，可能建立一个实验：选择一个国家的三个不同地区，这三个地区在主要（人口统计学的）特征上是匹配的。如果你想测试电视广告的效果，你需要选择一个非重叠的电视地区；或者如果你想测试印刷或杂志广告的效果，你需要分离促销渠道。在每个领域你需要不同的资金进行广告宣传。你能够操作广告宣传变量：因变量或自变量。你想要观察是否被宣传的品牌的销量受到影响了：广告费用所影响的销量是否有所不同？通过在三个测试领域匹配样本，你可以控制其他一些影响。然而其他一些不受控或不可知的因素（如竞争者的活动）的影响是什么样的？你可以排除这些因素的影响吗？

对已被证明的因果关系保持怀疑是非常有用的，甚至一个控制组的外部因素（可知以及不可知因素）都有可能影响另一个不相称的小组的效果。思考结果的外部效度也是非常重要的，正在研究的不同活动会使得人们表现得不一样。著名的霍桑效应（Hawthorne effect）现象，在坐落于美国的伊利诺伊州西塞罗市的西方电气公司的霍桑工厂，埃尔顿梅奥（Elton Mayo）对工作中的行为进行的研究（1927 ～ 1932 年）。要考虑实验在多大程度上是人为的，以及怎样概括结果以适用于更广泛总体。

在小组设计中，在实验设计的前后，你需要对相同的群体进行试验后测量，你可能会发现有一些人退出。要记住，样本这个变化的效果会发生在事前、事后、测试以及控制对比中，这是很重要的。通过使用数据的统计学操作，一些问题可能会被克服。调节作用也是实验设计中的一个问题，受访者可能会对调研的话题比较敏感，他们可能会记住在调研的前一阶段所给出的答案，并在调研的后一阶段中对应给出回答。掌握后一阶段的测量是非常关键的，以至于你不能错过测试变量的影响（通过太早或太晚收集数据）；可能会过高或过低估计影响时间的长短。除此之外，你还需要记住，各测试之间越是延长时间间隔，受访者就越可能退出调研。

2.8.4 案例研究调研设计

案例研究是为探索性、描述性或解释性以及综合的调研目的而对"案例"开展的深度调查（见表 2-2）。案例可能是一个家庭、一个组织、一种情况、一个事件或一个个体的经历。案例研究调研可能涉及检验案例的各个方面——整体案例或它的各个组成部分。例如，一个特定家庭的案例研究可能会涉及从个体成员中收集数据；在一个组织中，案例的组成部分可能是部门或部门里的个体。案例研究可能由几个案例研究组成，而不仅仅是一个。在设计一个案例的时候，你需要考虑以下问题：包括所有你需要检验（它们如何与另一个事物相联系）的方面的案例研究框架；你需要强调的案例目标：客户的信息需求，大的调研问题；你的样本策略，以及你收集数据的方法。可以在案例研究中使用不同的数据收集方法，包括文件的分析、观察以及定性（民族志）和定量访谈。

表 2-2 调研设计的关键特征的总结

特 征	一次性横截面调研	纵向调研	实验调研	案例研究
适合探索性调研	+	+	−	+
适合描述性调研	+	+	−	+
适合因果性调研	+	+	+	+
探索变量间关系	+	+	+	+
建立时间序列	−	+	+	+
建立相关性	+	+	+	−
排除其他变量 / 解释	−	−	+	−
了解一件事情是否导致或影响另一件事情	+	+	−	+
处理复杂问题的能力	−	+	−	+
小组间进行对比	+	+	+	−
跟踪变化的能力	−	+	+	−
代表性	+	+	−	−
从个体层次检查数据的能力	−	+	−	+
相对成本	+	−	−	−
易于建立	+	−	−	+
易于管理	+	−	−	+
受访者的负担	+	−	−	−

用途

案例研究的主要用途是获取整体特征，获得深度的了解以及得到细节的描述。在了解态度和行为的背景，以达到对它们的意义有更深入理解方面，案例研究也是十分有用的。案例研究还可以用于建立时间序列，检验变量之间的关系，理解何种解释最适合所提出的假设或理论。案例研究在教育、组织以及评估调研中很普遍。

📎 本章总结

- 调研可以依据以下几方面进行描述或分类：

- ◆ 调研问询的特征：探索性、描述性以及解释性或因果性调研。
- ◆ 数据收集的方式：连续性调研与专项调研。
- ◆ 数据的类型：定性调研与定量调研。
- ◆ 数据的情形或来源：一手资料调研与二手资料调研。
- ◆ 数据收集的方式：观察法与访谈法；面对面访谈、电话访谈、邮寄访谈以及在线方式。
- ◆ 调研购买或出售的方式：辛迪加调研和定制调研。
- ◆ 调研的背景、市场或人口特征：如顾客或社会调研。

- ● 一个简单的调研可能包括在几个不同的分类中。例如，它可能被视为探索性的、专项的、定性的、一手资料的、定制的以及顾客调研。一个调研项目可能包括几种类型的调研方式。例如，它可能包括定性和定量阶段；它可能包括二手资料调研和一手资料调研；它可能以观察的方式开始，接着包括一系列访谈。

- ● 最重要的区别之一存在于定性和定量调研之间。定量调研涉及从相当大的样本中收集数据；关于这一大数量的案例的描述很稀少；定性调研包含较少的样本，对相关案例的描述很丰富也很详细。定量调研倾向于在结论性（描述性或解释性）调研询问中使用；定性调研倾向于在探索性和描述性调研中使用。

- ● 存在三种类型的调研问询：探索性、描述性和解释性或因果性调研。描述性和因果性调研也被视为结论性调研。厘清调研问询的特征有利于弄清调研目标，反过来这会帮助你做出关于调研设计的决定。

- ● 为了获得清晰以及清楚地解决调研问题的证据，就要采取一定的调研结构，而调研设计决定了调研的结构。存在两种水平的调研设计。第一阶段的调研设计涉及把握和定义调研问题，并弄清强调研问题所需要的证据的特征，它还涉及决定产生证据的调研的结构。第二阶段的调研设计涉及关于如何收集证据的决定。

- ● 存在四种主要的调研设计：横截面调研设计、纵向调研设计、实验调研设计和案例研究调研设计。横截面调研设计可能是在市场和社会调研中使用最普遍的一种设计类型。一个一次性的横截面设计，只是从某一特定的时点的群体横截面中收集数据；一个重复的横截面设计涉及开展多次相同的调研，并且每次调研都会使用独立且新鲜的样本。在每轮的数据收集过程中使用独立样本是重复的横截面调研与纵向调研之间的区别。在纵向调研中，从多于一个的场合中向同一样本收集数据。实验调研设计的目的是独立检验一个变量（自变量或解释性变量）对另一个变量的作用（因变量），所有其他变量的作用会被消除或控制以便观察这一变量的作用。实验调研设计的主要用途是观察是否存在因果关系。案例研究是对于一个（或一些）案例的深度调查。例如，一个家庭或一个组织，为了探索性、描述性或解释性的调研目的或者是综合这些目的。

- ● 调研设计可以使用任何资料收集方式。

🔾 问题与练习

1. 复习"案例研究 2-1"和"案例研究 2-2"。在每个案例研究中，列出其设计的调研类型，并就你认为案例研究中所采取的调研方式是否合理给出理由。

PART 2

第二篇

入　门

第 3 章

定义调研问题

□ 引言

本章我们将探讨在定义所要调研的问题时涉及的一些内容。定义调研问题是研究设计过程的第一步，也是最重要的部分。其他一切研究内容均源于此。如果不能明确定义问题、辨识需要的信息以及确定信息如何使用，那么随之而来的研究只能是徒劳。所以在这一章，我们着眼于理解商业问题和为了应对这些问题进行研究的必要性。我们还着眼于如何制定调研目标以及这部分所涉及的人员，最后，我们简单地分析调研的实用性。

□ 本章主题

- 定义问题
- 调研的性质
- 制定调研目标
- 分析单位
- 时间维度
- 投资于调研：实用性

□ 学习目标

- 理解如何定义调研问题
- 识别调研的性质
- 制定调研目标
- 决定需要的分析单位
- 决定调研中是否涉及时间维度问题
- 识别投资于调研的实用性

3.1 定义问题

定义问题是调研设计过程的第一步。精确地定义问题十分重要。一切调研都以此为基础。如果不能精确地定义问题，那么调研好坏与否（设计是否合理，样本是否无偏差，问卷设计或指导是否完善）都变得不再重要，你将不能获得应对问题的信息和证据，并且有可能使调研变为徒劳。更有甚者，调研成果可能误导最终使用者，因此导致制定错误的代价昂贵的决策。

　　如果你要委托或者调研者想要设计出可行的高质量的调研，有两个问题需要阐明：第一，商业或者决策制定者的问题；第二，调研问题。决策制定者需要掌握制定决策的信息——他想要采取行动，但是需要明确采取什么行动。这是一个商业问题。如果明确需要采取的是什么行动——如果决策制定者对问题的方方面面有着充分的了解，如果他的脑海中没有存在任何信息障碍或问题——那么将不会需要调研。但是，如果问题确实存在，如果缺乏了解，存在障碍，那么就需要调研获取这些信息。这就是调研问题。换句话说，你需要哪类信息和为了得到这些信息需要做哪些调研？这会引导你制定调研目标。在我们详细探讨这些问题前，让我们先看看这一调研过程中涉及的人员。

3.1.1　涉及什么人

　　明确决策制定者和调研的问题以及制定具体调研目标，可以包括几轮与问题所属者的讨论，也就是说，与决策制定者和组织（即委托人）的内部调研者的讨论。这些讨论大部分会发生在决策制定者和内部委托调研者（internal client researcher）之间，在涉及外部调研者（external researcher）——咨询师或机构调研者之前；此外，在调研初期，外部调研者需要提供有价值的见解。在收到简报之后外部调研者发现有些部分不够明确时，也需要回顾讨论内容。

3.1.2　我们讨论的是哪类问题

　　在我们讨论商业或者决策制定者以及调研问题时，我们需要涉及的问题是什么？

3.1.3　从商业问题到调研问题

　　怎么由商业问题变为调研问题？例如汽车经销商的案例，问题在于长时期销售额的下降，管理人员需要采取措施阻止下降。但是采取什么措施呢？这就是管理人员或决策制定者的问题了。调研者和决策制定者必须明确要采取什么措施，因为任何调研的目的都在于传递能够使决策制定者采取最有效措施的信息。

1. 着眼于更广泛的环境

　　"我们应该采取什么措施阻止销售下降"的答案，在于了解或者解释销售额为什么下降。为了了解销售额为什么下降，我们需要检验问题形成的更为广泛的环境或背景。外部环境发生了哪些会影响汽车销售额的事情？汽车经销体系本身发生了什么足以影响汽车销售？这就是背景或探索式调研对了解和定义"问题"有用之处。

2. 你从非正式的探索式调研中学到什么

　　想象一下，你通过一些非正式的探索式调研，包括采访销售员工和核心顾客，回顾汽车产业近期出版的报告等方式，发现外部因素，尤其是购买电动车和混合动力车在燃料和公路税方面节约成本，以及内部因素，如顾客服务对销售额的影响。你现在应该对做什么有了一个想法。你可以做一些联想——购买电动车和混合动力车节约成本，影响了汽车经销商的汽油和柴油引擎汽车的销量；顾客对于经销商所提供服务的感受。这些对于事物之间联系的联想、想法或陈述叫作假设。在定义问题的初期，当你试图了解问题究竟是什么时，这些假设可能相当模糊，随着问题的逐渐展开，这些假设变得越来越清晰。调研的目的在于为验证假设收集证据，验证你的想法是否能够正确地提供信息。随着调研的深入，当收集数据之后，你可能会提出并验证更多的假设，例如与得分较低的经销商相比，那些在顾客服务率的表格上得分更高、积极对待顾客服务的经销商更有可能吸引顾客。

3. 精确定义问题

凭借来自探索式调研的信息，管理人员认识到一些可以终止销售下降的方法：销售混合动力或电动交通工具；选择一些当期有存货的品牌或型号进行价格促销；提高顾客服务的培训项目；针对顾客服务质量的广告战。信息障碍依然存在，但是管理人员对目标市场和顾客是如何看待经销商以及经销商与竞争者的区别则知之甚少。在市场改变时，管理人员还不确定他的竞争者到底是谁。经过进一步讨论之后，委托人和调研者在以下调研问题上达成一致：需要通过调研识别影响顾客购买汽车过程的因素，并且认识到较之竞争者的经销商的优劣势。调研信息将会被用于决策的制定，也就是要采取什么样的行动来终止销售下降。

4. 过程总结

为了明确定义调研问题，我们可以采用以下步骤：
- 第一步是识别一个商业问题——如何应对销售下降。
- 这就提出了为什么销售下降的问题——缺失信息意味着调研有所裨益。
- 可以从组织内部或外部源中得到相关信息。探索性调研阶段旨在使问题细化。
- 收集此类信息有助于阐明商业问题——有助于认清应对销售下降的举措。
- 这类信息还有助于阐明调研问题——有助于认清为了决定需要采取的行动，客户究竟应该要了解哪些内容。
- 阐明这些信息需要，列出调研目标——明确它将是什么类型的调研：一个描述性的调研和解释性的调研。

3.2 调研的性质

在第 2 章我们了解到有三种调研类型：探索性调研、描述性调研、解释性或因果性调研（有时描述性或解释性调研在调研总结的标题中出现）。明确所需要的调研类型是非常重要的。因为调研者会依据调研性质对调研设计做出决策，所以在书面上弄清楚上述问题很重要。在研究调研类型的性质和调研设计元素之间的关系之前，先介绍一下每种调研类型。

3.2.1　探索性调研

探索性调研（exploratory research）旨在探索，帮助你了解一个问题的情况。例如，它应该满足以下方面：

- 揭示问题；
- 试图了解一个陌生的话题；
- 阐明问题的本质；
- 明确调研领域；
- 认清指导进一步研究的可行性；
- 提出进一步研究的命题和假设。

探索性调研的主要缺点是，它不能提供明确或者总结性的答案。这主要是与样本和代表性有关：在探索时，你很可能不具备精确判断感兴趣人群（population of interest）的能力，因此你不可能提供有代表性的样本。

3.2.2　描述性调研

描述性调研（descriptive research）是关于收集数据以描述人群、地点、事物、事件、环境、经历，从而回答谁（who）、什么（what）、何时（when）、如何做（how）、多少（how many）的问题的调研。探索性调研与描述性调研的区别在于，前者可以提供描述，因为选择描述性调研你需要对所需的信息有清醒的认识，所以描述性调研会有更多明确的调研问题和目标。

3.2.3　解释性或因果性调研

描述性调研刻画了诸如一个市场、一群顾客、产品或服务的使用者、一系列经历的整体情况。但是，你可能需要了解更多，你需要了解你所看到的数据模式为什么存在，换句话说，你需要一个解释。描述性调研可能已经让你知道一些顾客偏爱品牌 A，但另一些偏爱品牌 B。你需要解释性调研告诉你为什么有人偏爱品牌 A，有人却偏爱品牌 B，以及了解需求行为模式。如果是这样的情况，那么你需要解释性调研（explanatory research，也称因果性调研）帮助你解释或者了解因果关系，甚至是预测顾客行为。解释性或因果性调研有助于你排除竞争对手的解释并得出结论，换句话说，有助于你提出因果关系解释问题或现象。

如果调研问题涉及在数据上寻求解释性的因果关系，那你所委托的调研必须是设计好的结构化的，这样你就可以判断究竟有何种关系，以及存在哪些变量。但是，并不是说你可以准确获知原因——仅仅是一些数学变量 [如协方差（covariance）、关联（association）、相关性（correlation）]，但是你可以据此推测因果关系。为了做出有关因果关系全面的推论，你必须确保调研设计要能有助于下面的一些处理：

- 找出关联、协方差或相关性；
- 寻找合适的时间序列；
- 排除作为原因的其他变量；
- 得出合理的或常识性的结论。

当你定义问题并且准备撰写调研摘要时，你要知道你需要相关证据，使对原因的推理允许你进行或者详细解释调研，这个调研会传达这种证据。为了了解你究竟需要哪种证据，显而易见你必须清楚理解调研问题。你需要仔细考虑变量之间的关系，以及能够解释这些关系的原因；你还需要考虑你对于数据的理解。事先考虑是必要的。如果这些问题——可能存在的关系、解释、理解都仔细考虑过了，那一定会更容易委托并设计出能够得出正确推理的相关因素的调研。与此同时，你需要认识到你永远都不可能收集到"完美的信息"，并且你的推理有可能只是推理而不是事实。调研会被社会、营销环境以及人类行为和态度的复杂性所限制。

在明确区分这三种类型的调研之后，你可能从自己的经验得知调研目标往往不会完全限于某一种类型。更为常见的是调研目标是两到三种的结合：探索性和描述性；探索性、描述性和解释性；描述性和解释性。你会注意到，当你开始定义问题以及计划调研时，你会发现自己只是这样表述调研目标而已。让我们更详细地看看定义调研目标吧。

3.3　制定调研目标

你明确了调研问题的定义，也知道了所需调研询问的类型。现在你可以从宽泛的调研问题过渡到更为具体的调研目标了，换句话说，你需要通过调研来发现你需要具体化的是什么。这是重要的环节，它会阐明你需要的信息类型，并且给你或者回答你调研摘要的调研者——一个关于如何设计调研的框架。调研目标会因此变得更加具体和精确。

在汽车经销商的案例中。调研问题大致如下："辨别什么因素影响消费者购买汽车的过程，认识到与竞争对手相比经销商的优势和劣势。"案例的具体调研目标是什么？以下是一些建议：

- 个人购买决策过程涉及什么因素？
- 决策制定过程涉及哪些人？
- 考虑什么范围的商品型号和车型？
- 什么影响商品型号和车型的考虑范围？
- 被考虑的销售选项有哪些，例如，新的或二手的，从经销商购买或从私人处购买，汽油、柴油、混合或电动发动机？
- 选择销售选项时使用什么标准？
- 购买如下汽车消费者的个人资料：
  - 汽油发动机汽车；
  - 柴油发动机汽车；

- ◆ 混合动力汽车；
- ◆ 电动汽车？
- 消费者对于销售情境的喜好和厌恶？
- 消费者怎么根据客户服务评价选项？
- 购买如下汽车的消费者个人资料：
  - ◆ 从合法经销商处购买；
  - ◆ 新车；
  - ◆ 合法经销商二手车？

还有另外一个案例：想象一下，要求你评价全国各地体育馆经营的"老龄化"项目。你可能从探索这个项目的本质开始，例如，涉及谁，它的目标人群，实际受益者。你可能想要描述完成这个项目以及注册却没有完成的人。还有一个案例：想象一下，要求你评价一个软饮料的社交媒体广告战略。你可能要首先探索广告目标受众（据说是 16 ～ 24 岁的人）功能饮料的消费量。这可能包括探索品牌偏好、适用场合等——描绘观点、态度、用法、使用情景。为了能够以其他方式描述他们，你就需要了解目标受众生活和行为其他方面的一些特征。你也可能想要能够向委托人解释为什么目标受众里的一组喜好这个广告，感到以某种方式吸引着他们，而同时另一群人却无动于衷。

看一下"案例研究 3-1"，它陈述了在动态的经济、社会、政治环境下，一家英国领先报企《镜报》（*The Mirror*）面临的问题。它表明了一些问题的复杂程度，前期工作的任务量，并且这些工作的重要性，以使委托人和调研者能够对解决问题所需的调研类型做出正确的决策。

案例研究 3-1

《镜报》：确认商业问题

本案例研究描述了《镜报》在市场环境大变化时面临的挑战。在后面我们会探讨后续调研用到的数据收集方法。

为什么本案例研究值得阅读

本案例研究值得阅读有以下原因：它表明梳理一个商业问题以及调研的定义环节是多么复杂；它确认了一系列需要的信息；它展示了向内部客户销售调研结果的潜在困难。

关键词：销售下降、战略规划、社会转型、根本问题、核心客户、品类视角、品牌视角、消费者视角、现有研究、多维度的产品、品牌战略、组织。

引言

《镜报》是个大品牌，自第二次世界大战后，拥有 6 500 万印刷量，是全球最大的英语报纸。《镜报》也是一个拥有悠久历史和丰富文化遗产的品牌。

在 2001 年 9 月，随着公司的变化，有一个上市和制定最大化品牌未来价值的战略规划的机会。多年来，《镜报》一直被竞争对手压制。它需要裁减冗余。与此同时，一些事件激发这家报纸的编辑捕捉到品牌未来的发展情况。2001 年 "9·11" 事件对《镜报》的编辑哲学影响深远。《镜报》放弃了原本以琐事主导的报道方法（trivia-led approach），开始持续报道大事件，投入超出任何人预期的更多的社论、分析和境外记者填充。在《太阳报》（其主要竞争对手）恢复标准费用很久之后，编辑还在持续生产激进的、充满竞选活动的、质疑性的报纸，提供对读者所处的新的不确定环境的严肃评论和分析。销售额在 9 ～ 10 月大幅攀升，远远超过预期。这让《镜报》主编认识到，读者已经不是他之前认为的那样了。

"9·11" 事件也凸显了一些源自品牌策略工作的最初想法。《镜报》一直服务于工薪阶层。过去 25 年，英国社会发生了翻天覆地的变化，这些变化深刻影响了工薪阶层的消费者。这些巨大变化包括政治格局、宗教信仰、社区、就业、教育和学习机会、家庭和福利国家，不一而足。随着新媒体品牌和频道抢占同一个消费者细分市场，媒体方面也发生了巨大变化。我们对社会转型了解越多，就越是感到报纸对于世界的巨大变化无动于衷。

我们已然步入一个全新的、充满不确定性的时代，为了有所成就并且打造《镜报》品牌长期发展的愿景，我们需要回答两个根本问题：读者新兴的时代精神或潮流是什么？为了在读者未来的生活中扮演一个核心角色，《镜报》怎么做才能捕捉到第一个问题？

不断增加的挑战

这个挑战是巨大的：如何摆脱过去的束缚并且利用品牌已有的成果。显然我们需要为品牌开发一个新主张（或愿景）：一个把自从《镜报》辉煌时代它的核心客户所处环境的改变考虑在内的主张。

任何成功的品牌主张的发展核心包含三个视角：品类视角、品牌视角、消费者视角。现有研究和分析已有很多关于前两个视角的，缺失的是对消费者视角的深入研究：对于读者的需求、价值观、使命的理解。只有通过这个视角我们才能把《镜报》与其读者连接起来，并通过建立一个真正积极的品牌主张将品牌融入读者生活。作为一个已经成为工薪阶层销量冠军的品牌，我们需要在进入 21 世纪时了解读者的生活。工薪阶层的标签与今日的人们相关吗？他们对于生活的共同核心价值观是什么？媒体如何适应？更为重要的是，《镜报》应该在他们的未来生活中扮演什么角色？我们需要深入了解读者的未来需求，而不是重复过去或者现在既定的规范。这样的视角毫无疑问对成功很重要。

除了生成未来集中的消费者视角所面临的困难，还有作为产品和组织的全国性报纸的复杂性带来的挑战。全国性报纸是流动的，也是灵活的生活必需品，每天都可以变化好多次。不同的元素其重要程度对应着不同的人：一个读者可能偏爱全国性的新闻或某一个专栏作家；另一个读者可能只对纵横字谜和特价优惠感兴趣。我们如何才能只设计一个主张却可以表达如此复杂并且多维度的产品？

最后，对于《镜报》品牌未来的全新愿景，组织面领着一系列挑战。近一个世纪以来，《镜报》一直都是工薪阶层的报纸，吸引着对报纸的立场主张充满热忱的人们，并且经年累月竭尽全力与它的宿敌《太阳报》竞争。更甚者，杂志一直是转型时的竞争对手。品牌化、愿景和消费者视角都是转型的重要例子。我们如何才能抛开愤世嫉俗并且为组织树立一个未来的愿景？

在这个时候，我们寻求调研者帮助我们决定如何最好地捕捉时代精神并汇集品牌战略的所有元素——很简单！

资料来源：Adapted from Clough, S and McGregor, L.(2003) "Capturing the emerging Zeitgeist: aligning *The Mirror* to the future", MRS conference, www.mrs.org.uk.

3.3.1 明确调研焦点

调研过程中定义问题阶段的部分工作涉及弄清究竟是对谁进行调研，也就是感兴趣人群，我们稍后会详谈这些内容（参见第8章）。我们发现这与样本的选择有关。我只想说在调研过程的设计阶段弄清楚感兴趣人群非常重要，之后你才可以决定选择哪种调研类型进行调研。

定义问题以及顾客或最终使用者需要采取的决策，在设计调研中是第一步。一旦你知道了顾客需要做什么，你就可以阐明帮助他们做决策的信息。你不仅要知道需要什么信息，还要知道这些信息怎么用以及在哪种情况下用。在你弄清问题之后，就会发现具体需要哪种证据去支持它，因此你也知道会涉及哪种或哪些调研类型。为了设计高质量、可行的调研，这些信息都是必要的。

3.3.2 优先需要的信息

在项目范围界定阶段（即决定为了解决商业问题，哪种调研是必需的），确保调研焦点既不过于宽泛也不过于狭隘是非常重要的。调研要能够解决你需要知道什么（提供与问题相关并能够用于解决问题的信息），而不是延伸到最好知道什么。在准备调研简介时（参见第4章），你可能想要按照优先顺序罗列需要的信息，以便于如果出现时间或预算限制，调研能够聚焦于提供最需要的信息。然而，在缩小范围时，你要小心别过于狭隘地定义问题和需要的信息，并且承担未能收集用以理解或解释调查结果以及采取行动的数据的风险。

所以在这一阶段，你需要回答以下问题：

- 商业问题或决策者的问题是什么？
- 调研问题是什么？
- 怎么运用调研结果？
- 调查研究的属性是什么？
- 我们寻找的是哪些答案？
- 我们需要哪种证据？
- 被调研者是什么？

还有两个问题在这一阶段值得考虑。第一就是谁或者什么能够提供你需要的证据，换句话说，你应该运用哪种分析单位（units of analysis）？第二个问题是对于调研问题存不存在一个时间维度：你只可以在一个时间点上收集你需要的信息吗？或者你需要在很长一段时间内进行信息收集？下面我们讨论这两个问题。

3.4 分析单位

在大多数市场调研或社会调研项目中，数据通常来源于个人，即对个人进行的调研访问。人当然不是数据的唯一来源，档案、文件、文本、图像、可视图片就是有用和相关的数据来源的一些例子。然而，个人是大多数初级调研的主要数据来源。我们从中收集与调研相关的数据，例如，我们认为对他们进行分组时有用的特征：年龄、性别、社会阶层、种族、居住地、态度、行为等。当我们从个人收集数据时，对每个人都做结果报告是不必要的，尤其在定量调研中。通常，我们把他们放在一起或聚集起来分成组，对这些组的特征进行描述，并对这些聚集在一起的群体做结果报告。

回忆一下上文概述的老龄化项目评估：想象一下你已经收集到了完成这个项目的个人年龄、性别的全部相关数据。现在你把这些来自个人的数据聚集起来，并且这样描述完成该项目的群体：93% 是女性，7% 是男性；平均年龄是 68 岁。你向个人收集数据是为了描述你要研究的群体。

聚集（aggregation）在探索性调研中依然有效。例如，在功能饮料市场，顾客相信广告更吸引目标市场中较年轻的。你划分 16～19 岁和 20～24 岁两个不同的年龄段并且检验每个群体对于广告的反应。现在你需要对比不同年龄段两组的反应——你分别向16～19 岁的个人和 20～24 岁的个人收集数据。当你对比这两个群体的结果时，基本的"分析单位"还是个人，你只是从有着共同兴趣的人群中抽出这些个体。你把他们聚集并且按照一些共有的特征分组，这些特征有助于实现调研目的，有助于描述或者解释眼前的问题。

也许你对把个人作为你的分析单位并不感兴趣；也许以调研目标来说，把一个群体如一个家庭、家族、社会团体（如朋友圈）或一个组织（如学校、公司），作为你的分析单位更合适。例如，想象一下你需要理解人们如何理财。你的探索性调研告诉你，单身者以个体做决策，而夫妻更倾向于共同采取行动，因此你需要设计调研以确保夫妻是决策者时要以夫妻为分析单位。类似地，当调查与家庭、家族、朋友圈相关的其他问题或活动时，你需要仔细考虑个体、家庭、家族、朋友圈哪个应当作为分析单位。如果是个体，记住你需要向组成"单位"（unit）的个人（individuals）收集数据，但你要按照"单位"分析和报告数据。弄清楚这些非常重要，因为它可能会在设计阶段引发问题，进而在报告和解释阶段出现更大的问题。

例如，如果你的目的是弄明白最终使用者对产品或服务的想法，比如 IT 经理对于他们的组织刚刚签订的新型数据存储服务的想法，你的分析单位应该是个体的 IT 经理。服务对象是他们，他们会对它如何工作以及传递的内容做出评价。你可能会根据拥有不同特征（如背景、培训、经验水平）的 IT 经理对于服务的想法分别呈现报告调研结果。然而，如果你想弄明白不同类型的组织对服务的看法，你需要知道你是否针对不同类型的组织正确定位服务，你可能认为 IT 经理是能够代表组织提供你所需信息的最佳人选。然而，当你向个体的 IT 经理收集你需要的信息时，你的分析单位是组织。你把全部组织的调研结果聚集起来，并且你需要描述根据组织相关特征而发现的差别，这些特征包括规模大小、组织归属的部门、主要业务领域。例如，在分析调研得到的数据时，你注意到那些最为重视服务的组织是那些拥有相当多使用过数据存储外包的 IT 经理的公司；那些拥有相当多的很少或者从未使用过数据存储外包的 IT 经理的公司则不那么重视服务。你相信这个结论是清楚明白的：使用过数据存储外包的 IT 经理比很少或没有使用过的经理更倾向于重视服务。换句话说，IT 经理的经验水平影响服务重视程度。然而，在推断结论的过程中，你未能捕捉到逻辑谬误。你推断的是有关 IT 经理的结论，但你的分析单位却是组织。这也可能是在"更有经验"的组织，是缺乏经验的经理更为重视服务；在"缺乏经验"的组织，是更有经验的经理更不重视服务。

这还有一个在行动上犯逻辑错误的例子：有大量大学生的城市谋杀率远远大于只有少量大学生的城市。然而，你不能解释为大学生更倾向于犯谋杀罪。你的分析单位是城市——你不知道谁犯了谋杀罪。如果你的分析单位是组织层面的，你不能做出对组成组织的个体的解释。

在设计调研阶段，弄明白分析单位是什么极为重要。它会影响你如何选择样本，如何收集数据，还有如何分析和解释数据。考虑到调研必须要解决的问题，弄明白你需要调研告诉你什么，你需要它解释什么。一旦你弄明白了这些，什么或者谁才是你的数据来源和你的分析单位就不言自明了。例如，你需要研究个体还是家庭，业务主管还是商业组织，俱乐部个体成员还是俱乐部，学生还是学校，等等。

分析单位的特征

我们在上文提到了几种你可能在划分分析单位时用到的不同的特征。例如，对于个体，我们通常用年龄、性别和其他一些人口统计学特征；对于家庭，通常用家庭规模、构成、家庭类型甚至地理人口统计简况；对于组织，通常是根据营业额或员工数量界定的规模、品类、服务的市场等。这是你在计划和设计调研阶段需要考虑的事，毕竟这与调研问题极度相关，也因此与你如何分析和解释调研结果相关。把你的数据与另外一个来源的数据相整合很重要。因此，可以有值得广泛思考的事情。用什么方法对你的分析单位进行分组，有助于你探索、解释、描述问题，有助于你分析和解释结果，有助于最大限度地利用数据？除了我们上文提到的人口统计学特征，通常也会根据态度、信仰、举止、行为等划分分析单位。你也许想要根据他们是否经历、参加或见证一个特殊事件对他们进行选择和分组，而忽视他们可能有的其他特征。为了能够根据调研目的划分分析单位，你要么需要了解这方面的信息并据此选择，要么需要在选择或者数据收集的过程中弄明白。我们会稍后（参见第 8 章）再一次讨论采样和选择标准。

3.5 时间维度

在考虑对于解决问题需要哪种证据时，你需要考虑时间是不是一个影响因素。以横向的观点看待问题——在某个时刻的简单印象（snapshot），会不会提供你需要的证据？或者你需要在很长的时间内观察事情？回答这个问题有助于你从两个主要的调研设计做出决定：横向和纵向。

3.6　投资于调研：实用性

在决定如何着手一个调研项目时，有两个重要的实际问题要考虑：有多少时间可以用来完成调研，以及可以利用哪些资源（人或资金）。两者都对要进行的调研类型和范围有重大意义。例如，如果要在一周内做出定义问题的决定，那么一手资料调研可能就是不可行的；预算可能不支持延伸到特定的调研，但它必须是可调节的，包括综合调研的问题、审核以及二手资料的再分析。必须明确决策制定过程中调研的重要性，必须留出足够的时间和资源以反映对其重视程度。在决定预算（以及在某种程度上的调研时间）时，你作为客户或内部客户调研者，应该考虑调研提供给组织和制定决策的信息的价值。信息的价值（收益）应该大于得到它付出的资金（成本）。

对于此，一种方法是评估在没有调研产生的信息帮助下，制定决策的风险（和成本）：制定错误决策的风险（和成本）是否大于调研成本？例如，如果你准备为花300万英镑推出新服务，那么花5万英镑为这项新服务的有效性做调研就是小意思了，风险是你花费5万英镑得知新服务的推出是极其有效的；如果你不花费这5万英镑做调研，那你冒的风险更大——花300万英镑在无效的服务上。在汽车经销商的案例中，如果公司平均每年丧失100万英镑的销售额，那么花费3万英镑做调研是最有效的，措施是必然的。

然而，信息的价值并不总是显而易见。在某些情况下，依靠决策的性质、组织的类型、潜在投资的规模、更为正式的风险评估或成本—收益分析，例如，运用决策树理论或贝叶斯统计理论。注重信息对于客户组织更广泛的和更长期的价值很重要。源于调研的见解有着策略性、长期价值（Wills and Williams, 2004），也有战略性、短期价值。换句话说，调研的价值也许会超过它对特定决策的贡献；它可能会有助于更好地理解一个更特殊的领域、顾客群体、产品或市场。

➡ 本章总结

- 调研项目开始往往涉及如下内容：
  - ◆ 清晰而准确地识别和定义问题；
  - ◆ 明确需要的信息；
  - ◆ 设计信息的最终用途。
- 花费时间识别、定义、阐述要调研的问题极其重要，高质量并且行之有效的调研缺之不可。调研设计关键方面的选择依赖于对调研问题的清晰理解。
- 主要有三种调研类型：探索性调研、描述性调研、解释性或因果性调研。阐明调研类型的属性有助于阐明调研目标，这又反过来有助于调研设计。
- 在调研过程的这一阶段，考虑你所需要的分析单位以及人群和样本的特征，有助于确定调研目标，这很重要。

● 确定时间维度是不是调研问题的影响因素，有助于做出最合适的调研设计。

➡ 问题与练习

1. 回顾文中案例，确定如下内容：
   a. 商业或决策制定者的问题；
   b. 调研目标。

2. 你的客户运营一项城镇到市中心的公交车业务。城镇可供选择的交通工具有限（不通火车）。客户想要确认他是否为顾客提供了最好的服务，他想要更好地理解顾客对服务的感受和看法，所以他来找你寻求意见。向客户解释他的优劣势，通过横截面调研、纵向调研或专门小组调研。

3. 要求写一篇论文，按照话题："精准地定义问题产生行之有效的调研"。解释精准的定义问题如何促进调研的可行性，并且列出精准地定义问题需要的步骤。

第 4 章
Chapter4

撰写调研手册

□ 引言

在第 3 章中，我们关注定义调研问题的过程。本章我们关注的是以调研手册的形式交流问题时会涉及哪些方面。调研手册是调研过程中十分重要的文件之一，调研手册的基本要求是调研者应当设计尽可能满足客户信息需要的调研项目。以下我们关注如何去准备一份调研手册，我们会从内部客户调研者或决策制定者两个角度关注这个问题。同时，在调研手册写作过程中，我们也会关注调研手册和调研提案之间的联系；我们也会关注如何选择调研供应商；最后，我们会关注客户—调研者关系。

□ 本章主题

- 调研手册形成中的角色
- 调研手册和调研提案间的联系
- 准备一份书面调研手册
- 选择调研供应商
- 客户—调研者关系

□ 学习目标

- 开发和写作调研手册
- 在调研过程情景下理解调研手册和调研提案的联系
- 明确调研手册中的角色问题
- 意识到如何选择调研供应商

4.1 调研手册形成中的角色

通常，委托人员——研究者或组织内部的决策者（也就是客户）——的角色就是明确和清晰地确定问题，辨别在处理问题时需要哪些信息，如何使用这些信息，然后在调研手册中清晰地表达出来。

调研过程中，调研供应商的角色（调研者）是根据调研手册设计调研——传送客户所需要的信息。调研者在调研提案中提出调研项目或调研设计（这里会有同一个人负责调研手册和调研提案的情况，比如在申请学术项目资金资助，或者是准备毕业论文或作业时）。

稍后，我们会在第 10 章中讨论如何准备一份调研提案。

　　然而，考虑到客户的背景和经验、组织客户的工作方法或客户与调研者之间的关系性质，委托人在调研手册定稿之前可能就和调研者联系在了一起，例如在问题定义和信息需求评估阶段。这是一个调研者使用被调研领域的经验和知识去定义或限定问题范围的过程，进而"增加价值"，从而帮助客户明确问题，明晰他们所需要的信息。更通常的情况是，客户在家中准备好调研手册，然后把它寄送给几个调研机构，从而获知谁最适合来做调研，谁的性价比更高。

4.2　调研手册和调研提案的联系

　　调研手册的目的是产生高质量的调研提案——一个合适的、高效的调研计划。为了准备一个高质量的调研提案，调研者必须清楚客户的商业问题、问题的背景、解决问题所需信息的类型以及这些信息将如何被应用。因此，由调研提案的有效性和适用性组成的调研提案的质量，将在很大程度上决定着调研手册的质量。调研手册中也会显示出客户和调研者之间的工作关系。

4.3　准备一份书面调研手册

　　一般而言，口头式的调研手册是很常见的，但通常都会伴随有一份书面调研手册。准备一篇书面调研手册是一个好的练习，这主要有两个原因：将想法落实在纸上通常能提高质量，使想法清晰；一个书面调研手册对于交流和讨论记录都具有很高的价值。最初的想法最好记在纸上。团队合作以及将想法文字化（mapping ideas out），会让你更加了解你正在思考的调研问题。将想法文字化在帮助观点分类或将观点规整到一个逻辑结构当中十分重要。

　　在准备一个调研手册时，需要思考的关键点我们可以概括为以下几点（参见第 3 章）：

- 你需要解决的问题；
- 所要做出的决策和 / 或采取的行动；
- 制定有效决策或采取合适行动所需的必要信息；
- 明确调研是否需要帮助；
- 调研必须处理的特殊客观因素；
- 调研所需的大量时间和资金。

　　观点经提出、讨论、文字化，最终以某种方式呈现出来，这时调研手册就可以开始写作了。你对问题是否明确清晰，这在起草阶段就可以体现出来，如果你了解得不是很清楚的话将很难写出来。将想法文字化的过程可能会使得一些深层次的问题暴露出来。起草调研手册的第一步——通知项目团队，这对更深层次的思考会是一个好的刺激物，也可作为之后探讨的焦点。在确定问题及处理方式的讨论之前，许多可能版本的调研手册就应该准备好。一旦最终版本的调研手册得以通过，就应该将其送至潜在调研供应商那里。这就可以使得涉及客户、决策者、调研者在内的所有人有记录或去寻找正在调查的内容。这样也可以降低后期关于被调研者和内容的产生争议的概率，调研手册可以在调研项目最后去回顾和评估调研适用性，例如，调研目标是否被满足，以及调研是否为决策者提供了有效信息。

调研手册通常会伴随一封信，信中将确定提交调研提案和客户合同想要的截止日期，如果调研供应商想要进一步讨论调研手册及其内容的话。与接到调研手册的调研者进行面对面的沟通会议是很好的办法，这就给调研者一个对调研问题、商务问题以及大的调研背景等关键问题进行询问的机会，并且可以测试客户对初步调研的形式和种类做何反应。同时，这也给客户一个机会去了解调研者是否真正明白所涉及的问题。汇集所有的部分才有可能成功地去判定这种工作关系是否能够达成，或是否属于期望中的工作关系。

调研手册的内容

下面是一份你可能在调研手册中发现的标题列表：
- 题目；
- 问题的定义；
- 问题的背景；
- 调研的必要性；
- 描述调研目标；
- 信息的使用；
- 目标人群；
- 建议的方法；
- 分析的要求；
- 调研结果；
- 联络安排；
- 时间限制；
- 预算；
- 调研提案的形式；
- 选择标准。

并不是所有调研手册都需要包含以上所有这些信息。在一项具有重复性和相似性的调研工作中，或者客户已经和调研者建立起相应的关系时，一些信息可能就不会被包括进来。一份更容易理解的调研手册适用于以下情景：调研的任意一方和其他一方都是陌生的；客户和调研者之间的关系刚刚建立起来；调研项目非同寻常或十分复杂。下面我们详细地看一下这些调研手册中出现的标题。

1. 题目

题目非常重要，它能迅速地吸引注意力到项目上，并且注意到关键问题。一个题目可能十分明显也可能并不清晰，直到你确切地知道什么是你所需要的——这可能是你最终需要决定的问题。

2. 问题的定义

用一个清晰而准确的定义迅速抓住问题的核心，较之于你的想象，这可能更难以落笔。如果你对描述定义确实感到困难，那就说明你对问题的认识并不清晰。而作为一个调研者来说，这是不应该的。描述定义要用清晰而专业的语言，避免歧义，尽可能做到正规专业。

回顾一个汽车代理商的例子。汽车代理商正面临着销售量下降的局面，管理层希望通过采取措施来扭转这一情况，但苦于没有对策。虽然没有确切的证据，但是据猜测，混合动力车对顾客的吸引力不足可能是一个因素，对顾客的服务也可能是一个问题。为了做出一个能够有效阻止销售量下降的决定，管理层需要精准地了解问题以及影响销售量的因素，并且通过与竞争者的比较判断出代理商的优缺点。

3. 问题的背景

提供一些关于产品、服务或相关问题的背景信息，以及在组织结构、市场或学科领域更大的调研背景。提供一些组织内部运行的外部信息也是有帮助的。再者，尤其是调研者第一次被要求准备调研提案时，你应该总结一些关于组织或机构的背景知识——它的角色、目标、职责、使命宣言以及企业战略，总之是让组织显得特别的东西。这不仅可以帮助调研者组织最有效的调研设计，而且有利于理解调研结果及其对组织的重要性。

4. 调研的必要性

简单陈述一下调研的必要性以及你如何得出的这个结论。例如，"尽管已有数据告诉我们销售量有了明显的下降，我们却无从知晓其原因"。

5. 描述调研目标

描述调研目标——调研要告诉你什么，尽可能的简单明了、没有歧义，避免模糊的表达，例如，"对电动车市场的调研"或"关于汽车代理商在其目标顾客心中形象的研究"。再看一下关于汽车代理商的主要调研目标，"调研哪些因素影响消费者汽车购买决策过程，以及同竞争对手相比，该汽车代理商的优势和劣势所在"。这些都可以通过一些更加精细的问题来陈述，例如，"哪些因素影响个体购买决策"和"决策制定过程中都有谁"？

6. 信息的使用

确保调研受到重视，帮助调研者确认哪些类型、哪些领域的信息和细节是必要的，并说明这些信息会被如何利用，被谁利用，它们会被如何使用。对于每个被调研者问一下自己："我得到的信息在做出决定的过程中会如何使用？"这是个很好的练习，以确保你得到的信息是真正需要的。

7. 目标人群

要尽可能多地提供关于目标人群的细节。明确在分析中自己到底想要什么，这些信息会帮助调研者决定抽样的方法、调研的类型、数据收集的方法，从而让调研项目更加精确，越具体和精确越好。例如，如果你有目标消费者占所有消费者的比率，那就写上这个数字。如果你有明确的需求，如果人群中有可以用来做分析的特定人群，例如，你想要对25～34岁和35～43岁的使用者进行比较分析；对在职与失业者进行比较分析；对经常使用者、偶尔使用者和非使用者进行比较分析；对有孩子与没有孩子的使用者进行比较，那就在调研手册中陈述出来吧。这些信息能引导调研者设计抽样，决定必须要关注的人群和采访人数。还有，明确你使用的如"经常""在职"等词是很重要的。例如，在职只是工作的意思吗，那包括志愿服务和家务活动吗？它既包括全职工作也包括兼职工作吗？包括陪产假和婚假吗？一定要减少歧义才能做到明确陈述。

8. 建议的方法

你所给的细节可能取决于你在调研方面的知识，或者你是否喜欢调研者提供的不受你影响的观点。要告诉调研者决策制定者对哪些类型的调研更加偏好，例如，是定性调研还是定量调研？如果你想要与原先做过的调研进行比较，那就需要提出来并提供一些细节。如果你想要调研者提供更多可能的各自缺点和优点的选项，也要说出来。

9. 分析的要求

明确你所需要的分析类型以及分析的复杂程度。在定量调研上你很可能需要一系列的数据表（或列联表），思考在这些数据表中你想要包括哪些变量。同时，明确你所需要的统计方法——描述性统计（如平均值、标准差、标准残差）和推断性统计（如显著性检验）。你是否想要做更复杂的分析，如因子分析、聚类分析或联合分析呢？调研者需要对这些种类的分析做出判断，包括调研设计、抽样设计、抽样规模、关联的资源种类和水平以及完成所需的时间等。

10. 调研结果

我们这里所说的调研结果，通常指的是数据表、总结报告、全文报告和结果展示，也就是调研得出的"产品"。通常它们会包括一份调研结果和一份书面总结报告或全文报告，并在项目结束后提交上来。对于一些项目，尤其是规模较大的项目而言，你可能还需要提交阶段性报告。在报告最终定稿之前，你需要对报告的草稿进行反复评估。在定量调研中，你还需要访谈或小组讨论时的视频或音频资料、原始书面资料的副本或每组调研结果的总结。不管要求是什么，在调研手册中都要提及这些，这样调研者才能利用这些资料并把它们包含到工作计划中去。

11. 联络安排

明确你想要的联系或联络安排。例如，你有一个项目小组或智囊团，通过他们可以和调研者进行关于调研过程中细节的讨论，如开会的频率、所需报告的种类和细节，这样调研者才能把这些内容设计到工作和预算当中。

12. 时间限制

给出你完成调研需要的时间，强调一些阶段性工作的最终完成日期，比如一个广告活

动或产品 / 服务推出计划的实地调查结束日期。这些信息不但能帮助调研者计划好工作，而且也会影响到调研结果的种类。例如，时间安排会对访谈的人数以及数据收集方法起约束作用。确保时间安排的合理性（这个并不总是可能的），确保自己能够完成自己所负责的职责，如核对调研问卷、参与实地调查、提供产品样本等。这是一种被称为"慢调研"的活动，或者更准确地说，这是一种处于正常速度的调研活动（Poynter and Ashby，2005）。对此定义是，"经过适当计划、全面分析能长期受益的调研活动"。设置时间期限考虑到这些是很有用的（当你在之后复习调研提案时也会这么觉得的）。

13. 预算

如果调研手册里的调研设计和调研方法的细节很明确，那就可能没必要提供预算的细节了。即使在客户没有明确调研设计和方法情况下（更多情景下是这样的），预算也可以不用说明。通常的理由是调研者设计的调研会用光预算，无论调研问题是否会真正用完预算。当然，对调研者来说这是不道德的，如果你要求不止一个提案，那么缺乏预算设计可能让它们之间的比较更难以实现。不同的调研者会以不同的方式解释调研手册，不同的假设也会直接影响预算成本。为避免调研的实际支出大于预算就必须采取一些措施，这样可以实现预算的价值最大化。

14. 调研提案的形式

明确你想要调研供应商提供提案的方式。例如，你可能明确提案标题的格式、标题的顺序、所需的内容和细节，甚至文件的形式、传送的方法（书信或电子邮件）、提交的复印件的数量。下面是一些可供选择的标题：

- 明确客户的问题和要求；
- 方法的细节；
- 可能遇到的困难和解决方法；
- 时间表；
- 明确不同项目的成本；
- 规划好人员使用的价目表和每天的价格；
- 组织相关经验和工作人员的细节。

15. 选择标准

普遍的做法是，在政府合同招标过程中，告知调研者将依据什么选择研究合约，也就是说，会依据什么评估提案。筛选标准可能包括以下几个方面：

- 提供方法的可行性；
- 在该领域的相关经验；
- 成本支出；
- 对调研手册理解的程度。

每个提案都要按照这些筛选标准内容进行评估，可以给每个项目提供权重进行比较或打分，例如，对手册的理解可以被判断为最重要的一方面，其次是成本支出。

4.4　选择调研供应商

一旦你决定调研是必要的且已完成调研手册，你就必须决定由谁来进行调研。你也可以自己解决问题，但如果你没有资源或专业知识，那就必须选择其他人。选择合适的人选，首先要考虑课题的类型和你所需人选的类型。你或许有很多不同的选择，从全服务中介，到实地调查工作者，再到一个从你所收集的数据中得出结论和获得发现的咨询顾问。你可以从某些组织的目录中获得中介或顾问的信息，如 MRS、《调研购买者指南》（http://www.theresearchbuyersguide.com/）和绿皮书（The GreenBook，http://www. greenbook.org/）。对于定性调研组织和独立的定性调研个人而言，定性调研协会字典（www.aqr.org.uk）也是一个很有用的资源。社会调研项目（SRA，www.the-sra.org.uk）对那些专注于社会调研的个人和组织也提供了许多有用的资料。MrWeb 是一个基于网站的服务商，它通过 Fieldwork Exchange（www.mrweb.com/field/）列出人选，包括独立调研顾问（www.mrweb.com）和实地调研者两类人选。

从确认的人选中你可列出一个可供最终选择候选人名单。名单可从以下标准选择：

- 综合领域的经验，如消费者、社会或 B2B 问题；
- 特定领域的经验，如药品、老龄人口问题，办公设备，或广告调研、新产品研发、员工调查；
- 有效服务，如全面服务或有限服务，在线数据收集或面对面服务；
- 特定领域方法或技巧的专业知识，如定性调研、定量调研，连续性调研、神秘购物。

你可以通过下列方法判断调研者是否符合你的标准：通过检查他们的目录和推广的条目；通过阅读他们发表的关于工作的文章；通过与使用过其服务的人群交谈或直接与调研者交谈。为缩小你寄送出调研手册的范围，你可以邀请预期候选人做一个"文件"———一个可概括他们经历和专业的东西。一旦通过这种方法列出候选名单，你就可以寄送出调研手册了。

调研提案是调研者或调研机构的智力财产，代表有技能的调研从业者的知识和经历。如果你不严肃地将调研者当作可能的合作伙伴就向其索要调研提案，通常这被认为是缺乏职业道德的。《MRS 行为准则》（2010）中的以下条款需引起注意：

> B1 未经允许，成员不得私自占用其他调研者未出版的作品和评论，因为那是别人的财产。
>
> 说明：这意味着，即使是可用的，未经获得许可，成员也不得私自利用或采用其他机构调研者提案中的文献成果。

最好是不要超过三四个调研供应商来投标一个项目。调研提案要花费时间和金钱来准备，但应要求免费提供给客户，因为调研者以为他们有赢得该工作的合理的机会。对于调研者来说，要求他们实施一项低于 25% 成功率的项目是不公平的。这项指导方针旨在保护调研供应商免于被客户利用而为其提供免费的调研提案。准备调研提案的费用要由调研者先支付，并记入最终的费用之中。如果需要更多的调研提案，那么相应的费用也会上升。如果一次调研项目投标中有四个以上的投标人，那么个体调研者就可以选择拒绝投标，或者可以就准备调研提案索要酬劳。

4.5　检查调研手册

调研供应商收到调研手册后会仔细阅读，下面列出了他们需检查的事项。因此，在你送出调研手册之前要仔细检查这些事项，这些事项可提高调研者回复你的调研手册的概率。假如调研者认为你的调研手册未经思考或是过于草率，他们便会认为花时间准备调研提案不值得。

寄送出调研手册前要进行检查，同时这也意味着你可以省下日后回答调研者的问题。下列是你应该检查的事项：

- 问题定义是否清晰；如果有假设，我是怎么做的？
- 为什么要调研？
- 需要的信息是否清楚？
- 调研会有帮助吗？
- 我是否列出了为设计有效调研所需的所有信息？
- 我对于这个问题的知识是否存在空白？
- 调研目标是否清楚无误？
- 是否清楚调研如何被我们组织内部利用？
- 预算是否充足？
- 时间是否可行？

实际上，你所做的是在进行一个严格的评估过程。即使是一个精心准备的调研手册，也可能会出现关于已知和未知的假设，或者不能完全解释某些要点——由于太过于贴近问题，或者会出现某些空白和误解。因此，用批判的眼光检查调研手册很重要。若有不清楚的问题，不要害怕去找问题发现者或决策者，即调研的最终使用者。理解企业问题和调研问题越深刻，调研手册和调研报告就会做得越好。

4.6　客户—调研者关系

为使调研价值最大化，在开始时就和调研者建立友好的工作关系是很重要的。一份良好工作关系的特征就是双方关系融洽，也就是一种双方完全一致、每一方都能理解对方的作用的关系（Pyke，2000）。作为客户，你会对调研者有一些期望：最起码调研者应有能力胜任调研项目的设计和运作。然而，你不喜欢那些仅仅善于调研设计的人，而是喜欢那些可以看到"大视角"（big picture）并把调研发现放入大视角中的人。一种普遍的对调研者的批评是：客户经常抱怨调研者过于注重调研的进程和数据，而不注重数据说明了什么问题（Bairfelt and Spurgeon，1998）。因此，你应期待调研者对你所面临的问题有一个全面的认识和兴趣，会认真思考问题的内容，会考虑到问题的大背景和如何通过调研解决这个问题。调研者不应回避这些调研信息来做什么的问题，你应该清楚你想要的调研服务的水平以及与调研者之间的工作关系。在"专栏4-1"中，安德鲁·派克（Andrew Pyke）会强调这样做的重要性。

专栏 4-1

客户—调研者关系

"全在调研手册里"——不是吗

调研机构应期望客户做些什么呢？这里有三项调研领域的关键问题：①客户困境——我是调研者还是计划者呢？②代理困境——我们是数据提供商还是咨询顾问呢？③"客户困境"和"代理困境"怎样在市场营销决策中起作用？

我的预感是，在形成调研手册过程中就厘清以下基本问题是很必要的：①这个问题为什么会发生？②损失了什么？③这个项目的结果是什么，过程中又损失了什么？

调研手册为什么应位于中心位置

对于我们所有的人来说这是一个担忧。搜索并成功将消费者的理解应用于商业调研项目是我们的生命线。这些项目依赖于调研手册与调研目标的统一。然而，多数情况下这不会发生。我们经常在一定程度上参与实践项目，但结果却总不够理想。

类型

我认为大多数问题与客户和调研机构期待的角色（角色间的互动）有关。客户模式是经典的调研者模式和计划者模式，代理模式是数据供应商模式和商业伙伴模式。

客户模式 经典客户模式就是客户调研者需要这样的数据：直接回答问题。在经典模式中，客户调研者只是将询问的情况（如果有的话）传送给最终使用者。作为一种选择，在计划者模式中，客户需要通过调研机构将项目作为组织内不断思考的一个出发点。

代理模式 在数据供应商模式里，调研机构非常渴望通过市场融合产生数据的方法，证明它们的专业性。所有行业都是如此。在商业伙伴模式里，调研机构不只是提供数据，它们更关心发展与客户的合同关系。

我们似乎都在努力做调研计划者/商业伙伴模式，至少每个人都认为这是好事。不过要想使它们更有价值，单纯调研是不够的。

对调研手册的影响

如果客户准备构建一种模式，运用调研项目去催生商业变革，那么他们需要了解整个流程。除了个人能力，他们还需具备影响力、团队技能以及企业家的热忱。调研机构也要产于其中，否则在一开始，成功的概率就会大打折扣。调研手册必须清晰，制定的调研手册（包括定义、问题背景、调研原因、结果的用途）一定要呈现具体的意图。要不然调研是完成了，可是问题却没有解决，而且所有参与者无一不感到沮丧。

如果客户的问题处于传统模式阶段，调研的项目将会对企业发展有很大的帮助。然而，如果是营销终端或董事会在构建模式时运用传统数据，在项目展开的过程中，通常在听审阶段，调研者或调研机构可能就要受到责备。具体部门要对这种融合模式下产生的数据心存疑虑，这种情况还是时有发生的。

　　为了让决策过程富有意义，项目的作用应该在一开始就确定下来。此外，机构需要清楚客户调研者的背景。如果该客户调研者属于不可靠的资源，调研机构就要询问客户是否曾经调查过员工的底细。搁置疑问（至少在表面上）并不是好的选择，在制定调研手册的过程中，在该项目起始阶段就应该讨论，由各个部门具体实施。

如何影响营销决策过程

当客户和调研机构模式相互匹配时，我们就有了一股强大的推动力：

- 经典客户与机构数据提供商——精确地传递出所需，用效率和信任建立起应有的声望，从而论证及表明客户清晰的所有权。
- 客户策划者与调研机构代理——基于消费者变化的有力调研机构，能够创建真正的基于市场的消费者文化。

　　然而，如果这两种模式对于调研机构和客户调研者都不够匹配，问题可能是：无法达到预期；不能赢取信任。

向前推进

　　自此以后，在每次的调研手册制定过程中，我们都需要向客户前瞻性地阐明他们所处的模式及其原因并且客户还要及时质询大纲的制定。如果没有监督和质询，工作将不能完结，最后就是具体部门的授权实施。

资料来源：Adapted from Pyke, A. (2000) 'It's all in the brief', MRS conference, www.mrs.org.uk.

　　作为准备调研手册的人，你一定要知道为什么要委托别人制定调研手册。另一方面，接受调研任务的调研者也要牢记为什么被托付给自己。如果你（准备调研手册者）没有定义问题，没有彻底搞清问题的本质、它的具体情况以及最终使用者是谁、到底要的是什么等问题，调研者将无法进行有效的调研，那么在之后调研过程的每一阶段你都会碰到问题。在调研的一开始就要想到其结果，当然这是非常困难的。接近决策制定者或者信息最终使用者，或者获取有关他们的信息，尤其是可以帮助调研者理解决策制定过程或组织内部文化的信息是很困难的。在调研者看来，为了你和客户的关系，为了合作顺畅，不应该有隐藏的事宜，你应该创造一种环境，一种帮助调研者能够调研和检视调研手册并且完全理解问题的环境。为了改进服务交付效果，调研者应该要求（或者你应该提供）开放且诚实的服务反馈。

本章总结

- 相关人员的角色——在组织中的调研者或决策者（即客户），他们应清晰且准确地定义问题，识别需要的信息从而解决问题，再对可能会用到的信息进行分类，在这一切就绪之后，把它们和调研手册清清楚楚地联系起来，而调研者的角色是在调研手册的基础上进行调研，给客户传递有用的信息。
- 调研手册的作用是产生高质量的调研提案，即一项有效的、合适的调研计划。

- 为了准备上述高质量的调研提案，调研者一定要对客户商业问题及与之相关的外部环境（解决问题所需的信息类型以及信息的用法）有一个清晰的了解。
- 在准备手册的过程中，你需要考虑到以下关键点：
  - 你需要解决的问题；
  - 所要做出的决策和／或采取的行动；
  - 制定有效决策或采取合适行动所需的必要信息；
  - 对于调研是否有正确的理解；
  - 调研的具体对象；
  - 调研所需的时间和资金。
- 一份调研大纲需要如下的信息：
  - 问题的定义和背景；
  - 调研的必要性；
  - 信息的使用；
  - 调研目标；
  - 目标人群；
  - 建议的方法；
  - 分析的要求；
  - 可交付成果、具体期限和调研预算。
- 为了使你委托的调研价值最大化，在调研的初始阶段，与调研者有良好工作关系也是不可或缺的。

▷ 问题与练习

以下是一份客户调研手册中的关键部分，该客户是一个教育和培训非营利性组织的总经理。阅读完这份手册之后，你要决定要和客户面对面交谈一次，以获取更加详细的信息，因为这可能帮助你开展调研。请以合理的方式列举出你想要在面对面交谈中询问的问题。

调研手册：我们是一家针对"50 后"（年龄超过 50 岁的群体）的 IT 项目培训的非营利性组织，坐落于一个人口超过 10 万的城市郊区。过去 5 年中，我们的培训需求一直稳步增长，在下一个 5～10 年中，随着"50 后"人口进一步增多，我们想让培训人数进一步增加。我们的培训大楼已经有超过 100 年的历史，虽然内部还可以，但是我们发现满足相关的健康和安全规定还是有着很多困难。因此，我们有意建造一栋新的全国教育培训中心，事实上，我们也已经获得了相关的许可。我们知道，政府基金可能会支付建造过程中的全部费用，但为了更加稳妥使用这笔基金，我们想要通过一项调研活动获取相关信息。我们想让贵方提供以下项目的成本：现存设施和设备用户的一系列焦点小组访谈；针对本辖区内老人的调查；一份针对已经完成本中心培训项目的老年人口的就业机会审计。对于本项调研，我们的预算是 1 万英镑。调研资金申请书必须于两个月内提交，因此您需要在这个时间范围内提交详细的调研计划。

第 5 章

二手资料调研

□ 引言

正如我们在第 2 章中看到的那样，二手资料调研就是在现有的资源中研究统计数据的方法。它有时被称为"案头调研"（desk research），因为你不用离开办公桌就可以完成。与之相反，一手资料调研被称为"实地调查"（field research），你必须到达现场才能获取数据。在任何研究中，二手资料调研都是一个非常重要的阶段。当你界定一个正要被研究的问题时，二手资料调研往往是非常有用的，它能回答在研究中出现的问题并帮助你缩小从一手调研资料中得到的焦点性问题；当你撰写一个提案时，二手资料调研也很有用，它有助于你的理解，帮助你在组织中进行委托调研，包括从公司正在从事的业务到更广阔的范围，从公司提供的服务到品牌；当项目接近尾声时，二手资料调研同样有用，它可以提供进一步的细节以帮助充实你的发现。

二手资料调研所使用的现有资源主要包括两种：数据（date）和记录（documents）。数据可能是数据库中保存的，例如，由 EPOS 扫描仪得到的业务数据、由纵向研究所得到的数据，或者也可能是从一系列点对点调查或一个小组讨论中得到的数据。记录的来源可以是出版资料，包括书本、期刊、杂志、报纸文章、市场报告或政府报告；另一个可能的来源是社交媒体及其内容，有时它被称为"用户原创内容"（Verhaeghe and Nola，2010）或"用户生成内容"（Hardey，2011）。

二手资料调研可以表现为以下这些形式：一个关于产品类型的出版物大字标题统计；一个交易；一组人或国家；一个关于其他学者已出版物报道的回顾，包括某个理论的学术性回顾，或某个主题以前研究的回顾；一个数据集的分析（整体地或部分地）随着原始研究目标的不同而不同。在本章我们将着眼于弄清楚二手资料调研涉及什么问题，给出一些有用的二手资料来源的例子，弄清数据是如何被存储和提取以便作为二手资料的数据来源的，以及关注包括数据挖掘和数据整合等在内的二手数据分析。

□ 本章主题

- 为什么要进行二手资料调研
- 什么是二手资料调研
- 二手资料来源
- 评估质量和适用性
- 二手资料分析
- 数据存储和提取系统

- 数据挖掘
- 数据整合

□ 学习目标

- 理解二手资料调研的性质
- 理解二手资料调研和二手数据分析的含义
- 展示二手资料来源的知识
- 形成实施二手资料调研的策略，包括运用在线搜索等
- 评估二手资料来源的质量和适用性
- 理解数据存储与提取系统的观念
- 理解数据整合涉及什么，以及数据整合为什么有用

5.1 为什么进行二手资料调研

几乎所有的调研项目都依赖于或者至少得益于二手资料的调研。它在一个项目的早期阶段尤为有用，可以帮助你澄清思考的问题，通过调研设计和计划来帮助你界定问题。它在项目实施过程中也是非常有用的，因为它能为分析和解释观测到的结果提供一个情境或框架。当然，二手资料调研作为研究的一种类型具有其自身的特征：通过单独进行二手资料调研而不是更加昂贵的一手资料调研，处理完整的研究目的成为可能。

牢记以下观点是非常重要的：任何一个有价值或有用的调研部分、数据设定都应该在应用的最开始或最初阶段被考虑到。该数据或发现在相同的情境、不同的时间或不同的情境下是有效的。一组数据可能包含其他的数据——出自完全不同的来源，形成一个更具价值并且相比于独立单位更有用的合集（例如，想象一下地理人口统计数据库）。在后面的章节中，我们会看到这些数据是如何组合的。相比于开展一手数据调研而言，应用现有的数据或观察能够使调研变得更加便宜；同时，二手资料调研也相对地能更快更容易获得——不像一手数据，二手资料早已可用并且相对更易获得。

🖑 专栏 5-1

二手资料调研的用途及优势

- 可以不需要一手资料就回答出有关调研的问题；
- 引出对问题更好的理解并拓展问题的情境；
- 有助于界定问题；
- 有助于发展和规划假设；
- 有助于确定处理问题必备的证据；
- 帮助构建一个有效的调研设计；
- 有助于设计有效的问题；
- 丰富对于一手资料的分析和解释；
- 将一手资料的发现放入一个更广阔的情境中。

5.2　什么是二手资料调研

二手资料调研的过程包含以下几个步骤：

- 识别数据或信息的现有相关来源；
- 获取这些数据或信息；
- 评估它们对研究目的的适用性；
- 检验它们并评估它们的质量；
- 学习或分析它们；
- 运用相关知识进行创造。

回顾关于某个主题的已有文献（被称为文献回顾）是二手资料调研的一种有用形式，一种被应用在学术和社会调研中的既有实践，通常文献回顾既不是一项策划早期阶段的一部分，也不处于分析和解释阶段。这样的实践是有价值的，因为它能被应用于增加知识以及理解调研的主题：它使你从其他人的工作或思考中获益，例如，那些尝试了独特调研方法的人，或研究了与你相同或相似主题的人，因此它将会提高你的思考或调研的质量。

5.3　二手资料来源

你从哪里获取二手资料？在市场情境下二手资料通常根据以下情境来分类：它们是否来自组织内部并由组织内部所产生，或者来自组织外部并由组织外部所产生。内部数据包括来源于先前调研中的报道及数据、财务数据，还有市场营销功能关键的销售数据和客户数据。外部数据则是除了组织内部人员所产生的数据之外的数据，其数量是巨大的。这些资料有很多具体的例子：由政府产生的报道及数据；由 Mintel 这样的商业组织所提供的市场报告；CACI 或益百利公司（Experian）的地理人口分布数据库；《国际市场调研杂志》（*International Journal of Market Research*）上发表的文章；从业者国际会议中所讨论过的文章；人们在网络上线上评论及博客日志等。

5.3.1　内部数据

如今，对大部分公司而言，获取、存储和分析经营者认为有用的大量市场数据成为可能。例如，数据可以在与顾客的互动中获得，无论是个人通过 EPOS 扫描仪产生的数据还是通过远程网络产生的数据。收集到的数据可以经由数据库而被存储和取回，并且数据库被设计为具有管理信息系统（MIS）或营销信息系统（MKIS）功能。这样的系统通常被称为决策支持系统（DSS）、经营管理信息系统（EIS），有时甚至被称为企业情报系统，并且它被一种允许用户搜索和取回他们计划和控制所需数据的方法结构化，例如，战略制定时需要的数据形式。在接下来的章节中，我们还可以了解到更多关于这个系统是如何建立起来的细节。

记录和存储顾客交易相对而言是比较容易并且比较便宜的。"优惠卡"有时也被称为"回馈卡"或"会员卡"，被很多公司广泛地应用，以起到分析每位顾客的个人购买行为数据的作用。它是这样发挥作用的：你申请了优惠卡以便从组织的推广计划中获益；当你申请时你提供了自己的个人信息给该组织，比如一个零售商或一家航空公司；每次成交一笔业务并刷优惠卡时，你的个人信息以及交易和购买情况就会被记录下来，你的个人优惠卡信息也会随之更新；这样组织就获得了你真实的购买行为（也就是说，并不是你宣扬了你的购买行为，而是数据在调查中被记录）在你的优惠卡上也在它的数据库中。同样的过程也在网上零售商那里被采用。你登记注册以获得站点的使用权，然后你在该站点的行为就会被记录和存储下来。在许多网站上，甚至你并没有注册，你的行为也会被记录和储存下来。跟踪你的在线行为可以有以下四种主要的方法：在你的计算机中安装信息记录程序；记录你的网络协议（IP）地址（一组用于识别你的计算机的唯一数字）；通过记录你在访问网站上点击的"网络监测"（web bugs）；通过获得你的浏览记录。信息记录程序是二进制位的数据，它在你的计算机中使每个网站有一个独特的标识，这样你再次访问该网站时就会被识别出来。一个网站的信息记录程序也可能让你在另一个与之相关的（或者被同一计算机监控的）网站中被识别出来。也有一些信息记录程序（例如，被广告主应用的"第三部分"信息记录程序）能够跟踪你在多个网站上的行为，以便它们能够勾画出你的浏览行为的轮廓。你的 IP 地址是一个网站目录设置的地址。一旦你进入一个网站，它就会看到你的 IP 地址，除非你更改了你的 IP 地址，否则网站就能从你的地址监测到你的所有活动。它也能根据你的 IP 地址找到你的地理位置。"网络监测"是在一个网站的 HTML（超文本标记语言）上的代码，用以跟踪访问该网页的人员以得到访问的时间及 IP 地址。这是一种跟踪你从一个组织网站到另一个组织网站的手段。网站也能通过程序代码查看你计算机上的浏览历史。它们一旦拥有了它，就能以它为基础对你进行归类或者简要分析，然后它们就能通过这些信息对你访问的网页进行"个性化"处理。如果你曾经疑惑为什么与你相关的广告会出现在你访问的网页上，那是因为广告商已经收集了关于你的信息，并且你的在线行为已经激活了它们来"瞄准"你进行广告宣传。

由顾客互动而生成的数据库是二手资料研究的丰富资料来源，它可以提供关于"正在进行的"而不是"事后记录的"，详尽的当前信息与历史信息。通过对那些被提供的一手资料研究，给予决策者一个不同的市场视角。

你的购买模式会被分析（如"购物篮分析"），并且零售商会基于过去的行为，给你寄送有关你所购买类型的产品或品牌的推荐或提醒。零售商也会对比你和其他顾客的购买记录，发现其中的相似之处（例如，在购买商品 X 时），通知你，告诉你"买了商品 X 的人还买了商品 Y 和商品 Z"。"购物篮分析"（shopping basket analysis）可以显示出摆放在什么组合的产品或品牌被同时购买，什么顾客群体或细分市场购买了什么组合的产品或品牌，这使得它们可以瞄准顾客群体进行定制服务，并通过数据库看到这些服务的接受情况。进一步地，通过长时间的行为趋势检测，企业能够建立起模型去预测顾客行为，从而获得销售额和收入。这些信息可以被用于理解，不同顾客群体或渠道类型产生的收益有何不同，以及何种类型的推广工作对何种群体来说是最好的。

数据可以从会员卡上导出，但是信息是有限的。会员卡可以提供顾客在商店中的行为信息，却不能提供顾客在商店外的行为信息（这样的数据对于消费者调研小组可能会很有用）；人口统计学信息并非在所有情况下都是准确的，并且顾客可能拥有很多张相同商店的会员卡（Passingham，1998）。同时，顾客也并非每次交易都会用会员卡。另外，会员卡不能建立一个关于商店或卖家所有顾客的完整图像，因为有些顾客拒绝使用会员卡。

但是，在线购物就是另一码事了，因为它并不依赖于会员卡，并且能够通过网络跟踪器和之前提到的那些方式进行跟踪。在其他网站上的行为同样可以被跟踪，并且正如我们之前所说的，浏览记录也是能够被分析的。

数据库能够通过对购买者的分析去识别不同渠道、不同范围、不同模式下的顾客行为和消费模式。分析也能显示出人口统计特征或地理统计特征，这些都与不同的行为模式相关。第1章的"专栏1-3"，这是一个经典的保密性研究，其中没有任何个人数据的反馈，除了那些涉及调研项目并且严格遵循《MRS行为准则》的数据，或者那些承诺仅用于研究目的的数据。然而，数据库的拥有者通过数据库形成一个样本以接触人们以进行一手资料研究，然后数据保护问题随之出现。在这样的情境下，顾客（在英国）必须保证其在信息专员办公室（http://www.ico.gov.uk/）登记注册过（有通知发出）才能涉及使用数据。如果客户的"通知"包含市场调研，然后它才能以此目的而使用数据。更多信息可以查看MRS网站（http://www.mrs.org.uk/standards/data-protection/）上的《数据保护法案》（1998）和《市场调研：MRS成员指南》。

5.3.2　外部数据

外部数据，是由组织外部所产生的数据，它能够被整合为一个组织的决策支持体系（DSS）。在市场营销和市场统计领域，外部数据可以被总结为两种类别：首先是那些由政府部门、政府机构以及相关机构所产生的官方统计数据；其次是那些由贸易机构、市场调研机构以及商业出版商等所产生的非官方统计数据。当然，能够提供可用知识、信息和数据的途径比刚才所提到的要广阔得多，包括人们能够在图书馆找到的一切东西——书籍、参考书、学术期刊、杂志、报刊、报纸、文献数据库、统计期刊以及全方位的电子资源。

数据库可以通过多重资源或多重渠道的应用而建立，例如，通过人口统计数据和地理统计数据建立的地理人口细分数据库或地理人口细分信息系统。你可以通过经济数据和生活方式数据来扩展它，这样的数据库一般由商业组织产生，并且被广泛地应用于市场营销目的。下面我们来看一看这些数据库更具体的细节并陈述一些它们的用途。

1. 地理人口细分信息系统

地理人口细分数据是一种市场研究中经常被用到的二手资料数据形式。它被用于建立地理人口细分分类/信息系统，主要被应用于识别和定位不同类型的顾客。

大多数地理人口细分信息系统在基本原理上都或多或少地存在相同点：它们涉及居民的人口统计特征，由可提供的人口调查数据的最小地理单元人口调查派生出关于这个地区的地理信息（详见案例研究5-2）。用于构建系统、建立分类和档案的信息来源，也包括选民登记册、通讯地址文件夹、汽车登记簿、信用评级数据、关于媒体使用或态度的数据调查，以及顾客数据库中的数据。最终的产物是一个关于居住在社区或地区的有某一特征的居民的分类。这个对于附近居民的分类或细分是一个聚类分析。每个附近居民的"聚类"或类型都不同于其他聚类或附近其他居民，因为人群的类型，也就是顾客的类型，居住在附近的居民都是不同的。一个附近城镇居民的分类属性可以类似于另一个附近城镇居民，因为同一个附近城镇居民的特征是相似或相近的。

由于他们都来源于同一个地理位置，知道某个邮政编码或者通讯地址就已经足以让你将它们归类到一个特定的地理人口细分集群中去。其结果是每个记录所记载的顾客数据能够被归类到一个地理人口细分集群中去；如果你知道这个地区来源于哪一个样本、子样本或被访人已经被描绘出，那么某个调查中的个别实例就能够被归类到一个地理人口细分集群中去。这就意味着，不同来源的数据——来自一个顾客数据库或任何类型的调查，能够根据它们的地理人口细分属性进行分析。这些从购买行为调查而得到的数据、态度及评价数据，以及从顾客数据库中得到的数据可以被连接起来——针对每一个单位或实例的地理人口细分类别成为数据整合的常见变量。由这些整合创造出的数据库，使得我们可以在不同的顾客类型中监测他们的关系、态度和行为。

运用地理人口细分信息能够帮助组织更加深入地理解顾客的习惯、偏好、态度和观念。这些信息可以被用于开发战略、定位产品和服务，并且更加有效地实现市场营销信息传播。应用地理人口细分编码，就目前而言，由顾客派生出的来自会员卡的销售数据将会帮助你获得关于他们的人口统计学信息以及生活方式特征。如果你知道顾客的地理人口细分属性，你就能够运用地理信息系统 GIS 去找出拥有相同属性的人群位于哪里。当你在计划一个业务的定位，决定一个商店的选址在哪里，它应该是什么类型的商店、多大的规模，它应该包含哪些商品组合等问题时，这些信息都是非常有用的。获取上述这些信息能够降低制定决策时的风险并帮助你尽量增大业务能力。同时，地理人口细分属性在目标市场选择和广告活动方面也非常有用。

2. 政府公布的数据

政府及其相关机构从广泛范围内收集数据，从社会、经济及商业数据到人口普查及人口的人口统计学特征（详见"案例研究 5-1"），从人们的消费习惯、生活方式和态度到不同市场部门的信息，从农业到旅游业、国内外贸易以及关键的经济指标。

案例研究 5-1

利用人口普查进行调研和市场营销

这个案例研究描述了一些通过对英国人口普查数据的应用帮助调研者和市场营销人员的一些方法。

为什么这个案例研究值得阅读

本案例研究值得阅读有以下几个原因：它是一个应用人口普查数据的例子；它显示了人口普查能够作为针对地区以及顾客概况的人口统计学信息的数据来源，以及建立一个分级系统的地理信息数据来源。

关键词：有价值的数据来源、人口概况、地理细节、人口资源、调查研究、应用、顾客分析、定位、区域概况、顾客概况、地理人口统计分类、原始变量、现成的地理人口细分数据、顾客定制化识别工具、模型、深度探讨。

引言

英国的人口普查向所有研究者展示了一个有价值的数据来源。它提供了一个在一定地理细节下远远超出了任何可以从商业或其他政府调查层面展现的独特的人口概况。同样地，这是该国提供给通告性调研的最重要的人口资源。

应用于顾客分析

人口普查数据在顾客分析方面的应用主要分为两类，但是它们既不能被分别展开，又不能作为一个整体展开。

- 人口统计学——基本上应用人口普查作为人口统计学信息；
- 定位——应用人口普查作为地理定位的工具。

人口普查与任何针对国内顾客的公司之间的关联，在一定程度上将取决于以客户为基础细分——不论是通过公司产品或服务性质的人口统计，还是由于公司及其分支机构的贸易范围和批发商的地理位置。如果这些形式是对细分的应用，那么人口普查分析就应该是相关的或有用的。

人口统计应用

人口普查可以被应用于通过人口统计属性分析增加顾客基础的理解。属性分析通常采取以下两步。

地区概括 第一步是确定顾客的交易领域，包括大部分顾客的居住地以及获取人口普查资料的交易地区。这样该公司顾客的基本人口信息就被描绘出来了。由于产品在全国范围内流通，因此这个基础就是整个英国的人口。作为一个在有限交易范围内的企业活动来说，比如一个餐馆，这个基础就是居住在餐厅位置周围 X 公里内的人群，或者在 Y 分钟内可以到达餐厅的人群。

顾客概况 为一个居住在交易范围内的顾客样本确定人口普查属性。顾客概况通过与基础人口概况进行比较而得到解释，具体步骤为：①为了找出"是什么带来顾客"。相同的概况在产生顾客子集时也是有用的，例如"高价值的"和"低价值的"对比，或者不同产品的用户对比。保密性要求避免顾客与人口普查相匹配，就好像它是一种生活方式的数据库，然后根据他们的真实概况进行描述。②根据本国邮政编码，将每个客户分配给它们的所属区域，并将所属区域分割为一组不同比例的人口类别。随后关于顾客概况的人口普查能够通过将这些比例相加而产生。因此，尽管它不是这些顾客实际的人口统计资料，但它也将代表这个所属地区的概况。经验表明，如果顾客明显地超过或者属于他们所代表的特点人口统计集群，就可以成为人口普查概况的证据。

定位分析

每个产出区域有一个已知的地理位置，因此人口普查可以用来找到包含这些特定类型人群的区域。例如，一个餐厅在进行最后一个部分的人口统计分析描述后，发现其顾客往往是"中年，社会等级 AB，没有孩子"，那么它可以最高程度关注这些特征，应用这些标准去寻找潜在的所属区域。

地理人口统计分类的应用

在过去，针对顾客分析而言，用户倾向于使用人口统计分类，比如 ACORN 和 MOSAIC 公司，而不是"原始"人口变量。人口细分的优势部分是基于"用户友好"——很容易使用，已经被彻底地构建、研究和检验过，并且部分以成本为基础——因为原始人口普查数据在历史上出现过高税费的指控。2001 年，免费获取人口普查数据应该取消任何关于原始变量方面的成本障碍。然而，这仍将是一个"现成的"地理人口细分。我们可以期待更多的数据变得可用，并给出免费数据，但这为用户创建自己的定制化识别工具（customized discriminators）提供了可能。

定制化识别工具

为获得对"现成"产品的改进，必须包含多个有差别的变量和 / 或从地区层面分类转移到个体层面分类，用产出地区作为现成的"基石"，顾客定制化识别便有很多形式，例如：

- "地理人口细分类型"中的分类采用顾客数据与人口普查数据进行构建。
- 统计模型采用人口普查数据来预测一些顾客的结果，例如对某个活动的反应。
- 顾客需求评估以作为市场调研来源的人口统计模型为基础。

人口普查办公室的主题和任何保密性问题的处理，都可能会在产出区域内进行深度探讨，并为个人或家庭构建一个个体层面的分类。

资料来源：Adapted from Leventhal, B. and Moy, C. (2003) ' Opportunities to leverage the Census for research and marketing', MRS conference, www.mrs.org.uk.

利用同样的方法对政府给出的数据的有用性和质量进行评估，对来源于其他渠道的数据也要持同样严谨的态度！

3. 非政府发表的数据

非政府信息和数据的来源屡见不鲜，它们包括在线论坛、博客、报纸、日志、会议论文、杂志、时事通讯、时事评论、各类书籍、指南、指导、索引以及数据库。贸易协会和专业团体、商会、监管机构和压力团体、学术及研究机构，也有商业组织（包括市场调查公司、商业情报机关）和商业信息发布者会产生信息材料。通过来源组织的网站，列出索引以及信息数据库、指南、指导专家信息的网站主页，还有通过信息门户网站可以获得大部分上述材料。

有很多商业组织，它们可以就一系列的主题提供市场调查数据和市场情报（标准包装和定制包装），包括：① 全球情报联盟（http://www.globalintelligence.com/）；② 英敏特（http://www.mintel.com/）；③ 数据监测（http://www.datamonitor.com/）；④ 康帕斯（http://www.kompass.com/）；⑤ 弗雷斯特研究公司（http://www.forrester.com/）；⑥ 创思（http://www.clickz.com/）；⑦ eMarketer（http://www.emarketer.com/）等。该类商业组织在同类组织中就数字市场和数字媒体来源而言是很有用的。通过《金融时报》（http://www.ft.com）和企业指南网站（如 http://www.ibd-business.de、http://www.business.com/ 和 http://www.

hoovers.com/）你可以访问大范围的关于商业组织、市场、工业部门和国家的信息。

其他有用的国际信息来源包括：① 联合国（www.un.org），它与在线指导、书目数据库、社会指南、经济和市场数据有很大范围的联系；② 世界银行（www.worldbank.org）；③ 世界贸易组织（www.wto.org）；④ 经济合作与发展组织（www.oecd.org）；⑤ 世界经济论坛（www.worldeconomicforum.org）。

获得商业二手资料（包括一手资料调研）的过程因国别而异，绝大部分原因是：政府的格局和效率；市场结构和商业规律的自然属性；科技、经济、社会的发展水平和地区改革速度；当然还包括客户以及实施情况，这些全都不一样。加上语言和文化差异的复杂性，二手资料调研是很困难的，你所能得到的可能只是一些质量好但却无用的变量列表。

为了得到更多的学术上的资料，COPAC 提供了一个免费的访问服务，访问英国以及爱尔兰一些最大的大学图书馆的在线指南，还可以访问里面的包含 300 种语言的文件（http://copac.ac.uk/）。飞梭之声（http://vos.ucsb.edu/）是一个人文学科研究的门户网站。也要关注同行评审的网站和经同行评审的有限区域的搜索引擎（Gibaldi，2003）。

4. 引用你找到的来源

你可以用很多方法来引用你找到的资料。在哈佛体系中，例如，你在文章中给出资料来源作者的姓氏及出版日期，比如（Hakim，1982），在没有给你作者的姓名而是组织的名称时，上面的例子写成（MRS，2010）；还有，你必须列出你的引用书目或者参考资料的作者的姓氏、名字、出版日期、作品名称、出版地点和出版商的名称。对于一本书，上述要素可以表达为如下形式：Hakim，C.(1982)*Secondary Analysis in Social Research*，London：Allen & Unwin; for a website or online journal article：Orton-Johnson，K.(2007)'The online student:lurking, chatting, flaming and joking' in *Sociologocal ResearchOnline*，Volume 12，Issue 6，<http://www.socresonline.org.uk/12/6/3.html> [Accessed 22 August 2012]。如果你正在写一个文学评论，你可能需要遵循你的研究主题领域和你所在大学的引用要求，或者你要把作品寄给的出版商的要求，这些可能与上述的设计不同。如果想知道更多更详细的信息可以参见由波恩茅斯大学学术服务（2007）出版的《引用参考：简明指导》，网站是 http://www.bournemouth.ac.uk /library/ how-to/ citing-refs.html.

记住，如果你用了别人的资料，那你必须得标明它！如果你没有这么做，那就是剽窃。偷别人的东西，还标明是自己的，这可是很严重的犯罪。当你抄袭或者下载一些资料，你必须保证你得遵守版权规定。如果你想在你的研究报告中用来自其他来源的资料，那么你就有责任去找到合适的版权允许才能使用它们。

5. 消费者生成内容

消费者生成内容，就是你上网在博客、微博、新闻组和社交网络看到的东西。这些资料是人们在线交流产生的，它包含人们对那些营销者认为很有用的，关于组织、产品和服务的信息以及对此的看法。因此，许多组织研究那些被称作社交媒体监测或是社交媒体市场调查的资料，收集、分解来自网站上的内容并分析它。当目的是要了解人们对你的公司或品牌的看法，或是关于你们公司的话题，常常把这种方法叫作"杂音监控"，把对这些言论的调查及分析叫作"杂音挖掘"。因为它涉及的观察而不是访谈,所以有时候他也被称为"网络记录"或"互联记录"。

网站用在线目录和/或公司自己网站附带的软件收集样本。这些软件是根据消费者可能用过且与组织、人员姓名、正在检查的主题有关的关键术语或字词来寻找网站。这些收集到的数据被设计成可读的和可搜索的格式(参见下面关于数据库和数据仓库的章节),存储在数据库中,被整理和分析以判断网上论坛中哪些数据是有用的。这些被认为相关的数据要么采用定性方法,要么用包含模型检测在内的数据挖掘定量技术进行分析。

这种类型的研究对于培养消费者关于产品、服务或其他主题的观点是很有用的,对于消费者讨论所用的语言也同样适用。对于揭露产品和服务问题和关注,取得对品牌形象或声誉的看法,跟踪广告和其他营销活动的效果,以及收集竞争者的情报都是非常有用的。"案例研究 5-2"就是这样一个例子——利用社交媒体来探索客户品牌参与的概念。

案例研究 5-2

寻找在社交媒体上有意义的关系

在这个编辑过的会议论文摘要中,我们可以看到来自市场调研公司 InSites Consulting 的 Verhaeghe、McDonald 和 Bellehem 是怎样利用数据——言论(邮件、消息、电影),从社交网站上收集信息来研究消费者的品牌参与。

引言

此案例研究的目的在于找出到底是什么驱使消费者谈论和关注品牌。研究者选择三个最大的社交媒体——Facebook、Twitter 和 YouTube,并限制自己在每个媒体上的公共范围。对于 Facebook,只分析其公开网页和群体对品牌的贡献;对于 Twitter,则分析一个星期内(在 2011 年 6 月)对于同一品牌的消息;对于 YouTube,收集每个品牌随机的视频样本(确定视频与品牌有关,品牌的名字需出现在视频开头)。

数据

调研者总共收集了 543 741 份 Facebook 邮件、771 057 条 Twitter 消息和从 YouTube 10 492 个视频中获取的 719 873 条评论——超过 200 万的关于"在线言论"的数据条目,包括六个方面(健康、技术、快速消费品、金融、媒体和旅游)的 300 多个品牌。在后面,他们展示了如何对这些数据进行分析(结合自动文本分析、人工分析和定性分析)。首先,他们讨论了这么做的含义和它为什么对公司如此重要。

为什么该案例研究值得阅读

本案例研究值得阅读有以下原因:它是二手资料调研的例子;它是探索性调研和描述性调研的例子;它是使用社交媒体监测的例子;它向我们展示了洞察力是怎样在社交媒体中生成的。

关键词:消费者、社交媒体、在线交流、接触、自上而下的类别检测、自下而上的分析。

品牌呈现

许多公司通过 Facebook、Twitter、LinkedIn 和 YouTube 的品牌页面呈现在社交媒体上。

尽管它们不是独立呈现出来，但"粉丝"、拥护者和讨厌的人却整天讨论它们，并向公司提问和分享消息。我们能从品牌页面所产生的讨论学到什么？

接触

"接触"是在社交媒体和市场营销中提及最多的商业目标之一。根据广告研究基金会（ARE）白皮书的内容（Plummer et al.，2007），接触可以解释为注意力的情感对照，即是一种"感觉的总量"。根据王（2006）的观点，接触刺激人们去处理关于品牌或产品的新信息。而且，它还会导致双方合作（Kahn，2007）。

分析

分析包括如下步骤：

- 自上而下的类别检测。基于预先定义好的代码，我们检测典型消费者的接触点在数据中表现到什么程度。例如，我们检测人们对产品、店铺和广告的谈论程度。我们希望查明每个话题，假如这些谈论有很多杂音，那就详细地理解它，同时也要特别注意缺少杂音的话题。观察性研究的基本规则之一是，即使缺少主题，也应该像对待其他主题一样进行深刻的分析（Pink，2007）。

- 自下而上的分析。在一个完整且详细的层面上，我们着眼于数据中出现的不同之处，还有小团体在数据上的差异（如不同因素）。

- 由于感觉是接触的一个重要部分，我们特别注意了那些有一定紧张度和渴望度的交流。我们完成了一个感情的分析。根据埃克曼（1999）的理论，我们运用自己的专有感情词典，着眼于在非常积极和非常消极的谈论。

- 我们也调查了不同平台之间的元特征（meta characteristics）。对于 Twitter 而言，我们着眼于什么被转发；对于 Facebook，我们调查品牌拥有的页面和没有品牌的页面之间的差异，我们还做了一个特别的研究——什么邮件和电影是'被喜欢'的；对于 YouTube，我们观察高评级视频和低评级视频之间的差别。还有我们考虑被动接触措施——Facebook"粉丝"数目，Twitter 追随者的数量，YouTube 一部电影的评论数量。

在分析的最后，我们集齐了所有从不同平台得到的有意义的观察，并形成我们自己的见解，从这些见解出发，我们完成了管理在线品牌呈现的 17 个指导方针和接触原则。

参考文献

Kahn，W.A.（2007）'meaingful connections:positive relationships and attachments at work' in J.E. Dutton and B.R. Ragins（eds）*Exploring Positive Relationships at Work:Building a Theoretical and Research Foundation*，Mahwah，NJ:Erlbaum.

Pink，S.（2007）*Doing Visual Ethnography*，Thousand Oaks，CA:Sage.

Plummer，J.，Cook，B.，Diforio，D.，Schachter，B，.Sokolyanskaya，I. and Korde，T.(2007)'Measures of engagement'，2，ARE-White-Papers，http://www.theaf.org/research-whitepaper.php(Accessed at 14 February 2012).

Wang，A.(2006) 'Advertising engagement:A driver of message involvement on message effects'，*Journal of Advertising.* 46，4，pp.355-68.

资料来源：Adapted from Verhaeghe, A. , McDonald, S., and Van Belleghem, S. (2012) ' Rules of engagement:What can we learn from conversation Taking place on Facebook, YouTube and TwItter? '. *Proceedlings of the MRS Annual Conference*, London:MRS.

6. 伦理规范和消费者生成内容的使用

在实施这一系列研究之前，社交媒体和其他在线交流会产生重要的道德问题，以及与收集数据有关的问题、分析和报道，而这些都必须要完全被评估。我们着眼于围绕在线数据收集的问题（参见第 1 章），其中亨宁（2010）提出几个关于调研者应如何行动的问题。亨宁的研究对象是美国的网络使用者，在"案例研究 1-5"中已经给出。他发现，69% 的使用者知道组织监测和分析在线谈论，有 45% 的使用者知道市场调研者在监测一些讨论。亨宁基于自己的研究，得出结论是调研者应该尊重网络使用者的隐私。注意，调研者不是诱导社交媒体上出现的言论；调研者不应该和评论者有任何关联；如果调研者计划在研究中分享评论者的言论，应该征求对方许可；调研者不能暴露评论者的身份。

市场调研标准委员会（MRSB，2012）定义了关于口碑监测（buzz monitoring）的重要问题，就像"数据的本质就是要与消费者的回应保持一致……"值得注意的是，在隔离的状态下，大部分被收集的数据——关于组织、产品或服务的谈论，以及在文本环境中的评论，不会被列入私人数据的范畴，所以《MRS 行为准则》的相关术语和《数据保护法案》（1998）没有得到应用。如果你想采用口碑监测，那你就应该避免收集私人数据——如果你避免收集私人数据，你就不会违反公平要求和触犯法律程序。你必须要对从网站上收集到的数据使用和它的传播与出版保持较为宽泛的伦理认知。就像博伊德和克劳福德（2011）声明的，"仅仅因为它是可获得的，因此不能使其伦理化"。他们要求我们思考一些问题，包括："如果从一个私人博客里摘抄一段话，且以作者无法想象的方式使用，那将会怎么样？某个人被公众注意且在不知情的情况下被调研分析，那对他意味着什么？谁能保证个人和集体不被调研计划所伤害？"

5.4 评估质量和适用性

只要你发现了二手资料来源，那你需要做两件事情：判断它的质量是否足以采用（不是所有来自网络或出现在眼前的事情都是合理的）；此外就是判断对你的目标是否有用。也就是说，你得评估一下这些资源。质量好坏和是否适合应该同时考虑。即使它是适合的，但是你也不能用质量差的资料；即使它质量好，不合适也不能采用。

在评估中，你需要问的首要问题有：

- 谁委托资料？
- 它是谁提出来的？

- 为什么他要委托？
- 你是在哪里发现它的？

这些问题的答案能够帮助你建立判断力来决定这些资料是否权威和可信。例如，那些委托人或是产生它的人是否可能有一个特别的议程，是否用一个在其他方面来看有偏见的观点来获取主题？这些资料的来源是否为一个组织，或者一个在这个领域具有长期声望的人？相关的数据通过社交媒体监测来收集，就像布兰斯韦特（Branthwaite）和帕特森（Patterson）争论的那样，当它缺少情境或与提出者没有任何关联的时候，它会受到限制（特别是与定性调研相比较）。社交媒体监测的本质意味着它不是一种遭遇式的调研——所采用的社交媒体可能不会意识到它们的资料被用于调研目的（Henning，2010），所以你不能质问或调查一个人关于他的评论、邮件以及他这样做的原因，你也不能对它进行详述，或是置于更广阔的背景解释它。

接下来你需要建立工作的实效性——它是如何更新的。问题如下：

- 什么时候完成的工作？有多长时间了？
- 它是否利用或是依靠过时的观点、事实、数据等？
- 它是否已经被最近的新发现或改变所推翻？

值得注意的是，在工作完成时和在它发表或下载到某一网站会有时间差，所以确信自己要考虑这个因素。大多数文章会有一行说明，例如，"首次采用于2012年9月"。然而，期刊标注的日期可能为2013年6月，但在你阅读文章时，可能发现该文章的实地调查是在2010年3～4月完成的。

接下来，对于你的二手资料资源，你需要检查其调研要素的有效性、可靠性和准确性。一些有用的问题如下所列：

- 调研设计是什么？在调研问题的答案中，为了能够产生有效的和可靠的证据，它是否是合适的？
- 采用了什么样的取样程序？针对调研目的，它是否适合？
- 样本容量和子样本容量应记录为什么？对于任何说法，它是否具有足够的稳健性？
- 采用了什么样的数据收集方法？它适合吗？
- 反馈率为多少？它是否足以确定一个典型的样本？
- 调查问卷和讨论指南的设计有多好？
- 数据的准确性如何？
- 在调研问题处理中采用什么质量标准？

5.5　二手资料分析

你可能只想使用通过在二手资料研究中所得出的信息，例如，给你一个关于产品使用的主题回顾、市场或是引用的数据，又或许你想把它与一个文献述评整合在一起。然而在数据方面，你可能分析得更深入。对于二手资料分析，哈基姆（1982）的定义是：

对现有数据集进一步分析，以呈现出解释、结论或知识，另外，与那些在询问中得到的初试记录及其结论有所区别。

因此，二手资料分析的目的在于（就像其他所有二手资料研究），在原有数据中提取出新的发现或观点。当政府数据收集方式从行政记录的统计推算向通过样本调查收集数据变化，在 20 世纪 70 年代的英国和其他一些地方，二手资料分析已经在社会调研中占有一席之地。同时，计算机用于数据分析的比重有所增加，一些存档被用来存储和显示计算机的可读数据，因此检索和分析的过程变得比以前要简单。现在，获取与分析有存储价值的数据和技术更为有用。

二手资料分析的数据集的质量和适用性的影响因素与其他影响二手调研资料使用的因素大体一致。如果你想在一个数据集上进行二手调研，那么了解数据的来源，至少有一份原始调查问卷的复印件（或讨论指南）和对取样所用技术的描述是很重要的。你也会发现有一份提供给开展实地调查的访谈者和协调者的说明书是很有用的。了解他们对受访者的界定和分类也很重要。基于数据处理的观点，对于数据是如何编码和分析的，你应该有一个详细的描述。你可能想知道数据集是怎样被构建的，在数据处理和分析中用到什么技术工具，它们的权重各是多少？如果你都了解的话就可以采用。此外，一系列使用过的变量、数值、编码和分类方案，包括无响应编码，也包括任意构造出的导出变量，都是有价值的。源自基本数据的一系列出版物能为调研提供另外一个独特的视角；对于那些有待回答的问题，它能聚焦于已暴露出的领域，提出有意思的问题。

在埃塞克斯大学的数据存档内存储着大量数据。这个存档包括定性和定量的数据，而这些数据有很多来源有政府部门、公共机构、研究院及公司。这个存档的网站（http://www.data-archive.ac.uk/deposit/use）包含很多利用这些数据的深入调研的例子。包含对存档内调查数据的二手资料分析的例子就是来自埃塞克斯大学的葆拉·德·阿格斯蒂尼（Paola De Agostini）完成的。研究员阿格斯蒂尼，利用来自国际食品调查的数据，关注饮食、生活方式和健康等领域的公共政策评价。这个调研以周记的形式，根据家庭的食物购买量收集数据。受访者利用日记的形式记录购入的家庭食物总量和在食物上的支出。这个调研还包括为客人准备的餐量和类别，还有花在诸如甜点和饮料上的小吃的费用。阿格斯蒂尼用了国际食品调查的 26 个周期的数据（1975 ～ 2000 年）。她的研究——"营养、健康和社会经济地位"，根据年龄、时间和性别描述了在这个时间段的食物消费（对家庭收入、食品价格、地区、妇女就业情况和外出就餐等进行了控制）。想要更多信息，参见http://www.data-archive.ac.uk /deposit/use?id=2164。

5.6 数据存储和提取系统

有两种重要的数据存储类型：数据档案和数据仓库。虽然它们在很多方面是一样的——它们都是某种数据库，然而它们也有不同点。

5.6.1 数据档案

数据档案（data achives）是数据的存储库。例如，每个商业组织都有自己的数据档案，而这些数据档案以内部数据库和内部数据仓库的形式存在，这些形成了决策支持系统（DSS）或管理信息系统（MIS）的基础。内部组织也有自己的数据档案，内部人员可随意使用存储的数据。

就像上面提到的，在英国，大量的社会和经济数据存储在英国数据档案馆（UK Data Archive）之中。这个档案内存储的数据是由代表英国政府的、正式的、重复性的调研获取，如劳动力调查、一般家庭调查、家庭支出调查。除了政府产生的数据，此档案馆还存着其他学术性数据——ERSC基金会所调查的数据和来自（国际的）市场调查、独立研究学院和公共部门的数据。这个档案馆的网站（http：//www.data-archive.ac.uk/）包含数据集的所有描述及文件（包括定性数据），而且支持多种搜索信息的方式。该档案馆主要的在线检索系统，即著名的BIRON，可以用科目和主题检索，同样也可以根据与研究相关的个人与组织名称进行检索，也可以根据数据收集的日期和地点来检索。BIRON存储在上述档案馆中的目录有效，而这个目录由一些可描述的信息（元数据）组成。

科隆大学的经验社会调研中央档案馆（http://www.gesis.org/）涵盖了来自德国的调研数据，也有来自国际研究组织的数据，这个档案馆是国际社会调查项目（ISSP）的官方档案馆，"欧洲社会价值调查"是它的一个分部。ISSP收集来自世界范围内超过30个国家的重要社会问题和社会科学问题。中心档案馆提供来自每个独立国家的数据访问入口和文件入口，这些文件包含了每个特定国家每年的调研数据。来自欧洲社会调查的数据被存档于卑尔根市的挪威社会科学数据服务中心（http://www.nsd.uib.no/nsd/english/index.html）。

位于密歇根大学（http://www.icpsr.umich.edu/icpsrweb/ICPSR/）的政治社会研究大学联盟（ICPSR）档案馆提供了全球超过400所大学科学技术数据的访问入口。当然也有一些其他性质的数据档案馆，如健康与药物档案馆、国际教育数据档案馆、国家刑事司法档案馆。

5.6.2 数据仓库

数据仓库（data warehouses）是数据的存储，实际上它是一个巨大的数据库，包含来自一个来源或多个来源的数据。它是一个重要的存储设施，在数据存档的概念上向前走了一大步，因为包含数据仓库的数据集是综合的，而且里面的基本要素可以从这一个联系到另外一个（就像一个相关联的数据库）。

存储在数据仓库趋向于用来存储那些有助于组织制定管理决定的数据。在很多方面这就是数据仓库的目的——支持管理决策，以取得进步（Inmon，1996）。一些数据仓库经常被认为是决策支持系统、行政信息系统和企业情报系统（ETS）。如果一个系统（还有它包含的数据）与客户有关，它可能被认为是客户关系管理系统（CRM）。如果一个组织有客户关系管理系统，那么可能很多专业人员会使用里面的数据。在大多数情况下，组织所采用的一手调研数据不会是相同的人负责，尽管一些组织正在朝着一个整合调研功能发展，包括所有来源的数据、一手资料和二手资料（Page，2010 and Reitsma，2011）。决策支持系统和客户关系管理系统的数据趋向于成为可观测的、行为化的数据和非调查获取的数据。可观测的数据可以来自 EPOS 扫描仪得出的顾客互动，可以从支付卡的交易获取，也可以从公司的网站、社交媒体网站、移动设备和电子标签以及电子芯片中获取，如条形码、标签、产品中的 RFID。它可能是行政数据，也可能是与管理绩效有关的数据，也可能是供应链的数据。也就是说，它是根据企业的任一或是所有方面推断出来的数据。当你正在检查和规划一个项目时，先好好思考这个问题是很重要的。你正在找寻的信息可能已经被收入某个组织的决策支持系统和客户关系管理系统中。你可能会发现，你不需要去委托别人来做一手资料研究，因为答案就在你所在组织的数据库中。

存储在数据库或数据仓库的数据，当它的规格达到不能用标准计算技术来检索和分析的时候（即当它达到太字节或艾字节的时候），据计算术语，它可以被称为——"大数据"。这样的系统推断出的信息，有时被称为"分析学"。当数据是顾客数据时叫作'顾客分析学'；如果数据涉及网络，那就叫作'网络分析学'。大数据分析依赖于数据分解的技术，而这需利用叫作'分析学技术'的软件。产生的信息可能偏向于顾客需求，用来定义新出现的模式和趋势，评定顾客的获取和维系，计划广告活动和其他市场活动，以及创新与开发新产品。

数据仓库是被设计和构造出来的，里面的数据会被编排并给出目录，目的是提高其决策支持作用和快速且有效地访问数据仓库里面的数据。数据仓库主要有两种主要的设计和结构：关系数据库结构，以一个中央事实表为依据进行星状设计，例如销售量和几个相互关联的表格，如产品组、销售区域、销售期间等；另一种是多维数据结构，它是基于多维立方体的设计。比起多维数据结构，具有传统关系数据结构的数据库或数据仓库有两个优点：它允许你相对简单地完善相关联的其他数据库；还有就是在数据存储方面，它是比多维方法更有效的方法，所以它更容易管理和更新。多维结构的主要优点是你能直接得到数据的多维图像。正如数据档案一样，利用专门为处理大量数据而设计的软件工具，可以在数据仓库中检索、询问和分析数据。

1. 建立一个数据仓库

数据可以从叫作运营区（operational field）的地方输入数据仓库，例如，从销售点的交易扫描数据，从信用卡交易的支出，从射频识别电子标签，从公司网站和社交媒体网站，或从地理人口信息系统。在以前的数据仓库中，它们被叫作信息区（informational field）。收入数据仓库的数据需要有好的质量：信息是未加工的，将要用来支持重要的管理决策，任何错误和不一致都会影响决策的质量。在发送数据之前，整理数据是一个好习惯，这样可以确保数据的正确性和完整性。还有，采用的术语和变量、编码的方式等应该一致，以便使数据可以与数据仓库中的其他数据完全整合或融合一起。此外，只有与决策支持系统相关联的数据才应被送进数据仓库中。不相关的或没必要的数据会阻塞系统以及增加输入和处理的时间。随着数据自动送入数据仓库系统，数据就不断地增加，于是决定什么数据是相关联的和必要的将变得很困难。在系统中添加一个程序可以用来过滤掉无关联的和不必要的数据。当然，程序员应该设置好这些参数。

2. 数据仓库里的数据组织

数据仓库的最终用途是叙述它是怎样构造的以及数据在内部是怎样组织的。数据应该以这样的方式储存和组织，即能够让分析人员从相互关联的视角看待数据，例如，以消费者类型、品牌或市场为依据。当前数据和历史数据应该以某种方式被保存，这种方式有助于更快地获取经常使用的当前数据，但能对旧数据进行提取以进行比较，这样做可以检测趋势或进行预测。实际上，数据仓库是一个多维的结构，包含很多架构和空间。在数据仓库内，不同的数据可以保存在不同的架构或空间中。

数据仓库包含那些告知使用者关于仓库结构的信息，以及如何在数据仓库内的架构和空间中搜索信息，这样的信息叫作"元数据"（metadata）。除了数据仓库的地图，它还发挥目录列表的作用，为使用者提供关于数据仓库中数据库或数据集的详细内容，它们的基本要素，以及这些要素是怎么与数据仓库中其他数据集的要素相关联的。数据仓库中的数据可以改变（改变编码和格式），还有它们能以不同的详细程度存于数据仓库中——从"详细"到清晰总结，再到高度概括。元数据还给使用者这样的信息——告诉他们数据是怎么改变的，做什么改变能使它们相一致，数据是在什么基础上被概括的。

设计优良的数据仓库具有以下重要特点：

- 可以存储数量不断增加的数据，且不影响数据处理性能；
- 对用户友好；
- 在哪里都能访问它；
- 很多用户能同时使用，而对处理速度的影响很小；
- 有利于从不同视角分析数据；
- 分析和反应系统速度快，搜索不影响问题的思考。

5.7　数据挖掘

数据库和数据仓库创建过程中的数据非常庞大——太字节和艾字节，有数百万的行数和成百上千的变量。然而直到不久以前，当数据库和数据仓库中所含信息的潜在价值被识别出时，就产生了数据联结与整合、数据整理等问题，重要的是，从数据中提取出有意义的东西。缺少合适的工具来探索和分析如此庞大的数据集意味着如下东西将很少用到：标准计算技术不能足够快速和全面地处理分析大量的数据。这就是数据挖掘技术的来源。例如，数据挖掘软件能够处理动态数据库，这种数据库有一连串来自运营领域的新数据不断加入进来——这些数据来自支付卡的交易处理或者电子销售点的扫描仪。

数据挖掘，有时也称为数据库中的知识发现（KDD），是通过自动化技术、并行和多个并行计算技术、大规模集群计算和网格计算技术，将对决策者有用的信息和知识从非常大的数据库中开采和萃取出来的过程。一些在数据挖掘中应用的分析技术就类似于那些数据分析中的标准和多变量数据分析。一个数据挖掘程序能够操纵数据，整合变量，并允许使用者选择数据库中的要素或对部分进行分析；它能提供基本的描述性统计，寻找变量之间的关联和关系并进行聚类分析。数据挖掘与其他数据分析技术的不同之处在于，它可以处理和分析的数据量，以及可以发现不能被标准分析技术检测到的模式和关系。通过使用并行计算技术，它可以高速地、即刻产生查询或搜索的答案。数据挖掘系统可以在一组并行处理器之间划分工作负载，使数据流被同时并行处理。如果数据库结构以一个特定的方式构建，处理速度可以进一步提高，例如，如果它被分割或"分区"为更小的单位或数据包；数据挖掘程序将在每个分区并行工作。

5.7.1　数据挖掘方法

　　有两种数据挖掘方法：验证和发现。在验证方法中，你已经知道行为模式或变量之间的关系——你提出一个假设，以及你要通过数据验证假设。另一方面，如果你对模式的概念不清楚，并且你希望从已有的海量数据中发现隐藏的价值，你可以采用发现探索的方法。你采用数据挖掘程序搜索和探索数据库以便找到有关的模式和关系。计算程序搜索关于模式和关系的数据库是通过以下方式实现的：了解数据和学习数据库中的应用规则，识别所有要素如何与其他要素相关联，识别网络数据中存在着什么。挖掘隐喻（mining metaphor）是很好的方式，在数据挖掘中它通常是必要的，因为在找到有价值的材料之前，要在数据挖掘中筛选大量的糟粕。数据库可以在个体层面进行分析——每次交易和每个个体客户的层面，并且处于总体层面上，因为数据库是动态的——来自运营领域的数据基于规则被添加到数据库中，信息总是及时的。

专栏 5-2

示例：数据挖掘技术

- 归纳；
- 学习分类规则；
- 聚类分析和市场细分；
- 分析变化；
- 寻找异常；
- 探索相关性网络或神经网络。

5.7.2　数据挖掘技术

　　一个数据挖掘系统可以从其数据有用经验中自动检查数据并形成"如果 x，则 y"的分类规则。例如，如果客户具备一定特征，比如是住在一个大城市的单身家庭，年收入超过 9 万美元，然后分类规则表明，他将对 X 范围内的食品感兴趣。系统可以建立分类规则模型，并呈现在一个层次结构中，如决策树（类似于多元技术的输出、辅助分析）。在搜索一个银行的数据库时可能会发现，那些在过去三年内获得个人贷款和没有获得的客户。在那些获得个人贷款的客户中，可能会分离出较早偿还和较晚偿还贷款的客户。

　　该系统还可以寻找要素或变量数据之间的联系，可以制定规则关联。例如，在"购物篮分析"中，可能会发现在84%的情况下，购买品牌S和品牌R的顾客也购买了品牌M。它具有一种可以探索出在一段时间内频繁出现的模式的序列/时间函数。例如，它可能会发现购买平板电脑或智能手机后接着出现什么样的购买类型。

　　数据挖掘系统也能进行聚类分析，与标准分析中的聚类分析或细分技术的运行方式或多或少有些相似。计算机为一个相似的特征或特征范围搜索数据库，并将类似的案例组织或集群在一起。聚类分析可以用来识别不同类型的购买行为。例如，除了在他们个人目的上有用之外，聚类通常作为进一步研究的基础。

　　数据挖掘可以使用神经网络算法来查询数据库。神经网络是一个相互关联要素的数学结构，类似大脑的神经通路，是一种非线性、非时序的计算机程序。它是一种复杂的"黑箱"技术，可以通过在数据库中寻找一组变量或要素之间的所有相关性来发挥作用。它可以用于发现一个由于太过复杂，标准计算技术无法发现的一个非常大的数据库的模式和趋势。神经网络可以从数据库中学习，事实上它可以被"训练"为一个数据分析方面的专家。一旦训练完毕，它可以通过研究"假设……将会怎样"的情境做出相关预测。

　　神经网络中心对"黑箱"方法的批评意味着，通过那些没有解释或很少解释的方法能获取结果。它也需要在数据库中训练神经网络而投入时间。网络学习通过在数据库中的要素之间来回跟踪积累经验，所以这种方法用于庞大的数据库时会很耗费时间。

　　数据可视化是经常用来帮助理解数据挖掘技术。它在最初的探索阶段，通过关系和模式的构造使数据更容易理解，并用于稍后呈现或演示结果。

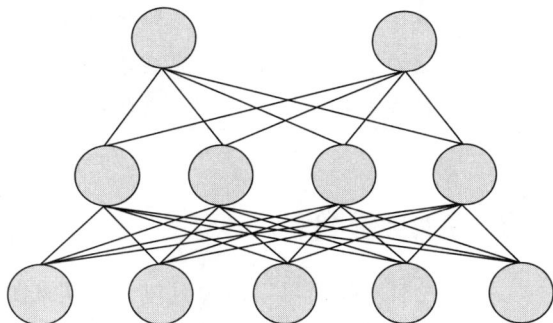

图 5-1　神经网络图示

5.7.3　联机分析处理

　　联机分析处理（OLAP）（Codd et al., 1993）是一种类别软件工具，针对庞大的数据库或数据仓库使用，在那些包含相关和多维要素的数据库中检索、操作和分析数据。多维意味着数据库被结构化为一种分层的形式（通常是多维立方体的形式），以便数据之间的关系结构以一个合乎逻辑的方式存储。OLAP使你能够迅速地分析数据库中简单或复杂的数据。OLAP了解相关的和多维的路径，在这些路径中，数据库或数据仓库中的数据被组织起来。它还有这样的功能，允许你执行基本层面的分析（如描述性统计分析），以及在一个更复杂层面的分析（如趋势和时间序列分析、因子分析、模式搜索和模型制作）。假设数据库可能包含销售方面的聚合数据，它还将包含多维度单元的数据，比如根据组织需求相关维度对销售绩效归类或分类，这些维度包括品牌、销售渠道类型或市场等。一个单元包含的是最小层面的数据，例如，X 品牌智能手机在法国第 32 周的销量。数据可以聚合或合并成较大的集（又称为"集合"），例如，每周销售合成月度销售，每月销售合成季度销售，季度销售合成年度销售；网站销售渠道与传统的零售网点渠道聚合产生总销售额，或在每个欧盟国家的销售额可以聚合为欧盟的总销售额。聚合数据可以被分解或分类成更小的单位，甚至是个体层面上的单位，这一过程称为"钻取"（drill down）。数据可以进行一系列的观察，比如按体积计量，按市场容量计量，或按市场渠道类型计量，通过一个称为"切割"（slicing and dicing）的操作。

专栏 5-3

示例：OLAP 查询

- 在上一个财年，我们在英国、德国以及荷兰出售了多少品牌 K 的果酒？
- 这些销售在直接销售和代理销售之间是如何分割的？
- 基于这些销售数据，在直接销售和代理销售中，毛利是多少？
- 在直销方面，销售是如何在批发商和零售商之间分配的？
- 在英国的零售商方面，正价销售收入和打折销售收入各占比多少？
- 在这两种销售渠道之间存在季节性的波动吗？
- 与过去两年相比，上一个财年的销售份额怎样？

5.8　数据整合

技术发展意味着可以通过对包含不同来源的数据库中的数据进行合并，包括调查数据和消费者固定样本组数据，并对不同调研的结论进行整合，构建一个关于市场和 / 或消费者的更具体的画面。

数据整合的目的是得到无法从个别来源获取的理解（Leventhal，1997；Macfarlane，2003）。一方面是可观测数据，这些数据是关于实际行为和人们做什么——这些数据来源于家庭事务委员会、电子销售点扫描仪、付款交易、网站活动监视器等（存储在数据库和数据仓库的数据）；另一方面是关于态度和意见的数据，别人怎么想，他们经历过什么，以及来自调查报告的他们的行为。每种类型的数据都告诉我们一些消费者和消费活动的信息，并且每种类型都让我们了解消费者世界。尽管这是研究人员和他们客户的兴趣所在，但你也可以理解为什么要将这些数据结合在一起。

5.8.1　数据融合和建模

根据贝克（2007）的观点，数据整合技术可以分为两种主要类型：数据融合与模型建造。数据融合技术依赖于被调研者在多个数据集的公共变量中形成统计匹配。换句话说，这个过程取决于某个数据集中能够匹配的单个记录能与另一个数据集中的记录进行比较，这种比较通常以人口统计学或人口地理学为依据。这个观点可表述为，从人物 X1 那里收集的关于态度或购买行为的数据，可以与从人物 X2（X2 拥有类似于 X1 的人口统计学或地理细分特征）那里收集的关于媒体使用方面的数据相结合，包含数据记录融合（X1 加上 X2）的态度或行为以及媒体的使用，被假设为是同一个人。由于这种方法的有效运转依赖于共同变量的有效性，比如人口统计资料或产品购买，以及这些变量以相同的方式定义，因此它们是测量同一个对象；又因为以相同的方式进行编码，因此分析程序使它们代表同样的对象。这显然对调研设计阶段有所启发，特别是数据收集工具的设计。变量数据采集开始之前，如果你知道两组数据可能会被合并，那么识别和定义常见的变量数据是很重要的。

数据整合的第二种方法是使用建模技术。这些工作试图通过将一个数据集归因到另一个数据集，并归因变量进行整合。这种方法充分利用回归、多重逻辑回归、AID、CHAID 和 CR&T，以及人工智能技术（Baker，2007）。在选择使用哪种技术方面，有两个关键标准：哪一个能最好地预测变量整合，以及针对数据使用该技术将变量整合时的难易程度。

整合来自不同数据源的数据可能会很困难、费时、昂贵且充满问题。很可能的情况是，当然你不知道两组数据可以合并，如果你知道，你可以在开始收集数据前定义变量。数据库管理和实时数据收集（通常归入知识管理或商业智能的标题下）的领域，并不总是与市场调研的领域重叠。即使是共同变量，仅当这些共同变量足以在任何两个变量 X 与 Y 之间创建真的关联时，数据整合才能产生有意义的、有用的数据（Baker，2007），如果是这种情况，你所使用的整合方法必须是"完美"的，也就是说，数据库中的被调研者符合所有标准。

数据整合常用于不同的调查之间，尽管有时会从顾客数据库中提取出来某个样本或来自数据库的变量被用于调查，但是调查数据的整合与来自数据库的数据缺少共性，因此要创建一组共同的变量。

5.8.2　数据联结

数据联结是一种数据集在特定个体层面上的形式。它是联结来自某个来源的个人数据到被认为是来自同一个体另一来源的个人数据的过程，这在医疗和人口健康调研（见 Brook et al.，2008，以澳大利亚西部为例）与政府数据间很普遍。例如，英国就业及退休保障部提供的个体综合信息来自英国皇家税务与海关总署，这些信息以"就业和养老金纵向研究"的形式进行记录（http://www.dwp.gov.uk/docs/dwp-your-personal-information .pdf）。正如其他形式的数据整合一样，其目的是为提高合并后的数据记录的有效性。

⮕ 本章总结

- 二手资料调研，也被称为案头研究，包括寻找和分析已经存在的数据——尚未为某个即将到来的目的而专门创建，但最初被用于其他用途的数据。
- 咨询现有的来源——二手资料调研，应该是回答任何问询或调研任何主题的第一步。你可能会发现：没有必要做昂贵的一手资料调研，因为二手资料来源可以回答所研究问题或企业问题。二手资料可以提供有用的信息，尤其是在项目的早期阶段，帮助问题的定义及研究的设计与规划，并在后期阶段，为一手资料数据的解释提供背景。

- 二手资料来源可以是文件或数据，存在于组织内部或组织外部。两个主要外部来源是政府部门和相关单位（官方统计），以及那些行业机构、商业研究组织和企业发布者（非官方统计）。在使用前，评估二手资料来源的质量和适用性很重要。
- 从人口普查中得到人口数据与地理数据进行合并，从而得到人口地理细分统计数据。比起单纯的人口数据，人口地理细分可以对消费者行为提供更好地了解。人口地理细分还经常被用来作为市场细分系统的基础。
- 数据档案和数据仓库是庞大的数据库，它们包含来自一个或多个来源的数据。管理信息系统或决策支持系统是数据库或存储内部与外部数据的数据仓库。它们是二手资料数据的有用来源，而且是根据最终用户的信息需求来设计的。
- 数据挖掘是从庞大的数据库中提取信息和知识时，所使用的自动化技术和并行计算技术的过程。与标准技术相比，它的优点在于数据处理的数量，在于发现模式和无法察觉的关系的能力，也在于它的工作速度。
- 数据整合是合并来自不同来源的数据的过程，它采用数据融合和建模技术来实现这一目标。其最终目的是建立一个比单一数据集更为详细的消费者的图画或轮廓。数据联结是对来源于被认为是同一个体的不同来源的数据进行联结。

▶ 问题与练习

1. 您收到一份报告，它主要是基于二手资料收集的数据。描述一下你采取的审查辅助数据质量的步骤，解释为什么每个数据都是非常重要的。

2. 你为一个著名的足球俱乐部工作。该俱乐部有一个非常受欢迎的网站和一个成功的在线商店——销售衣服和俱乐部的纪念品。营销经理热衷于扩大在线商店销售的产品范围。他的兴趣在于一系列手机产品的开发，包括俱乐部的新闻文本的服务、比赛和球票通告、可下载的铃声和屏幕背景（墙纸），以及一系列应用程序——一个存放目录 App、赛事 App 和一个新闻中心 App。但是，他也喜欢关于这个市场、这些产品的一些背景资料，以帮助他形成一个商业提案，提供给财务总监，进而决定是否在新的领域继续探索。给你打算采取的方法和提出的建议找些理由。

3. 你的客户是一个在其网站上销售植物和小乔木的公司，它有一个非常大的包含与客户所有交易的超过五年期记录的数据库。这包括客户的地址（包括与地区相适应的邮编）及每笔交易的细节；购买花的钱，所购物品价值和支付方法等。客户有工厂，想扩大业务。为了对顾客及产品组合有更深入的了解，希望你能承担这个数据库的分析。请准备一个提案，概述你的分析方法，列出你打算提供给客户的信息。还要注意的是，如果有的话，问题可能与数据的使用相关联。

第 6 章

定 性 调 研

□ 引言

在第 2 章，我们简单地探索了定性调研特点及其不同于定量调研之处。本章的目的是介绍一些用于收集形成定性数据的方法，这些方法的优势、局限性和用途。在后面的第11章，我们将了解定性调研项目的专业步骤都有哪些。

□ 本章主题

- 什么是定性调研
- 观察法和线上线下民族志
- 符号学
- 访谈和小组讨论
- 其他基于访谈的方法
- 线上小组讨论和访谈
- 在线调研社区

□ 学习目标

- 理解一系列定性调研方法
- 理解定性调研方法中所涉及的资料收集方法
- 为特定的研究建议选择最合适的方法

6.1 什么是定性调研

定性调研是有关大量、详细信息的描述、领会和见解，而不仅仅是一种测量。它不像定量调研那么肤浅，它能提供更多有效的数据。定性调研旨在透过表面现象，超越所谓的"首要"，得到合理的回答。定性调研对调研环境中相对更加广阔的范围保持敏感性，因而善于发掘调研反应和真实含义中的微妙差别。它比定量调研更加自由灵活——它很少被结构化，而且允许不太标准化的研究方法，虽然这种方法在不被监控的情况下可能会对调研的可靠性产生影响。更深层次地将定性调研和定量调研区别开来的是，在定性练习中产生的材料是使用定性数据分析方法得到的，在 MRS《2011 年定性调研指导方针》中，MRS

有这样的定义：

> 市场和社会调研是这样实现的：
>
> 　　调研中基本的方法论主要是通过观察、访谈、唤醒回忆而不是测量来达到理解的目的，资料收集过程包括开放式、间接的手法（不是结构化的问卷），而且最后的数据分析结果是描述性的而非统计性的。

定性调研中有两套最主要的方法：观察资料收集法（民族志和符号学）、访问资料收集法（小组讨论、深度访谈和专题研讨会）。定性调研符合探索性和描述性调研要求，并适用于复杂问题的调研。基根（2009）将其描述为一种关于"理解个体和群体思考及行为方式的原因"的调研，布兰斯威特和帕特森（2011）确定了三个让定性调研成为消费者市场研究环境中"一个独特而又无价工具"的特征：它是"和消费者的沟通——一段直接的对话"，同时对话以被调研者积极倾听的方式支持；它需要调研者和被调研者之间的协调一致，"一种思想的合并"……来获得可以被用于推测市场问题的见解及见解的可能性。

6.1.1　抽样和代表性问题

访谈专家被称为招募人员，负责寻找并邀请人们参与定性市场调研。在学术和一些社会调研项目中，对项目负责的调研者可能亲自参与招募。定性调研中的抽样方法（第11章中将讨论），用于抽取样本的标准，都将由负责项目的调研者来决定。无论是调研者还是现场工作的经理、都要求招募人员可以用调研者制定的方法去发现符合标准的人。

定性调研里的样本容量一般都很小。一个项目中的访谈、小组以及专题研讨会的数量都取决于研究目标、话题的复杂程度、样本要求、不同观点的需要和现实中时间与经费的限制。例如，评定一个电视广告的效果，按照定性广告测量的标准要进行8～12个深度访谈；要了解一个新技术涉及的问题，你可能需要和企业管理者完成20～30个深度访谈；了解毒瘾康复项目相关的可能性，那可能要50～60个深度访谈；要指导一个广告团队实现创造性发展，你可能需要开两次专题讨论会。对任意话题进行少于四次的讨论，一般来说是不可能的——这个数字至少要能够用来覆盖样本的种类和地域分布；一个包括了10～12个小组的项目是很常见的。

由于抽样方法目的性较强，样本容量又相当有限，定性调研的结果在统计学上来说并不具备很强的代表性意义，事实上定性调研中并不要求有很强的统计学意义。支持随机抽样的逻辑（这种逻辑允许调研者在人口中进行随机样本，该样本能够以某一概率代表全体）不是定性调研者在选择样本时使用的逻辑，这不是说定性调研者在选择样本时没有逻辑。定性调研者需要明确界定出所选样本与样本总体之间的关系。在很多定性调研中使用的样本途径应该和定量调研中使用的一样系统、严格，而且应该和在定量调研中被描述的一样，来让客户和其他人更好地判断其真实性和调研结果的实用性。我们会在更多细节上研究选取样本的方法（参见第11章）。

6.1.2　定性方法

很多调研方法被分组为"定性调研方法"或"收集资料的定性方法"。这反映了对定性调研的继承——它的根源在于社会科学，尤其在社会学和人类学，还有心理学，而且它在这些或其他学科的应用上还包括地理学、历史学和文化研究以及其他学科。

大多数商业领域定性研究采用深度访谈或小组讨论的形式，还有这些方法的其他各种变体。其他方法，就是更多地被应用到学术和社会定性研究中的那些方法，也已经在商业领域流行起来。这些包括了应用于社会学和人类学研究中的观察法和民族志方法的变体，以及符号学的应用，对标记和标志的研究，还有含义形成和理解的方式。另外，越来越多基于访谈的传统商业化的基于面谈的方法已经发展成为更为合作化和严谨的方法，比如专题研讨会、座谈会和评委会。面对面、个人的定性调研方法在网络上也有应用。我们将在接下来讨论中更多关注这些方法的细节。

6.1.3　为什么选择一种定性调研方法

定性调研方法有它自己的一些专门用于探究性和描述性研究的要求。如果满足下面这些要求的话，你可以选择使用定性方法来收集资料：
- 你想查明人们的经历，他们做事的方式，他们的动机、态度、知识、解释事物的方式，或者他们接触事物的含义。
- 你想看到或听到人们用自己的方式、语言述说他们自己的故事。
- 你需要详细的描述，丰富的背景数据，对问题、过程或行为的理解。
- 你相信这是获得说明你调研问题所需证据，以及找出自己所需信息最好（或者说唯一）的方式。

与定量调研对比，定性访谈或者讨论更为自由（Sampon，1967 and 1996）。访谈者（在开始小组讨论时称为主持人或者促进者）拥有让更多受访者参与调研的自由，对被调研者的回答进行反应的自由，相应地，受访者接受访谈的自由。提出的问题以及顺序可以进行更改，而且如果调研者需要弄清楚或发掘更多被调研者提及的一些信息时，可以插入一些后续问题。

无论你选择何种定性调研方法，都会有各自的优点和局限。决定哪种方法更适合你的调研问题，你需要：首先，弄清楚你需要这个调研能够提供何种类型的证明。一旦你知道了这个，你就可以评价这些方法的有效性了，然后决定它们中的哪个能够提供这种证明。

6.2　观察法和线上线下民族志

民族志是学习和研究一个人或更有代表性的一组人的一种或一套方法，在他们自己的环境下，进行持续一段时间的研究。它通常包含一种以上的资料收集方法：观察法——观察人们，并听他们说些什么；访谈——提出问题。调研者观察或参与甚至是"沉浸于"这些被研究的人们的日常生活，就是为了得到有关这些人行为、环境和态度的详细理解。全部的目标可能就是达到对于这群人的整体描述，或者它还可以在广阔的环境下，提供一个细致的，对于一些专业问题、情景或者经历的描述；或者它可用来发现一个不寻常的问题、背景或者人群。

虽然这些方法可能花费大量金钱，耗费很多时间，民族志研究还是有一些优点的：

- 它们让你明白你可能没有办法单独完成访谈；
- 它们让你看到"宏大的图画"——你感兴趣的行为或活动的社会和文化背景；
- 它们让你从所涉及的人的角度来看待事物；
- 它们让你听到人们用自己的语言和方式描述和解释事物；
- 它们让你看到常态背景和时间下发生的事情——行为、活动等。

6.2.1　民族志方法中调研者的角色

在民族志研究中，一个调研者和调研参与者之间的关联程度可以有多重变化，从完全的观察者（通常表现为"简单观察"）到参与观察者（参与观察活动）到完全参与者。

简单观察包括观察并记录人们以及其活动，例如，在超市、酒吧、咖啡厅或一家医院的候诊区，不去考虑这个背景和调研是如何相互联系的。如果观察者出现，他都不会直接接触被观察者，而仅仅对其行为，诸如突发事件、路线和肢体语言（或许也会记录一些动作）做记录。举个例子，在一间酒吧，调研者可能记录进入酒吧的人们的行为和身体语言、酒吧侍应生和他们打招呼的方式、用来选一款饮料的时间、选择的饮料、选择的座位等。如果调研者没有出现，这些活动可能被录下来，以后会细细观看并做出分析。

观察让调研者收集到人们做了什么，而不是人们说他们做了什么的数据。为了理解被观察者采用某种特殊行为方式的原因，观察记录可能会作为一种暗示反馈给被观察者，而且调研者可能会问一些关于这个活动的问题，以及被调研者当时的想法和感受。这项技巧，被描述为"互动式访谈"（co-discovery interview）（Griffiths et al.，2004）。

参与观察就是观察者参与全部或一部分被观察的活动或任务。参与的扩展内容可能会有变化，调研者可能要接受"观察－参与者"（Junker，1960；Gold，1958；Hammersley和Atkinson引用，1995）的角色，这样就限制了对研究主题的参与和对观察的专注；调研者也可能要接受"参与－观察者"参与到这些活动和这些被调研者的生活中。在两种情况下，这些所涉及的人都会注意到观察者以及他们的角色。这两种方式主要的区别就是调研者"立场"：在"观察－参与者"角色中，调研者相对隔离开来，而且和调研主题保持一定的距离；在"参与－观察者"角色中，调研者更少被隔离开，更多地涉及参与到主题中。陪同购物是"观察－参与者"观察的例子，调研者和被调研者一同去购物、倾听、观察，或者用视频、音频来记录主体行为并且做笔记。调研者可能会问一些问题来区分或理解以及记录被观察者的想法和感受，只要是和调研主题相关的数据都要被收集。

调研者可能还要接受"完全参与者"的角色。在这种情况下，他作为调研者的角色和这项调研的主题十分隐秘。这种调研有时候被称为"隐蔽观察"。调研者加入（或者已经成为）调研小组，作为普通的一个成员出现，但是要引导这次调研的目标。相比于商业的社会和市场研究，这种方法在学术研究（社会学和人口学）中更为常见。它被用于研究隐秘的或"隐藏的"群体（Renzetti and Lee，1993），例如宗教教派、犯罪团伙或精英阶层这种不会允许调研者进入的组织。然而，一方面这种方法是唯一一种能够得到数据的方式，并且还提供了一种没有受到干扰的"观察者效应"得到"内部知识"的方式。这种方式在我们接下来的调研中会产生一些道德问题：这种方法的特征意味着你在调研开始前不能够获得被调研者的许可。这也是《MRS 行为准则》的关键原则之一。如果你正在计划这样一个调研，你可能会被要求让你的调研计划服从伦理研究委员会或者人类主题研究委员会的讨论。正如我们在第 1 章和第 5 章中看到的，如果你通过网络民族志在线上研究人们，在社会关系网络上"偷听"，这意味着会有一些你必须要考虑的道德和法律问题（《在线调研指南》(2012)）。

民族志研究和其他任意的定性资料收集方法一样，包括一个系统化的方案。一项研究应该开始于一个明确的对所要实现目标的陈述、对被研究群体或人口的描述，这个群体或人口是怎样与研究目的相关联的，还有这个群体或人口的样本是怎样被选取的。一个调研计划或调研指导应该被描述下来，用以指明工作期间应该做什么，调研者应该承担什么角色（观察者、参与－观察者等），还有这项研究工作要持续多久。它还可能包括相关联的地点、一个参与者简要文件夹、一个记录的形式概要、问题清单或访谈指导、摄影时间安排表（如果需要这么做的话），还有和参与者回顾材料的时间安排。民族志研究的时间安排要允许一定的自由范围，因为计划阶段预期以外的一些事情可能在现场工作时发生。如在其他形式的定性调研中一样，数据在现场会被回顾，而且这也意味着经常会对调研指导做出修改。一旦现场工作／正式工作阶段完成，调研者离开了现场，数据会被进一步检查分析，也需要准备调研结果报告。

6.2.2　应用

德赛（2007）说明了五个可以使用民族志方法提供大量见解的领域：零售定位、产品开发、生活方式和文化、城市民族志，还有习惯行为。

民族志方法对于研究某种情境下人们出现某些行为方式及其原因可以提供更加详细深入的理解，尤其是在真实时间背景下出现的真实行为，以及当时人们的真实想法。民族志方法更容易接近那些采用传统方式无法接近的调研人群。案例中，国内民族志方法实践通过基于文本信息的调研来理解他们观看电视的习惯。

在需要获取一些不太熟悉的活动、过程以及背景信息时，民族志方法是调研项目中特别有用的一种方法。对于一些很常见的现象，想要从被调研者的角度来对其进行调研时，民族志也是一种很有效的方法。尤其在被调研者认为准确说明自己的行为比较有难度的时候，同时这种方法对于提供有利于理解、解释一些数据的背景时也很有效果。至于是否使用民族志这种方法，主要取决于调研目标以及调研实践中时间和预算的限制。同访谈相比，民族志和观察法要花费更多的时间和金钱。还有一种相比之下花费时间金钱较少的一种民族志方法，即所谓的"自我民族志"方法，在这种方法中活动的参与者也是调研者。

6.2.3　网络民族志

在网络上进行的民族志涉及了几种不同的方法：网络民族志，有时候用一个词语表示"webethnography"（Prior and Miller，2012）、"webnography"（Puri，2009）、"e-ethnography"（Poynter，2010）、"netnography"（Verhaeghe et al.，2009）、"virtual ethnography"和"online ethnography"。这实际上就是民族志方法在网络世界的应用。更确切些，是一些专门的研究小组通过观察对网络聊天或者谈话内容进行分析，以及借鉴其他网上资料（Prior and Miller，2012）。

在网络上开展民族志研究的有利网络环境是博客、讨论版块、新闻小组和社交媒体，如 YouTube、Flickr、Facebook、LinkedIn、Tumblr 和 Twitter（参见"案例研究 5-4"）。普里（2009）解释说，在这些地方开展民族志观察可以给调研者带来：接近一个拥有更多参与某些活动的消费者；更易获得消费者自然状态下无意识的谈话内容，这些谈话通常是直接的、话题性的，而且有时是即时的；对消费者思考方式的理解；感情丰富的情景；网络世界和现实世界的连接和重叠。

网络民族志有着和"线下"民族志相似的应用。在生活方式和文化的术语里，例如，这个词可以用来理解人们是怎样生活和工作的，网上交流是怎样开展的，人们是怎样和其他人或者产品、品牌以及组织联系并互动的。品牌现在都有自己的网站，一个网络民族志在理解一个品牌的生命和品牌与"粉丝"之间的关系，以及它的"非粉丝"上都特别有益。它可以成为评价品牌是怎样被接受的一个有效路径，一种估算"品牌口碑"（brand buzz）的方式，或者发掘和品牌相关的情感，还可以探究品牌驱使因素以及该品牌被遗漏的原因。

在"线下"调研中对观察法或民族志方法的选择，需要根据调研目标来确定。你应该问一下自己，使用这种方法能否帮你获得研究该问题所需的证据。普勒尔和米勒（2012）指出，如果你希望观察到的群体成员之间的互动经常发生在线上的话，民族志是一个合适的方法。其他要考虑的包括这个网站的功能（也就是说，它所能提供的用户和成员之间的沟通等级），它的用户可以提供给其他人的内容的类型和数量，还有用户在网上互动时泄露自己真实身份、真实想法和感受的可能性水平。

6.2.4　道德与观察和民族志

开展观察和民族志研究，无论是个人的还是网上的，都会带来一系列的道德问题，对于报告的内容尤其重要，报告要求要对参与者无害，匿名并保证机密性。绝大多数民族志研究会包括音频或者视频记录。关于个体的音频和视频记录在《数据保护法案》（1998）中被划分为私人数据。提供给网络民族志的网上谈话也可能包括私人数据。如果涉及了私人数据，MRS 规定和数据保护法律就起到了作用。看一下 MRS 市场调研标准董事会的《线上数据收集和隐私：意见回应》（2012）第 1 章中的摘录，它指出了你在开展在线调研时应该想到的一些问题。在下面的"专栏 6-1"中，有《MRS 行为准则》和《MRS 定性调研指导》（2011）的一些关键要点。

专栏 6-1

专业实践与《MRS 行为准则》：观察法和民族志方法

观察调研——相关条令

A1 调研必须符合专门的《数据保护法案》（1998），或者其他英国境外与其相当的当地以及国际上关于给定的项目的一些法律规定。

B47 成员在使用观察仪器时，必须确保做到以下几点：

- 清晰明确的标志必须放置在配有监视设施的地方。
- 必须选好照相机放置地点，以确保它们能够用来观测监视。
- 标志上必须表明是个人还是组织对监视负责，包括联系信息和观察目标。

指导

这里有两种观察法：参与式，个体被采访的同时也被观察；非参与式，个体被观察但是不被采访。按照《数据保护法案》（1998），关于个人的任意形式的音频和视频记录都被定义为个人资料。

当要参与观察时，所有这些普通的规定和实践都必须得到应用（指的是，这些在指导的第一部分和第二部分陈述过的有关访谈和小组讨论的问题）。非参与式观察，例如在观察研究中使用监控录像（CCTV），除了要遵守上面的规定以外，还要实施其他一些措施。

记录指导

1. 所记录的图像质量应该可用以达到监视的目的。

2. 图像被保存的时间应该不超过必要的时间。

3. 有关第三方图片的披露必须只在限制内和规定的情况下，而且还要征得个人的同意。

4. 应该准备好充足的安全措施，来确保数据不会被任意篡改、丢失、破坏或者销毁。

5. 根据规定 A1，使用 CCTV 的调研者必须符合安防行业协会（SIA）准许的适用要求。这一点在网站 www.the-sia.org.uk 上可以看到更多的信息。

民族志调研——相关规定

A10 成员必须采取合理的预防措施，来保证参与者不会被他们的专业活动所伤害或者有不利影响。

B2 所有委员会或项目实施组的成员做出的书面或口头承诺必须实际上是正确的，而且成员需要做出承诺。

B15 如果在访谈中需要进行记录、监控或观察，必须在招募被调研者时或者访谈开始时提前告知。

指导

1. 调研者应该提供给客户和调研主办方一个包含专业调研项目一些限制条件的明确描述。

2. 调研者应该避免这种情况出现，也就是说，他们可能会因为处理不当而在被控告时处于弱势（尤其在被调研者家里工作时），或者他们过多地在情感等级上涉及了被观察者。

3. 根据《数据保护法案》（1998）和规定 A1，被调研者应该被告知，在观察过程中，数据收集时都会发生些什么。

4. 调研者应该在招募被调研者、参与者还未同意参加的时候，就告知其关于民族志研究的延伸特性，而且还应该让他们知道自己有在任意时间退出调研的权利。

5. 调研者应该告知被调研者（在招募的时候）他们将要被要求参与或者开展的任何活动。

6. 调研者应该告知被调研者对他们行为进行观察的目的和基本原理。

7. 在观察活动的主体包括儿童和青少年的地方，例如，调研者是和一个家庭住在一起的，那么应该参考 MRS 的《儿童和青少年的调研指南》。

观察法和民族志调研

评论：法案的规定 A10 要求成员必须采取所有合理的预防措施来确保参与者不会受到伤害，或者在参与研究项目的时候受到不利影响。这可能对一个民族志和观察环境有一定特别的针对性。要考虑的问题有：

- 要注意他们的参与有时可能被看作一种无理由的侵犯；因此在民族志研究情境下必须建立起安全措施，还有快速结束观察的能力。
- 要注意被调研者可能和研究者在个人层面上有过多的牵涉。
- 要注意有可能会出现"观察疲劳"；需要强调的是，拥有在任意一种民族志研究情况下快速结束观察的能力是十分有用的。

资料来源：MRS Code of Conduct (2010) and MRS *Qualitative Research Guidelines* (2011). Used with permission.

6.2.5　观察者影响

由于知晓了被观察可能会在一定程度上影响这些被观察者的行为（一个被用于为隐蔽式研究辩护的争论）。明白这种观察者影响是重要的，而且要尽量把它最小化（在设计和现场阶段），而且在分析阶段也要把它考虑进去。把它最小化的主要方式就是让参与者在被观察的时候感到自然舒适。这里有几种方式你可以在项目过程的不同阶段进行尝试。

1. 在现场阶段

- 向参与者陈述过程以及最终数据的用途，尽可能保持透明开放（见下文）。
- 给一个大体上的概述，而不是对调研目的细节上的描述。所以，尽可能不通过提醒他们你将要观察的活动，来对参与者的行为产生影响或者偏见。
- 给参与者一定的时间来习惯被观察——被一个相机或调研者或两者同时观察（在一段时间以后，他们可能会转变他们的路线和行为）。
- 让参与者对观察有一定的掌控。给他们看用来记录他们的相机，或者让他们有一个可以自己打开或关闭的相机。
- 给参与者展示你的记录。减轻任何关于你正在对他们进行记录给他们带来的恐慌。

2. 现场 / 分析阶段

- 问他们一些关于你正在观察的事情的问题——得到他们对于这些事情有多少代表性

的看法。

- 给他们展示你已经对他们记录的录像带，并问他们一些对所看到行为的看法或者评价。
- 对他们在不同场景和不同人群设置的情况下进行观察，来看一下他们的行为或接触事物的方式有没有变化。
- 承认观察者影响对你收集的数据至少有一部分的影响。
- 注意观察者影响在何时是最重要的。
- 思考为什么这可能是实际情况。
- 思考这些影响和调研目的是怎样相联系的。

6.3　符号学

符号学（semiotics）是对标记和标志的研究（包括文字、图像和音乐），还有它们在各种形式的交流中的作用和含义。Kaushik 和 Sen（1990）描述说，在印度文化中象征着"生命诞生、吉利和活力"的黄色是如何应用在一个向日葵油画广告中，"将食用油的益处和质量同阳光、向日葵这些象征着给予生活和生命的质量联系起来的"。符号学在定性调研中被用于发现、理解、说明和"破译"记号和标志的含义，尤其是这些用于广告、包装和品牌形象上，这些有利于在发展有效沟通时得到文化方面的理解，特别是在跨文化交流上（Harvey and Evans，2001）。然而，访谈是为了发现人们在想什么——什么是他们的信念、态度和意见，他们做什么——他们的行为。符号学就是通过对记号和标志的分析，来找出在相关文化下——劳斯（2002）所称的"从外向内的方法"——会发生什么。因为记号和标志的含义随着时间变化，所以符号学分析是一种能够有效理解什么"失效"者过期，以及什么是紧跟时代和"紧急的"等这样一些概念的方法。而且，当把几种记号和标志放在一起的时候，可以用于区分不同的事物。劳斯（2002）记录，"紫色传统上代表高贵，尤其是……和金色一起的时候……然而，当……用在旁边的时候……橙色和令人厌恶的粉色的含义改变了，而且它们还开始以一种古怪的方式变得非常有趣"。这可能是做符号学研究的另一个原因，来了解你自己是什么样的。你的组织、网站、品牌、产品包装、广告，这些都是在要比你实际运营中更加广阔的环境背景下进行交流的。

正如"案例研究 6-1"体现的，符号语言学经常和其他定性研究方法一起使用。它可以用于"破解"广告的内容和含义（Harvey and Evans，2001），或者包装以及其他媒体通信设备（Clough and MacGregor，2003）——无论是你自己的还是你的竞争对手——在讨论小组或专题研讨会提前来理解他们可能在传递表达什么。你可能用这个理解来帮助构建专题研讨会，或者设计你的讨论大纲，或者对你的分析提供一些想法。

案例研究 6-1

为《镜报》构建一个品牌主题

在案例研究 3-1 中，我们已经看到了英国文摘报《镜报》面临的商业挑战，进行调研是为了处理这些挑战。在接下来的案例研究中，我们将要了解客户和调研者在进行这个调研时需采用的具体方法："一个将符号学、技巧性定性工作以及多种消费者行为理论相结合的方法……"

为什么这个案例研究值得一读

本案例研究值得阅读有以下几个原因：它展示了商业问题、调研需求与调研方法之间的联系；它对调研项目有一个概述；它描述了调研中使用的方法和使用这些方法的基本原理；它描述了使用几种刺激材料的发展历程；它是符号学应用的实例。

关键词：符号学、消费者文化、延伸的深度访谈、突发主题、剩余、支配、情绪板、价值、信念、主题、理念、态度、行为、剪贴簿、讨论、合作。

引言

我们需要为品牌重新提炼一个主题——一个可以被看作从《镜报》诞生那天起，我们的核心读者认为他们的生命发生了很大改变。

获得时代精神——研究未来

我们为这个项目设计的过程涉及以下几个步骤：

- 对英国消费者文化进行符号学分析；
- 建立创造性的刺激物；
- 阶梯式延伸的深度访谈；
- 在被调研者家里进行后续视频访谈。

对英国消费者文化进行符号学分析

符号学分析的主要目标是为了在更广阔的文化背景下发现那些自然而成的主题，并且去理解调研主题从历史遗留下来到现在一些主流主题的变化趋势，还有对主流主题到突发主题的理解。聚焦点会集中在与《镜报》的读者有特别关联的主题上，而且注意力主要被放在了解工作阶层在媒体和流行文化中的代表性是否如此重要，还有媒体类型是如何影响相关品牌的。分析是基于流行文化下大量的资料，比如报纸、杂志、网站、广告、电影、音乐和书籍。符号学团队对所接触材料获取目标、音色、图标、幽默性、环境、语言、主题事件、音乐和工作阶层楷模等事物的方法进行了检查。接下来我们需要理解消费者对这些自然而然的主题是怎样反应的，这需要我们建立一些创造性的刺激材料。

建立创造性的刺激物：刺激思考未来

对正在变化的文化价值的影响的调研并不是非常轻松的任务，因为个体通常意识不到这种影响。刺激物被要求可以让消费者看到并对这些可能的主题做出反应，并帮助调研团队来理解这些是怎样与《镜报》的读者产生关联的。需要的刺激物要在一定的层面上起作用，来帮助我们理解《镜报》的读者拥有的深层次价值和益处，我们希望看到的改变方向和节奏。刺激材料给个体留下足够的空间使用自己的语言，放开来回答是非常必要的。我们通过对这些对刺激物进行分析而划分的主题来制造可伸缩的情绪板，以此来帮助我们达到目的。我们使用的主题之一就是围绕核心主题"今天的生活更多的是为你自己着想并行动"的"自我决心"。为了避免偏见，可以在不同方向上对主题进行延伸来挑选文字和图片，以帮助调研团队弄清楚《镜报》的读者是怎样对这一概念的不同方面做出反应的。

刺激物形成的最后一条就是一套综合的名人相片，包括皇室、体育界人士、政客和娱乐圈名人。建立刺激物的目的就是为了了解这些意见领袖在传递概念并形成价值、信念和态度中所扮演的角色。

对文化、社会阶层、价值、信念、态度和行为进行的研究

调研方法包括和被调研者一起工作，来帮助他们看到正在影响他们行为的更多因素或者文化网络。用这种方式我们希望可以理解读者生活中影响力的变化和媒体在其生活中正在变化的角色。据 Engel、Blackwell 和 Miniard（1993）的说法，世代间文化的传承，主要是通过一些组织来实现，比如家庭、宗教和学校。早期的生活经历，比如战争、普通的经济情况以及个人同龄的群体等都会传递价值。我们相信，通过聚焦每个价值来源，我们可以在读者已经实际经历过但他们优先考虑到预测的文化变化时，来帮助读者明确地表达他们在文化变化过程中自己的经历。

为了理解这几种不同渠道的影响力，我们让被调研者用他们认为在生命里十分重要东西的照片做成剪贴簿这种形式来制作刺激物，比如族谱、传记，以及写出对他们影响巨大的某个人的描述等。我们通过这本剪贴簿来开始我们的访谈，并且和被调研者一起去挖掘其中所包含的意义。这些项目被用来激起有关那些在他们的价值观和信念发展过程中各种影响因素的讨论。

采用开放并且合作的工作方法与被调研者一起进行调研使得项目得以继续下去。我们经常用过去（仅仅在访谈中描述）来表达对感觉历程的认知，并且用这种认知来帮助被调研者感受文化的进化。在访谈的最后，我们探索在整个讨论中浮现出来的与主题相关的一些故事角色。同时还探索了不同个体对一些名人表现出来的不同态度，这些态度可能会决定这些个体的个人魅力及价值观。

积极的刺激物和访谈方法，帮助《镜报》的读者清楚地表达了一种对其生命中发生的显著文化变化的强烈感觉。

参考文献

Engel, J.F., Blackwell, R.D. and Miniard, P.W. (1993). *Consumer Behaviour*, 7th edition, Fort Worth, TX: The Dryden Press, pp. 65–116.

资料来源：Adapted from Clough, S. and McGregor, L. (2003) ' Capturing the emerging Zeitgeist: aligning *The Mirror to the future*', MRS conference, www.mrs.org.uk.

符号学同样可以作为传统定性调研方法的延伸来"破解"被调研者已经告诉你的信息（Griffiths et al., 2004）。这种混合调研方法，就像 Spackman、Barker 和 Nancarrow（2000）说的，是一种"折中主义"（informed eclecticism），已经变得越来越常见。另外，符号学可以单独作为一种方法使用。亚历山大（2000）描述它如何被用来了解一个品牌和其含义；哈维和埃文斯（2001）展示了它怎样被用来了解几种文化下竞争者的广告，但这种方法并没有用到花费较高并需要大量时间的基本调研中。事实上，如果你的目的是了解任何形式下的交流，而不是人们的回应或者对交流的看法时，这是最合适的方法。它还是一种通过

发现一个地区或者一个地方"突然出现"的规则，来分析各个地方发生的文化和交流上的进展，以理解将来可能趋势的有用的技巧。

6.4 访谈和小组讨论

就像我们在第 2 章中看到的，区别定性访谈和定量访谈的方法就是访谈的形式。定量访谈是标准化的，在每个访谈中，用同样的用语和同样的提问顺序，而且绝大多数问题是设立好的，不是开放性结束和没有指引性的。定性访谈（为了减少提及，这里包括了小组讨论）更像是"引导性谈话"（Rubin and Rubin，2011）或者"带有目的性的谈话"（Burgess，1984）。

作为数据收集而不是观察的方法，对访谈或者讨论的选择，将会一定程度上受到调研的性质和目的、时间和预算的实际影响。当调研目的已经被明确定义，而且需要从大范围和多数量的人群里收集数据时，访谈（或讨论）是更为合适的选择。接下来我们要仔细探究选择深度访谈方法或小组讨论来作为收集数据方法的原因，而且我们还会研究这种面对面的个人和小组的访谈，还有基于网络的远程访谈和小组访谈。

6.4.1 深度访谈

深度访谈是一个定性调研者在和被调研者一对一基础上实施的，这个被调研者是根据项目约定好的样本或者招募条件来选择的。就像名字所提示的那样，目的就是要深度发掘一个话题，而且一般一个深度访谈在 45 分钟到两个小时之间，根据话题和需要所涉及的内容来决定。在绝大多数情况下，访谈者将会采用一种开放式结尾的访谈方法。访谈可能会在被调研者家里、办公室（如果话题是跟商业有关）进行，也可在一个中心区或观察室（viewing facility）进行，通过人工或者远程的网络来实现。一般来说，访谈会被记录下来。

深度访谈不是小组讨论的替代选择，它们形成的是不同类型的数据。深度访谈适合更为敏感的主题，是为了理解被调研者在不被小组其他任何成员影响，或者不在乎小组其他成员会由于他们表现出某种特定态度或行为而产生的对他们的看法时，访谈信息中传递的细节问题。当然同样的情况也有可能在个人访谈情景下产生，当这里有来自其他人的少量"干扰物"或"噪声"时，他们会更加容易被理解和解决。

6.4.2 深度访谈的变体

在标准个人深度访谈基础上有一些变体，包括成对深度访谈、三人组访谈、家庭访谈、迷你深度访谈和半结构式访谈。

1. 成对深度访谈

顾名思义，成对深度访谈（paired depths interviews）就是两个人一起被访谈。成对组合可能包括两个好朋友、两个家庭成员（夫妻、兄弟姐妹、父子）、两个同事，只要是对所调研的话题合适就可以。成对深度访谈有两个实用的原因：首先，一些人尤其是儿童和青少年，会发现和另一个人一起而不是单独被访谈时，不会感觉到恐惧或是紧张；其次，一个特别研究的调研目的可能意味着，确定在涉及超过一个人的决策制定过程中发生了什么是必要的，例如，买一辆车，或者选择生命保险，或者决定旅行目的地。发现人们在决策过程中充当什么角色是重要的，比如谁是购买影响者，谁是购买者或者付款者。

2. 三人组访谈

三人组访谈（triads interviews）涉及对三个人同时进行访谈，而且对成对深度访谈的理由同样适用于这里。

3. 家庭深度访谈

深度访谈有时候会和所有或者部分家庭成员一起开展，可能一起也可能单独进行，或者通过组合形式。家庭访谈（family interviews）的目的通常是为了发现家庭生活的因素，决策的形式、规则，还有诸如对食物、服装、假期和娱乐的管理控制等。

4. 迷你深度访谈

迷你深度访谈（mini-depths interviews）就是一个比较短的深度访谈，通常持续20～40分钟，而且被用来探索某些特定的、有界限的话题。

5. 半结构式访谈

半结构式访谈（semi-structured interviews）是一种介于定性深度访谈和更结构化的定量访谈之间的半家庭式谈话（Young，1996；Sampon引用，1997）。它们经常被应用在B2B的调研中。这种访谈引导比通常的定性调研更为结构化，而且访谈通常由接受过定性探索和提示技巧训练的访谈者实施，但不一定非得是定性调研者。

6.4.3 小组讨论

一个标准的小组或焦点小组，就像他们有时候被称呼的那样，经常由8～10个人组成（美式10～12个人），这对于一个便于管理控制的讨论来说足够小了，而且也已经足够表述一系列的观点。这个小组中被调研者的招募是根据该调查活动下与话题相关的一些标准。一个有技巧的调研者，就是调节者或促进者，引导着讨论。在一些招募中，根据话题的性质和调研的目的，小组可能包括6～8个参与者，而不是8～10个人。较小的小组可以使协调者对小组参与者的反应有更深入的感触。较小的小组经常用于研究敏感性话题，或者当小组里面有儿童或青少年时，较小的小组较少让参与者感到畏缩，并且可以让协调者在每个参与者身上花费更多的时间。一个小组讨论通常持续1.5～2个小时（然而在一些国家，比如印度，一个小组讨论可能非常开心地持续4个小时），给足够的时间会在一定深度上探索和这个研究话题相关的一系列问题。如果需要对这些话题进行必要的更深层次的研究，小组讨论的持续时间可能会被延长。小组讨论通常在一个中心区域开展，比如在酒店的会议室，现今更多的是在一个观察室；此外，一些小组讨论在被招募来做被调研者的家里面进行。

案例研究 6-2

研究《蜘蛛侠 2》

案例研究 2-1 描述了为什么哥伦比亚电影公司市场小组需要对电影续集《蜘蛛侠 2》进行研究，来理解怎样更好地营销。下面是研究的第一部分内容。

为什么这个案例研究是值得阅读的

本案例研究值得阅读是有一些原因的，它描述了一个小组讨论——焦点小组是如何被应用的；它对工作的规模给出了细节描述，比如样本、小组的数量、覆盖地域；它描述了调研的目的，以及在小组中需要覆盖的内容。

关键词： 焦点小组、全球经营状况检查、品牌、领域、儿童、成人、参照群体、探究、原因。

引言

在《蜘蛛侠 2》的营销队伍建立之前，研究机构"第一电影"（被雇来对《蜘蛛侠 2》品牌实施一个"全球经营状况检查"。它在英国、德国、法国、西班牙、意大利、日本和澳大利亚，通过一系列的焦点小组来完成。

样本

在每个地区，9 组讨论在儿童和成人之间实施，具体如下：

儿童

- 11 ～ 12 岁男孩；
- 11 ～ 12 岁女孩；
- 13 ～ 15 岁男孩；
- 13 ～ 15 岁女孩。

成人

- 16 ～ 19 岁；
- 20 ～ 29 岁；
- 30 ～ 34 岁，还未成家；
- 有至少一个是 7 ～ 12 岁孩子的父母；
- 参照群体——那些没有在电影院、影碟机或者电视上看过第一部《蜘蛛侠》的人。

在每一组焦点小组里（除了偏离目标的那组），下面至少两类人要出现：

- 超级"粉丝"：这些人已经看过第一部《蜘蛛侠》两遍或更多遍，而且拥有影带或者 DVD，并拥有至少一件商品（尤其是跟电影而不是漫画书相关的）。
- "粉丝"：这些人看过第一部《蜘蛛侠》电影至少一遍，并且拥有录像带或者 DVD（但是没有周边商品）。
- 非承诺者：这些人只看过一遍第一部《蜘蛛侠》，没有进一步对电影有更多的体验（没有电影的录影带或 DVD，或者其他任何的周边商品）。

覆盖内容

焦点小组因此聚集了大量广泛的已经看过第一部电影的影迷，结合有关电影在系列 2 中可能面临的一些障碍，以及这种特许经营权长久发展中面临的潜在陷阱的研究，让我们可以尽力去探究品牌和第一部电影的关键优势。通过"偏离目标",我们可以了解为什么第一部电影没有被接受,评估一下是否有一些可以避免的错误,可以挽回的潜在观看者,或者至少可以知道谁是我们在这个最复杂的市场竞争中触及不到的顾客以及其原因。

资料来源:Adapted from Palmer, S. and Kaminow, D. (2005) ' KERPOW!! KERCHING!! Understanding and positioning the SPIDERMAN brand ', MRS conference, www.mrs.org.uk.

6.4.4 标准小组讨论的几种变化形式

1. 迷你小组

迷你小组(mini-group),就像它的名字体现的那样,是一个规模缩减的小组,通常由4 ~ 6个被调研者而不是8 ~ 10个组成,它持续1 ~ 1.5个小时,而不是1.5 ~ 2个小时。迷你小组经常在话题比较敏感的时候被使用,或者实在是难以招募到被调研者的时候。

2. 延伸小组

延伸小组(extended group),就像它的名字所反映的,持续大约4个小时(有时候会更长),而不是一般小组那样1.5 ~ 2个小时。这些多出来的时间意味着话题可以更加深入细节地进行探讨,可以检验广阔范围的刺激物材料,使用一些反应主观的技术。主持者可以投入更多的时间与标杆小组进行比较,在小组讨论过程中,保证制造的氛围是轻松安逸的,这些都可以使从小组中发掘的东西具有更高的水平。

3. 再参与小组

再参与小组(reconvened group)就是一种被招募参加至少两次小组讨论的小组,通常隔一周时间。第一次讨论主要接触基本的话题,探讨话题背景以及一些较为直接的方面。参与者会被简要地告知下次会议要完成的任务。任务可能是准备一些关于某个话题的东西,例如"你可以离开……生活吗?"小组再次被聚集起来参加第二次讨论,说出他们自己关于被调研的话题的一些想法、感受和经历。

4. 友谊小组

友谊小组(friendship group)包括一对或一群朋友或家庭成员,是小组讨论的另外的一种版本。这种小组形式通常被用于研究儿童或青少年的时候,或者是当要检验一个涉及两个或更多人的购买决策时(比如抵押贷款或一辆车)。

"案例研究 6-3"给了一个使用了一系列定性方法的项目,有标准小组讨论、个人深度访谈、实地访问和研究话题相关的地方,以及专家讨论会。

案例研究 6-3

对少数种族群体的媒体习惯调研

这个案例研究展示的是包括专家会议在内的一系列定性方法如何在英国少数种族社区

内应用，以探究深度访谈媒介的应用和对广告的态度。

为什么这个案例研究值得阅读

这个案例研究值得阅读有以下原因：它展示了调研目标和目的之间的联系，样本和方法的使用；列出了数据收集方法的清单；描述了样本和样本是怎样募集到的。

关键词：深度研究、目标、专题研讨会、小组讨论、深度访谈、家庭拜访、社区中心拜访。

引言

在 2003 年 COI 大会上，英国政府交流机构（现在已经不存在）针对英国少数种族社区开展了一次复杂的关于媒体使用和对广告态度的深度研究，来作为一个范围更为广阔的调研，即通用受益调研项目（CGRP，之所以这么叫，是因为它的调研结果会在整个政府部门和机构分享）的一部分。CGRP 的目标是：

- 为政府各部门机构传递新颖的看法和灵感；
- 提供有效实用的信息；
- 成为一个专注于战略性、创造性媒体计划的长期策划工具。

这个在少数种族里开展的调研的目的是为了探索：

- 生活方式、文化，以及对身份的感觉；
- 对媒体的媒体消费及态度；
- 对广告中少数种族代表的态度；
- 信息来源和传播渠道。

使用的方法

CGRP 旨在发现新的看法，并且要比先前对这些群体的研究更加深入。我们希望知道人们会对他们的媒体习惯说些什么，但是我们更想知道他们在家都干了什么，他们的家庭成员是怎样在日常生活里相互影响的。因此，新的方法被使用，而且还包括了新的目标观众，这样来最大化这个研究的视角。该项目使用的主要是定性方法，包括一个传统和创新型方法的组合。

- 两个小时的专题研讨会是首先使用的方法，这和小组讨论比较相似，但对被调研者来说却包含了更为广泛的任务和活动。
- 被调研者的标准小组讨论超过了 65 次，因为我们觉得两个小时对这些小组来说太长了。
- 深度访谈主要用于那些最近收集过关于一些公众问题（事业、学校、健康等）信息的人。
- 为了探索家庭媒体的使用程度，我们还实施了家庭拜访，这部分持续了 2～3 个小时，而且还是在人们的家里面开展，去记录下他们的媒体消费形式，并且去观察他们的行为。
- 同样，我们还进行了社区中心拜访，去发现像"建议工作者"这样的互动中介是怎样利用他们接收到的政府信息的。另外，为了采访这些工作者，我们还花费了一些时间来观察社区中心的活动，进行拍照，并且在必要的时候和中心使用者进行非正式的谈话。

- 我们同样也让被调研者对他们每天的生活拍照，在参与小组、访谈和专题研讨会之前，先填写一份媒体日志。

样本

样本覆盖了英国主要的少数种族社群，侧重于那些在之前的调研中没能参与的种族，或者那些有特殊交流困难的。因此，最后的样本是：

- 印度人，包括印度教徒和锡克教徒；
- 巴基斯坦的穆斯林；
- 孟加拉国的穆斯林；
- 中国人，包括基督徒和佛教徒；
- 加勒比黑人，主要是基督徒；
- 非洲黑人，来自整个非洲；
- 年轻的混血人种，来自一系列的混血背景。

样本总体包括了 24 个专家会议、4 个小组讨论、14 个深度访谈、4 组结对深度访谈、10 组家庭拜访和 6 个社区中心拜访。

招募

召开会议是一项挑战，主要是由于其中一些小组因为和其接触不断增加的困难而被排除。在这个项目里我们没有使用实地调查机构来做这些招募工作，因为我们知道他们在接触部分群体的时候有困难，尤其是那些非英语使用者，以及那些更为传统的非洲人和中国人。我们用的是专业的招募人员，他们中的很多本身就来自少数种族，这样就确保了我们的样本尽可能的具有代表性（针对这些问题更为全面的讨论，见 Desai and Sills，1996，以及 Sharma and Bell，2002）。

参考文献

Desai and Sills (1996) 'Qualitative research among ethnic minority communities', *Journal of the Market Research Society*, 38, 3.

Sharma and Bell (2002) 'Beating the drum of international volunteering?', *Proceedings of the Market Research Society Conference*, London: MRS

资料来源：Adapted from Desai, P., Roberts, K. and Roberts, C. (2004) 'Dreaming the global future – identity, culture and the media in a multicultural age', MRS conference, www.mrs.org.uk.

6.5 其他基于访谈的方法

还有三种由更为传统的定性调研方法发展起来的三种主要手段：专题研讨会、事务委员会和评委会。这三种方法之间的共同点和差异，主要表现在收集数据和得到回应之间需要的时间长度，还有更为合作化和参与性的过程特点。这些方法中的一些有时候会结合定量调研和定性调研。这些方法有时候被反映说是一种协商式研究或协商式方法。在

《MRS 定性调研指导》（2011）中，定义协商式方法的特性如下：

- 一个集小组讨论、专题研讨会、事件和个人投票的组合；
- 提供相关信息以告知和指导被调研者；
- 事件过程中与所有被调研者分享来自小组的反馈 / 建议 / 答复。

一个协商式的事件可能在实施的时候要经过几个小时或者几天的过程，那些参与者也要在每次提问阶段的最后被再次聚起来，并为这段时期的效果投票进行测量。

在《MRS 定性调研指导》（2011）中，MRS 建议调研者在设计和实施协商式练习时采取基于风险的方法，尤其是在那些练习本身或结果可能会吸引公众评论的情况下。指导同时也包括了委托和项目设计时的细节记录、卷入的利益相关者、使用的材料，还有结果报告和反馈。这些笔记主要是针对设计大型协商式项目，或者包括了潜在争议性话题的项目。

👆 专栏 6-2

专业实践与《MRS 行为准则》：协商式研究

协商式研究：保密规则

B3 成员要在和客户商定好的前提下，实施有理有据的步骤来设计这项调研。

B4 成员必须采取有理有据的步骤来设计调研，以达到和客户协商好的质量标准。

B14 成员必须采取合理的步骤来确保这些：

- 数据收集过程和目的相适合，而且客户已经据此得到过建议；
- 数据收集过程的设计和内容，或者对被调研者使用的仪器是合适的；
- 被调研者可以用一种方式来提供信息以反映他们想要表达的观点；
- 被调研者不被引导向某种特别的观点；
- 被调研者给出的回复可以用清楚明白的方式来解释说明；
- 个人的数据收集是相关而又不过分的。

资料来源：MRS Guidelines for Qualitative Research (2011). Used with permission.

6.5.1　专题研讨会

专题研讨会可以被用来形成想法，在细节上探索、解决问题。专题研讨会倾向于包括 15 ~ 20 个人，有时候会多一些，而且经常包括了客户、消费者或者对这个话题感兴趣的人。它们一般会持续至少两个小时，而且可能一天都在进行这个项目，持续 6 ~ 8 个小时。在专题研讨会里，更小些的替补小组可能会从主要小组里面分离出来，来解决问题的不同方面。在罗伊·兰梅德（Roy Langmaid）描述了他称为"合作调研"的一种专题研讨会方法，他认为这种方法可以替代传统的小组讨论。他说这种方法的应用主要是同创造性发展过程相联系的。

6.5.2 事务委员会和评委会

其他延伸的或者更为谨慎的方法包括事务委员会和评委会。定性事务委员会和定性评委会是由一定数量的个人组成的（大约20人为一个事务委员会，10～12人为一个评委会）。他们符合间距要求并且可能要在一起度过一段时间（数周或数月——可能会到12个月，有些情况也可能更长）。事务委员会或者评审会有一个主题——消费者或者群体方案。在每个会议里，可能讨论和主题相关的话题。参与者可能要提前对会议话题有简单了解，或者话题可能被重新讨论。给参与者机会去思考证据，检验可能的选择，或者采取行为的原因。例如，在讨论其观点之前给他们机会反映自己对这些事情的感受，或者向委员会或者评委会展示他们的观点。"案例研究6-4"描述了对委员会的应用。

案例研究 6-4

关注你的消费者：李维斯青年委员会

在案例研究1-4里，我们看到了李维斯面临的问题，以及他们是怎么克服问题并复兴研究项目，鼓励公司采取行动的。在这个案例研究中，我们发现了他们在研究项目中使用的一个工具——定性消费者委员会。委员会在许多事情中是用来确定品牌设计和发展问题的。

为什么这个案例研究值得一读

本案例研究之所以值得阅读有许多原因：它展现了委员会使用的基本原理；描述了委员会包括了哪些人，他们是怎样被招募到的，数据收集的频率；展现了样本和研究目标之间的联系；强调了从委员会得到的信息对商业的贡献。

关键词：定性消费者委员会、类型学、质量、可信度、洞察力、趋势、预测、产品生命周期管理、问题界定、快速回复。

引言

李维斯总品牌，这个让人恐慌的目标在所有的组织活动中充当了一个振奋人心的战斗号召，这个目标就是要"武装年轻人去改变他们的世界"。牛仔明显是对这个首要目标做出的唯一一个贡献。第一步就是建立一个可以确保公司永远不会淡出消费者视线的过程，关键的工具是青年委员会。首先，它被作为一个启发的资源；过一段时间，它变成了一个创新方法的有力测试剂。

委员会的组成以及它是怎样招募的

委员会本质上是一个定期更新、严格挑选的组织。定性消费者委员会主要关注消费者类型——按照之前类型学的研究，在非正式服装市场中，消费者类型从现代主义者到边缘消费者之间变换。委员会已经在欧洲各个最具有代表性的时尚城市（柏林、米兰、巴黎、巴塞罗那和伦敦）建立起来，而且由50～100个最具时尚潮流的你希望见到的年轻人。我们从每个城市的艺术/传媒/摄影学校亲自逐个将他们挑选出来，并与最和善的目标调解人一同出现在酒吧、俱乐部、商店等地方。这样虽然花费时间、成本高昂，但是它提高了质量，而且我们可以收集到信息的可信度高。为了补充引领潮流的消费者，并确保我们可以在主要销售地点同样被展现在消费者面前，委员会也包括了普通的男孩和女孩，与时尚的被调研者相比，他们更容易对设计团队感到惊讶。

为了在春季和秋季产品路线简介之前适应路线发展日程表，委员会一年召集两次。会议是在一个挑选出来适合对目标产生共鸣的地方，而不是机场或者利于声音传播的地方。

贡献

过去，由于一些研究后出现的观点的原因，研究对创新过程做的贡献被抵消。设计师不会浪费时间去听取主流消费者的意见，因为他们知道自己需要将目标定在潮流曲线的前面，对于一些人提出的潮流曲线的发展趋势他们也很少认同。委员会的成员们，我们使用的环境，公司绝大多数中层管理者提供的声援改变了所有这些。我们现在有多达 15 人来为品牌绘画，而且设计团队出席每一次的委员会会议并使用会议中的信息。

就像所有好的工具一样，委员会已经开始为几个实用的盛大集会服务，这点并不像开始设想的那样。它或许提供了公司在一种特殊的趋势下所能获得的最好的迹象，因而不仅服务于指导一个普通的商业公司预测，还能进行特殊产品生命周期管理。它提供了一个对公司赞助活动的持续性投入，而且扮演了一个重要的问题界定者的角色。每个第二季度，品牌和设计团队都会抽出一天时间来解决从委员会反馈来的各种意见。它帮助确定战略安排，并且十分高效快速地确定了一些问题。产品在路线发展过程中彻底过时就是完全因为这些委员会的反馈（先前没有考虑的），而且快速做出反应的零售团队已经去往柏林，所有这一切都发生在针对在柏林开设一家新的引领艺术潮流商店相关问题提出后的第二天。

资料来源：Adapted from Flemming from Thygesen and McGowan, P. (2002) 'Inspiring the organisation to act: a business in denial', MRS conference, www.mrs.org.uk.

6.6 在线小组讨论和访谈

在线小组讨论和访谈是作为数据收集的方法而出现的。尽管在英国和欧洲不常见——在英国和欧洲的应用仅限于少部分的定性调研，但是它们在美国是十分受欢迎的方法。据帕克（2011）描述，在所有定性调研项目中大约一半使用在线数据收集方法，并且绝大部分是在线小组讨论。在美国这样幅员辽阔的国家，调研小组之间距离较远、成本较高、花费的时间较多，这种方法提供了集高效率和低成本于一体的选择（Walkowski，2001），而且它也符合美国施行的焦点小组风格。

通过在线小组讨论和访谈获得的资料，是可以和面对面讨论形成的内容相提并论的（Cursai，2001；Balabanovic et al.，2003）。在使用网络途径时有一些限制，首先没有语言上的交流。然而，这种方法的几个好处包括：能够研究一些难以接触到的小组；可以研究一些敏感话题；可以产生（并同时记录）高质量的数据。

定性在线数据收集的主要方法：在线小组讨论或在线焦点小组（OFG）；公告牌小组（或异步在线论坛，AODF）；在线调研社区（MROC）的在线讨论和个人深度访谈（IDI）或类似的访谈。对于在线调研的招募主要通过几个方法：通过网站弹窗或横幅；通过从列表或在在线固定样本中用邮件邀请；或者通过传统的方法。

1. 在线小组讨论

在线小组讨论，通常被认为是在线焦点小组，它是一种实时开展的、在一定程度上模仿现实中的面对面小组。小组在一个专门建立的聊天室里召开。它通常包括 6 ～ 8 个参与者，尽管布鲁根和威廉姆斯（2009）建议说 3 ～ 5 个人，而且讨论可能会持续 1 ～ 1.5 个小时。参与者被提前招募好，而且通常会收到一封带有邀请和注册细节的邮件。参与者是同时参与讨论的。软件允许主持人可以与整个小组沟通，也可以和单个小组成员交流；小组成员可以和每个成员以及主持人交流。一个小组可以被分成两个讨论组，比如开展不同的练习，或者对不同的刺激材料形成各自的看法。客户可以观察小组的讨论结果，可以和主持人进行沟通，但是不能直接同参与者交流。主持人可以上传一份讨论指导并将其作为会议流程，按照讨论指导进行讨论。同刺激材料相关的资料可以嵌入进讨论指导里面。一系列刺激材料可以展示出来，包括照片和影像记录，而且有些系统可以允许参与者在刺激材料上画图或者进行记录（Poynter，2010）。根据涉及的任务的复杂性和参与者的数量，在线小组里有两个主持人或一个主持人和一个管理者都是很常见的。例如，一个主持人可能主要负责讨论，而另外的人负责监视参与者的参与，给那些没有做出应有回应的参与者发送短信息来鼓励他们参与讨论，或者警告那些评论意见不确定的参与者，或者删除不合适的评论。

2. 公告牌小组

另一个开展在线小组讨论的方式就是用公告牌小组的方法。和 OFG 一样，招募也要提前进行。因为它发生在不同的时间，所以这种在线小组讨论形式有时候会被称为异步在线论坛（AODF）。主持人在公示牌上提出话题、问题和任务，参与者可以在一段延伸的时间里，在自己方便的时候参与讨论（这样方法就比 OFG 考虑到了更多的回应数量）。

讨论可能会持续几天、几周甚至几个月，包括由 10 ～ 30 个能独立做出回应并能参与协作任务的发言人的"交流会"。主持人简要概述发言人观看公告牌的频率，以及对问题和评论的回应，而回应通常随着调研类型和小组讨论持续的时间而变化。这些为调研而设的公告牌能使主持人能更好地安排和掌控讨论的进展。用于讨论会的网页版式由服务或技术的提供者决定，一般而言，它的设计是为了促进主持人和参与者之间、参与者之间的讨论会形成开放式结尾。这个软件需要一些工具，其功能包括主持人可以设计、发送和修改讨论会的指导准则；发送新的问题；掌控讨论会及发言人在里面的参与；准备视频音频文件，让参与者在主屏幕或另一个窗口可以看到；通过邮件给参与者发送指令和信息。还有其他一些工具要能够使发言人可以在讨论准则的标题上点击，并能够对那些标题下面的问题发送评论；还应该让发言人可以就其他参与者对讨论会的贡献做出评判。这样一个软件还需要使主持人能够知道谁在线以及在线时间，并且能检查参与者的评论和对资料的阅览情况。接下来"案例研究 6-5"便是关于这种在线讨论方式的案例。

案例研究 6-5

良好的适应：联合利华新产品研发在线调研

这个案例研究描述了在线调研是如何成功地运用于一个快速消费品企业新产品的研发的。

为什么这个案例研究值得阅读

本案例研究值得阅读有以下几个原因：这是一个在线小组讨论的例子；展示了数据收集方式和信息需求或调研目标之间的适应性；展示了这种渠道的好处；展示了这种方式可以和其他的数据收集工具一起使用。

关键词：异步在线论坛、新产品研发、持续讨论、群体思维、混合回应方式、动力学、坦诚的、充实可触的解释、可利用的工具。

引言

联合利华希望能探索出一种在研发过程中尽早地包含顾客参与的全新的形式。主要的顾虑在于真正全新的改革性方法容易在新产品研发过程中被过早地排斥，这是因为消费者对新奇而不熟悉的想法有立即排斥的倾向。异步在线论坛看起来是一种可以探究在研发过程中及早获取顾客对这些新想法的取向的方式。联合利华承认，在线方式（特别是异步在线论坛）让它们有机会与顾客对那些新点子有一个持续讨论，因此它们想要探索出这种异步在线论坛的潜能。为了测试这种形式，我们组织了两场异步在线论坛，各30名与会人员，每场均是两周作为一个阶段，在两个概念研发的早期。

结果

实验的结果非常乐观。这个研究表明，在讨论过程中顾客的接受度得到了大的增加。在延长的时间里，对于赞同和否认得到了更深的讨论。当然，如果把这些观点上的改变都归因于时间是不对的。最初的概念描述并未把所有的因素都传递到顾客脑中，这是很重要的一方面，这些都是在讨论中需要变得更清晰的。很可能后者对观念概念的影响相比时间这个因素即使没有更大，也是相同的分量。

其他有益之处

这种方式的有益之处还体现在其他方面：首先，它使得参与者能够自主发言，而不受其他人言论的影响，有了这种最为真实的回应才有可能形成一个开放的讨论；其次，回应的细节与思考的水平对概念发展流程尤为重要；最后，因为一个典型的异步在线论坛的参与人数比日常的讨论组更多，这样就增加了找到轮流推动更为开放的讨论"概念支持者"的可能，并且减少了"群体思维"的风险。

这项技术已经成功地运用于好几个项目，因为它们促进了一种更加迭代式的研究方式，异步在线论坛为提高有质量的新产品研发效率提供了可能。这样便于新产品研发概念的刺激因素能在论坛中再利用和调整，然后在讨论会中展现给参与者，这便是联合利华的用意。相对于传统的面对面的途径，这也是更为复杂和昂贵的方式。

适应此形式

异步在线论坛还有其他的可用之处，例如，当发言人在论坛上反馈他们每天的经历和思考时，这种方式可以使日志式数据收集方法具体化。在论坛中，发言人可以被要求完成各种线下任务以实施计划上的更改。

结论

我们发现，异步在线论坛在主题覆盖面的绩效测量上，可以与传统小组表现相媲美，同时它还能取得难以获取的信息，激起热烈的反响。这样一种方式对研发者来说是可支持和可利用的工具，对参与者来说也是一种可接受且有趣的经历。所以说，异步在线论坛在真正意义上以一种全新的方法为研发者提供了接近某些工作类型的机会。

资料来源：Adapted from Balabanovic, J., Oxley, M. and Gerritsen, N. (2003) *Asynchronous online discussion forums*, MRS conference, www.mrs.org.uk.

3. 邮件小组

与其说邮件小组是小组讨论，还不如说是小组访谈。组员之间没有直接的交互影响，交流只存在于与主持人之间以及与主持人对小组反馈的记录之间。这些"有节制的邮件小组"（一个虚拟调研有限公司的注册商标）是这样工作的（Comley，1999；Adriaenssens and Cadman，1999）：这种讨论的指示分为几个部分（这样参与者就不会将所有问题都发到其中一个或两个邮箱里）；主持人给每个小组的参与者发出一个系列问题，每个小组有 10 ～ 20 人，这些参与者将在规定的时间内做出回复（通常是 1 ～ 2 天）。主持人收集和分析这些回复，当所有问题都一一被指出并得到回复后需要完成一个总结文件，发送到小组中以供评论和注释。主持人之间就问题可能会有进一步的讨论，这取决于项目的性质和时间的限制，有时候也可能达到 2 ～ 3 周。

当你需要同时测试一个或两个主题的细节或想法的时候，邮件小组这种形式是非常有用的，因为参与者不需要立刻对所有问题做出回应并打印出来，他们有时间深思熟虑后再做出回复。

4. 在线小组讨论中音频视频的应用

一般情况下，异步在线论坛和邮件小组主要依靠参与者将自己的观点以文档的形式上传，陈等人（Chen et al.，2009）针对面对面访谈和在线使用 Skype 音频设备进行讨论的小组做了一个比较研究，发现使用音频和视频设备所收集到的数据有更高质量。同一般的方式相比，在线音频小组讨论能够在比较短的时间内收集到大量资料，成员的参与率也要比实地面对面访谈要高，讨论中的开放性和互动程度也更好。

在线音频连接主持人和小组里所有参与者这种形式还并不是很常见（尽管有了网上聊天工具，如 Skype，它有音频功能可以来执行个人深度访谈）。为小组讨论摄像并进行在线实况"播报"的技术已经存在了很多年，这样那些不能参与小组的人就可以看到了。这项技术有了在线音频和传播实效性，这个"播报"部分变得比之前更加直接，成本也更低（如果你确实用了这个方法，记住，和任何其他记录一样，这也是有伦理问题的，《MRS 行为准则》和数据保护问题都要考虑进来。你必须征得所通知到的参与者的同意，并明确告知他们的音频是用来做什么用的，谁将直接看到它们，在音频要被存档的情况下谁会在以后看到，在什么时候看到，是在分析阶段还是报告阶段，还是以后）。

6.6.1 深度访谈和类似的个人深度访谈

有许多在线方式可以开展深度访谈，它们可以通过邮件方式或者使用为公告牌小组开发的软件。类似地，也可以让主持者和几个被调研者单独开展一个访谈。它们可以通过即时信息来实时开展，也可以通过 Twitter 或其他微型博客软件，或者使用在线会议软件（同样，类似地也可以和几个被调研者）。在线聊天软件，如 Skype 和 FaceTime，能够提供视觉触点来实时地进行互动。它有电话深度访谈的优点和一些面对面访谈的好处（尽管传输质量可能会很差），而同时让调研者和被调研者都集中在某处。它还使调研者记录访谈变得更加容易。在关于旅游业容忍度的研究中，哈纳（2012）提供给参与者面对面、电话或 Skype 访谈的选择。对于话题的看法上，考虑到在研究中参与者可能会关于旅行和气候改变的生态原则产生冲突，因此他将选择看得很重要。16 个参与者中的 3 个人选择了 Skype 访谈。在实地调查的最后，哈纳总结指出，此方法的好处大于困难（在一个访谈中，那次困难就是指那个坏了的网络摄像头，他可以被参与者看到，却看不见参与者）。

6.6.2 为什么选择在线定性方法

在线定性调研有一些实际优势，主要集中在便利性、时间和成本节约上：
- 涉及的人（参与者、主持人和客户）不需要集中在同一个地方；
- 在招募参与者小组时有更大的地理选择范围；
- 根据使用的方法，所涉及人员不需要同时出现；
- 没有调研者的差旅花费；
- 与面对面访谈相比所需时间更少；
- 互动更加有效率，主持人和参与者以及参与者之间更少进行"套近乎"式的谈话；
- 互动更加易于控制；
- 互动更加便于记录；
- 你可以使用更加复杂的刺激物；
- 这项技术让你在设计和执行调研时有更多的自由度（例如，向不同的参与者展示不同的刺激物）。

在地点这项上，还有一些好处。在线调研避免了你可能面临的要竭力让人们聚在同一个地方参与面对面讨论的操作问题，特别是当你努力召集来的参与者属于"精英"阶层（律师、医生、中层管理者）时，就变得非常有帮助。另外，不需要参与者、主持者或客户外出，而且不需要租用调研设备，它可以节约时间和成本（虽然成本节约可能被 IT 设施、设备和技术帮助所抵消，而且节约的时间可能被不断增加的设备和需要运行的时间抵消）。从抽样的角度来看，它意味着你可以用地理上分散的样本和低发病样本——两者都可能因花费很多而不能采用面对面访谈。上面我们看到的，一些在线定性调研方法（如 AODF）

形式允许参与者在他们自己合适的时间参与进来。这就提供了操作上的好处，在有些人因为时间问题而不想参与时还可以吸引别人参加进来。没有立刻回答的压力（在面对面小组里和异步在线小组讨论里提到的那样），参与者可以利用他们的时间来完成，而且根据他们的回答来反应，主持人有更多的时间去考虑他们的回答。研究表明（Balabanovic, et al., 2003），这种方法下产生的回答更加详细，而且这种类型的回答在所有参与者里更具有代表性，不仅仅是面对面小组里的少数者。

还有一些方法论上的好处。这种方法让参与者可以匿名，反过来也就意味着回答具有更大程度的真实性。中间匿名给了好多好处，可以让你在对一些面对面访谈时讨论比较难堪的一些话题，实施调研时更有效率。在线环境提供的匿名和距离感，结合这个方法的自我实现特性（没有访谈者实际出现在被调研者面前），使得参与者那里能产生更高水平的真实性和开放性，还让参与者有一种想要完全表达出来的欲望，同时还有一种挑战其他参与者的想法（Balabanovic, et al., 2003）。这些在线环境的特征同样可以让你去实施对一些变化的、不均匀样本的研究。一个可以制造紧张局势的计划和一个动态小组在面对面研究中管理起来变得很难有效率。

基于书面互动的事实意味着在线定性方法能够吸引那些更喜欢用这种方式交流的人来参加，或者发现这样做更加有效率的人。它可以让参与者去考虑，甚至对他们的回答（还有其他参与者的）用一种口头交流无法比拟的方法去回应。结果就是生成的数据会比从面对面小组得到的更加丰富而且更加有见解，同时更加详细和有深度。另外，在线会议最后你会有一份完整的互动记录，为正式分析做好准备。在转录讨论上没有时间去拖延或增加投入，面对面工作中也是如此。

在线方法同样提供一个与面对面方法相比，在讨论开始之前或一旦结束之后，更加容易和参与者保持联系的机会。例如，去建立和管理会议前的任务。帕克（2011）给了两个例子：在回答会议前的问题"你的冰箱里有什么东西"时，参与者可能会给你一张冰箱内容的照片并上传它，而不是一份内容清单；在理解人们是怎样准备一顿饭时，人们可能会录下来并上传这些视频，而不是去描述它。

当然，还有实用性和方法论意义的一些劣势。在线小组和访谈建立和运营起来可能是昂贵的，尽管在出行项目和场地租用上，比传统小组相比是有一些节省，但是在线项目所用的仪器和技术支持还有增加的运营所需时间可能超过了它们节约的。由于对技术有一定的依赖性，所以就有一个技术失败的风险以及解决风险的需要。和参与者互动的质量会受到每个参与者设备的技术规格尤其是宽带、下载和上传速度的影响，还有能不能得到合适的声音和视频软件。在一些国家，将网络拥有的范围和特点、网络基础设计、速度快慢等考虑进去，以及考虑所有这些对项目的设计和执行就意味着什么是十分重要的。

一个更深层次的原因是，一个项目的招募期要比传统研究方法长，你不仅需要招募参与者，而且还要核实他们的邮件地址，他们是否能够进入研究所需的网站。你需要准备并上传讨论指南和其他你计划使用的刺激物，还要准备并向参与者发送关于项目流程（和软件）怎样工作的介绍。对于异步在线论坛、邮件小组或类似的个人深度访谈，相比于面对面方式，你可能会在"实地调查"中要花费更长的时间。

在线调研中经常被提及的缺点，就是在目标人群中招募到具有代表性的样本的能力。相比定量调研，在定性调研中这个问题就比较小一点，因为定性调研中样本容量相对来说较小，而且统计学概念"代表性"不适用。现在互联网使用如此普及，这个担忧几乎可以完全被解除，尽管在设计和计划一个项目时将它们考虑进去十分重要，因为好像还是有些人既没有使用这些设备，也没有参与在线调研所需要的技能。

另一个（现在仍然存在）方法论上的劣势就是，你没有任何方法去核实参与者是不是他们所说的那个人。使用传统的招募惯例（面对面和电话）就绕过了这个难题；另外一种就是使用背景调研的形式，在小组会议之后给参与者打电话来确认。质量和可信度检验同样可以由数据本身形成。

另外一种在线方法的不足就是，在那些没有使用摄像机的方法里，你没有办法看到参与者，所以你和参与者没有办法互相看见，没有办法使用或解释一些可能产生误解的肢体语言。绝大多数在线方法是基于群体之间书面互动过的，而且虽然有一些优点（上面提到的），但它的确意味着互动的质量将要依赖于参与者明确表达自己的想法和感受，并且能够清楚地写下来的能力，而且还是在限定的可用时间里。不得不去想这些事情，还要把它们写下来，这就产生了在面对面调研里得到不一样的数据类型。它更像是深思熟虑之后的结果，不是很自然产生的。再深入说，相比面对面小组，在线小组在参与者之间，参与者和主持人之间的互动就有些被限制了，这是这个过程的特性，由于这项技术的限制性。随着软件的发展，可能互动的水平会提高一些。

最后，还有一个客户保密性和安全性的问题。怎样去保护任何一个你可能在实际工作中使用的商业敏感资料（产品创意、包装或广告模型等），还有你怎样在实际环境中解决对它的安排问题。

6.7　在线调研社区

在线调研社区（online research community，也被称为市场调研在线社团或在线调研社区），是一群为了某个特殊项目或者作为长期资源来实施一个定性或定量调研，由一个广告协会主要成员发展起来的人。在某些方面，他们是网上一个相似的工作组或评委会。社团成员可能被招募（筛选）作为一个特定目标群的代表，或者对于一个问题、一个产品、一个品牌和一个组织来说，他们可能是一组有特定兴趣的消费者，例如他们有可能是客户的消费者。

在线调研社区里有好几种可以用来收集数据的方法。可能是讨论论坛（在公告牌或异步在线论谈里面使用的习惯里）或者使用聊天软件进行在线实时对话；成员可能会被要求记录一个博客或日记，或者拍照片或拍摄相关活动的视频，并上传它们；他们还可能被要求参与合作练习；主持人也有可能开展迷你投票或调研。

招募可能会采取几种形式：通过社交网络；通过客户的网站或数据库；使用其他市场数据库或邮件列表；使用在线广告；还有传统的方法。在规模方面，一个迷你社区可能通常由 30 ～ 80 个成员组成，一个大型社区有 100 ～ 1 200 个成员（Poynter，2010）。社区的运转需要有目标和定位的意识，而且必须在一段时间内聚集在一起。长期的社区通常运转 6 个月或者更长；为了任意一件事情组成的短期社区通常就几天到三四个月。

社区管理很重要。它必须有一个负责人——一个社团管理者或主持人，这样就有了一个和整个社区沟通的策略。它一般包括下面几项：一个参与者简介（欢迎参与者加入社区，解释社区存在的目的，它的项目和内容，还有社区将会怎样运转）；网站注册的细节；对成员的要求，社区内的规则——什么是允许的，什么是不允许的；成员被期望要完成的任务类型是什么，他们被要求做一些事情的频率和社区期望多久就可以得到他们的回应，以及他们多久可以得到回复或反馈；还有收集到的数据将会如何被使用。主持人应该对社区将要开始的特定项目有一个计划。在所有的定性调研中，这可能是要在数据收集开始时需要被仔细修正的内容。

⊃ 本章总结

- 收集数据有两种方法——观察法和访谈法。观察法相比访谈法的主要优点是，在访谈中，参与者要回忆自己的行为；在观察法中，调研者看到的是第一手资料，没有经过记忆和选择的过滤。

- 民族志方法是这样一个或一系列方法：在一段时间内了解和研究一个人，或者是一群人、一组人在自己环境下的情况。它通常包括观察法和访谈法——观察并聆听这些人说什么，询问一些问题。在民族志调研中，根据调研者参与进来的程度有好几种变化——从纯粹的观察者（执行简单的观察活动）到参与观察者（参与观察活动），到完全参与者。民族志方法在实施时可能比较昂贵且耗时，但是在提供详细内容，深入了解人们怎样和为什么做一些事情，都做了什么，在做的时候是怎样想的，有什么感受等方面是十分有用的。

- 符号学是对在所有形式的交流中，标志和标记以及它们用途的研究。它被用于定性调研中去发现、理解和解释或"破解"这些标记和标志，尤其是应用在广告、包装和品牌形象里的。它旨在通过对使用的记号和标志的分析，来发现在周围的文化中正在进行什么。它经常和其他定性调研形式一起使用。

- 定性访谈已经被描述为一种"引导性谈话"（Rubin and Rubin，2011），与定量调研相比，更少标准化且更为自由。它们使用一个更为开放式的、非指导式的方法。访谈法或观察法的选择取决于调研的特点和目标，还有时间和成本的实际性。访谈法可以在成本上更为节约，当调研目标被清晰定义时，以及有必要从一定范围的人群或环境中收集数据时是合适的。

- 在定性调研中，访谈的主要形式有：一对一深度访谈，大概持续一个小时；还有包括 8 ~ 10 个参与者的小组讨论，持续 1 ~ 1.5 小时。个体访谈主要在话题比较敏感和私密的时候使用；还有，诸如你需要得到关于个体态度和行为，需要得到超出社会可接受的观点，需要"系列"信息，或者你的样本比较难找时。小组讨论可以用在你需要更广范围的态度和观点；需要确定人们之间的不同点；你不需要少数人的观点或不受群体影响的观点；你想要理解社会和文化影响；或者你需要得到创造性想法或解决方案时比较适用。在个体访谈（比如成对深度访谈，三人组访谈）和小组讨论（如迷你小组、延伸小组）中有好多种变体。

- 其他基于访谈的数据收集方法包括专题研讨会、事务委员会和评委会。它们的共同点就是生成数据时延伸出来的可用时间，还有对它的反应；还有过程中更加具有协作和参与特性。
- 小组讨论和访谈可以在网上实施。有三种在线小组讨论方法：公告牌小组、异步在线论坛、邮件小组。
- 在线数据收集方法有优点也有缺点。优点包括：接触洞察力不是很强的样本和越来越分散的人群；不会有关于不均匀小组和小组互动的问题；如果需要一个更为结构化的方法时更有适应性；所有的参与者有平等的贡献机会，他们在自己的时间内以自己的节奏来回答问题，答案也更加深思熟虑；匿名性意味着你可以得到更少被社会普遍认可的那些回答。缺点包括：肢体语言交流的缺失，参与者之间以及参与者和主持人之间的互动性的限制；它需要参与者是精通计算机的人，而且还会使用到网络；相比传统的方法在时间和成本上更高。

第7章
Chapter 7

定量调研

□ 引言

定量调研就是从一个相对较大大的样本或者人群中，以一种系统化、标准化的方式收集数据。本章我们主要关注定量调研中收集数据的方法和这些方法的实际应用，以及各自的优势和局限。定量数据收集的方法分为两种：询问法（包括访谈者执行的和自我完成式的调研）、观察法。询问法包括邮寄调查和在线调查，还有面对面式的访谈以及电话调查。观察法大体分为两类：研究者现场观测和电子观测。我们在第5章介绍了电子观测的最终数据形式（"大数据"、EPOS扫描仪记录、银行卡交易记录、网络跟踪的数据）。在这里我们介绍两种调研者现场观察法——神秘购物和眼动跟踪。在第8章我们介绍如何选取定量调研项目的样本；在第9章我们介绍如何设计问卷；在第12章我们介绍一些管理定量调研项目的实践问题。

□ 本章主题

- 询问法
- 面对面的数据收集
- 电话数据收集
- 自我完成式的数据收集（邮寄、在线调查和在线访问小组）
- 其他数据收集方式（纵向样本组、综合调查和在线调研社区）
- 数据收集的混合或交换模式
- 数据收集的观察法

□ 学习目标

- 了解定量调研中有哪些数据收集方法
- 了解每种调查方法的作用
- 了解每种调查方法的局限性
- 能为既定的调研项目选择一种适当的调查方法或者一种组合的调查方法

7.1 询问法

定量数据可以通过让人们回答问题的方式来收集。这些问题是事先准备好的并且是标准化的，表现为结构化或者半结构化的格式（一份访谈计划或问卷），有时也会以日志的形式出现。你需要让人们在两种方法中选一种来回答这些问题。你可以请他们自己填写——这叫"自我完成"式。使用这种方法，你必须将表格交到受访者手里并从受访者手里回收。你可以通过邮寄或互联网完成，你也可以自己亲自做，或者你也可以把它们放在目标受访者非常容易找到的地方（例如，旅馆里的顾客满意度调查）。第二种方法是向受访者提问问题，面对面提问或者通过电话都可以。访谈者将回答记录在表格上（从这里开始，称作问卷），这称作"访谈者执行"（interviewer administered）方式。我们会在下文详细介绍访谈者的作用。在你选择调查方法时需要以下几方面，以考察这一方法是否合适：

- 研究本身以及调查目标；
- 调查的主题和问题；
- 获得正确的样本；
- 获得正确的样本数量；
- 调查时间限制和可用预算。

如果你需要，例如，要观察人们怎么做一件事而不是让他们告诉你他们的做法，你就不会选择询问法，而是会选择观察法。如果你有一份很长而且相对复杂的问卷，你应该选择面对面的调查法，因为这种方法可以支持更长时间和更复杂的访谈。如果你有一个非常敏感的调研题目，那么电话访谈或者网络访谈可能是最好的选择，因为它提供了面对面访谈没有的一定程度的隐匿性和距离感。如果受访者是很难接触到的，如业务经理，那么电话、电子邮件或邮寄调查也许是最好的也可能是唯一的联系到他们的方法。如果你需要向受访者展示刺激物，如广告或陈述，或者你需要受访者试用某一产品，面对面访谈就是唯一可行的。如果你需要达到超过 50% 的样本回复率，你可能就要舍弃在线调查或者邮寄调查，而选择面对面调查。如果你的预算很紧张，你应该考虑在线调查，因为它几乎没有调查费用，会比电话或面对面调查更便宜。如果你的时间很紧，面对面调查或者邮寄调查就不合适了，因为它们的周期通常较长，所以应该考虑电话调查或者在线调查。在你决定的过程中，你需要权衡，谁更重要（例如，权衡回答速度与成本）。

重要的是，要记住，对于特定的研究问题是不存在完美的调查方法的。不管你选择哪种方法，都会有优点和局限性、优势和劣势。要确定哪种方法最适合你研究的问题，你要了解你的研究要传递什么信息。一旦你清楚了，你就可以衡量这些调查方法且决定哪种可以最好地传递你需要传递的信息，你应该能够证明你的选择并且展示它的合理性。

7.1.1 访谈者的作用

访谈者要做两件事：联系符合研究样本标准的人并鼓励他们参与调查，然后管理调查整个过程。这是一个技术性很强的工作。它需要高水平的人际交往技巧，对于数据收集和调研过程的充分理解，熟知数据保护法规规定的义务以及那些在专业管理的相关法典上提到的，如《MRS 管理法典》或《ICC/ESOMAR 操作法典》。MRS 出版了给予访谈者一般指导以及关于对特殊种类的项目（如产品测试）的访谈的指导。你可以在 MRS 的网站（www.mrs.org.uk）看到这些指导。在网站上你也可以找到一个链接，是给访谈者的关于在进行面对面访谈时正确和安全的指导。

7.1.2 访谈者的影响

每个访谈者是不一样的，受访者也不一样。一个访谈者可能与不同的受访者产生不同反应或互动，而受访者也会对不同的访谈者有不同的表现。很多调研都是在访谈者对受访者或者对收集来的数据的质量产生了影响的基础上进行的。有证据表明，外表、年龄、性别、社会地位、民族背景、宗教和态度或者人格都会对访谈进程和访谈结果产生影响。这并不仅局限于面对面的访谈。研究表明，通过电话访谈的受访者会根据访谈者的声音判断他的性格。为了将由访谈者的不同造成的影响最小化，访谈者要提前接受训练，根据指导意见做访谈，以达到专业、合理和客观。

7.1.3 方法的一致性

设计一份问卷的目的是为了从符合调查要求的人群中选取相对较大的样本进行数据收集。有时候样本容量很大，参与数据收集过程的访谈者可能不止一人。方法一致性（uniformity of approach）或连贯性是结构化和标准化的定量调研的关键——数据必须以相同方式收集，并且在询问问题或记录答案过程中任何可能的偏见和错误（这是非抽样误差的一种）都必须被控制在最小。而且重要的是，每个受访者都必须被以完全相同的方式来询问问卷上的问题。这意味着访谈者必须细读问卷并按照问卷上的问题一字不落地问出来，或者按照先前的引导语去问（一个单词重音的改变就很可能改变其含义）。问卷上的问题是保密并且预编码的，访谈者要选择或者记录与受访者答案相符的编码。对于有些问题，像那些一系列预编码答案中的"其他"选项，或者受访者说"不知道"或"不确定"时，访谈者可能需要进一步询问（这要根据训练中给出的简要提示和指导决定）。一旦有开放式问题，即需要受访者以自己的语言回答问题，访谈者必须逐字记录。如果需要进一步询问，以便引出更具体的答案，访谈者必须根据问卷上给出的或者针对这项调研的培训中重点规定的特定的询问 / 提示流程来进行。访谈者也必须记录询问 / 提示的结果。

这些都意味着，访谈者必须熟悉并且适应问卷和访谈过程。这里有两点至关重要：访谈者培训和项目总结。设计问卷也担任着这样的角色：问卷设计者有责任让访谈者确认问卷是清晰、有逻辑、容易回答的，并且这样的设计会让访谈者便于记录答案。这点我们稍后再详细介绍（参见第 9 章）。

7.1.4 培训

通常，访谈者都是在他们工作的研究机构或者调查公司接受培训。培训通常会包括 1 ～ 2 天的"理论"传授，包括如下：

- 如何找到合适的受访者；

- 如何获得并记录信息以确定受访者的社会阶层；
- 如何说服受访者接受访谈；
- 解释访谈的性质以及占用的时间；
- 解释保密事宜，以及收集到的个人信息会被如何使用；
- 正确询问问题以及仔细阅读问卷说明的重要性；
- 准确编写预编码问题的重要性；
- 逐字记录开放式问题的答案，或者尽量接近原意的重要性；
- 注意询问限度，以及当询问时需要表现的礼貌（以及这些如何记录下来）；
- 如何使用数据收集设备；
- 如何准确完成所有纸面工作。

在办公室进行训练之后，会有一些在相关领域的访谈练习，面对面访谈是在高级访谈者的监督下进行，而电话访谈则是由监督者或者高级访谈者旁听。更深层次的工作训练会定期进行。访谈可能时不时被一名高级访谈者、监督者或者经理陪同旁听，以检查他们的工作质量，尤其当他们被指派到自己相关经验较少的一些工作中时。质量控制过程也是现场管理的一部分。现场工作质量管理也包括检验和监督访谈者已经完成的工作。

7.1.5　访谈者质量控制体系

访谈者质量控制体系（IQCS）于 1978 年由 MRS 建立，以解决实地调查中的质量事宜。IQCS（www.iqcs.com）作为一个独立的法律实体，规定了访谈者的质量最低标准，以及有关消费、社会和 B2B 调研的最低标准。任何想加入这一体系的公司必须符合最低标准，包括招聘、培训、质量控制（受访者以及数据的有效性）、调研管理和实施标准。这一体系的目的是向客户保证收集到的所有数据都是依据可接受的道德标准而得到的。

7.1.6　MRS 认定的访谈者培训

MRS 推行了一个访谈者认证计划。计划的目的是为访谈者建立全国范围内专业化的标准，以及提供一个被认可的资格。要成为一个被认证的访谈者，访谈者必须完成被认证的训练者的训练计划——训练者可以是科研机构的员工或者达到认证访谈者培训计划标准的第三方培训提供者。一旦成功完成培训，访谈者会被授予市场和社会调研访谈技能方面的 MRS 证书。

7.1.7　访谈者训示

访谈者会接到关于各种特定工作要求的详细训示（briefing）。向访谈者介绍各项工作的详细情况的目的是确保总体方法的一致性——通过确定他们清楚地了解如何操作特定的问卷，以及处理他们可能对此产生的各种关注点和疑问。这个训示会由客服、现场执行官、监督者或者区域经理来实施，有时会牵扯到委托这个任务的个人（客户）。大多数关于电话调查的训示会以当面的形式进行，主要因为访谈者都在一个电话呼叫中心工作，而且那些参与的项目通常已经开始了。为地点集中的面对面调查进行训示（说明情况）是很常见的；对那些街上或入户访谈或者工作中的调查来说就会少很多，因为预算有限——聚集起工作地点分散的访谈者、监督者、客服或者现场工作人员费用很高。在这种情况下，训示通常通过邮寄、电子邮件或者电话进行。我们稍后会关注训示具体都包括了什么（参见第 12 章）。

7.2 面对面的数据收集

根据调查的性质，面对面的调查可能发生在受访者家里、街上、中心地，例如，在一个大厅或者购物中心或商场，或者在受访者的工作地点。因此，如果你需要一定数量的消费者样本，访谈是关于产品偏好的，而且很可能持续时间不超过 10 分钟，你就可以在街上或者商场里招募到受访者并且进行访谈。但是，如果你正在做一个随机样本的关于生活费用的调查，而且它会面对面地持续 35 分钟，入户访谈可能更加合适。

7.2.1 街头访问

街头访问是在拥挤的街道上进行的，大多数是在城镇中心这种行人多的地方进行。如果调研使用的是配额样本，访谈者会去接近那些看起来符合受访者标准的人；如果要求的是随机样本，访谈者则去接触第 n 个路过者然后要求访谈。街头访问通常不超过 10 分钟——人们不可能用更长时间停在那里回答问题。访谈的话题必须是人们乐于在街上讨论的。可以展示的引导问题的材料数量也是有限制的。

MRS 出版了一本为在城镇中心地区工作的访谈者编写的操作手册。把访谈要点收集起来，是为了保证操作的正确性，这样城镇中心就可以持续的被用来进行样本采集或者招募参与市场调研的人。MRS 网站上也提供这本手册的下载。

7.2.2 购物中心 / 商场测试

与街头访谈相比，在购物中心或商场（或者繁华商业街的房间或大厅）访谈的主要优点是环境舒适——访谈者和受访者都不受天气影响而且也没有车流拥堵。这就允许做一些时间稍长的访谈，延长到差不多 15 分钟。此外，商业中心的布局可能需要设立一个访谈站，其中可以有为受访者提供桌椅。所以，购物中心或者商场可以被用来做所谓的"厅堂测试"——持续 30 分钟测试在街上是不可行的。这种形式也允许给受访者提供更多刺激材料，如产品测试。

购物中心和商场都是私人财产，所以为了开展现场工作必须取得许可，通常要缴纳一些使用费。访谈也可以在必要或者相关的超市里进行，但是也要取得许可。

MRS 在它的网站上刊登了一个你需要确定的一系列事情的核查单，如果你计划进行一个包括食品或者饮料产品的厅堂测试。举例来说，包括：

- 对于要进行的测试，地点是否合适，是否卫生？
- 大厅管理者对于你进行目标产品测试是否高兴（例如，在教堂大厅出现酒）？
- 你是否考虑过厅堂测试的逻辑以及什么东西会将以什么方式发生？（厅堂测试之前、过程中和之后）空间是否足够大？设施是否完善？
- 考虑过获取数据的方式吗？如果你有冷藏机组，你租的房间在不在一层，设备能否通过房门？有没有足够的插座以便你使用电器？
- 如果你要用厨房，它够不够标准而且符不符合你的要求（它们是不是干净而且可用）？

案例研究 7-1

在同志 [⊖] 酒吧的访谈

这个案例研究描述了 1986 年有关艾滋病的态度和行为，调研是如何以及为何在这种非典型的场景进行的。

为什么这个案例研究值得阅读

本案例研究值得阅读有如下原因：它显示了样本和实地调查地点之间的关联；它强调了在非典型场景进行访谈的要点；它描述了在非寻常的环境中，实地调查应如何进行。

关键词：获得合作、访谈者类型、访谈、中心地、单独的房间、监督者、调研团队、合作程度、拒绝。

引言

我们需要访谈同性恋者。我们预见到，用传统方式定位这一群体的话，我们几乎不会收到效果。这也被事实证明了。所以，我们决定通过已经知道的同志酒吧和俱乐部来获取他们的样本。这就牵扯到一个主要问题，如何获得主人和经理的合作以便搭建访谈设施；如何让本来是出来享受夜晚的客人们花费 40 分钟来接受访谈。这还产生了一个问题，对于给出的地点的性质和它们开门的时间（一些案例中，从午夜到凌晨 3 点），要用什么类型的访谈者。

酒吧的开业时间在一周的不同晚上，根据它们的性质和客户而变化，因此要注意，要在一周的相同晚上去每一个特定的酒吧。访谈要持续一周，而且选定的这一天一定要咨询酒吧经理，避免太冷清或者过于繁忙。一组三个访谈者去每间酒吧进行访谈并且建立一个有效的"中心地"系统。有时它是在一个单独的房间，不过更经常的是在酒吧的一角。受访者是从客人中招募的，并且访谈结束后每人会获得一杯饮料，姓名不会被采集。第一次访谈的小组包括一个调研小组，还有一个监督者和一个访谈者；第二次和后续的访谈，就是由一个监督者和两个访谈者跟进了。一些管理者和访谈者是男性，还有一些是女性；监督者则都是女性。

项目出乎意料得成功。第一次访谈只有一家俱乐部拒绝，而后续的访谈有四家酒吧拒绝

⊖　此处指同性恋。

了。尽管一开始一些经理说他们更喜欢男性访谈者，但是由于调研时间安排以及其他后勤工作意味着这是不可能的，最后还是"普通"访谈者做了大部分的工作。在很不寻常的环境中、在迪斯科灯光和音响中工作是一项大开眼界的体验，但是受访者的拒绝率却比通常的调研要低。人们经常排队接受访谈，合作程度是英国同志阶层对待这个问题的严肃程度的象征。每一个晚上，进行的访谈数量取决于俱乐部的开放时间，不过平均来讲是 14 个人。

资料来源：Orton, S. and Samuels, J. (1997) 'What we have learnt from researching AIDS', *International Journal of Market Research*, 39, 1, pp. 175–200, www.ijmr.com.

7.2.3 入户访谈

入户访谈是在受访者家里或者家门前进行的。入户访谈可能会由于一些原因被拒绝。它需要逐家地到特定地址去收集样本（例如，从选民手册或者邮政寄件地址这样的样本框架里随机选取的地址），或者通过去地理信息系统中包含可能符合样本标准的特定地区或者街道。家里的环境是最适合做访谈的——可能会涉及家里使用的产品或者敏感话题，家里也许是问这些问题最轻松的环境。这可能需要访谈者记录观察到的东西，如电脑或电视的品牌型号——一些受访者可能对细节记的不是那么清楚。在家里进行访谈可以持续更长时间，通常 45 分钟到 1 小时。

7.2.4 工作地点访谈

当访谈内容与受访者工作地点有关时，工作地点访谈就是最适用的。访谈在受访者的办公室或合适的会议室或者安静的区域进行。如果可能的话，尽量把电话铃声或敲门这样的打扰事件降到最少。

7.2.5 面对面收集数据的优势

面对面的时候，访谈者有机会和受访者建立友好关系，这有利于维持合作关系，提高数据的质量。与其他方式相比，回答率可能相对高一些（55% ~ 60%，而网络上是5% ~ 10%）。面对面的访谈过程灵活度相对高一些——访谈长达 1 小时；可以使用刺激材料；可以安排和解释复杂的问题；还有时间进一步询问。在中心地调查或者厅堂测试中，访谈的环境是可控的。

7.2.6 面对面收集数据的劣势

面对面的数据收集方法有一些劣势，尤其与入户访谈有关。它相对来说费用更高且更耗时；它很难覆盖到偏远地区；为了减少时间和成本，聚集样本的方法又可能造成数据偏差。样本代表可能被其他东西影响：访谈者可能发现高收入地区的访谈很困难；访谈者可能不愿意到一些（社交贫乏的）社区访谈，例如从安全角度来看；的确任何社区的任何潜在受访者都可能不愿意给陌生人开门。在合适的时间找到一个在家（或者在单位，而且愿意参与）的受访者是很困难的。要克服这一点，预约受访者是很必要的（对于 B2B 访谈也很重要），不管是通过电话还是亲自，要确定一个合适的时间，这也进一步增加了访谈的时间和成本。访谈期间，家庭成员、同事或者出现在房间里的其他人的干扰会影响数据质量。面对面访谈中，受访者给出社会期望的答案的趋势越来越明显。由于面对面访谈质量控制过程比电话访谈差得多（电话访谈中，访谈者可以被持续监控），访谈者偏好或者误导的范围就更广。

案例研究 7-2

有关虐待和蔑视儿童的问题：是否可以面对面交流

这个案例研究提到了在虐待和蔑视儿童的调研中的数据收集方式选择的基本原理，这个调研是为慈善组织——英国全国防止虐待儿童协会（NSPPC）进行的。

为什么这个案例研究值得阅读

本案例研究值得阅读主要有两个原因：它解释了选择数据收集方式背后的思维；它描述了数据收集过程是如何构建的。

关键词：管理模式、邮寄问卷自我完成、复杂的、敏感的、面对面、隐私、信任、诚信、自我完成（CASI）。

什么样的方法

尽管一些关于虐待和蔑视儿童的调研采用了邮寄问卷自我完成的方法，我们清楚地认识到，这样重要、复杂和敏感的调研需要访谈者和受访者之间面对面的交流。但是，我们意识到自我完成方式会有隐私、信任和诚信方面的好处。所以，对最敏感的关于虐待经历的问题，我们采用 CASI 方式（计算机辅助的自我完成访谈）。

问卷以"童年的经历"引入，而且在开始收集对养育子女的态度信息之前，以收集一些受访者的近况和家庭背景这样的背景信息开始。另一半的访谈是关于受访者童年的经历。受访者自己填完这部分问卷，自己读问题然后将答案打上去。因此他们可以在没有访谈者（或者可能出现的其他人）知道问题或者他们的答案的情况下提供信息。所有的选项都是由有关童年受到的照顾的宽泛问题引入，逐渐过渡到敏感且详细的问题。

资料来源：Adapted from Brooker, S., Cawson, P., Kelly, G. and Wattam, C. (2001) 'The prevalence of child abuse and neglect: a survey of young people', MRS conference, www.mrs.org.uk.

7.3　电话数据收集

多数通过电话收集数据的访谈，是通过特殊的电话单元或者中心进行的，这些中心多数使用计算机辅助电话访谈系统（CATI）。跨国访谈可以通过一个中央电话单元进行，这样可以更好地控制管理和传达项目需要的内容。传统的电话访谈（访谈者将受访者对于问题的答案记在纸质问卷上的方法）依然在使用，例如，小规模的 B2B 调研，或者对那些包括多国的，没有时间或预算做出 CATI 中使用的所有语言的计算机问卷的调研。使用集中的设备允许对访谈者进行面对面的训示，而且监督者和管理者都可以随时回答现场的问题。

固定线路的电话访谈通常持续 15 ～ 20 分钟。如果受访者对主题很感兴趣，那还可以再长时间一些。对于使用手机的受访者，访谈比较简短，多在 10 ～ 15 分钟。文森特等（2009）指出，使用手机的人可能受到时间限制，例如，他们的地点、接电话收费或者担心电话电池没电。如果使用手机的样本是随机选取的，你就对这个接电话的人一无所知，甚至连所在地也不知道，那么对于联系使用手机的人，你就需要在计划和设计调研的时候考虑加入一些暗示。你会需要决定受访者符不符合参加这个调研的要求（如年龄或地点的问题）；他周围的环境是否安全（例如，确定不是在开车；如果要收集个人或者敏感信息的话，访谈不要被旁人听到）；还有接电话不会花受访者的钱（有一些手机付费系统，接电话而不是打电话的人付费）。

7.3.1 优势

电话数据收集方式有好几种优势。从方法论的观点来看，与面对面访谈相比，电话访谈为受访者提供了更大程度的匿名感，所以对于敏感和亲密的话题，这是个有用的数据收集方法，而且它对降低社会期望偏差也有帮助（我们会在第 9 章谈到）。地域上分散的样本（包括那些偏远荒凉的地区）也能更容易获得。使用手机，一些人群比以往都更容易接触到。电话访谈可以接触到更广泛的受访者，例如，一些访谈者不愿意去的社交贫瘠的地区，以及难以入户访谈的高收入地区，这可能是访谈到像商业团体里面的人的唯一途径。

这个方法有一系列实用、合理的优势。它使完整记录下开放式问题的答案成为可能。质量控制可以被最大化（欺瞒行为会降到最低），访谈者会被"当场"监督，而不用通过事后再检查。客户和调研管理者可以当场倾听，使他们对收集到的东西有直观感受。监控访谈长度和每个问题的时间也相对来说变得简单——它可以进行灵活可变的试验性调研，而且调研问题有需要的话也可以替换。这也使确定到达率和拒绝率成为可能，并且以此监控样本以及控制指标。回访可以很简单地进行，所以相比在家里进行的调查，偏差通常可以减少。电话访谈比面对面访谈快得多——可以在更短时间内问更多问题，而且项目运转时间也更短（一两周，相对于面对面访谈的三四周）。电话调查也比面对面调查更有效。电话调查包括给用手机的人打电话，但是这会比打固定电话费用高很多。

7.3.2 劣势

决定是否使用电话数据收集方法的关键在于联系到有兴趣配合的人群。过去，使用随机数字拨号（RDD）以及 RDD+1 这样的方法，这使得随机访谈到来自不同国家的不同家庭的人群成为可能。人们广泛地拥有固定电话。一部分目标人群丢失了，因为他们没有固定电话，尽管这些与剩下的人群不同，但是他们相对来说只占一小部分。现在，随着手机的增加，那些使用固定电话家庭的比例在减小，只用手机的家庭在增加。这二者的人口特征是不同的，使用手机的人更年轻而且更可能有工作。欧盟统计（2011 年）显示，2009年在 EU-27 中拥有手机的数量平均是居民的 125%。只有三个成员国开通手机数量比居民少，分别为奥地利、法国和拉脱维亚；1/4 的欧洲家庭只用手机。

这些电话拥有方式的改变给电话数据收集带来了冲击。对于使用手机的人一直没有一个有效可信的样本框架。当然，RDD 是可能的，但是它的风险在于那些没分派的号码。也会有不知晓电话使用者位置的问题（以及在打电话时他们在哪），当你在一个特定地理地区进行调研时这就成了问题。为验证合理性，可能需要进一步筛查。有固定电话和它们自带的区号，这就不是个问题。当然电话号码簿是可以联系到固定电话的，而且在固定电话普遍使用的年代被用作样本框架。但是，它现在显示的足够的固定电话覆盖已经不再那么有用。不是所有的固定电话号码（个人的家庭的和企业的）都被列出了。还有一个问题是，一家有一个以上固定电话，或者每人有多个手机或多个 SIM 卡。此外，电话营销的上升使人们怀疑善意的电话调查，这会影响回答率，因为有电话留言机器和语音信件，打电话人的 ID 和电话跟踪，还有固定电话被接入互联网。所有这些都对研究者通过电话联系到样本，然后做一个质量好的电话访谈有冲击。

电话访谈进一步的局限在于，一些社会互动优势和与顾客建立友好关系的机会都丧失掉了。受访者拒绝或者尽早结束访谈都变容易了，同时对访谈者来说，鼓励受访者参与就变难了。长而复杂的问题最好避免。尽管提前给受访者寄出访谈材料可以解决部分问题，可是在访谈中囊括刺激材料还是很难。

案例研究 7-3

手机 VS. 固定电话：区别在哪里

在手机使用者之间进行的调研补充，或者直接替代传统的通过固定电话的调研正在变得越来越普遍。但是，有一些调研系统地比较了这两者的不同。在这篇从他们的论文抽取的摘要中，文森特、赖斯和桑托斯描述了一个同时使用手机和固定电话数据收集方式的全国性调研，它研究了互联网和文化行为。他们比较了这两种数据收集方式间的不同。

为什么这个案例研究值得阅读

本案例研究值得阅读有两个原因：它是同时在固定电话和手机使用者中抽取样本的电话数据收集；它强调了手机调研中的要点。

关键词：手机、固定电话、数据收集、CATI、样本框、随机抽样、选择性偏差、不同、完成时间、监控。

引言

我们的调研比较了手机调研和固定电话调研。调研在普通葡萄牙成年人（15 岁以上）中进行。两种调研都用同样的问卷。它包括有关互联网使用、对互联网的态度、文化行为、人口统计学的问题。两个调研都选用了同一家调研公司（Marktest），调研在公司的 CATI 中心同时持续进行，并使用相同的访谈人员班子。

接触样本

尽管两个调查的取样方式不同，但它们都是随机方法，这预防了选择性偏差而且保证了样本间比较分析的多样性。

样本容量

样本容量被设计成一样的：两个调查都访谈了 1 000 个受访者。在固定样本中，访谈在最近过生日的成人中进行；或者要是这样的人缺席，那么访谈其他可以联系到的成年人。在手机样本中，访谈者对所有接电话的人进行访谈，尽管只有 15 岁或以上的人是适合的。因为手机使用者可能在不同的情况下用电话（例如，在购物或者在开车），访谈者给所有受访者读一份同意书，让他们确认接电话时他们在可以继续谈话的地方。如果不是，访谈者会预约一个时间来完成访谈。

因为手机通信方式在葡萄牙采用 CPP（打电话方付费）方式，受访者不会因为访谈而有损失。

调查结果

我们发现，在人口统计学特点上，手机使用者与固定电话使用者是不同的。手机的样本过多地代表了较为年轻且有工作的人群，少量代表才是住在更小房子或者受教育程度更低的人。

我们发现，手机受访者与固话受访者的区别还存在于访谈中的大量问题。我们发现，在没有完成访谈和完成访谈的次数上，受访者的比例有显著差异。相反于我们一开始的预期，手机使用者的访谈完成得更好（它有较高的受访者全部完成问卷的概率）。这一指标在各种问题形式（除了是否问题）中都是高的；对于开放性问题，这两种方式间差异显著。对于完成时间，手机访谈比固定电话访谈要长 10%。

手机受访者访谈前都是事先确定，他们是在方便接受访谈的地点，这可能对手机受访者完成时间更长问题完成得更好有帮助。此外，两种调研中不同的接触时间需要被进一步考虑。57% 的固定电话使用者在晚上 8 点至 10 点半被访谈，但是只有 33.8% 的手机访谈是这样的。尽管这一时段人们多数在家，但是受访者认为家庭活动同样重要。在受访者进行其他活动时给他们打电话可能导致匆忙的回复。事实上，记录下来的固定电话访谈完成率最低的时段就是这个，这意味着固定电话受访者在这一时段试图更快地结束访谈，这就对总体固定电话访谈完成时间造成了冲击。

我们总结：手机调查实际上很可行，却被想得比固定电话调查困难了。两种方式之间最显著的差异在于样本收集。没有样本框，手机样本成员就必须随机收集，这就涉及了长时间监控以确定有贡献的数量。在我们的调研中，拨打的 11 617 个手机使用者中，6 872 个是无效的（例如，59.2% 的号码是不用的，而在固定电话中这个比例只有 26.3%）。根据 Marktest 数据显示，"拨打和等待未接通/停机"的时间有 15 秒（平均），这意味着用了将近 28 小时监控 6 872 个没用的手机号码，而固定电话样本则只有 4.5 个小时。

资料来源：Adapted from Vicente, A., Reis, E. and Santos, M. (2009) 'Using mobile phones for survey research: a comparison with fixed phones', *International Journal of Market Research*, 51, 5, pp. 613–33.

7.4　自我完成式的数据收集

自我完成式的调查是最有经济效率的数据收集方式，主要因为不牵扯到访谈。它可以通过邮寄或者在线、电子邮件或网络，或者直接寄送，又或者放在目标群体可以接触到的地方。一份自我完成式的问卷也可以作为个人访谈的一部分来收集敏感问题的数据，因为受访者可能因为这些主题尴尬或者向访谈者提供像"案例研究 7-2"中那样的答案。关于贯穿全书的富有特色的"生命与时间"的调查中就包括了在自己家中自我完成的元素。你可以从网站（www.ark.ac.uk/nilt/2010/quest10.html）上的 2010 调查中下载一份自我完成的问卷。自我完成式在不需要访谈者提问的情境下也很有用，例如在产品或广告测试中。

日志是一种特殊的自我完成式调查它们可以在收集受访者在产品使用上的数据，或者吃饭或购物习惯中被运用。看看"案例研究 7-4"，这一案例描述了 BBC 在它日常生活调研中使用的日志方法。自我完成式调研作为接触那些难以参与调研的人群是一种有效方法，例如那些工业行业的人士或者忙碌的专业人员。

自我完成式调研是一个有效的数据收集方式，如果你能确定以下几方面：

- 调研的特性和话题适合此方法来传达；
- 话题是和目标人群有关的或者是他们感兴趣的；
- 这个方法对于联系到受访者并获得回答是合适的；
- 问卷是精心设计的——清晰，容易跟进，填写以及长度适中，而且以专业的方式表现出来。

鼓励受访者接受访谈（样本代表性依赖于此）取决于这些点。自我完成的回答率比有访谈者调研方法的回答率低很多，许多在线调研的回答率甚至不到 10%。在决定使用这个方法之前，值得一问的是，调研问题对样本群体来说是否感兴趣，找出（从论文或先前的研究里）你期望的回答率。

案例研究 7-4

你整天都在做什么？　BBC 想要知道

这个案例研究描述了 BBC 使用的收集英国人日常生活数据的方法，以便知道人们如何使用时间和媒体。你可以从以下网站下载数据材料：http://bbcdailylife.tns-global.com/.

为何这个案例研究值得一读

本案例研究值得阅读有很多原因：它给了包括样本的项目计划的相关细节；它将研究目标和选择数据收集方式结合在一起——一个日志和一份问卷；它描述了电子日志脚本的设计；它给了研究回答率的细节内容；它还描述了结论和它们的最终用途。

关键词：问卷、日志、低回答率、过度调研的受访者、复杂性、路径选择、数据质量、个人电子助手（PDA）、随机数字拨号（RDD）、限制、家庭、CATI 脚本、热线。

引言

BBC 日常生活调研自 1930 年以来每 10 年进行一次，目标一直是了解英国公众的时间和媒体使用。作为公众服务提供者，BBC努力了解听众的需求，而且BBC日常生活调研项目在此扮演了关键角色。基本原则是让受访者列出他们一整天做的事情。这伴随着一份普通生活方式问卷，问卷帮助分类和筛选受访者。调研的规模和范围一直都是前所未有的，2002～2003年的第三波也不例外。在那个时候，作为市场调研的新技术，这一波被认为是开创性的。

方法

一开始BBC计划使用纸质日志来让参与者在进行了媒体使用或做了其他事之后，马上记录下来。但是，我们生活在一个低回答率和过度调研的受访者时代。一份包括可能的所有活动的一两页的日志可能令人望而却步，在复杂性和路径选择上都是艰难的，这就使得数据质量受到质疑。在早先的调研设计中，PDA就被考虑用来替代传统的纸质日志，基本因为PDA：

- 便携——设计成可以随身携带，使它适于在"实际的时间"里完成日志。
- 现代——PDA具备吸引不太有兴趣参加调研的年轻人的潜质。
- 可设计——跟踪受访者路线的能力被视为很大的优势而且可以允许更多的激励，以及可以列出受访者每时刻的位置，所以他们只需要看适合于他们适用的屏幕就可以。

项目所用的方法中有70%是PDA日志，30%是纸质日志。节目表明，这种综合的方法是合理的。尽管PDA是更加精确的数据收集方法，而且有许多路径和激励方面的优势，但不让那些因使用PDA感觉不安或者紧张的受访者分离也是很重要的。这些人可能是年龄较大的受访者，或者那些通常害怕高科技产品的人。因为这个原因，最终的调研对于特殊的样本群体使用纸质日志（大概超过55个）。

电子日志"脚本"的设计

没有任何"现成"的软件包能有PDA日志格式需要的功能。多数时候可接触到的软件包不能处理那种要求的复杂路径。TNS根据NABasic草稿编写了一个日志脚本。结果呈现出了一个适合使用者的程序包，重要的是，它看起来很容易完成。电子日志设计受到三个核心要求影响：

- 受访者易于使用：日志看起来很简单是很重要的。
- BBC的特殊数据要求：需要实际时间数据捕捉方法，以及在多种问题中促进和定位受访者路径。
- 与已积累的行业知识的可比性：过去有很多的时间使用调研，而且感觉到和这些调研的可比性也将是一个重要的证实工具。

项目计划

这个调研的特殊之处在于：

- 招募到的受访者使用RDD。
- 设置了招募的年龄、性别、工作状态、民族背景、居住国家的限制，还有科技能力的水平和完成日志的方式。
- 一个家庭最多只能被招募一个成人和一个孩子。

- 受访者的任务是完成一张问卷或 PDA 日志，这取决于他们在招募过程中对于他们相关科技能力的回答。
- 受访者会被告知，访谈后日志收集的数据会如何被 CATI 脚本处置，基于这样的处置方式他们有拒绝配合的机会。
- 日志完成方法被分为 70% 的 PDA 和 30% 的纸质日志。
- PDA 日志受访者被提供 24 小时的技术支持热线，用来回答有关 PDA 使用的相关问题。
- 日志时间为三天，且每天被分为 48 个半小时，每个受访者总体都有 144 个时间档。
- 受访者还收到了一份 24 页的测试性问卷。
- 受访者完成了日志和问卷，就会收到一个 10 英镑的支票作为回报。
- 调研从 2002 年 10 月～ 2003 年 9 月进行了四次。
- 5 212 名 4 岁以上的受访者完成并交回了日志。

受访者在完成他们日志的前一天接到电话，检查包裹已经安全到达，而且受访者仍然可以在接下来一天完成日志。第二轮通电话，安排在他们日志记录最后一天，确定受访者都完成了日志并且将要把它归还。接下来会有 7 天的延迟，如果 PDA 日志仍然没有还回来，第三轮电话会去追寻 PDA 到底去哪里了。

回答率

在招募阶段，BBC 就被宣布是赞助调研，而且毫无疑问有积极的反响，不仅在参与率，也在于完成率。57% 派出的日志都被返还了。与相似的调研（2000 年英国国家统计局做的如何利用时间的调研项目）相比，"如何利用时间"调研结果有 45% 的净回答率，很明显 PDA 方式，对回答率有积极的作用。86% 派出的 PDA 被归还了。从财务可行性角度看，这是一个重要的统计数据。展望未来，类似的调研被期望向超过 8 种单独的场合派出个人 PDA。

研究结果

BBC 日常生活研究面临的主要挑战是，大规模的数据库虽然提供了大量的机会，但也使临时使用调研者生畏。与天盟公司（Telmar，一个媒体计划软件服务商）合作，为尽可能在达到数据库容易被使用的同时又保持数据库特殊功能需求，我们付出了极大的努力。最后一波数据送达之后，BBC 日常生活调研项目集成了调研工具的组合以及数据源，这些数据源 BBC 常用来了解、定位和描述它们的多样性的观众，如 BARB（电视排行数据）、RAJAR（收音机听众排行资料）、TGI（顾客简况和媒体使用数据）以及 PanBBC 跟踪调研。

结论

日常生活调研让 BBC 更贴近观众。它是一个突破性的调研，提供了新的、可行的对于 21 世纪人们生活方式的了解途径，而且将会形成一个 BBC 了解它的观众的关键纲领。但是，BBC 不是唯一一个如此使用调研结果的。JCDecaux 是户外广告专家，在第三波调研时在自我完成问卷上加入了自己的一些问题。

资料来源：Adapted from Holden, J. and Griffiths, G. (2004) ' The way we live now (Daily Life in the 21st century)', MRS conference, www.mrs.org.uk.

7.4.1 提高回答率的技巧

没有访谈者在场的自我完成式调研的回答率可能很低。调研主题与人们兴趣的匹配很重要，问卷或者日志的设计有助于将回答率最大化也很重要。还有一些其他技巧或者程序是有帮助的，例如个性化的开场信或电子邮件、赞助、预付款，或者对于调研的提前通知，完成和交回问卷的提醒、奖励，邮寄调查附送一个回寄信封等。接下来我们逐个介绍这些措施。

1. 开场信或电子邮件

邮寄和在线问卷可能伴随着一封有封面的信件或电子邮件，如果可能的话，做成针对个人邀请式，因为这可以提高回答率（Yu and Cooper，1983）。信件或者电子邮件的目标如下：

- 解释调研的性质以及为什么进行；
- 解释参与者是为何以及如何被选取的；
- 消除受访者关于他们提供信息的可信度和匿名度的疑虑；
- 声明参与是自愿的而且他们可以拒绝回答任何问题；
- 给出受访者完成问卷的细节（像免费的抽奖）；
- 给出它应当如何归还的细节（通常会包括一个预先付款的信封）。

2. 预付款或提前通知

依赖于样本和调研性质，它可以帮助提前告知样本问卷的到来。这也被证实可以提高回答率（Yu and Cooper，1983）。预先通知可以是信件、电子邮件或电话的形式。

3. 赞助

在问卷里说明或者在开场信或请柬里提到赞助或者参与调研的机构，可以帮助鼓励人们参与调研。

4. 提醒

在大多数邮寄和在线调研中至少要寄出一份提醒，通常是寄给那些过了特定时间却没有归还问卷的人。邮寄调查的提醒一般在 2 ～ 3 周之后寄出；在线调查的提醒寄出时间取决于它的时间框架，不过一般都是一周。需要提醒的是，必须小心措辞，用来鼓励受访者并且不能打消他们的积极性。多数案例里会附上一份复制的问卷或问卷的链接，防止第一份被弄丢或者毁坏删除了。

5. 奖励

奖励用来鼓励受访者回答问题以及答谢受访者花费时间完成调研。也可以选择作为预支付奖励（被呈现在问卷之前）或者完成问卷后寄出。货币奖励或代金券，还有非货币形式的奖励（如一支笔或一本书）、调研报告的副本，免费抽奖的机会。"案例研究 2-7"（Brennan，Hoek and Astridge，1991）证实了邮寄调研中奖励的效用：在所有提供的奖励中，寄出的现金奖励被证明是最有效的。在决定使用奖励时也有道德问题要考虑，还要选择用哪种激励方式，我们将在 12 章介绍这些问题，这一调研在"案例研究 7-5"中予以描述。在他们对于 6 个国家（英国、美国、加拿大、澳大利亚、法国和德国）的在线小组成员调研中使用的奖励里面，杜布富尔和默里（2012）发现，现金是最受欢迎的，接下来是代金券，再然后是慈善捐助。他们发现一些国家之间的不同：在美国和加拿大的小组成员比在欧洲的更喜欢现金；还有一些年龄方面的差异，年长的受访者更喜欢代金券。在激励的效果方面，他们发现奖励越丰厚，调研的回答率越高。

6. 回寄信封

邮寄调研通常包括了一个贴了邮票的或已付费的信封，这是为了给受访者提供便利以达到鼓励他们回答问题的目的。但是，"案例研究 7-5"里面使用了一个替代方法：问卷就是一张纸，但它可以被折叠，在边缘折叠起来，就能形成一个已付费的可归还的文件。

案例研究 7-5

通过邮寄方式测定顾客满意度

这个案例研究描述了 BT 公司（一家英国通信公司）采用的方法，调查住宅用户和一些非用户在这个快速变化的电信市场中对它的看法。

为何此案例研究值得阅读

本案例研究值得阅读有许多原因：它解释了客户的需求并且描述了调研目标；它给出了调研邮寄方式而不是电话调查的理论依据；它展示了有关问卷形式的决定过程；它描述了问卷的内容；它描述了研究是怎么开展并完成的；它描述了引导受访者说出自己的观点并且概括了这些观点；它注意到没有回答的原因，探讨了反馈偏差。

关键词：顾客满意度、顾客的关注点和需求、回答率、问卷、随账单邮寄、自密封、已付费信封、不回答、网络版本、提醒、回答偏差。

引言

这是 2001 年年末 BT 公司面对的方案：推出宽带。它想要便宜和有效地确定早期使用宽带的用户，它的计划也关注顾客满意度以及倾听顾客的关注和需求。它注意到顾客对于电话营销已经厌倦了。为什么不邮寄给所有基础顾客询问他们顾客满意度，他们对于 BT 公司的看法，他们对宽带和 BT 公司在渠道中推出的新产品是否感兴趣？这些回答可以被用作直复营销、顾客细分、提高顾客满意度，以及更好地广泛了解顾客需求。什么可以做得更直接？

方法

BT 公司成立了一个小组：Ogilvy One 是一家传播机构；NOP 是一家研究机构；还有一个精细的内部团队。这个小组的工作是给 BT 公司所有的顾客发送问卷。研究机构发现，单独的邮寄问卷会比将问卷与普通的随 BT 账单邮寄且不加以解释获得更高的回答率。传播机构觉得自密封的方式，即问卷发出时就是一张可以被再次折叠的纸，收回时在边上折叠密封变成一个可寄回的已付费信封，这个方法最好和账单一起邮寄——当然，插入了问卷之后，账单和信封一起被寄回也是不可避免的。但是，单独邮寄这个方法真的好吗？

我们"测试"了自密封和标准的方法，针对 BT 公司，那就意味着我们要各发出 210 万份。标准方法的回答率比自密封式高出两倍，但是在进一步对受访者和未受访者的调查中，自密封的设计从未被提到是不回答的原因。我们假设导致不同回答率的主要原因是标准方式的邮件更不像是直接邮件（所以更少地被自动"扔掉"）。但是我们不清楚，为什么在研究的下一阶段，我们做的 100 万个包括自密封问卷的账单的测试，回答率比单独邮寄还要低一些。回答率的等级是这样分布的：标准邮寄方式回答率是自密封式的 2 倍，自密封邮件回答率比包涵 BT 公司账单的自密封问卷高 2.5 倍。

调查问卷

问卷尽量简短而且要与 BT 公司现在和未来提供的服务有关。它包含：

- BT 公司的顾客满意度；
- 电信、手机、互联网、电视服务的使用的相关信息；
- 对一系列未来产品和服务的兴趣；
- 更喜欢的 BT 沟通渠道；
- 自选框。

两个开放性的问题是关于如何提高 BT 公司服务水平，以及对未来产品和服务的建议。顾客充分参与到任务中，开放而诚实地在方框中逐字分享他们的想法和建议，而且 BT 公司在使用这些信息并对它们做出反应。没有询问人口统计、生活阶段或者生活方式这样的问题。完成时间是平均 10～12 分钟，而且被定义为"说出你的所想来塑造 BT 公司服务，并且能帮助儿童"（每收到一份问卷都会捐助童慈善机构一镑）。

调研的其他版本

基于网络的调研版本提供可选择的回答机制。在 BT.com 登记电子邮件地址的顾客都被邀请来完成网络版问卷，这也收到了相当不错的回答率。但是，作为邮件版本的替换，只有非常少的顾客选择网络而非邮件回答。毕竟，纸质版简单且易得——这是针对潜在受访者的考虑。大型打印版、盲文版、在网络上能够聆听（并回答）的版本，还为那些有视力障碍的 BT 公司用户提供了电话回答的选择。此外，威尔士语版的问卷寄到了在威尔士接收账单的人手里。

呼叫中心

主要考虑如何处理顾客对于邮件的质疑。我们建立了特殊的呼叫中心来处理质询。我们培训访谈人员并且给他们配置电话以处理顾客来电。我们还建立了将任何无关调研的电话直接转给 BT 公司的途径，不过几乎没人打，只占到邮寄人数的 0.03%。

调查对于顾客的影响

BT 想要确定邮件有没有对它们的顾客造成打扰。其中一个 BT 公司高层设定的主要标准就是调查的顾客满意度至少是"中性"，即不能对顾客满意度有消极影响。我们还想了解有什么样的客户参与了调查。在该项目中调研按照以下形式进行：

- 早期的问卷版本是在讨论中产生的（通过一个独立的机构）。
- 在邮寄之前进行厅堂测试（两个地点）来检查问卷。

- 紧随的是对调研每阶段的受访者和拒绝受访的人的电话调查（通过独立的机构）。
- 问题不断被添加到 BT 公司持续进行的顾客测量媒介中（COS 监测仪），来测量调研的影响。

所以调研项目都呈现出积极结果：

- 小组讨论显示，对顾客来说所有概念都是可接受的——事实上很多人认为它是"好主意"。
- 厅堂测试显示，顾客充分理解而且能完成调查。
- 电话调研显示，回忆收到问卷的人通常觉得这给了他们关于 BT 公司的好印象（尽管大部分都回忆没有收到的调研问卷）。
- COS 监测仪的连续应用，证实了调研对于顾客认知普遍具有积极影响。

未回答

大部分顾客收到随账单的问卷，这是成本最低的方法，但是也产生了最低的回答率。没有回答的主要原因是问卷没有造成冲击，许多顾客甚至想不起来他们收到过。回忆起收到问卷的那部分人，不回答的原因主要是普通的"不想麻烦/没时间"这类的原因，极少有人关心调研目的。提醒由于成本原因没有被发出，但是回答率本来是可以通过发提醒来提高。多数回忆起收到问卷的顾客认为 BT 公司是为了建立顾客对公司的看法，而且同时询问他们感兴趣的新业务。作为调查结果，相当多的顾客期望可以出售给自己。那些不想接跟踪电话或者不想他们的信息被传到 BT 公司数据库的人勾选了退出的选择框；其余的人很高兴那些数据可以被用来为他们提升服务。

回答偏差

这样的调查是否给出了有偏差的回答一直是被关注的问题。我们可以识别出那些满意度更高的顾客之间存在轻微的偏差，因为这些顾客对 BT 公司信任度更高。可以说他们"购买"了争论，BT 公司期望透过这些争论来了解顾客的观点。

资料来源：Adapted from Macfarlane, P. (2003) 'Breaking through the boundaries – MR techniques to understand what individual customers really want, and acting on it', MRS Conference, www.mrs.org.uk.

7.4.2 在线自我完成式调查的类型

我们参考了自我完成式调查，作为找到其余潜在受访者的前提。有好几种在线调查，我们在检测自我完成式方法的优势和劣势之前介绍一下。

三种在线调查类型是电子邮件调查、网络调查和可下载的移动端调查（Poynter，2010）。

1. 电子邮件调查

电子邮件调查是和调查问卷一起发给样本电子邮件地址的，问卷或者被传到电子邮件中或是其中的一个附件。记住，邮件的大小是很重要的——调查发送邮件的地址数量，还有回信的大小，以及这对于服务器承载能力的影响。如果要求大量的邮件，在一段时间内不间断地将它们发出是一个好主意，这样就避免了堵塞服务器。一些 ISP 会锁定超过一定大小的邮件，而且多数机构有防火墙来保护它们不受未经允许的邮件和病毒的侵扰，拦截大容量的邮件。将问卷或者电子邮件译成密码来符合这些安全要求也是很重要的。如果单个的邮件或者附件太大了，受访者的电子邮件提供商也许会拒绝它。提前通知在电子邮件调查中是很必要的，发给拒绝接受访谈的人的电子邮件可能被锁定，发信者被禁止转给其他人。所以，样本应提前被通知有调查到来，通过电子邮件、电话或者邮寄。

所有提到了开场信件或者上述电子邮件的成功案例都在这里被提到。电子邮件调查的样本也许是通过传统方式招募的，或者通过网络、样本框架，例如，一个组织的内部邮件名单、员工目录或客户的顾客数据。如果使用了样本框架，那么很重要的一点就是，它必须是精确的。电子邮件地址不能错误。此外，人们换电子邮件地址的频率比换邮寄地址要高很多（而且倾向于使用几个不同的电子邮件地址），所以样本框架必须时时更新。经常会因为这些原因，电子邮件调查不好进行，而且提供的数据也会不可信或不精确。在线可访问样组（online access panels）调查是更加普遍使用的在大众中进行在线调查的路径。电子邮件调查对于可以提供及时精确、易于获得的抽样框架的调查还是很有用的，例如在一些组织里。

像其他在线调查形式一样，电子邮件调查的完成时间不能超过 15 分钟，而且和所有自我完成数据收集方法一样，问卷看起来美观、设计精良也是很重要的，而且还要有合适的易于填写的问题格式。

2. 网络调查

网络调查就是那些在网上进行的调查，通常在特殊设计的私人网络上，样本被直接提供给网站地址或者提供给登录的密码。招募和采样可以有好几种方式，它可以通过一个名单、数据库或目录来完成。流量（浏览网页的人）可以在网站上被监控——这与访谈者在街上拦截受访者很类似，通过广告横幅使他们注意到，这些横幅会在屏幕上滚动，或者通过"弹窗"会在屏幕上弹出（详见案例研究 2-4），这种方式有时被称作河水抽样（river sampling）或随机网络访谈（Comely，2003）。一个样本还可以通过在线可访问样组招募。我们在下面介绍这些在线样组。我们以后会介绍更加细节化的在线抽样（参见第 8 章）。一个可供替代的方法是线下采集样本，通过电话、邮寄或电子邮件，给他们有关发布调查的网站地址的细节。

为了达到可接受的回答率，将访谈长度控制在不多于 15 分钟是非常有用的。所有情形下的问卷都必须简单且直接——易于阅读、易于填写。不论受访者用什么浏览器或浏览设备，问卷都必须是适合观看的。网络调查在在线 B2C 市场是非常有效的，像金融服务、零售（特别是食品、书和音乐）以及旅游。对于在大众中的调研，这种情形下采样更加困难，回答率也更低，通过在线可访问样组招募样本就是更受欢迎的方法了。

3. 可下载的调查

可下载的调查通常在"移动"调研中使用，它们会被下载到一个移动设备——一部平板电脑或智能手机，而且当完成时，数据会被传回服务器。一些移动调研被设计成 App 的形式。

专栏 7-1

示例：调研 App 的使用

Mappiness 是一项由伦敦政治经济学校开发并且运行的调研项目，而且由经济和社会研究委员会提供资金。它使用一个叫作 Mappiness 的 App 来收集参与者的数据（http://www.mappiness.org.uk/）。

调研的目的是测定人们的幸福感是否受当地环境的影响（如空气污染、噪声、绿色空间）。任何感兴趣想要参与调研的人可以将 Mappiness 的 App 下载到他们的手机上。调研者与参与者每天至少通过 App 联系一次，通过"嘟嘟响"提示他们。参与者可以使用 App 设定一系列提醒音，而且可以设定在某天之前或者之后不想被提醒。当他们被提醒，调研者问参与者感觉如何（开心、放松、清醒），他们和谁在一起，他们在哪里以及他们在做什么。如果他们在户外，参与者被要求拍一张照片然后上传。数据会安全且匿名地被传回项目数据库，带有从电话 GPS 提取的参与者具体的地点还有记录的周围噪声等级。注册调研只花费 5 分钟，而且每份反馈只花 30 秒。参与者可以根据他们的意愿决定参与调查的时间长短。

项目从 2010 年 9 月开始，2011 年 11 月结束，共收到来自 46 000 人次的 300 万份反馈。（项目的网站展示了 App 在手机上看起来是怎样的。）你可以在项目网站、YouTube 和 TEDx（http://mappin.es/TEDx）上观看乔治·麦克凯隆（George Mackerron）关于项目的演讲。

7.4.3 在线样本组

一个在线样本组（online panels）是招募到的参与调研的人的一个集合。主要有两种形式：那些以特殊研究目的或者已经想到的主题招募来的人。例如，一个由客户组成的样本组，并且用来监测满意度，以及让那些招募来的人作为一系列研究项目的受访者来源。第一种是一个客户拥有的并且只能被客户所用的样本组；第二种是研究机构或者现场支持者拥有的，有时是指在线可访问样本组，并且可以被任何想使用它的第三方接触到。座谈小组成员可以用传统方法（电话、面对面访谈，或者通过在其他研究中的参与），或者在线招募到（例如，通过页面广告横幅、弹窗报名，或者通过电子邮件注册）。那些在线招募的人可能在下一个招募周期再次被联系，以确定他们是不是自己声称的那个人。

从在线样本组中收集样本是一种流行的方法，尤其是在进行特别的调研中——有效的样本组是那些对问题感兴趣的人，而且你从这些样本组成员中收集样本。如果你决定使用在线座谈小组来产生你调研的样本，你需要清楚你要获得什么样的样本。在线可访问样本组不会产生代表普遍大众的样本（AAPOR，2010）。首先，他们不包括所有人口，只是包括那些有网络的，还只是他们中的一部分。贝克（Baker，2011）统计，这个覆盖率在英国有99%的概率是错误的：大约 5 000 万成年人有75%左右的人可以接触网络，英国在线人口大约为 3 700 万，25%的英国成年人被排除在在线样本组之外。如果一个英国样本组有大约 40 万个成员——英国网民的1%，是总人口的0.8%，那么样本组的覆盖率错误就多于99%。能接触到网络的人们和那些不能接触到网络的人在许多特性上都有差别（人口统计学、地理、心理、态度和行为）。

还有那些同意进入座谈小组并参加调研的人和前者又是不一样的。同样地，参加座谈小组的人在整个特性和性格特点上可能都和参加其他小组的人不同。接下来问题是回答率，对于许多座谈小组，回答率在10%甚至更少。因为所有这些原因，如果你使用小组抽样，你不能用你收集到的数据来推断整个人群的特性。如果这不是你研究的初衷，尤其是在你的预算很紧、时间也不够的时候，所以座谈小组或许是一个合适的选择。

多数样本组被积极地管理，以确保和维持标准化的质量。这意味着要确定一个受访者不能多次接受同样的调查，每个受访者一段时期内接受调研的数量要被保持在最小量，受访者的调研回答的质量也要被检验。保持样本组整体性，建立和谐的氛围、最小化损耗或退出率等这些问题上，在线样本组和传统样本组是一样的，这些我们在下面讨论。最终，重要的是确定小组成员与管理者之间有明确的交流途径，包括电话联系还有电子邮件联系。

但是，座谈小组的质量确实是在变化的。广告研究基金会（ARF）检查了来自17个在线样本组的数据并且发现了很多可变性，即使通过整理和赋予权重也不能消除（Walker and Petit，2009）。威廉姆斯（Williams，2012）比较了在社会调查问题中得到的结论，以及在在线样本组成员中询问相同问题得到的结论，报告称，虽然难以"控制小组成员偏见以及产生无偏人口统计……对某些统计数据，小组数据可以提供与政府黄金标准调查有惊人一致性的匹配"。

专栏 7-2

一个样本组需要多大规模

Pete Comley 的虚拟调查，解释了有关在线样本组研究（online panel research）的规模问题。

5 000 ～ 20 000 人的小型样本组被证实，对于做适度在线调查的公司，它是适用的。这在样本组被用来匹配一些专业的研究标准时尤其有用，例如，一个代表18 ～ 55 岁市民的10 000 人样本组，假如不是很严格的筛查标准，可以很容易就能提供100 ～ 200 个样本。

但是，小型样本组可能不会对大型的正在进行的项目有帮助，像跟踪或有大规模的项目，或者很难达到项目目标。例如，对于10 000 个18 ～ 55 岁的人组成的样本组，为了与整个国家人口分布匹配，我们就要期望25%的人（2500 人）是16 岁以下小孩的母亲。一个谷类食品的跟踪调查，可能每周需要100 个访谈，会需要在一个含48 周调查时间的年份进行4 800 次访谈。已知有质量的访谈小组的回答率通常在20% ～ 50%，这4 800 个访谈将在500 ～ 1 200 个受访者中进行，这意味着，一年内要访谈相同的人10 次。

如果有更大的项目，更多样本或跟踪调查与座谈小组联系起来的话，就需要更大的样本组。我相信大型的全国性样本组的适合的规模是：如果大体符合国民性格，就需要超过10万人；如果要与网络的特点匹配，就需要超过50万人。举例来讲，使用10万个人的样本组，一个人可以用于访谈特定种类的零食的购买者、主要快餐品牌的消费者、主要车种的驾驶者（还有主要品牌的拥有者）。

资料来源：Adapted from Comley, P. (2003) 'Innovation in online research – who needs online panels?', MRS conference, www.mrs.org.uk.

7.4.4 自我完成式的优点

邮寄和在线调查有许多优点。它们相对来说简单易行，尽管在线调查的确需要专业知识。它能使你接触到更多不同的人，而且还可能是其他方法接触不到的人。它们是询问那些需要时间考虑的或需要受访者看资料的问题的有效方法。它们相对来说更经济，因为不用支付访谈费用，而且没有访谈的话，就没有访谈者偏好或者错误。而且，因为没有访谈者，它们的匿名感会很强——这意味着它们在收集敏感问题的数据上很有效，而且对减少社会期许偏差很有效。

在线数据捕捉，尤其是网络调查比邮寄调查具备更多优势，但并不是像 CAPI 和 CATI 相对于传统纸笔信息捕捉那样的优势。大规模的调查相对来说更好开展。回答率也能被更好地监测（网络调查的回答率更难估计）。从现场工作结束到统计表的制作相比于邮寄调查更短：数据（包括逐字回答）直接被捕捉，这也能减少数据处理过程中的错误。你可以展示多媒体的材料（图片、音频、视频片段、网站等）。在网络调查里你可以设置软件自动跳至相关问题，而且你还可以控制受访者完成之前会看到多少问题。此外，你可以将问卷设置成不同语言形式，并且允许受访者选择他们想使用的语言。

7.4.5 自我完成式的劣势

邮寄和在线调查也有缺点。尽管邮寄调查与其他相比相对来说便宜，但是完成每一个访谈的成本，尤其是无回应的调查成本可能更高。回答率是变化的——它们可以低至5%~10%。如果回答率低，或者难以预测，就有可能样本不能很好地代表全体：回答了的人和不回答的人可能不一样。回答率越低，样本代表性越低。此外，样本是"自我选择的"。尽管你可能选择了相关样本来研究，而且给样本发了问卷和提醒，你仍然控制不了谁填了问卷（或者多少人填了）。应答者决定要不要参加，他们可能将问卷给其他人，或者其他目标应答者以外的人可能填了它。

另一个缺陷是，在数据捕捉过程缺乏控制，这点对数据质量影响很大：

- 受访者在回答问卷前可以和别人商量。
- 受访者可能不会按照应当或者他们被要求的方式回答问题。
- 在开放性问题上你可能得到很少的细节信息。
- 没有机会检验答案或者对答案进行分类——你必须接受受访者给出的回答。

- 需要下意识回答的问题可能效果不那么好。
- 受访者需要（以某些形式）跳过或者在回答前阅读整份问卷，所以任何有"漏斗作用"的问题和话题都没有用了。
- 没有观察的机会，例如，阅读肢体语言或者听语音语调。

初步研究（pilot studies）对于自我完成式是很重要的，因为没有访谈者从中调节受访者回答问卷的过程。了解受访者是否明白问卷上的问题及问题说明是很重要的。在线调查的初步研究是很重要的，以确保问卷在各种计算机环境和不同平台都能使用——浏览器种类或屏幕大小可以影响问卷的形式以及它们呈现给受访者的格式。

7.5 其他数据收集方式

在这部分我们介绍三种特殊的数据收集方式：纵向样本组、综合调查和在线调查社区。

7.5.1 纵向样本组

这种小组——不要与在线（可访问样本组）混淆，是纵向调研设计的一个例子（参见"案例研究 7-6"）。它是用来在一段时间里从相同的个体、家庭或组织的池中收集数据的方法，在连续的基础上（每天）或在相同的间隔。数据可以被用来监控市场变化、短期变化（例如，对价格改变或者促销的反应），还有长期变化（如品牌占有率）；数据也可以被用来检验特别的东西，如新的广告策略。

案例研究 7-6

关于联合利华食品公司的小组访谈

联合利华欧洲食品公司选择一个固定样本组而非其他特定的方法阐述它的调研需求。在下面这个案例中，我们发现了从固定样本组中得到的数据是如何提供关于谁是消费者、他们做了什么、为什么这么做的内部观点；而且允许客户构建顾客的详细文件，这些也利于在其他工作中获得洞察力。

为什么这个案例研究值得阅读

本案例研究值得阅读有以下几个原因：它描述了商业目标、调研目标和调研设计，而且介绍了它们之间的联系；它描述了使用固定样本组数据设计的优势；它是一个固定样本组数据使用和应用的例子；它描述了样本而且给出了回答率；它指出测量的是什么，它描述了数据的最终用途。

关键词：行为、商业目标、调研目标、固定样本组、样本、回答率、权衡、全国性代表、问卷、日志、心理属性、聚类分析、细分。

引言

联合利华欧洲食品公司的消费者和市场研究部门开展了一个调查项目，以提高对消费者价值的理解以及它们对购买和消费行为的影响。总体的商业目标是预测未来消费者的潜力，超越过去的理解。公司需要了解消费者为什么要做那些事，而不是只知道他们是谁和他们实际做了什么。这个调查需要以一种有商业价值的形式进行，例如，细分可测量可接触到的消费者。

总体的调研目标是提炼出顾客分类的方法，从战略和战术上适用于任何活动。最终顾客调研中总结出如下几条标准（销售部和市场部）：

- 可操作性的小组。这意味着他们可以被用于新产品开发（NPD）项目、销售计划和行政等。
- 了解和使用简单化（特别是对于那些无数据意识观的同事和外部合作机构）。
- 除了现存产品类别，还要拓宽对顾客的了解。
- 贯穿整个品牌和产品分类的有用东西。
- 对于每个市场调研过程和方法都有用的东西。

方法

这个项目成功的关键是方法和数据源的选择。AC 尼尔森 Househdd 固定样本组数据被用作样本数据来源，取代了从特定的单独调研中收集分离的数据集。这个方法的优势是：

- 顾客被当作一个完全的个体来测量。所有的家庭食品杂货采购都被记录，不仅仅是特定的种类。
- 数据根据许多不同的方式分组——品牌、类别、差异、人口统计（年龄、家庭规模等）。
- 所有数据都是同时测量的，不用提前决定哪些是重要的和需要分析和了解的。
- 实际购买被测试——不是声称或者消费者能回想起来的购买。
- 它给了我们基于时间的消费者购买的测量。可以随时获得和分析最多三年的数据。
- 在相同的样本基础上可以跟踪未来的表现，不用再进行单独的调查。
- 直接可测量的销售结果会受营销活动影响——在普遍人群中，特别的款项或商店层面。

样本

总共有 9 090 名 AC 尼尔森 Homescan 固定样本组成员适合接受 Homescan 调查。总体家庭调查回答率是 83%（例如有 7 553 个家庭）。这些家庭中，5 773 个家庭有 52 周的持续购买历史。这是行为研究使用的基础。样本被权衡认定是可以全国性代表年龄、社会经济以及地区的。此外，一个 908 个家庭的子样本完成了一份额外的问卷，问卷包括食品购买日志以及为家庭内部和外部为期两周的准备工作。

测量什么

为了了解是什么驱动了行为，就要设计一份问卷，使用特殊的陈述和测量尺度去测量心理属性和价值。例如，对价值的感知，测量的表述是"如果我做了令自己骄傲的事情，我希望别人知道它"。理解这些数据需要结合这组人是谁（人口统计数据），以及他们做了什么（购买行为数据）。

洞察和可用性

在这个整体研究中发现一些重要的洞察。一系列针对价值基础的变量的聚类分析被用来细分家庭。这些小组或细分在统计学上被认为是合格的而且是经济可行的——它们可测量、可接触而且状况（基于人口统计学和其他行为标准）各不相同。

资料来源：Adapted from Gibson, S., Teanby, D. and Donaldson, S. (2004) 'Bridging the gap between dreams and reality. . .building holistic insights from an integrated consumer understanding', MRS Conference, www.mrs.org.uk.

要构建这样的样本组以代表特定的人群总体，例如，爱尔兰的所有家庭或者特定网络服务的预订者，或者特定种类汽车的拥有者，或者特定的零售商。当人们（或组织）退出小组，或者小组的人员结构开始改变，就要招募新成员以便小组长期保持代表性。这在一个新的快速增长的市场是很重要的，如移动通信工具的使用者。新招募的小组成员可能表现的与长期成员不同，所以从这些新成员得到的数据往往不包括他们在小组中前几周的表现。

招募和维持小组相对来说比较昂贵。小组管理者使用一些技巧，来鼓励小组成员待在组内而不要在规定时限之前退出小组。激励包括发放抽签、竞赛奖励以及积分兑换礼物。小组成员通信录有助于营造社区氛围，同时也是为了保证小组成员随时知晓信息。

样本组可以被设计来收集各种各样的数据。它们最适合用来记录什么、怎么样、多少之类的数据——就是人们实际做了什么。许多小组被用来收集市场特性方面的信息，以便决定有关品牌占有或媒体使用，观看电视、收听广播、阅读报刊习惯的细节——看什么，在哪里，什么时候，多长时间等。个体消费者小组被称作顾客小组。例如，有开车人小组、婴幼儿妈妈小组，以及代表所有家庭的小组。由零售批发商样本组成的小组叫作零售小组，并被用来收集零售审计信息，如持有股票、品牌覆盖率、销售率、促销、价格等，这是为了确定不同品牌的贡献率和销售模式、分类批发的包裹大小、当地/地区销售额。

1. 捕捉小组数据

通常使用问卷、日志、电子设备或无线电设备，包括条码扫描仪和 PDA（详见"案例研究 7-4"），电话和手写板。消费者小组成员记录食品购买习惯，例如习惯于使用日志，现在相同的信息通过手持扫描仪阅读产品或包装上的黑白条码就可以被捕捉到。小组成员购买的每件东西都有扫描记录，扫描仪捕捉到的信息可以被下载到机构的计算机中。测量观看电视或收听广播的媒体小组的数据，是通过接入电视或收音机的电子仪表收集的。

2. 小组数据的准确性

小组招募以及维持小组的代表性是非常难的。为了使小组更接近人口特点，可以给数据赋予权重。除了样本错误还有其他的错误会影响到小组数据，包括采集错误，当受访者（或者在零售审计中的数据收集者）忽略记录或者忘记扫描一种物品，而当估算市场规模的时候，那种物品是应该被算在内，就如同通过样本估计总人口的过程。

案例研究 7-7

整合：Sky 的更好更大蓝图

在这个案例里，BSkyB 市场战略部门的调研主任朱利安·杜宾逊（Julian Dobinson），描述了接轨在数字世界里测量观众的挑战，整合几个数据源的合理性，包括电视小组数据以及数据的用途。

这个案例研究为何值得阅读

本案例研究值得阅读有以下几个原因：它给出了测量电视观众所面对的挑战；它展示了整合多种数据源背后的思考；它描述了结果的最终用途。

关键词：观众研究、小组研究、整合、多源、观众数据、调研数据、观测数据、产品购买、观众行为、机顶盒、决策、增值。

挑战

2010 年，Sky 电视台有 1 000 万观众。我们推出 Sky+HD、Anytime+、一个新的视频点播（VOD）服务，提供了上千小时的节目以及欧洲第一个 3D 电视频道。我们也在给观众更多通过不同设备接触到它们内容的途径，如 iPad、Xbox、手机和电脑。所有这些变化都说明测量方式的要求正在变得越来越复杂和具有挑战性。过去，有许多关于跨频道收看节目碎片化处理的讨论。现在，我们正面临着跨地点、跨设备、跨时间地观看频道的碎片化处理，而且了解特定的观众或群体是如何观看的也是一个巨大的挑战。越来越多的人被邀请做观众研究。小组研究正在迎合这个挑战。首先，为了有效测量所有频道/平台/设备，需要一个比使用传统观众调查技巧能得到的更大样本规模；其次，传统计量方法不会测量多种平台和设备（而且，即使它们能，小组的配合也是个大问题）。

解决方案

关键是多源数据的整合。在 Sky 一案中我们做到了这一点，通过建立一个可以将观众数据、研究数据、观测数据以及产品购买整合成单一数据源。这就有助于我们更多更好地传递对观众行为的理解。我们在 2005 年构建了我们的样本组——SkyView，而且从 2006 年开始报告数据。从 43 000 个家庭中得到的观测数据是从机顶盒中捕捉的，每隔一天就会被送回 Sky。这个过程也要考虑到机顶盒不知道到底是谁在屋里看电视，以及连接到机顶盒的电视机是否被打开过。设计一套算法以模拟所有这些情况的可能性，从广播听众研究理事会得到的数据已经验证。许多数据源被与这一观测数据整合。例如，来自观众数据库的每日反馈让我们能够确定各种不同类型的观看用户，于是我们可以参考观看 HD 和 3D 的观众甚至是那些升级或下载安装包的人。同时，在观众数据库中其他平台上的使用数据可以被合并过来，我们可以将手机和在线使用与观看结合起来。

SkyView 被用来告知业务、促进决策制定，并且在一些领域内增值，它被应用于广告销售。它对于新业务，如 3D、VOD 和 HD，是如何被使用的给出了重要信息。它有助于我们对于电视频道观众的行为，尤其是对小型频道更深入地理解。它帮助我们与观众交流、告知目标以及了解有效性。它还让我们看到了观看和观众行为的内在联系，帮助管理贡献以及驱动力。

资料来源：Adapted from Dobinson, J. (2011) Conference notes. 'Building the bigger picture: a case study in integrating data', *International Journal of Market Research*, 53, 2, pp. 282–4.

7.5.2 综合调查

综合调查（omnibus surveys）是研究机构在一个连续的基础上进行的调查。客户可以在这些调查中购买空间，以插入他们自己的问题——它们通常需要交报名费以及每道题的费用，该费用包括了现场工作和标准化数据分析。通过在每一轮重复相同的问题获得连续的或纵向的数据，或者它们可以用于在特殊基础上的跨领域的数据收集——当有需求时针对特殊问题收集数据。

根据问卷上问题的数量，使用综合调查是非常经济的——现场工作成本可以分摊的，而且实施时间也可以最小化，因为调查有持续性和预先设定的特点。不过，收益递减原则在 8 ~ 10 个问题时开始生效——很有可能就在这个问题数量下，一个按顾客要求制定的调查是经济的。需要注意的一点是，你的问题在问卷的哪里出现，也就是说，会有"位置效应"。

综合调查可以调查一个有代表性的大众样本或者它可以圈定一个更特殊的人群或小组。例如，综合调查在这些样本中实施：普通从业者、驾驶者、青少年、老年人、网络使用者、欧洲消费者，以及独立金融顾问。

综合调查通常面对面或者通过电话进行。受访者在每个环节被重新招募，使用随机或者限额抽样技巧。许多综合调查每周进行一次，一些是一周两次，还有其他的是两周一次。样本规模是变化的：普通的综合调查样本通常在每周 1 000 个受访者，但是可以增加到 3 500 个；对于一些特殊的目标小组，它可能是每两周 500 人。为了得到一个低发病率目标群体的稳定样本，如助听器使用者，也许意味着"问题"会被包括在超过一轮的综合调查中。周转时间——从现场工作结束到表格的递送，经常是两三天的事，而且如果有一些开放式问题要回答，对于国内的调查来说，通常是两周。

7.5.3 综合调查的变化

综合调查的一个变化是代理机构设计问卷，连续地或定期地收集数据、处理数据，然后根据客户需求将整体数据或部分数据销售出去。没有任何数据对于特定客户是完全可信的，因为所有问题都是调查机构自己加进去的。这种连续调查的一个案例就是凯度（Kantar）传媒的目标人群指数（TGI），它收集了消费者购买记录以及媒体使用习惯的资料。

跟踪研究是连续的，但每次都使用新样本的研究。在这个案例中客户设计了问卷，所以对于客户来说数据收集是可信的。辛迪加跟踪研究（syndicated tracking study）是在此基础上的一个变化。一些客户对相同的产品领域或某一主题有兴趣进行后续研究。问卷包括了对于所有客户都很普遍的问题——所有客户都从同一份问卷上获得数据，每个客户都有询问自己问题的空间，这些数据只有他们自己看得到。

7.5.4　在线调研社区

在线调研社区（online research communities）是有相同兴趣（例如，对于组织或品牌）的人组成在线社区来参与调研。调研可能采取在线调研的形式，但是也可能有包括在线小组讨论的定性调研。社区由赞助组织或研究机构管理和支持，类似于对小组的管理。下面"专栏 7-3"就是描述了针对手机零售商 Phones 4u 的在线调研社区的例子。

专栏 7-3

示例：在线调研社区

哪一个？

来自 Verve 的迈克·霍尔、珍妮·亚瑟和艾玛·盛冈描述了一个为消费者组织"哪一个？"（which？）设计的在线社区调研。

"哪一个？"组织 50 年来一直是消费者互动和消费者活动领域的领跑者。它的在线社区（www.whichconnect.co.uk）就是来自于"哪一个？"组织的成员。这些社区使得"哪一个？"组织直接听取顾客的声音。研究团队结合在线调查软件和社交网络工具，来与消费者一起参与到一个结构性对话中。反馈信息的收集方式有在线调查、针对特定话题领域的短期对话讨论板、在线焦点小组座谈和建议箱等。为保持社区的活力，"哪一个？"组织轮流给社区成员反馈已出版的调查以及他们正在参与的活动。社区有超过 3 万成员，是一个充满活力、积极响应且灵活的工具。它是一个很好的关于在线品牌社区的消费者参与如何有影响力，以及他们提交的研究如何真正地为组织增值的例子。

资料来源：Adapted from Hall, M., Arthur, J. and Morioka, E. (2011) Conference notes. 'How online brand communities can change how research is approached and the role of the researcher in an organisation', *International Journal of Market Research*, 53, 2, pp. 279–82.

Phones 4u

EVP 视觉焦点的雷·波因特（Ray Poynter）和 Phones 4u 的内部监察主管凯蒂·泰勒（Katie Kaylor），描述了 Phones 4u 的在线调研社区——uBar。

Phones 4u 是一个独立的移动零售商，有超过 580 家店和 6 000 名员工。它提供所有网络和手机品牌，是青少年市场的独立手机零售领军品牌。

2009 年 Phones 4u 建立了自己的调研社区 uBar，在 2012 年就有将近 4 000 名成员。它将 uBar 与社交媒体进行整合，还设计了很多反馈举措。Phones 4u 主要通过 uBar 社区一个月进行三次调查，调查范围从像保险这样的话题到喜欢的节日。uBar 实用性的一个关键是它可以跨业务使用。这里有来自商业团队、营销团队以及政策许可服务和生活方式分类的常规要求。对企业的主要吸引力在于对消费者快速的调研周期，却不用牺牲分析的深度。最近的革新包括了使用移动设备的调查，这些调查主要关于 25 岁以下使用智能手机的男性。其他的变化包括使用 Facebook 招募受访者和宣传，以及从他们的 Twitter 内容确定潜在的社区成员。

资料来源：Adapted from Poynter, R. and Kaylor, K. (2012) 'Communities in 2017: A prediction of where communities will be in five years time', *Proceedings of the MRS Conference*.

7.6 数据收集的混合或交换模式

在一个调研中使用超过一种数据收集方式叫混合模式调研，而且它对许多调研项目都是非常普遍的。你可以在一个对相同受访者访谈中使用不同的模式（访谈者主导或者自我完成式），或者你可以在调研的不同阶段使用不同模式（原始的面对面访谈，还有跟踪电话调查等）。你可以向你的目标人群发电子邮件进行调查，并且在没回应的受访者中开展电话调查。你甚至可以提供给受访者一个选择模式，如果你认为这可以帮助你接触到目标样本以及提高必要的回答率。然而，当你使用混合模式的方法时也需要考虑会有一些必要的问题。如同乔韦尔和伊娃（2009）所说的，这包括了模式影响，所以增加了调查错误率。模式影响来自于一个事实，那就是不同的模式有不同的优劣势——覆盖感兴趣群体的能力不同，选择基础不同，测量错误的类型不同。这使得比较使用一种模式和其他模式收集的数据变得很困难。你看到的差异可能不是真正的，而是数据收集方式导致的。看一下"案例研究 7-3"。这里调研者用两种模式进行两个确定的调研：一个用固定电话拥有者的随机样本，还有一个用手机使用者的随机样本。两个样本，尽管都是随机的，但是通过不同方式产生的，调研的结果也就不同——在人口统计学方面和对问卷大量内容的回应方面。

如果由于某些原因，如预算紧张、时间有限、总体覆盖率低、回答率下降等，你就需要将你的调研方法转向另一种，或者你需要从单一模式换到多种模式的方法，然后你要认识到这会对你的数据有影响，而且像乔韦尔和伊娃在"案例研究 7-8"中提到的那样，你将需要评估"成本上的收获和损失、数据质量、等效性、回答率和代表性"。

案例研究 7-8

跨欧洲的混合模式

在这个案例研究中，欧洲社会调查（ESS）的创始者伊娃和乔韦尔，提出了为什么在这个多国调研中考虑用混合模式方法。而且他们指出，进行研究是为了评估产生的改变对"成本、数据质量、等效性、回答率和代表性"这些方面可能的影响。

为何这个案例研究值得阅读

本案例研究值得阅读有以下原因：它处理了多国研究；它回答了为什么混合模式方法被考虑；它给出了用来评估混合模式方法的调研。

关键词：时间序列、结果的等效性、混合模式设计、可行性、收获和损失、影响、测量、调研实践，实验、完全混合式、并发模式、连续的。

引言

ESS 是一个横跨欧洲 30 多个国家关于态度调查的时间序列调研。调研开始于 2001 年，而且现场工作每隔两年在 9 ~ 12 月进行。问卷包括两部分：一个每轮都会重复的核心部分，以及两个重复的不那么多的循环模块。核心模块包括像媒体消费、政策和社会信任以及地区确认这样的主题。每个循环模块包括大量的更为细节的话题（如幸福感、工作和生活平衡）。为了帮助确定结果的等效性，在所有国家进行长达一小时的调查访谈。这个模式起先被选择，不仅因为它可以达到最高的回答率且它能覆盖所有国家，还因为问卷特别适合于面对面访谈。特别地，它包括长访谈、许多展示卡和一些复杂的途径。

但是，很清楚的是，使用面对面调查这样的单一数据收集模式，鉴于它不断上升的成本和下降的回答率，可能需要重新考虑。此外，不同的国家有不同的经验和专业知识，以及不同的渗透模型，这意味着使用不同的模式它们可以被更好地使用。调研阐明了混合模式设计对于 ESS 数据收集的可行性，以及在成本、数据质量、等效性、回答率和代表性方面的收获和损失都是什么。

调研

这个工作一开始的两个阶段探讨了有关测量的调查方式的影响，以及它们可能的结果。总体的结果显示，来自电话访谈的数据与来自其他方式的数据最不相同，特别是有更强的社会期望偏差。此外，尽管抽象且敏感的问题在所有模式中都有最大的模式差异，激动人心的是，总体数据显示的模式差异是小的。

工作的第三阶段探讨了欧洲的现有调查工作，为了收集关于现存需求和 / 或不同模式的数据收集能力的经验证据。抛开面对面访谈作为唯一的数据收集模式的动力来自于它的高（相对）成本，这适用于几乎所有国家。一些国家的操作人员也相信混合模式的数据收集方式会提高回答率。此外，我们发现没有其他的单一模式（可能一两个国家的电话访谈是例外），可以充分地替代面对面访谈。我们咨询的大多数机构都至少有一些使用混合模式数据收集方法的实践经验。

我们的发现表明，电话访谈是最受欢迎的取代或者完善面对面访谈的方式。所以我们进行了一个实验以探讨在电话上进行一个一小时时长 ESS 的可行性，并且测试可能的替代方案。我们通过一个分离的样本测试了三个不同的方式：1/3 受访者被要求完成一小时时长的问卷，另 1/3 被要求完成 45 分钟的版本，然后最后 1/3 问卷被分成两部分。像预期的一样，最短的问卷达到了最高的完成度，尽管差别不像我们预想的那么大。但是，我们也发现一些证据，数据质量随着问卷长度会恶化。

第四阶段是一个完全混合式实验，测试一个网络基础上的自我完成的问卷和一个伴随面对面访谈的电话访谈。一个"并发模式"被测试，受访者做出如何完成调查的选择，通过电话、网络或面对面，以及一个"连续的设计"，在这个设计里不同的模式被以它们对于调研机构的成本的顺序提供给受访者。

评估证据的重要性

在对一个基于到现在为止的一个单一模式设计的时间序列引入混合模式设计之前，评估所有的证据是很重要的。对一个跨国调研来说，这一决定更加困难，不仅因为不同的国家有不同的方法习惯和偏好，而且因为混合模式的效果可能因国家不同而有变化。所以，在解决时间和国家差异的困难之外，在数据收集模式方面也会有困难。但是，尽管关于改变的争论一直是有说服力的，但它们必须与经验事实进行权衡，事实是调研成本在快速上升而回答率在下降。我们需要考虑抗拒改变的令人忧虑的暗示，来形成可能帮助缓和一些问题的数据收集方式。

资料来源：Adapted from Eva, G. and Jowell, R. (2009) 'Prospects for mixed-mode data collection on cross-national surveys', *International Journal of Market Research*, 51, 2, pp. 267–9.

7.7 数据收集的观察法

我们前面（第 6 章）已看到观察法是如何使用来收集定性数据的。观察法也可以被用来收集定量数据。研究者或者现场工作人员记录在纸上或者在特别设计的电子数据收集设备上进行观测。例如，在零售审查部门收集数据，这是一种结构化的观测，就像神秘顾客调研。观测也可以使用电子手段进行，不用实地调查人员，例如使用闭合回路电视。例如，电视机顶盒是一种电子观测工具，就像在超市里的扫描仪基于库存记录购买数量，还有信息记录程序以及其他用来跟踪网上行为的设备。我们先前（第 5 章）看到的许多"大数据"就是通过这些观测途径收集的数据。

👆 **专栏 7-4**

专业实践与《MRS 行为准则》：观察设施

《MRS 行为准则》制定了与使用观察设施相关的准则。

B47 成员必须保证当使用观察设施时候，要遵守所有下列内容：

- 清晰合适的指示牌必须被放在需要监督的区域。
- 相机必须放置在它们只监管需要被监督的领域。
- 指示牌必须陈述个人或组织对于这个区域的监管责任，包括联系信息以及观察的目的。

资料来源：MRS Code of Conduct 2010. Used with permission.

像我们先前（第 6 章）提到的，观察法相对于访谈法的主要优点是它使我们能够记录实际行为而不是被报告的行为，人们做了什么而不是他们说他们做了什么。在艺术场馆售票处捕捉的数据提供了深入了解艺术参与者的行为可能——比通过问卷调研报告能更加深入地了解。在定量电子观测中被记录的细节的程度是不能用询问法得到的，询问法中受访者要记住的和访谈者要记录的负担太大了。观测数据的主要劣势是在多数案例研究中我们

不能确认行为的原因。为了克服这一点，访谈法通常与观察法一起使用。

眼动追踪

在零售场景中，通常观察行为使用眼动仪进行。调研者对影响购买决策的因素很感兴趣，如类似于与销售点距离这样的因素。具体观察过程如下：参与者戴上一副眼镜，其中有照相机／记录仪可以记录和储存在调研进行的时候参与者看了哪里——超市货架上的什么物品，哪个促销点的市场材料。例如，一旦眼动部分完成了，研究者会让参与者用手指出，他们认为自己看到的东西与其他东西相比怎么样，以及他们是如何做出购买决策的。"案例研究 7-9"是一个在酒吧中使用眼动仪进行调研的例子。

案例研究 7-9

亲眼所见的嘉士伯

在这个案例研究中，瑞典益普索（Ipsos Sweden）的副市场总监 Anders Tegenkvist 描述了眼动仪帮助嘉士伯了解酒吧消费者是如何选择饮品的。

为何这个案例研究值得阅读

本案例研究值得阅读有以下几个原因：它是眼动仪研究的实际案例；它解释了调研的需要；它描述了结论及其使用方法。

关键词：辅助销售材料、混乱环境、定量、眼动仪、购买决策、跟踪访谈、导航图、行为。

引言

嘉士伯是瑞典啤酒领军制造商，想找出哪些辅助销售材料吸引消费者的眼球，还有他们在这样的混乱环境里，不会注意到哪些。零售（就是在酒吧、餐馆等场合的销售）在它的所有啤酒销售中占比超过了 20%。公司很积极地想要发现在酒吧里辅助销售材料的影响。它已经做了人种制研究以得到消费者行为的描述，而且这提供了了解影响购买的线索。公司现在想对此进行定量调研。

调研

选取斯德哥尔摩的三个场景调研：一个餐馆、一个体育酒吧，以及一个英国／爱尔兰酒吧。当参与者进入场景时就选取他们，询问他们有没有想好点哪个牌子或者哪种饮品。参与者带上眼镜式眼动仪然后在吧台点单。一个调研者跟着他们以观察他们如何与他人互动。在做出购买决策以后，一个跟踪访谈就能找出更多关于参与者是如何决定饮品的信息。一共 250 个人参加了调查。我们也访谈了 10 个酒保，然后得到一个 6 人的焦点小组，进一步观察他们与消费者经历相比的眼动研究。

结果

一旦眼动仪数据被用来与访谈的数据比较，我们就能得到研究的主要结果。大部分参与者进入酒吧时，没有想好买哪个牌子，而且大多数人承认在选择前会被辅助销售材料影响。眼动仪试验中的参与者看了 8 种不同的材料。同时，还设置无辅助销售材料的实验。这就能让嘉士伯评估，在不同的设置中什么是最没有效率的。

访谈和酒吧工作人员的焦点小组访谈支持了眼动仪研究的结论，也深入了解了工作人员的行为和想法。他们享受与消费者互动而且将自己视为是可以影响别人意见的因素，这一结果在眼动仪研究和消费者访谈中被证实。这展示给嘉士伯"影响影响者"的重要性，以及这些如何通过辅助销售材料做到。

该调研也介绍了消费者如何在场景中移动，产生一个"导航图"。在酒吧中的消费者与在餐馆中的消费者有很明显的不同。在酒吧中，消费者四处走动，在做决定前看很多辅助销售材料，但是在餐馆中人们在入口处停下等待被带到座位上，然后跟着待者到餐桌前，不会过多关注道路，他们看过菜单后才会决定饮品。

结论的用途

作为调研的结论，嘉士伯瑞典能够细分它的市场，并且减少在不那么有效的辅助销售材料方面的投入。结论会反馈给销售代表，所以他们能在门店中安排辅助销售材料，使它们容易被消费者注意到。定量调研的结果能够帮助市场团队建议高管，预算要分配到哪里，使公司获得竞争优势而且成本也能得到削减。

资料来源：Adapted from Tegenkvist. A. (2011) 'It's all in the eyes', *Research*, 537, February, pp. 34–5.

7.8 神秘顾客调查

神秘顾客或神秘购物调查的目的是收集数据，以便对组织的服务质量给出反馈。神秘顾客调查是指受过训练的观察者装作普通顾客去消费。"受访者"是被调研或"神秘购物"组织的一名工作人员。观察者进行消费购买活动，询问真正的消费者可能询问的问题。一旦神秘顾客调查行动完成，神秘顾客就要填写一份关于购买经历细节的问卷。对个人访问记录的信息可能包括：排队时间的长短；在总体可用数目中开放的服务点或柜台的数量；问候的细节以及与工作人员的交流；问题的处理；提供的信息或者建议等。对于电话神秘购物实践来讲，记录的信息可能包括电话被接起前响了几声、接通的时长，以及购物者与员工交换的信息。

专栏 7-5

如何提高神秘顾客调查的有效性与可靠性

这里莫里森、科尔曼和普雷斯顿提供了如何提升神秘顾客调查准确性的建议。

记忆的需求

神秘顾客调查对于准确性、有效性和可靠性是有潜在威胁的。这些威胁来自于记忆存放在被评估者那里（神秘购物者或神秘顾客），他们在进行完观测后需要记录哪些达标了以及哪些没有达标。

关于记忆误差最小化的建议

记忆的省略和失真在记忆的三个阶段都有可能发生：编码、储存和恢复。根据这点，从认知心理学建议中获取一些建议，应用到神秘顾客设计和实施过程中，这样就可以使记忆失误带来的错误最小化。

- 减少被评估者的记忆负担，将他们的任务局限于检查个人完成情况和分派的服务交互标准。例如，"我接受服务是在两分钟内吗？""银行出纳员微笑了吗？"而不是检查非个人而且相对死板的"物理的"标准是否达到了。例如，"马桶正常使用了吗""公司标志的摆放突出吗"，这会减少记忆需求，进而帮助来自记忆的错误最小化。

- 观测记录应该在观察完立刻或在观察过程中进行，以减少记忆衰退或重建记忆失真产生的误差。记录应当以书写形式进行，而且评估表上的问题应当精心设计以恢复最多的线索，并且尽量少用暗示或引导性问题。

- 通过事件记录减少记忆误差也许是可行的，这些是利用小型的可以随身携带的设备。评估员的记忆任务会因此被局限在回忆检查的标准和顺序上。

- 评估员应该被鼓励在一天的某一个时间自己去拜访，当他们清醒而且不疲劳的时候，以及周围的灯光是最佳状况能清晰地看到需要观测的东西。一些典型服务的录像记录是有用的，包括普通的问题和复杂的区别，可能对于训练未来的神秘顾客以及建立统一标准有帮助。

- 评估员的训练应该包括这样一个建议，即如果他们在填写评估表格时有任何记忆特定细节上的问题，他们应该尝试闭上眼睛然后生动地想象他们又回到了观测发生的地方（视觉记忆）。此外，评估员应该尝试在评估拜访中以及记录结果时保持客观的情感状态。

- 应该警告评估员，避免社会压力以及自我偏好等因素产生失真的报告，尤其当被观测公司的工作人员看起来很友好或者很好说话的时候，应该鼓励评估员客观地评估每个公司的优点，而不是刻意或不经意地对不同公司做出直接比较。

- 形成神秘顾客调研基础的标准应该是尽可能客观的。例如，"我在两分钟内接受服务了吗"就是完全客观的，但是"吧台整洁吗"或"超市整洁吗"则需要主观判断，这就很可能瓦解调研的可靠性和有效性。客户应该在任何可能的时候被询问以确切说明他们这么说意味着什么，如"整洁""干净"等，来使客观标准被确定。

- 神秘顾客调研的购买者和使用者应该建立一个对于进行神秘顾客调查"最佳表现"的准则。过程中的改变可能会对结果的有效性和可靠性产生不可预测以及不确定的影响。

- 进一步调查是必要的，以优化观测记录评估表格、性别、年龄以及其他人口统计评估因素的影响，最重要的是，神秘顾客调查的总体可靠性和有效性。

资料来源：Adapted from Morrison, L., Colman, A. and Preston, C. (1997) 'Mystery customer research: cognitive processes affecting accuracy', *International Journal of Market Research*, 39, 2, pp. 349–61, www.ijmr.com.

专栏 7-6

专业实践与《MRS 行为准则》：神秘购物项目

《MRS 行为准则》给出了以下与神秘购物调查相关的规则：

B43 对客户自己组织的神秘购物调查，调查员必须负责任地进行以下步骤，以确保：

- 客户的员工被客户告知过，他们的服务可能会被通过神秘购物方式检查；
- 客户清晰地告知员工调查目标以及调查结果的用途（包括报告等级评估是以分公司 / 店铺为单位，还是以个人为单位）。
- 如果神秘顾客被用在任何与员工相关的情况下，那需要客户说清楚。

B44 因为竞争者的员工不能被告知他们可能会被神秘顾客调查，神秘调查员必须确保他们的身份不被暴露。神秘调查员必须确保员工没有被记录（例如，通过音频、照片或视频设备），只要员工没有被告知他们可能被进行神秘顾客调查。

B45 在客户的机构或者授权的分销商那里的神秘顾客调查中（以及任何有一致权威性的有责任的机构），员工必须确保：

- 被进行神秘顾客调查的员工已经被雇主或监管者告知他们的服务或者执行标准可能被以神秘购物形式检查。
- 结果的目标和可能的用途已经被雇主或监管者解释清楚（包括报告的层面是否在分公司 / 店铺或个人层面）。
- 如果神秘顾客调查被用在有关雇用 / 签合同 / 监管事宜和情况上，前提是雇主或监管者对此已经说清楚了。

B46 必须采取负责任的步骤来保证神秘顾客能很好地理解暗示，避免实施神秘购物活动的任何消极影响。

点评：神秘调查员必须认识到，如果他们用私人信用卡购买或者安排贷款等，他们的身份可能会暴露给被进行神秘购物的组织或个人，信用等级可能被影响。

资料来源：MRS Code of Conduct 2010. Used with permission.

本章总结

- 定量数据可以通过访谈法和观察法收集，使用结构化或者半结构化的"表格"——问卷和日志。数据收集方式取决于数据收集要求，以及达到研究目标的适用性、探讨的主题或问题、它的接触样本和到达正确数目的能力，以及可用的时间和预算。
- 访谈者在收集有质量的数据中扮演着非常重要的角色。访谈是很有技术含量的，需要高水平人际交流能力以及很好的数据收集过程理解能力。
- 面对面访谈可以在家里、街上、中心地或者受访者的工作地点进行，这取决于调研的性质。面对面数据收集相较其他有许多优势：它可以让访谈者与受访者建立和谐的关系，这对数据质量有好处；它在访谈过程中允许一定程度上的灵活。但是，相对来说它昂贵而且耗时；整群取样方式能缩短时间并降低成本，但存在引入样本偏差的风险；回答率低于 65%，侵蚀了样本代表性；使用远程质量控制，会存在访谈者偏见或者欺骗行为。

- 电话访谈（固定电话和手机）相对于面对面访谈来说有一系列优点。地理分散的以及其他难以接触到的样本可以被更容易地获得；使用随机抽样方法是很有可能的，因此减少了样本误差；更好的质量控制是可能的，因为访谈是"现场"被监督而且它更快更经济。关于抽样和代表性也有一些劣势，例如，手机的增加数量超过了固定电话。
- 自我完成式调查（邮寄、在线）特别是当问卷话题是受访者感兴趣的，这种方法非常适合用来接触样本群体。提升回答率的方法有使用个性化的附信、赞助、提前通知、提醒、激励，以及对于邮寄调查附带一个回寄信封。这种方法是经济的，因为不用付给访谈者报酬，而且对于到达分散的和其他难以接触的样本是很合适的。但是，这种方法回答率很低因此缺乏代表性，而且在数据获取方面缺少控制。
- 使用在线访谈小组可能在时间和成本上都很经济，但是它不会提供对这个人群有代表性的样本。如果你使用小组样本，你不能用你的数据去推断整个人群。如果你不担心这一点，那么样本组就是合适的方法，尤其当你的预算很紧时间很短的时候。
- 纵向样本组设计是随着时间的推移，从相同的个体、家庭或组织的联合中收集数据的方法，或是在连续基础上（每天），或者以相同的间隔。数据可以被用来监测市场随时间的变化。
- 综合调查是在连续基础上进行的调查。客户付报名费和现场工作及数据分析费用，以购买在问卷中插入他们自己问题的空间。通过每轮重复相同的问题收集连续的或纵向的数据，或者它们可以用来收集横截面代表性的数据。
- 在线调研社区是有相同兴趣（对于一个组织或品牌）的人组成的在线社区参与调研。调研可能采取在线调研的形式，但是也可能有包括在线讨论小组在内的定性调研。
- 在一个项目中使用超过一种的数据收集方法叫作混合式调研，它对于许多调研项目都是很普遍的。模式效应来自于一个事实，即不同的模式有不同的优势和劣势——覆盖利益群体的能力不同，选择基础不同，以及测量错误的类型不同。这使得使用一种方法收集的数据与其他方法收集的数据比较起来很困难。你看到的不同可能不是真正的不同，而是使用不同数据收集方法而产生的不同。如果你需要调整你的研究方法，或者你需要从单一模式转向混合模式，那么你需要认识到这会对你的数据产生影响。
- 观察法可以用来收集定量数据，个人的或电子的。案例包括了神秘顾客和神秘购物调查，在消费者家中使用电视监测仪以及眼动仪，眼镜上有照相机或记录仪，它们会记录和存储参与者在进行调研时都看了什么。

🔁 问题与练习

1. 一位同事计划在女性大学生样本中，针对一个敏感的健康话题进行一次短期调研。他在考虑以下数据收集方法：

    （1）面对面的访谈；

    （2）使用智能手机 App 自我完成式调查。

    讨论上述两种方法的优势和劣势。

    介绍你认为合适的数据收集方法，给出你选择的原因。

2. 你的客户是一个调研预算有限的小机构，它需要收集信息以帮助它更有效的定位它的核心服务（目标是年龄在 25 ～ 55 岁的男性）。

   a. 讨论使用综合调查收集需要的信息的优势和局限性。

   b. 你会建议其他什么数据收集方法？给出你的理由。

3. 过去 8 年，你机构的年度员工满意度调查都是通过邮件进行的。因为现在大多数工人都可以在线接触到，老板让你检验关于未来几轮在线调研的问题。下一轮应该在三个月之后进行。

   a. 对这个调研来说，讨论其在线数据收集方式的优劣势。

   b. 指出在将要进行的一轮数据收集中，应该使用哪种数据收集方法，给出你的理由。

4. 你的客户负责至少每年三个在相关目标人群进行的特殊调研。客户已经阅读了关于使用在线样本组和在线社区调研的事项。她要求你准备一份报告，指出使用在线样本组或一个在线社区调研的优劣势，以解决公司特殊调研的需求。

第 8 章

抽　样

□ 引言

本章我们将介绍那些隐藏在定量研究背后的抽样问题，包括制订抽样计划，选择抽样方法；学习抽样理论，包括样本和样本数据。然后会详细介绍概率抽样和非概率抽样这两种方法。最后，我们会介绍在特定情境下的抽样问题：在线定量调研。在 11 章中我们将会介绍定性调研中的抽样。

定量调研中的抽样问题是一个困难但却非常重要的主题。抽取一个组群（通常是人群），以此推断更大群组的特征，如果我们抽样失误，那么所得结果将没有任何意义，并且浪费时间和财力。更糟的是，如果我们没有认识到我们抽样存在错误，那么就会误导使用该研究成果的人，这无疑存在很大代价。本章旨在帮助大家理解支撑抽样的重要原理，这有利于做出正确的抽样选择，并能理解在其他项目中的抽样选择的影响。

□ 本章主题

- 抽样单位和抽样元素
- 设计一个抽样计划
- 抽样理论
- 概率抽样方法和随机抽样方法
- 半随机抽样
- 非概率抽样方法
- 在线调研抽样

□ 学习目标

- 解释并理解抽样理论和实践
- 设计并实施一个适当的抽样计划
- 理解抽样计划对于数据准确性和调研成果适用性的影响

8.1　抽样单位和抽样元素

抽样元素（如人群、组织）包含在一个抽样单位中。例如，假设你被指派去测量一般大众对一些社会问题的态度，为了获得样本，你决定用家庭作为一个样本来源（抽样框），从抽样框中挑出样本家庭，再从每个家庭中挑出一个个人。在这个例子中家庭就是抽样单位，个人就是抽样元素。从另一方面讲，你也可以直接去挑出个人作为样本，而不通过家庭，这样个人就同时作为抽样单位和抽样元素。

8.2　设计一个抽样计划

抽样关乎选择，在无偏误和尽量精确化的情况下，选择你所需要的"项目"或元素进行数据收集。在市场和社会调查项目中，这些元素通常是指人、家庭和组织，尽管它们也可能是指一些地方、事件或经历。在调研过程中，草拟一个抽样计划是非常重要的环节，它包括以下几个方面：

- 定义总体；
- 选择一种合适的抽样技术；
- 确定样本容量；
- 准备抽样操作说明。

样本选择是一个调研项目设计整体中的一部分，不能单独存在于调研项目之外。例如，在决定选择什么作为样本和样本如何选取的时候，必须考虑到整个调研项目的目的和任务是什么（也就是你想发现什么，如何运用你的发现将会影响到对总体的确定，以及抽样技术和样本容量的选择）；必须考虑到总体的特征以及如何识别它们（也就是抽样框或样本源的选择和有效性问题）；必须考虑到如何去接触它们（也就是从它们那里获得数据的方法）；必须考虑到你可以投入的成本和时间资源是多少。

8.2.1　定义总体

"总体"（population）这个词一般指特定国家的人群，但在调研中，它有着更宽泛的概念，它指探究的整体，换言之，是那些与你的调研问题相关的人、组织、事件或项目。尽可能精确定义目标总体，这一点很重要，在这个过程中的任何瑕疵都会影响到样本的选取。

例如，如果你正在调查老年人群的健康和社会福利需求，那么你可能会认为老年人就是目标总体。但是，什么是老年人呢？老年人该如何定义呢？有些情况下是指 50 岁以上人群，有些情况下是指 65 岁以上的人群。那么这个年龄的界限应该是多少？是否应该设定一个更高的年龄界限？应该仅仅包括那些独居老人或是生活在福利院的老人，又或者包括那些在疗养院和医院的老人呢？如果你的决定是只包括那些独居老人，那么如何去定义他们呢？是否应该包括那些生活在亲戚家或是生活在自己家的老人？

定义总体要取决于你的调研目标。例如，当对老年人群的健康和社会福利需求的研究，是为了帮助制定关于社区健康政策时，那么那些住在福利院、疗养院和医院的老人就不应该包括在内。所以，在定义总体时，一定要考虑调研的目的是什么。

👆 专栏 8-1

示例：用于定义总体的标准

组织和员工

- 组织类型——例如，私有制或股份制、公共领域或非营利性组织；销售是主要面向消费者还是其他企业或兼而有之；销售是仅面向一个国家还是面向多个国家。
- 地理区域——例如，组织的总部（或分部）位于一个特定的国家或地区。
- 市场或行业领域——例如，那些金融服务领域的组织或那些仅向私人提供金融服务的组织。
- 组织规模——例如，与年营业额或员工数量有关。
- 经验类型和/或时间——例如，在上一财年中，在股票市场首次公开发行的所有组织。
- 组织内的部门和办事处类型。
- 一个员工的职位名称、角色或职责。
- 员工经验的类型——例如，那些在过去半年中拿到绩效奖金或者获得晋升的员工。

家庭和人员

- 地理区域——例如，那些位于特定国家或地区，又或者是拥有特定电话区号的家庭。
- 人口统计属性——如年龄、性别、社会地位、生育与否。
- 人口地理属性——那些生活在特定人口地理特征集群或类型的居民区的人。
- 时间——例如，那些在工作日从上午 10 点至下午 1 点光顾药店的人；那些在过去 3 个月中买了新车的人。
- 经验类型或时间——例如，在过去半年中在私立医院生产的妇女；在过去一个月中在特定网站购物的人；某品牌的老客户。

1. 目标总体和调查总体

　　莫泽（Moser）和卡尔顿（Kalton）1971 年区分了目标总体（target population）和调查总体（survey population）这两个概念。目标总体是指所需结果涉及的总体；调查总体是指调研实际包含的总体。如莫泽和卡尔顿指出的那样，在理想状态下，两者应该是一样的，但是实际上，它们不可能一样。例如，对那些地处偏远或难于到达的地方的人或组织就很难进行面对面的调查，像岛上的居民，可能就不会包含在一个调查总体中。在调查老年人的健康和社会福利需求时，采访那些在福利院的老人可能是不被允许的。所以，尽管你可能把这些人作为目标总体，但他们可能被排除在调查总体之外。

　　因为目标总体和调查总体之间存在差异，所以要避免对调研及其结果的歪曲，很重要的一点是要弄清调研涉及的所有对象，以及与调研有关的所有文件中的这两者的差异。例如，你的调查总体是英国家庭，那么你的目标总体就是英国所有的家庭。然后，由于种种原因，你决定使用在线样本组（online panel），这样，你的调查总体和目标总体就不同了。因为在英国，不是所有家庭都使用互联网，相当一部分家庭会因此被排除在调查总体之外，比如那些老年人家庭、低收入家庭以及少数民族家庭等。所以，当你提交调研结果的时候，不能说样本是代表了英国所有家庭的，要说明在你的调查总体和目标总体之间存在差异。我们把这种误差叫作范围误差（coverage error），它是指当你的抽样方法不能实现一个具有代表性的目标总体样本时所产生的误差。在本章节的后面，我们还将学习与抽样有关的其他类型的误差。

2. 普查还是抽样

一旦清楚地定义了总体，那么就必须决定是从总体中的每个个体来收集数据（通常指普查），还是从具有代表性的样本中收集数据。在多数的市场和社会调研中，意向总体（population of interest）太大了，另外普查所涉及的时间和财力代价很大，因此普查变得没有可行性。在一些情况下，例如调查一个组织中的专业人员，总体是很小的，并且是可获得的，那么实施普查就是可行的。在别的需要收集总体中有关所有个体的数据时（参见"案例研究 7-5"），例如要做出一个改变工作实践的决定，在这个调查中，保证所有员工的态度和想法都被调查就很重要。

实施普查的缺点除了时间和成本因素外，还有其他方面。无回答（non-response）水平可能意味着比起同一总体下使用好的样本，通过普查得到的结果的代表性要差一些。无回答是指受邀参加调查的人没有参加，这就给样本带来偏差，因为你不知道这些没参加的和那些参加的人有何不同。另外，实施普查的规模和宽度可能会增加非抽样误差（non-sampling error），也就是那些源于抽样之外的误差。对于缺乏管理的普查，实地调查和数据处理资源很可能遭遇天花板效应，导致在调研前、调研中和调研后出现误差。最终，比起精心设计出来的样本，普查得出的结果可能具有较低质量，而使用节约时间和成本的样本也可能降低无回答和非抽样误差。

使用精心设计的样本还是普查取决于两点：一是有关时间和成本的实践因素；二是有关样本代表总体能力（具有外部效度）的方法论因素。代表性意味着样本得出的结果与实施普查得出的结果是相似的。当然这不大可能，无论我们如何仔细地选择样本，所得结果与总体的值不会完全匹配。抽样理论告诉我们，当样本每次得出的结果都大体和普查得出的结果相同时，那么这个样本设计就是可靠的。得出代表性的结果是可操作性研究（actionable research）的一个重要方面。如果对老年人的健康和社会福利的调研不能应用于所有老年人的时候，那么这项调研就没有意义；或者，对 18 ～ 24 岁人群进行品牌偏好的调研，如果结果对所有 18 ～ 24 岁人群的品牌偏好不能提供可信且有效的指导，那么调研也是没有意义的。

8.2.2 抽样技术

如何设计一个能代表总体的样本呢？我们要重申"代表性"的重要性。如果一个样本是具有代表性的，那么它得出的结果应该非常接近调查整个总体所得出的结果，在任何情况下都没有偏差，样本测出的特征（如 16 ～ 24 岁人群网上下载音乐的使用情况）和总体的特征值要紧密地匹配。那么什么样的抽样技术可以产生一个具有代表性的样本呢？

1. 抽样技术类型

抽样技术可分为两类：

- 随机抽样或概率抽样；
- 立意抽样或非概率抽样。

随机抽样或概率抽样是指个体的选取是随机的，并且被选择的概率是已知的（非零）。取样的人对个体不产生影响。随机选择过程应该确保样本在一定程度上能够代表总体，为了实现这一目标，有些约束条件要遵守：

- 为了真正实现随机，样本容量至少为 100。
- 总体应该是均匀的或者说是混合良好的，如果不是（若是存在任何方式的分层，那么相似的个体就会趋向聚合），那么随机挑选的样本就不会成为一个真正具有代表性的样本。
- 抽样框反映总体，从抽样框中选择样本，它必须是完整的、精确的和最新的。
- 无回答问题必须为 0，换言之，作为样本中的一分子必须都要参与调查。

当然在现实调研情况下，后三个条件可能不易实现，我们后续将会详细阐释。

概率抽样或随机抽样理论可以使我们清楚地算出样本在多大程度上反映了总体特征，也能知道在一系列特定的总体特征中，样本预测值发生的概率是多少，这就引入了一些诸如抽样分布、抽样误差、标准差和置信区间等概念，我们将会在抽样理论这一部分详细介绍。

在非概率抽样中是没有随机选择过程的，我们不清楚一个个体被选择的概率，因为取样者可能会有意识或无意识地按照偏好挑出特定个体。那么怎样才能保证在这种方式下挑选的样本能够代表总体呢？在本章后面的非概率抽样方法中，我们将详细讨论这个问题，一言以蔽之，在这个阶段，配额抽样（quota sampling）产生的结果非常接近概率样本产生的结果，它是一种在市场调研中广泛应用的非概率抽样方法。

在定性调研中，因为涉及的样本容量较小，所以统计的代表性（statistical representativeness）很弱，但是代表性（能够基于样本数据来解释更大的总体）仍是一个重要的目标。在 11 章中我们将会学习在定性调研中样本如何实现代表性。

2. 选择抽样技术

如何决定你要使用的抽样技术的类型呢？对于定性调研，设计的样本容量相对较小，非概率抽样技术是最合适的。在 11 章中我们会学习定性调研抽样的不同方法，包括理论抽样（theoretical sampling）或判断抽样（judgement sampling）、"潜伏获取"（lurk and grab）、名单抽样（list sampling）、滚雪球抽样（snowball sampling）等。

在定量调研中决定使用何种抽样技术是更加复杂的。如前所说，它会受到方法论因素的影响，如调研的本质和目的，也会受实践因素的影响，包括调研总体的特性和可得性、合适的抽样框的有效性、时间和预算的限制等。

在决定使用何种抽样技巧时，首要考虑的应是调研的本质和目的。如果调研目的是探索性的和非决定性的（也就是非描述性的和解释性的），换言之，对于总体特征不需要获得精确度很高的测量值就可预测总体时，非概率抽样是合适的。如果需要测量已知精确度的样本（为了进行数理预测，或者进行从样本到总体的归纳），那么就要使用概率抽样方法。

然而，比起非概率抽样技术，随机抽样并不总能得出关于总体特征的更精确的测算值。事实上，在一些特定情况下，非概率（配额）抽样可能带来更具代表性的样本。当总体区分不大，也就是总体是同质化的时候，非概率抽样能有效获得一个更具代表性的样本。当总体中存在大量的可变因素，使用随机样本就更有效。当非抽样误差（由于问题的措辞、访问者偏见、记录错误、数据处理失误等带来的误差）可能高于抽样误差时，非概率抽样技术可能会很好得出一个具有代表性的样本。

案例研究 8-1

调查 16 岁人群的抽样决策

这里我们回顾一个叫"年轻人的生活与时代"（Young Life and Times，YLT）的调查，它是关于年轻人的社会态度的一个调查，开始样本源自住户抽样中的 12～17 岁的人群，后来变成了只有 16 岁人群的独立样本。

为什么这个案例研究值得阅读

本案例研究值得阅读有以下几个原因：它阐述了选择一种抽样方法的决策过程，包括考虑到的备选项；描述了调查者如何获取合适的抽样框；详细地描述了抽样方法；给出了回答率和调查完成情况的细节。关于调查问卷、数据集和数据使用的举例等更多内容都可以在网站 www.ark.ac.uk/ylt/ 上找到。

关键词：原理、方法论、回答率、家长许可、意向总体、抽样框、学校、住户抽样、稳健样本、儿童福利登记处、接近、收回样本、数据保护。

引言

1998～2000 年，YLT 调查记录了 12～17 岁年轻人的态度，他们与参与"北爱尔兰生活和时代"调查的成年人同居于一个屋檐下。YLT 调查包括一个成人调查问题子集的问卷和一个与年轻人有特别关联的完整模块。这种方法论的原理是，成人的回答可以和年轻人的回答联系起来并做后续分析。然而，到 2000 年，回答率从 1998 年的 74% 降到了 62%，另外，由于很多调查者分开使用了来自成人和年轻人的数据，因此几乎没有真正利用他们的联系。鉴于此，2001 年秋天，YLT 小组开始了 YLT 调查的未来和模式的回顾。该回顾沿着三条脉络进行：

- 回顾对年轻人的其他调查，特别是它们使用的抽样的一套方法；
- 回顾邮寄调查和在线调查；
- 一个论坛，包括那些来自学术或志愿领域的用户和潜在用户。

这次回顾的结果得到了大家一致的支持，当测量政策对年轻人态度的影响时，一些时间序列数据就很有用。然而，对成年人和年轻人调查之间的联系却没有引起足够重视，所以单独的 YLT 被看作是可接受的。受访者的年龄范围是一个问题，特别是调查 16 岁以下的更年轻的人群时，必须要获得家长许可；另外一个顾虑是，适合 17 岁年轻人的问题不总是适合 12 岁的年轻人（反之亦然），这就存在一定的局限性。最后，建议咨询年轻人他们自己，提出问题或访问的主题。咨询对于年轻人接受调查也被认为是很重要的。

总体和样本：决定一个抽样框

2003 年，YLT 小组打算实施修订过的这个调查，只调查 16 岁的人群。因此，意向总体就变成了所有生活在北爱尔兰的 16 岁的年轻人。问题是，如何找到这个群体的样本框。由于以下原因，排除了将学校作为抽样单位的方式：

- 不是所有学校都同意参加，只有特定类型的学校才会参与；
- 涉及学生的隐私问题；
- 会对教室里的老师造成一定影响；
- 会遗漏那些不上学的年轻人。

尽管住户抽样还存在很多问题（例如，将会遗漏那些不在家生活的年轻人，并且父母会对他们的回答产生影响），但权衡之后，这可能是获得更稳健样本的最好的方法。

样本框

我们都知道每个儿童都符合儿童福利（Child Benefit）的条件，儿童福利是指政府发给那些抚养儿童的人的福利。儿童福利登记处拥有所有符合福利要求的儿童信息，对于我们的调查总体来说，儿童福利登记处可以成为一个非常有用的抽样框。然而，走进它成了新的问题。儿童福利登记处是由北爱尔兰社会发展部（DSD）下属的社会保障机构（SSA）来维持的，它们很乐意帮助我们收回样本，我们决定先接触当年在 2 月过 16 岁生日的所有年轻人，总计大约 2 000 人。然而在 2004 年时，尽管 DSD 仍旧维持着数据库，但儿童福利的支付责任却转移给了税务局（Inland Revenue），因此要进入儿童福利登记处就需和税务局协商。这次协商花了 5 个月的时间，最终以筹建税收优惠（信息提供）（评估和数据研究)(北爱尔兰）规则（2004）而结束。

样本选择

获得允许之后，我们就能去挑选那些 2004 年 2 月所有过 16 岁生日的年轻人了。然而，由于对私人数据的使用存在数据保护规则，调查小组不能直接接触这些年轻人。因此，涉及调查的所有资料都由一家独立的调研组织处理。

DSD 给每个符合条件的年轻人写信，邀请他们参加这个调查。最初这封信寄给每个相关人员，并介绍了这个调查，也解释了 DSD 在这个项目中的角色，以及保证这个项目不会接触到样本中的年轻人的名字和住址。这封信在地址下面有一个独特的标识（带有核对字母），很明显地写着"你的身份编号"。YLT 项目团队发出一封非个人的信，给这次调查提供了更多信息，包括项目的目标，完成问卷的三种可能的方法，关于完成问卷的所有参与者有机会获得 500 英镑奖金的具体细节。包裹里还包括一份纸质问卷和已贴好邮票的回寄信封。

实地调查

实地调查（fieldwork）的时间跨度为 2004 年 8 月 25 日～9 月 24 日。每个符合标准的年轻人都收到了一份纸质问卷，他们可以通过以下三种方法来完成：

（1）他们可以通过电话参与，报出他们的身份编号和校验码。

（2）他们可以在线完成问卷，报出身份编号，进入YKT的网站，找到相应部分。

（3）他们可以完成寄给他们的纸质问卷，然后装在贴好邮票的信封里寄回。

一周后，那些没有以任何一种方式接触调查的参与者将会收到一个提醒的明信片。

回收率

发出1 983份问卷，收回824份完整的问卷，问卷回收率为41.6%。回收率如下：2005年为40%；2006年为39%；2007年为33%；2008年和2009年同为23%；2010年为21%；2011年为37%。

除了直接给每位样本成员直接发送问卷，他们还可以通过在线和电话完成调查。在2004～2007年，95%～98%的参与者选择了纸质问卷，成为最受欢迎的一种方式，电话是最不受欢迎的（低于1%的人选择这种方式），在线完成的方式的欢迎度有差异：2004年为2%；2005年和2006年为4%；2007年为5%。

资料来源：Dr Paula Devine, Deputy Director, ARK, Queen's University Belfast, written for this book.

在可操作性方面，如果没有合适的抽样框以从中选择样本，那么随机抽样方法就变得不适用。我们将会在后面更详细地介绍抽样框。另外，概率抽样，特别是对于面对面调研是很困难的，并且很耗时（不仅是提取样本方面，而且包括实地调查方面），成本高，电话调查就更直接和容易管理。如果在面对面调研中时间和预算有限，那么非概率方法（如配额抽样）就可能有效。在本章的后面我们会详细讲述不同的随机抽样或概率抽样和非概率抽样技术的内容。

专栏 8-2

示例：抽样技术的应用

概率抽样或随机抽样

- 描述性或解释性（结论性）调研问询；
- 一些要提供确定测量结果的调研，如销售额、市场份额、有用性、行为或态度的影响（如雇用、家庭花销、对社会或政治的态度或观点）；
- 电话调查。

非概率抽样

- 解释性的调研问询；
- 一些要提供指导的调研，如产品或服务的设计和开发、广告开发；
- 定性调研；
- 街头访问和厅堂测试；
- 在线调查；
- 缺少一个合适的抽样框；
- 总体难于接近。

8.2.3 确定样本容量

样本容量（sample size）是指样本中所包含的个体数量。样本容量很重要，特别是对样本测量的精度，但是它本身并不能保证结果的准确与无偏，如何选择一个样本（使用的抽样技术、抽样框）将会对其产生影响。

确定样本容量要考虑调查的本质和目标是什么，还要考虑基于调查结果所做出决定的重要性如何。与结论性研究相比，在探索性研究中的样本容量（定性或定量方法）可能相对较小。结论性研究的目的通常是得出总体特征的精确测量值，例如，25 ～ 34 岁使用某品牌所占的比例，因此这种情况下样本容量必须足够大，才能保证结果的准确。调查可能被要求能够提供一个结论性的证明，例如，比起 25 ～ 34 岁人群，16 ～ 24 岁人群更偏好某品牌，在给定的置信度下，能够对更广泛的总体进行准确预测，此时该例子中的样本容量就要足够大。如果我们知道样本测量要求的精度，或者是要求的置信度或置信区间，我们就可以算出需要的样本容量，我们将在抽样理论部分更详细地阐述这部分内容。

以何种方式分析调查结果也很重要。你可能需要在样本的特定子集中去分析或比较调查结果，如特定的年龄群、不同规模的组织或不同产业部门，因此要精确测量它们的特征就必须考虑这些子集的大小，以进行稳健性分析（robust analysis）。并且，还要考虑所需的分析方法，例如，当你计划运用多元统计分析的时候，你必须考虑到它对于样本容量的影响。在计划样本的时候，知道总体中意象群组的影响是很有帮助，它们可能会对决定整个样本容量和抽样技术产生影响。最后，在实际操作中，可能决定样本容量的最重要的因素是时间、预算和其他可用资源。一般来说，对于任何给定的抽样方法，样本容量越大，成本就越高。

8.2.4 确定执行步骤

一旦抽样方法和样本容量确定了，接下来就要考虑如何去实际实施该抽样过程，这包括要起草一个抽样计划，这个抽样计划包括以下几个方面：

- 对目标或研究总体的定义；
- 需要的样本容量；
- 使用抽样方法，包括以何种方式挑选抽样单位和个体；
- 如果有一个合适的抽样框，要具体描述该抽样框。

专栏 8-3

示例："生活与时代"调查（2010）的细节

- 目标总体：生活在北爱尔兰的 18 岁及以上人群。
- 所需样本容量：1 205 人。
- 抽样框：北爱尔兰政府的财务、人事部门和有私人地址的物业服务名单（以调查目的可以接近北爱尔兰的统计研究机构）。
- 抽样单位：家庭。

- 样本个体：18 岁或以上的个人；访问者列出了每个地址中可能被包含在样本中的所有家庭成员（如所有 18 岁或以上的人），从这份名单中，访问者借助计算机随机挑出一人来完成访问。
- 抽样技术：分层随机抽样。抽样框的地址按照行政区划分类，按照随机开始固定间隔的方法挑出地址，这种方法保证了样本可以根据地理因素有效地分层。
- 选择的抽样单位的数量：选择了 2 350 人，以提供保留地址。
- 列入范围的抽样单位数量：2 062 人（288 人不合格——空缺的、遗弃的或是商用物业）。
- 抽样 / 数据的收集程序：备选的地址；提前发送信件通知；在每个家庭随机挑出一人；计算机辅助面谈（CAPI）和自我完成（CASI 和纸笔）。
- 电话的数量：访谈者要打 5 个电话，被拒绝或其他信息显示访谈将不可实施才可以结束。
- 2 062 个地址的回复：1 205 个访谈；1 200 个完全合作；5 个部分合作；623 个拒绝；234 个无接触；回复率为 58%，拒绝率为 30%，无接触率为 11%。1 205 人中有 1 060 个属于自我完成，自我完成率为 88%。

资料来源：Adapted from Devine, P., Technical Notes (http://www.ark.ac.uk/nilt/2010/tech10.pdf). 允许使用。

8.2.5 检验所得样本

实地调查过程要保证抽样单位和个体满足样本标准。抽样和实地调查完成后，就要检验所得的样本，确保其符合样本要求。如果发现任何差异（比如高的无回复率、特定个体的表达不充分或过于充分等），就需要调整它们（例如，进一步实施抽样和实地调查或进行统计方面的操作）。检查重要的样本数据是否符合总体参数也很重要，信息是否可获得（如从一个最近的普查中获得），或者比照其他调查的抽样数据。这就是对样本代表性进行有效性检验（validation check）。

在项目的结尾，你应该记录关于计划样本和所得样本的所有重要信息，此例可参见"专栏 8-3"，可以在 www.ark.ac.uk/nilt/2010/tech10.pdf. 查看整个调查的技术报告。如果是机构或在线小组要求做调查，你就应该接到一个类似的样本报告，它能解释如何定义总体，如何接近挑出的样本，总样本（gross sample）是什么，怎样开始以及参与或合作率是多少，以及遗漏率为多少。相应地，例如在一个在线调查中，你想复制邀请和联系的信息，也想知道实地调查过程的具体细节，包括提醒和回访电话的数量、质量检验等。将样本、抽样过程和实地调查步骤这些信息记录下来是个很好的做法，对于以后调查项目的回顾和修订都很有用（会知道项目中的组成个体的整体质量），对于那些未来某个时点上再来重复这个调查的人也是很有用的。

8.3 抽样理论

在讨论不同抽样技术之前我们需要看一看抽样理论，它支撑着概率抽样。抽样理论是很重要的，因为它会帮助你理解一系列相关问题，包括精度、准确性、无偏性、置信区间以及推断统计检验（inferential statistical test）背后的原理，它也会帮助你区分概率抽样技术和非概率抽样技术。

8.3.1 专业术语

首先我们需要介绍更多的专业术语。在讨论总体时，例如，那些喝 A 品牌饮料的 18 ～ 24 岁人群或者是特定群体的平均收入，我们把它们称为总体参数（population parameter）。从样本中得出的用来衡量总体参数的相应的值，我们称为样本统计量（sample statistic），例如在调查 18 ～ 24 岁人群的品牌偏好时，样本统计量是指总体中偏好 A 品牌的人的比例。另一个例子，对金融服务组织实施一个调查，研究女性的平均工资，从样本中获得的平均值就是样本统计量，它是对总体参数的估计，也就是更广泛的金融服务组织中未知女性的平均工资。

调查的目的可能是为了提供这样的估值。需要记住的是，样本提供的结果只是对总体值的估计，基于随机抽样或概率样本调查结果的陈述总是概率陈述（probability statement），不能在样本数据的基础上宣称绝对可以知道总体参数的值。我们所做的只是依照有效的样本设计去保证样本可以在大多数情况和一定误差范围下准确地反映总体值。这就引入了抽样理论。

8.3.2 均值的抽样分布

你想知道瑞典家庭中个人食品的周消费量。你从家庭中所有独立的个体中随机挑选出样本，从样本数据中得出了食品周消费量的均值，然后你又挑出另外一个样本，得出食品周消费量的均值，你一直无限地重复这个过程；将所得的均值绘制点图，你将得到如图 8-1 所示的钟形正态分布图，这就是均值的抽样分布。

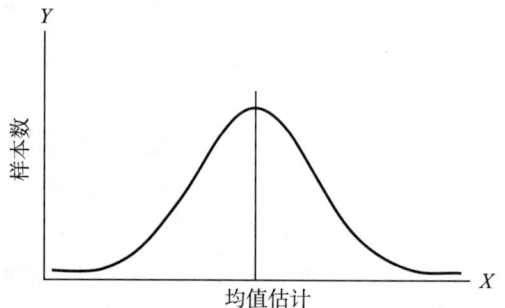

图 8-1 均值的抽样分布

1. 抽样变异性

图 8-1 显示，每个样本所得的值是不同的，同样的测量方法下有些样本会产生一些不同的值（本例中是指食品的平均周消费量），这种差异我们称为抽样变异性（sampling variability）。在实际调研中，我们不会通过持续重复测量总体中的样本去测一个值，通常我们只会通过一个样本，在该样本基础上来估测总体值。既然抽样分布显示了样本间的变异性，那么我们如何准确地知道我们所测量的样本可以反映真实的总体值呢？我们可以通过一个很简单的计算——均值的标准误差，它可以从一个至少由两个抽样单位组成的随机样本得到。

2. 均值的标准误差

均值的标准误差（standard error of the mean）是用来测量抽样分布的变异性的——从

每个样本中得到的测量值的变异性或差异，它是抽样分布的标准差，我们可以用它测出特定样本估值的变异性和精确度。为了得到均值的标准误差，我们必须知道总体的标准差（S）和样本容量（n）。这里有一些复杂，我们不大可能知道总体的标准差，因此这里我们用样本的标准差（s）来代替（见表 8-1）。

表 8-1　总体和样本值的符号

数值	总体	样本	数值	总体	样本
均值	μ	$\overline{x}$	标准差	S	s
比例	π	p	容量大小	N	n
方差	σ^2 或 S^2	s^2			

为了计算均值的标准误差，也就是测出样本估值的精确度，我们可以看到它取决于两个方面：样本容量和总体的变异水平，总体的变异水平用标准差来表示，这两个因素影响了精确度。对于样本容量，样本越大，得出的结果就越精确，计算标准误差的公式显示了精确度和样本容量之间的关系：增加估值的精确度和增加样本容量存在两倍关系，换言之，为了将标准误差减半，你要增加四倍的样本容量。总体的变异性对样本估值的精确度也产生影响。假如几乎没有变异性，比如瑞典的个人食品周消费量为 200 欧元，那么标准差和标准误差都将是 0，我们就可以说样本为总体提供了一个精确的估值。然而，如果食品周消费量为 50 ～ 500 欧元，那么标准差就会相对很大，标准误差也会很大，结果就是样本对总体的估计精确度太差。

👆 专栏 8-4

计算均值的标准误差的公式

适用于数值数据：

$$\text{标准误差}(\overline{x}) = \frac{s}{\sqrt{n}}$$

适用于百分比数据：

$$\text{标准误差}(p\%) = \sqrt{\frac{p\%(100 - p\%)}{n}}$$

8.3.3　置信区间

从图 8-2 中可以看到，均值的抽样分布很像一个正态分布。实际上，样本越大，抽样分布就会越接近于正态分布。正态分布有许多可以应用于抽样的特性。它是一个对称图形，50% 的观测或测量值位于均值之上，50% 的观测或测量值位于均值之下。如果按照标准差将正态曲线分成几部分，那么有 68% 的观测值的标准差小于 1；95% 小于 2；99% 小于 2.6。

如果抽样分布和正态分布很类似，那么我们就可以用正态分布的特性来获得一些关于样本估值的有用信息。首先我们要做的是，将标准差转化为标准误差，也就是 1.96 标准误差下，样本估值对总体均值的解释能力为 95%；在 2.58 标准误差下，解释能力为 99%。

换句话说，在 1.96 的标准误差下，样本均值能解释总体均值的概率为 95%；在 2.58 标准误差下，概率为 99%。

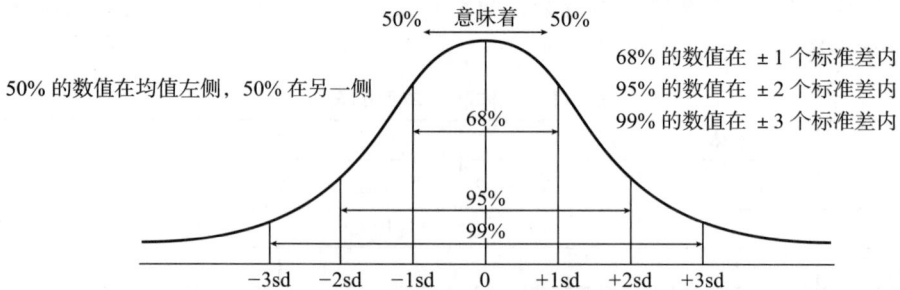

图 8-2 标准差的正态曲线

计算样本估值的精确度

这里举一个例子让它变得不那么抽象：假设你已经完成了关于瑞典家庭中个人食品周消费量的调查，你发现平均的周消费量是 250 欧元。首先你会疑问，这个估值对总体值的精确度如何？换言之，标准误差是多大？为了解决这些问题你就需要知道标准差和样本容量是多少。

要得出标准差，首先要计算方差（通过样本分布可以很容易得到），用每个观测值减去均值，本例中是指用于食物的花费，然后将得到的值平方（这是为了消除负值），相加后再除以样本容量的大小，得到的就是样本方差。将方差开方就得到标准差。要计算标准误差，要用标准差除以样本容量的开方值。如果不是均值而是百分比，计算会略有不同，例如，你想查看样本中购买 A 品牌的顾客的比例。

专栏 8-5

计算方差和标准差的公式

适用于均值

$$方差 s^2 = \frac{\sum(x-\overline{x})^2}{n}$$

$$标准差\ (s) = \sqrt{s^2}$$

适用于百分比

用百分比计算标准差：

$$标准差(s) = \sqrt{\frac{p\%(100-p\%)}{n}}$$

当然，你也可以使用计算机程序来计算这些值，在实际的调研中手动计算可能也不太实际。从这个公式中你也可以了解一些潜在逻辑。表 8-2 第二列表示 10 个样本家庭的食品周消费量（当然，实际情况中样本要大得多），第三列表示 10 个家庭的平均花费，第四

列表示实际花费与平均花费的差值，最后一列表示差值的平方。

差的平方和，也就是表 8-2 中最后一列的总值是 280，这里的样本容量是 10，因此方差为 28，标准差是对 28 进行开方，结果是 5.29。标准误差是用标准差（5.29）除以样本容量的二次方根（3.16），结果是 1.67。这个数据说明什么？说明在 68% 的置信度下，总体的食品周消费量实际范围是 250 ± 1.67 欧元（均值加或减去一个标准误差）。换言之，68% 的概率确定总体的食品周消费量在 248.33 ～ 251.67 欧元。也可以说，95% 确定标准误差范围为 250 ± 1.96（1.96 ± 1.67），也就是在 246.73 ～ 253.27 欧元。也可以说，99% 确定标准误差范围为 250 ± 2.58（2.58 × 1.67），也就是在 245.69 ～ 254.31 欧元。这种作用在值范围的限制叫作置信界限（confidence limits），误差的大小被称作置信区间（confidence interval）。

表 8-2　标准差运算表

抽样单位家庭	观测值（x） 周食品消费量（欧元）	样本均值（$\bar{x}$） 平均消费量（欧元）	样本均值离差（$x-\bar{x}$）	离差的平方（$x-\bar{x}$）^{2}
1	247	250	−3	9
2	253	250	+3	9
3	247	250	−3	9
4	248	250	−2	4
5	259	250	+9	81
6	242	250	−8	64
7	250	250	0	0
8	252	250	+2	4
9	244	250	−6	36
10	258	250	+8	64
合计	2 500		合计	280

也可以结合概率来看这个问题，可以理解为在多大概率上你的结果是正确的，这就涉及显著性水平的问题。如果你说总体食品的平均周消费量在 246.73 ～ 253.27 欧元，那么你的这个论断的正确概率为 95%（置信界限是 95%），错误的概率是 5%（这就是所谓的显著性水平）。如果你想更加确定你的论断，比如 100% 的确定（更高的显著性水平），这样你就设定了一个更广的置信区间，意味着误差范围将变得更大。

实施一项调研，在开始你可能想要说明你的样本测量值如何精确地反映总体值，例如，一份民意调查就是这样。换言之，你可能想说明可接受的置信界限和误差范围。例如，在对家庭个人的食品周消费量的调查中，你可能想把置信界限设定为 95%（这是一个在市场和社会调研中最常用的水平），并且想让食品周消费量的估值与总体值比，能精确到 1 欧元。问题是，为了实现这个目的，所需的样本容量是多少？"专栏 8-6"给出了计算样本容量的公式。

🖐 专栏 8-6

给定精确度，计算样本容量

95% 的置信区间意味着样本估值的均值标准误差为 1.96，所以 1.96=z。

样本标准差为 5.29，所以 s=5.29。

误差范围设定为 ±1 欧元，所以 d= ±1，d 表示需要的置信区间。

计算样本容量的公式为

$$n = \frac{z^2 s^2}{d^2}$$

$$= \frac{(1.96 \times 1.96) \times (5.29 \times 5.29)}{1 \times 1}$$

$$=107.5$$

$$=108（取整）$$

8.3.4　显著性水平和失误风险

显著性水平是指接受一个统计上显著或真实的差异的概率水平——不是由于偶然引起的，有时它们是指 p 值或 α 值。显著性水平是一个节点，在这个节点上，样本所得结果或统计值与偶然发生的总体期望具有明显差异，用随机误差或抽样变异值来表示，这个差异被看作真实的或统计差异。接受或拒绝原假设就取决于显著性水平。

8.3.5　如何确定显著性水平

最常用的三个显著性水平是 5% 或 0.05（有时被写作 p=0.05）、1% 或 0.01 以及 0.1% 或 0.001。在 5% 的显著性水平下，结果或发现偶然发生的概率为 5%，对于大多数的市场或社会调研项目，这是最低的可接受水平；1% 的显著性水平意味着你提高了标准，结果或发现偶然发生的概率为 1%；0.1% 意味着结果或发现偶然发生的概率为千分之一。换句话说，随着显著性水平的下降，你的结果将更可信（置信水平更高），所以显著性水平是为了判断结果，在一定概率下结果是正确的，同时也能知道它也有可能是错误的。选择怎样的显著性水平要取决于你能承受的从调研中得出错误结论的风险大小。例如，如果调查涉及为一个产品估价，那么最好将显著性水平设定为 $p = 0.001$，因为如果 $p = 0.05$ 的话，那么企业推出一个产品被市场否定所造成的影响将是巨大的。

8.3.6　Ⅰ型错误和Ⅱ型错误

每次当你要决定接受或是拒绝一个零假设时，你都面临错误的风险。有两种错误——Ⅰ型错误（α）和Ⅱ型错误（β）。如果你犯了Ⅰ型错误，那么你就拒绝了本是正确的零假设，比如一个无辜的人被看作有罪就是Ⅰ型错误；Ⅱ型错误是指你接受本是错误的零假设，比如一个有罪的人被宣告无罪。

犯第一类错误的概率要低于检验中的显著性水平（这就是为什么显著性水平有时被称作 α 值，这个值与 α 错误有关联）。如果你的显著性水平设定为 5%，那么你犯Ⅰ型错误的概率为 5%。你可以通过设定 1% 的显著性水平来降低犯第一类错误的概率，如果你降低显著性水平（实际上就增加了检验的说服力，并且将置信界限提高到 99%），那么你就会增加犯Ⅱ型错误的概率。

因此，在设定显著性水平时，你需要在这两种错误之间折中。如果犯Ⅰ型错误（接受了一个错误结论）的影响，要比犯Ⅱ型错误（拒绝了一个正确的结论）的影响更恶劣，那么就要设定一个低的显著性水平（比如0.1%）。然而，如果Ⅱ型错误的风险更大，那么将显著性水平设定为5%将会是合适的。如果想要降低这两种类型错误的风险，就需要增加样本容量。

所以，为了保证你95%确信你对食品的平均周消费量与总体值的差异不超过或低于1欧元，所需的样本容量为108。

在调查中我们也可以像处理平均值一样处理百分比，在可接受的误差范围内，给定特定的百分比来计算样本容量，这个计算公式是类似的。例如，在对食品周消费量的调查中，假如你要知道人们是否购买水果，你的预期是60%的人将会这么做，置信区间设定为2%，置信水平为99%，计算过程见"专栏8-7"。

🖑 专栏 8-7

用百分比计算样本容量

置信区间 $d\% = \pm 2\%$。

99%置信水平下的标准误差为 $z = 2.58$。

测算的百分比为 $p = 60$。

公式

$$n = \frac{z^2 p\% (100 - p\%)}{d^2}$$

$$= \frac{(2.58 \times 2.58) \times 60(100 - 60)}{2 \times 2}$$

$$= \frac{15\,975.36}{4}$$

$$= 3\,993.84$$

如果把置信水平从99%降低到95%，那么多大的样本容量才能实现2%的置信区间呢？降低置信水平意味着2 305的样本容量就可以实现2%的置信区间。如果把置信区间减半，也就是1%，置信水平保持不变，那么对样本容量将产生什么影响呢？这样你需要的样本容量就变成了9 220，换言之，如果保持置信水平不变，将置信区间减半就要增加四倍的样本容量。

在决定样本容量的时候，不仅要考虑总样本，也要考虑总样本下子集的样本容量，例如对一个调查来说，将男女分别考虑对于实现调查目的是很重要的，同样，对于一项服务也要考虑老顾客和偶尔购买的顾客。在给定的置信区间和置信水平下，你必须要保证这些子样本的容量足够大，以至于你可以得出正确的结论。

注意，为了便于解释说明，上述的所有内容都是基于简单的随机抽样方法，在现实的市场和社会调研中，样本设计要远比这个复杂，计算结果的误差范围以及置信区间也更加复杂。使用样本标准差代替总体标准差的时候，我们也做出了假设。

8.4 概率抽样方法和随机抽样方法

一个随机抽样或概率样本是指对于总体中的每个个体来说，被选中的概率是已知的且是非零的，随机抽样方法有很多种，从简单的直接随机抽样方法到更复杂一些的集群抽样方法。

8.4.1 简单随机抽样

简单随机抽样是这样的：假设总体是 1 000（也就是 $N=1\,000$）。总体可能包含的是一切有关调查的人或组织，在对总体进行挑选之前，我们知道每项被选择的概率都是 1/1 000，一旦样本被选出来，就不会再放回总体中，这就是不放回抽样（sampling without replacement），采用这种方法的目的是保证一个项目（如一个人或组织）不会被选择两次或以上，这和概率理论中的抽样有所不同，后者是一种有放回的抽样，在这种不太严格的随机抽样方法中（Kish，1965），从总体中挑选样本时，在下一次选择做出之前被挑出的个体又被放回原处。

在挑选一个简单随机样本时有两种主要的方法。第一种大家比较熟悉，就是像彩票里选择数字一样，总体中的每个个体都被一个球代表着，这些球被装在一个桶里，充分混合后，再随机挑出一个作为样本。第二种简单随机抽样方法是将总体中的每个个体编号，从 $1 \sim N$，通过一个随机数据表或计算机程序来挑出一个随机数字，"案例研究 8-2"就使用了这种抽样方法。

案例研究 8-2

手机和固定电话调查：你怎样获得样本

在案例研究 7-3 中，我们已经了解了对于固定电话和手机进行数据收集的差异，这里我们将再次探讨抽样中涉及的两种数据收集方法。

为何这个案例研究值得阅读

本案例研究值得阅读的原因：它解释了在对固定电话和手机的调查中，抽样是怎样完成的。

关键词：手机、固定电话、总体、样本、抽样方法、样本容量、抽样框、间隔 k、随机、选择性偏差、子样本、简单随机样本。

引言

对葡萄牙 15 岁及以上的人群分别进行两个相同的调查，一个是对使用固定电话的样本，一个是使用手机的样本。尽管在这两个调查中所使用的抽样方法是不同的，但它们都是随机的方法，这样就避免了选择性偏差的风险，并且保证了对这两个样本进行对比分析的有效性。设计的样本容量是一致的：两个调查者都访问 1 000 个对象。

对固定电话使用者的抽样

将葡萄牙电信目录作为抽样框，它列出了已经归类的所有号码，涵盖了葡萄牙全境并且定期更新。用抽样框中的总体量 N 除以需要的样本容量 n，得到了间隔 k，这样抽样框中的电话号码就被分为间隔为 k 的 n 段，再从每段中随机选出一个电话号码。

在固定电话样本中，访问是针对那些近期过生日的成年人或是当这个成人缺失的时候，访问当时能接触到的任何其他成年人。

对手机使用者的抽样

因为不存在手机号码的数据库，所以手机样本就没有列表的支持，另外，移动运营商对它们的号码系统很保密，不提供相关信息。手机号码有 9 位数字，前两位数字代表运营商，葡萄牙电信监管局提供了关于手机市场三大运营商划分市场份额的信息，据此我们可以将手机样本分为 3 个子样本。除两个前缀的数字之外，手机号码由 7 个随机数字组成，选择方法就像从一组数字中挑出的简单随机样本，并不是所有的数字都用于人们的电话号码。在手机样本中，访问对象是那些接听电话的人，尽管只有 15 岁及以上的才符合条件。

随机产生一个手机号码的样本，意味着你要花费大量的时间用于筛选出那些被使用的电话号码。在我们的研究中，11 617 个手机号码中有 6 872 个都是未被使用的（也就是59.2%是没有使用的，然而对于固定电话来说，这个数字只有26.3%）。根据 Marktest（一个调研机构）所说，拨号并等待直到确定电话无人接听的时间估计是 15 秒（平均），这意味着筛选出 6 872 个无人使用的号码需要花费近 28 个小时，而固定电话样本只花 4.5 个小时。

资料来源：Adapted from Vicente, A., Reis, E. and Santos, M. (2009) 'Using mobile phones for survey research: a comparison with fixed phones', *International Journal of Market Research*, 51, 5, pp. 613–33.

8.4.2 系统随机抽样

系统随机抽样是简单随机抽样的变异，总体中 1～N 的个体按照一定的规则排序，我们决定所需的样本容量（n），然后用总体容量（N）除以样本容量（n）算出抽样间隔（k），从总体的随机列表中挑出每个 N/n 的个体。例如，现在有 6 000 个总体，需要得到的样本为 200，我们算出的抽样间隔就是 30（6 000÷200），从 1～6 000 这个列表上每隔 30 个随机抽出一个个体，直到我们获得 200 个样本。这种方法之所以叫作系统随机抽样，是因为在挑选样本时使用了系统，使用这个系统意味着抽样间隔和随机抽取的起点将会决定样本中哪一个个体将会被抽到。例如，如果抽样起点是 37，一个 30 的抽样间隔决定了下一个抽取个体将会是 67，之后将会是 97、127 等，直到 200 个抽样单位都被抽取完成，所以下一个抽取对象取决于上一个对象——每个选中的个体都独立于总体中的其他个体。

如果用于抽取系统样本的列表是随机排列的，那么系统抽样所得的结果将类似于简单随机抽样的结果。然而，如果列表是以某种方式排列的——例如，姓名按照字母顺序排列，职员按照工龄排序，或是学生按照考试成绩排序——这样的话系统样本就会更好，因为它的跨度横穿了整个列表。但是，当列表存在内在模式或是进一步细分为各类型的时候，就会出现问题。例如，一项服务的用户和非用户单独位于列表上，或是一个偶数的抽样间隔将会遗失奇数项；或者，如果列表上的个体根据分组和抽样间隔的大小以某种方式分组，那么某些组可能就会遗漏或是不能被代表。这样，系统抽样方法就不能产生一个很好的样本。

由于一些操作性原因，使用简单随机抽样或系统抽样可能不能实现，在许多市场和社会调研中，目标总体的列表可能难以获得。尽管计算机和数据库的出现让这个过去的问题不再那么严重，尽管可以获得总体，但对所有个体进行编号也是很困难的。

8.4.3 分层随机抽样

分层随机抽样（stratified random sampling）是调研中运用最广泛的一种抽样方法。对市场或社会的调研项目中，在对总体进行抽样时，很可能我们知道一些关于总体的特征，它们可以提高样本的质量并提高所得结果的精确度。例如，总体是员工，我们可能知道每位员工的工龄，我们就可以利用这个信息保证样本中每个工人级别都能被合适地呈现。为了实现这个目的，我们必须把总体分成相关的小组或层次，例如，把它们分成级别1、级别2、级别3等，在这里，员工的级别就是所谓的分层因子（stratification factor）。选择什么分层因子取决于你认为与调研目标最相关的因素是什么，从每一层我们分别来选择一定容量的样本——使用简单随机抽样方法或系统随机抽样方法。

按比例和非比例分层抽样

如果在每一层中使用系统抽样方法来抽取样本，并且你从每一层中选择的样本单位与每一层的大小是成比例的，这就叫作按比例分配（proportionate allocation），对于每一层使用同样的抽样间隔将会产生一个等比例分配，得到一个按比例分配的分层样本。简单来说，就是在样本中每一层所占的比例与它们占总体的比例是一样的。

如果出于一些原因，你想要样本中特定的某层被更多地或更少地表达，那么你就可以使用非比例分配（disproportionate allocation）。例如，需要去调查总体中低发生群体的观点，实现一个利于分析的稳健样本的最好方法就是确保样本中的该小组或分层比起总体来说是过多被表达的。为了获得这样一个非比例分层样本（disproportionate stratified sample），就要对每一层使用不同的抽样间隔。有一种方法在B2B调研中经常运用，叫作最优分配（optimum allocation），它的抽样单位——组织，在容量上存在差异，并且你想确定对于更大的组织来说，它们占了更大的比例。使用最优分配的统计理论，总体中每一层容量的抽样比（如小、中、大的组织）可以计算出来，这样就能产生一个最优的样本（在给定成本下产生最小的抽样误差），可能最后得到的抽样情况是1/40的小型组织、1/20的中型组织、1/10的大型组织和1/5的超大型组织。

🔘 **案例研究 8-3**

"了解社会"项目的一个样本

卡特里娜·劳埃德（Katrina Lloyd）博士针对"了解社会"项目（Understanding Society, US），描述了怎样选择样本。

这个案例研究为什么值得阅读

本案例研究值得阅读的原因：它描述了包含在纵向调研设计之中的抽样程序。

关键词：样本组调查、代表性样本、分层、随机样本、原始样本成员、回答率、减员、激励。

引言

US 开始于 2009 年，替代并类似 1991 年就开展的"英国家庭样本组调查"（BHPS），这个调查每年都跟踪相同的代表性样本个体，主要目标是为了追踪英国个人和家庭年度的变化。

调查设计

由于每次的调查波动，数据的收集持续了两年多之久，这个调查力图访问每个家庭中的所有成年人（年龄在 16 岁及以上），并且 10 ~ 15 岁的孩子也被邀请每年去完成一份年轻人的问卷，直到他们到了 16 岁成为成人小组的一部分。

样本

第一轮数据收集的新样本——第一波，包括整个英国大约 29 000 个家庭，为了提升样本，有 5 000 个家庭是来自少数民族群体的。BHPS 的样本在第二波的阶段被嵌入 US 中，成为其中的一部分。在英国，用来自邮编地址档案（PAF）的分层整群样本来挑选地址。在北爱尔兰，从估价和土地机构（Valuation and Lands Agency）的名单中获取地址，这个私人地址的完整名单被分为三大地区——贝尔法斯特（北爱尔兰最大的城市）、东北爱尔兰和西北爱尔兰，从每一层里选出随机样本。

在第一波中，应答家庭中的每个人（不论他们的年龄大小）都被包含在原始样本成员（OSM）里，所有的 OSM 都作为以后调查的一部分样本，在后续的波浪中被跟踪，尽管他们可能已经脱离了最初的家庭。如果他们和非 OSM 组成新的家庭，那么这些人也将成为样本的一部分，称为暂时样本成员（TSM），直到他们脱离出 OSM 的生活，否则他们一直都是样本的一部分。

一般家庭样本中第一波的回答率为 58%，少数民族样本的回答率为 52%。在回复家庭中，大约有 41 000（82%）个 16 岁以上人参与，而少数民族样本的回答人数约为 6 000（72%）。VS 中的 BHPS 样本的回答率为 79%。总之，在 US 调研的第一轮数据收集阶段，约有 57 770 个大于 16 岁的成人受访。

减员是样本组调查中不可避免的结果，当成员死去、移民或拒绝后的调查都会造成减员。US 研究用了很多激励措施来保证拒绝处于最小值，包括给每个参与家庭发放优惠券，向所有受访家庭发报告，让他们大致了解之前调研的重要结果。大约有 75% 的 16 岁以上的合格受访者很好完成了第一波的访问，并且也参加了第二波工作，对少数民族来说，相应的数字为 63%。

资料来源：Dr Katrina Lloyd, Queen's University Belfast, written for this book.

8.4.4 整群抽样和多阶段抽样

总体可以经常被分为群组，例如，全国总体可以按行政区、州或地区、选区、监管和邮编区等来划分，组织也可以按照部门来划分等。在抽样战略中，我们可以利用这些自然的集群，如果不存在这种自然的集群，那么也可以创造出一个，比如对地图进行人为的分割。

在一个大城镇调查总体对于公园发展的态度时，你首先可能按照选区来获取样本（行政区包含的街道相对较少），然后从每个选区的家庭中提取样本。这是整群抽样的例子——家庭，抽样单位，都在选区内被集合在一起。在对个人进行访问之前，也可以增加更多的阶段，可以针对每个地区挑出特别的街道。

👆 专栏 8-8

如何挑选个人？ 下次生日原则和基什网格法

当访问的合格对象多于一个时，为了确保每个人都有大体相同的被选概率，就可以使用"下次生日原则"（the next birthday rule）——选择下次生日的个人，或者是使用基什网格法（见表 8-3）。

表 8-3　基什网格法举例

联系的序列	符合要求的人数						联系的序列	符合要求的人数					
	1	2	3	4	5	6 或更多		1	2	3	4	5	6 或更多
1	1	2	1	4	3	5	5	1	2	2	1	2	3
2	1	1	2	1	4	6	6	1	1	3	2	3	4
3	1	2	3	2	5	1	7	1	2	1	3	4	5
4	1	1	1	3	1	2							

多阶段抽样（multi-stage sampling）是指首先选择一个样本群组，如一个选区或一个部门，然后从每个群组中挑选样本。第一阶段的群组叫作初级抽样单位（primary sampling units，PSU），如果每个 PSU 里的抽样单位都聚合在一起，那么这个样本就叫作整群样本（cluster sample）。在多阶段抽样时，没有必须要以整群开始——第一阶段的群组可以是非常分散的。

比起样本非常分散的简单或系统随机抽样，从每个目标总体的集群中抽取样本更加节约成本，整群样本中访问者为了完成一项访问花费的行程时间会更少。但多阶段抽样有一个弊端，那就是比起简单随机抽样或分层随机抽样来说，它的标准误差更大。每一阶段都可能引入抽样误差，结果就是比起使用单一阶段的概率抽样，样本估值可能准确度稍差。

概率与容量成比例抽样

PSU（如选区或是组织）很可能在容量上有很大的差异，在随机选择这些 PSU 时，每个被选择的概率都相同，例如对于一个小型 PSU、一个拥有 50 000 个顾客的小型组织，在同一个市场上它被选中的概率和拥有 100 000 名顾客的大型组织是相同的，这可能会造成一个不具代表性的样本。如果大型的或小型的组织都被选为 PSU，那么在第二阶段中，50 000 人的小型组织中任何人被抽样的概率都要大于 100 000 人的大型组织。可以对这两个不同规模的组织使用同样的抽样间隔来解决这个问题。例如，可以通过 500 的抽样间隔获取小型组织的 100 个样本，获取大型组织的 200 个样本。这种方法可能不令人满意，对于分析小型组织的不同的顾客子群体来说，这种方法不能获取足够的样本容量，这里可以运用以前重点分析过的非比例分配的方法。

另一种解决方案是按容量大小成比例的概率抽样（sampling with probability proportional to size，PPS）。用这种方法，PSU 是按照它们容量的比例来抽取的。例如，大型组织的规模是小型组织的两倍。因此被选中的概率也是后者的两倍。在抽样过程的第二阶段，从每个 PSU 中抽取同样数量的个体，这样从总体上来看，每个个体被选到的概率是相同的，不论它们所属的 PSU 的规模是大还是小。所以，在我们的例子中，每位顾客被选到的概率是相同的。

使用 PPS 的优势在于，比起 PSU 中在第二阶段使用恒定抽样间隔的简单随机样本，PPS 能产生一个标准误差更小的样本（或是精确度更高）。尽管使用 PPS 的样本中出现了更大的 PSU，但第二阶段的单位抽取数量却是固定的，所以它的"成员"不大可能控制整个样本。这种方法唯一的瑕疵就是为了设定容量比例概率，我们必须获得精确的和及时更新的 PSU 的容量大小。

8.4.5 抽样框

选择一个随机样本就需要一个抽样框。抽样框可以是一个数据库、一个列表、一个记录、一张地图——能够确定目标总体所有个体的东西。挑选公众样本的例子包括选民登记、邮政地址档案或者是"案例研究 8-1"的儿童福利注册。例如，顾客数据库——属于客户，最近在市场调研中也被经常使用。以调研目的使用一个数据库时，数据库所有者必须在《数据保护法案》（1998）（参见第 9 章）下通知信息委员会办公室，并且使用顾客数据库也会带来和顾客隐私相关的道德问题。《MRS 行为规范》为调研者处理这个问题制定了一些规则。

一个有效的抽样框必须是精确的、完整的和最新的，这样才能从中抽取能代表意向总体的样本。1936 年《文学文摘》的民意调查是使用不当抽样框的最著名和引用最多的例子（回复率只有 22%，这个数字也含有水分）。这本杂志的调查预测，美国的总统大选，阿尔夫·伦敦（Alf London）将会获得压倒性胜利，战胜时任总统富兰克林·罗斯福（Franklin Roosevelt）。事实上，罗斯福以史上最大差距获得了连任。该民意调查的 1 000 万人的样本有两个来源：汽车登记和电话清单。记得吗？ 1936 年，当时美国的大萧条仍旧带来很大影响，选择一个富人（那些能够买得起车和电话的人）占多数或穷人占多数的样本框就造成了一个偏差样本。

联系实际，样本框必须是容易获取的、方便使用的，并且包含了你需要的足够的信息。基什（Kish，1949）确定了抽样框的四大主要问题：遗失项、个体集群、空白或外部个体，以及重复。

1. 遗失项

遗失项（missing elements）是指属于总体的但未在抽样框中出现的个体。检测一个抽样框是否有遗失项通常是很困难的，一个不完整的抽样框意味着从里面抽取的样本将不能代表总体。一种解决方法是找到关于同一总体的其他信息来源，再进行比对或结合。例如，一个牙医的列表可以从专业协会那里获得，也可以从期刊或杂志那里获得。如果列表不完整——有些牙医没有订阅，这个列表还可以根据电话号码簿上给出的牙医列表来核对。

2. 个体集群

抽样框列出的个体可能不是个人，可能是组群或个体集群（clusters of elements），比如相同地址中的人。在牙医的例子中，没有列出单个的牙医，样本框可能列出的是牙科诊疗。一个牙科诊疗可能是一个牙医，也可能是多个牙医。我们怎么对待这种情况呢？这里有一些选择：

- 包括样本集群中的所有牙医。缺点：在相同诊疗实践中的牙医其态度、年龄等都很类似。
- 从集群中随机选择一个。缺点：这意味着总体中的所有个体被选中的概率是不同的。
- 从抽样框的所有集群中抽取样本，列出每个个体，然后从这个列表中再随机选择。注意：集群样本必须要足够大，并且要设定一个合适的抽样间隔，以保证最终样本中的每个个体来自不同的集群。

3. 空白或外部个体

一个抽样框中可能会包含并不属于抽样框的个体，这样的个体被称作空白（blanks）或外部个体（foreign elements），它们的发生很可能是由于样本框陈旧。例如，在样本框编制和使用期间，列表上的人可能已经去世、退休、出国，或者是不能再被当作意向总体的一部分了，抽样框就可能比意向总体涵盖了一个更广的总体范围，这样就包括了那些与目标总体并不相关的个体。例如，对于获取牙医样本，一份牙医杂志的订阅者名单可能是一个有用的抽样框，但是它也可能包括了非牙医，如牙科设备销售人员、牙科技师或牙科护士。

获取样本时对待空白和外部个体的最好方法是忽略它们，继续以适宜的方式挑选样本单位，而不是用下一个个体来替代它们，这并不是一个合适的方法。这种方法意味着空白或外部个体的下一个个体有两次机会被选择，一次是作为它自己本来就有的机会，另外一次就是作为空白或外部个体的替代。

4. 重复

样本框中一个个体可能会重复，出现不止一次。例如，在一个订阅者的名单中，如果一个人订阅了两种或多种产品时，他可能会出现两次。当样本框被电子程序操作，那么重复这个问题就变得很容易解决，一个去重复程序可以消除一个个体的重复出现。

8.4.6 处理无回答

当样本中的个体没有回答时就会产生无回答误差，在调研中这是个很重要的问题，它引起了对样本代表性和数据有效性的深入关注，如果回答者和无回答者有很大差异，那么样本所测的数据就会有偏差。

无回答的主要原因是拒绝、"不在家"或"无法联系"。好的问卷设计和调研管理（包括培训访问人员、提前通知、管理联系文本和介绍，特别是针对在线调查、后续跟踪，使用适当的激励措施等）可以降低拒绝率。有两种主要方法来应对"不在家"这个问题：改变联系的时间（周末和工作日、白天和晚上），回访电话或再次拜访。也可以通过替代无回答者来解决无回答这个问题。对无回答者抽取一个样本（并且用结果去预测无回复者），可以帮助理解回答者和无回答者之间的不同，并且可以对最后的样本做出相应的调整。

8.4.7　抽样框的例子

对于选择家庭和公众成员的样本，在英国应用最广泛的抽样框是邮政地址档案（PAF）和选民登记册，一些商业组织专门从事从 PAF 和选民登记册中设计样本。对于 B2B 调研，抽样框的来源包括就业普查名单（英国）和工商行名录，如康帕斯（www.kompass.com）、邓白氏（www.dnb.com）、英国黄页（www.yell.co.uk），以及 TLS 数据（www.tlsdata.co.uk）。

8.5　半随机抽样方法

在上述的所有抽样方法中，访问人员并没有参与为访问或观测选取主题，样本完成了这个任务，访问者的工作就是把握住这个主题，这可能是个费用很高的过程，特别是面对面的调查。产生样本，对每个访问者拜访的地址列出清单，然后完成实地调查，这个过程是很耗时间的，并且成本很高。削减时间和成本的一个方法是使用半随机抽样，也就是熟知的自由路径抽样或随机漫步（random walk），这样也可以避免给予访问者更大的决策权来选择地区、家庭或个人（这会引入选择误差），这个方法不包括用于从抽样框中抽取随机样本所花费的时间和费用。使用多阶段分层随机样本会得到一个随机开始地址的列表，例如，为了保证不同大小的城市、乡村或城镇都被很好地混合，每个访问者给定一个随机地址进行第一个访问（并且会有选择家庭中哪个人的指导），随着起始地址的访问，访问人员还会被给定一系列指令去挑选下一个访问地址。

正如随机抽样方法那样，被选择的对象没有替代对象，因此为了实施一次访问，可能要进行多次回访，这可能意味着在实地调查成本方面，几乎是没有差别的。为了达到节约成本的目的，回访可能适合基于配额的方法，我们接下来就会学习配额抽样。

8.6　非概率抽样方法

使用随机抽样方法并不总是可行的，时间和成本可能会有限制，样本框可能难以获得，或者是调研的类型不需要进行随机抽样。在这部分我们会学习概率抽样的对立面——非概率抽样（probability sampling）方法。非概率抽样中，访问者或观测者对于样本个体的选取进行一些控制，我们不知道一个项目被选中的概率，也不能用概率理论来推断基于样本的总体，也不能计算样本估值的精确度。

配额抽样

在定量市场调研中，定额抽样是一种广泛应用的抽样技术。在大多数市场中，调研者或客户对于目标总体都有深入的了解，特别是关键变量和特征，这些知识可能来源于第一手和第二手资料，包括顾客数据库、地理人口特征、国家普查数据和其他调查研究。在设计抽样框时，这些信息将会反映出总体的重要特征。例如，一项对英国成人总体的年龄、性别和社会经济群体等因素进行的调查需要一个全国性的代表性样本，基于这些特征就可以草拟出一个抽样框或配额，将配额分配给访问者，他的任务就是挑出符合特征的个体来完成配额。

设计一个配额样本时，你有两个选择：一是独立配额抽样，二是相互控制配额抽样。在一个独立配额抽样中，访问者可以自由选择符合配额标准的任何人，独立于其他任何标准，没有要遵循的指令，例如在一个特定的年龄组中，男性回答者的数量，或是在每个社会经济群体中女性的数量。例如，在 18 ~ 34 的年龄配额中，我们假设个体将会被随机抽取，但是访问者可能会选择女性而不选择男性，这可能会导致出现一个不具代表性的样本，很可能访问者在每个年龄群组里按性别选出了一组，按社会经济群体选出了一组。表 8-4 给出了独立配额控制抽样的例子，独立配额控制抽样的优势在于它们更易被设定，访问者更易获得，与相互配额控制抽样比较起来更经济；劣势在于由于访问者在挑选过程中权限过大，所以并不总是能获得一个代表性的样本。

表 8-4 独立配额控制抽样的例子

特征	目标总体的比例（%）	必要抽样数目
年龄		
18 ~ 34	30	120
35 ~ 54	35	140
55 及以上	35	140
性别		
男	48	192
女	52	208

资料来源：虚构数据，仅用作图表示例。

当访问者被要求去挑选一个符合多种配额控制抽样的个体时，例如，有很多女性在每个年龄组和每个 SEG 中，这个配额就叫作相互控制配额，表 8-5 给出了相互控制配额抽样的例子。设计一个相互控制配额抽样要比设计一个独立配额抽样困难得多，访问者去实施时也更加困难和耗时，然而它能限制选择偏差，所以对最终的样本构成有更多的控制，样本就更能代表总体。

表 8-5 相互控制配额抽样的例子

	18 ~ 34 岁		35 ~ 54 岁		50 岁及以上	
	男	女	男	女	男	女
购买者	30	30	50	60	30	25
非购买者	20	20	50	40	20	25
合计	50	50	100	100	50	50

在对顾客调查设定配额时，最常用的总体特征包括年龄、性别、社会阶层、地区、工

作情况，以及直接关系到调查研究的特征，例如一个特定产品或品牌的购买者或非购买者。在一项调查中，如果抽样单位是一个组织而不是人群，那么配额控制可能包括组织类型或行业、组织规模（员工数量或营业额）或地区。配额样本的质量取决于两个因素：随机程度或偏差程度（受访问培训、简介、不同访问时间和地点的影响），以及配额控制依据的信息是否准确和及时更新。设定配额控制时选择哪个特征要取决于调查目标，要选择与调查目标相关的特征。在很多情况下，配额抽样类似于分层抽样，在了解总体的基础上我们可以将它分层，并且决定每层我们需要的比例来保证样本反映总体。分层抽样和配额抽样的最主要区别在于选择个体（或项目）来满足配额上。在分层随机抽样中，这些项目是被随机挑选的，访问者的任务就是开展访问，尽管这意味着要完成许多回访，如果一个个体不能接受访问，也不存在替代。在配额样本里，个体（或项目）特征是由配额所指定的，但是不指定特定的个体。访问者的任务是访问那些符合配额标准的人，而不是随机挑选的特定人。如果一个人不能接受访问，可能会回访，但更可能的是，访问者会寻找其他满足标准的人，换言之，对于配额样本，最终抽样单位的选取并不是随机的。

随机地点访问适用于室内访问，这是一种更纯粹的配额抽样，这种抽样形式可以降低访问人员选择访问的地点的偏差，它结合了随机抽样（特别是多阶段抽样）和配额抽样，是为了获取两者的优势（Crouch and Housden，2003）：概率样本的随机性（客观性）；配额抽样的节约时间、成本和易于管理的特性。

它的工作原理大致如下：

- 你有一个地区清单（例如，来自英国普查地区中的"小范围"）。
- 你可能想要通过地理区域或邻里类型来对这个清单分层，为了保证代表性，使用地理人口分类系统（参见第5章）来进行分层。
- 从这个清单上随机选择地区样本。
- 在这些小范围区域中选择采样点。
- 给每位访问者一个包含所有落在采样点的地址的列表。
- 给访问者一些关于在访问期间访问人数以及访问谁的配额控制（配额控制可能是基于年龄、工作状况、性别和地区概况一致等因素）方面的指令。
- 访问者可以使用所有分配好的地址来完成配额，但当在某处完成访问时，相邻住户则不能被使用。
- 你可能想要让访问者在一周或一天的特定时间工作，这样就可以使访问到工作的人的概率最大化。

这个方法的优势有以下几点：

- 你可以使用一个抽样框来覆盖整个地理人群。
- 你可以利用对总体的认知（来自普查或地理人口分类系统）来设计样本和设定配额控制。
- 在你选择的抽样点范围内，你可以通过设定配额控制来实现配额控制标准的代表性。
- 在一个分配的地区内，你可以通过加强访问者对受访者挑选的严格程度来降低偏差。

- 对于没有在工作的人（也就是访问时有更大可能性是在家里）可以通过适当地改变实地访问次数来降低偏差。
- 你可以通过准备一个详细的访问说明和给出一个全面的简介来确保这种方法被很好地执行。
- 这种方法能够节约成本——由于是小范围，所以相对节约了行程时间。

这种方法的劣势在于：

- 由于是非随机样本，所以不能运用随机样本的特征：
  - 不能计算出抽样误差；
  - 不能计算出测量值的精度水平；
  - 不能对数据进行置信限制。
- 如果你对数据使用了推论统计检验（这是完全不合适的），你就必须更谨慎地去解释你的结果。
- 对于配额设定的变量来说，尽管样本可能具有总体的代表性，但对于其他关键变量来说可能就不具有代表性（对于其他变量，不大可能去判断存在什么偏差）。
- 进行访问时，这种方法更适合对那种地址密度很高的城市地区进行抽样，在农村地区就会比较耗时。

换句话说，是否使用这种方法取决于你在成本和方法严谨程度之间的权衡。因为这是一种非概率方法，所以对于一个能反映总体的样本来说，是不知道其精确度的。然而，比起随机抽样，它能够节约成本，而且因为样本是精挑细选的，所以也会降低偏差。

调查实施后，对随机抽样和配额抽样的结果进行比对，结果是不同的（Marsh and Scarbrough，1990）。然而，许多调研机构认为（根据往常经验），配额抽样可以产生一个更有质量和代表性的样本，特别是如果在最后的挑选阶段小心地去限制偏差，在这个阶段，要注意保证那些难找的个体，比如那些工作中的、经常旅行的都被包含在了样本中。一个设计良好的概率或随机样本应该能在各个方面对目标总体有代表性；一个设计良好的配额样本可能只反映配额要求的那些总体特征，对于其他特征可能并不具有代表性。对于概率样本我们能测出其代表性水平，对于配额抽样却不能，甚至不能测出它可能存在的偏差。

配额抽样之所以在市场调研中受欢迎有很多原因。与随机方法比较起来，它们开始和执行以来比较快，节约成本，也可以避免回访，这样就节约了访问者的行程时间和花销。当抽样框不存在时，配额样本就成为一个现实选择。然而，如果调研项目要求最后的调研结果要以统计理论做支撑，需要从样本推断总体，这时候概率抽样就成为唯一选择。

8.7　在线调研抽样

如果你正在进行在线调研，你可能会有自己的样本来源并从中获取样本。然而，你也可能需要或想要去购买一个样本。如果是这样的话，那么你肯定想买一个拥有良好质量的样本。一个样本质量的好坏或者说它是否是有效的和可信的，取决于它是怎样构建起来的，这对于任何项目来说都很重要，对于在线调研更为重要，因为样本构建是一个非常复杂的过程——如果你要购买一个样本或使用在线可访问群组，这可能是一个隐蔽的过程。

在线调研中的样本生成有多种途径，以下列出了几种：

- 数据库（如顾客记录、直销名单、顾客样本库）；
- 电子邮件、网络清单或名录；
- 从网络上获取的电子邮箱地址（在网站上使用弹出窗口或邀请）。

也可以使用网络拦截对在线调研进行抽样，这个过程也叫作河水抽样（river sampling），拦截的形式可能是网页上的横幅广告或弹窗。也可以使用网站上的"路由器"来建立样本，路由器是一种软件，它把那些符合标准（例如，满足年龄需求或者他们是某种产品或服务的使用者）并且愿意接受调查的人，放置在一个特定调查的样本名单中。使用路由器来为调查的样本名单配置人员可能会为样本带来偏差，你必须要弄清路由器分配一个人时的依据是什么——是人，是潜在被调查者，还是从中选择的调查名单？名单是怎么样决定的？潜在被调查者的选择有多少？分配实际上是怎样进行的？例如，一个人符合四项调查的条件，路由器只把他分配给两项调查，对于另两项调查的样本来说，可能存在偏差，因为这个人尽管符合条件，但他被排除在了样本名单之外。

以这种方式产生样本就必须要弄清样本中存在什么偏差。供应商知道会存在潜在偏差吗？谁来管理和审核这种分配？在适当的地方用来防止或最小化偏差的保护措施是什么？对于一项调查，如果运用数据库或联络名单来生成样本，你就需要知道这么做是否被允许。这些名单上列出的信息是否能被允许以调研目的来使用？如果你可以使用数据库或联系名单，它们与调查的相关性有多大？是否是及时更新的呢？除了调查，它们还被用于其他目的的活动吗？例如，如果它被用作营销的目的，当你为了调查去联系这些人的时候，它们可能会拒绝参与，因为其他以营销为目的的活动已经联系过他们。如果样本来源多于一个数据库或名单或来源，那么重复性问题被审查过吗（为了防止同一个人出现多次）？为了消除重复有没有运行去重复程序？

如果一个样本的原始来源超过一个，就必须要去审查，以确定样本中的个人信息是一致的。例如，在一个样本中有关于个人的资料信息，如收入、产品使用特性或最近的行为，你就必须检查这些信息，确保它们是以相同的方式收集和测量的。如果挑选调查对象，例如，在选择过程中一个关键特征是他们对某产品的使用情况，一年前调查受访者的使用习惯，一个月前调查使用习惯时，询问一个稍微不同的问题，提问的措辞差异和时间差异同样可能使样本存在偏差。这些信息在你挑选样本或决定样本供应商时就必须要知道。如果样本供应商使用了多种来源，你就会由于它们被集中在一起，并且可以通过检验来确保它们对你的研究目的是有效的而感到高兴，如果你想要重复你的调研，你可能就会想要知道未来如何才能重复调研过程以实现持久的有效性。

当然，你也会想要知道样本中的个体是怎样被选取的，它们是被随机选取的吗，也就是说这个样本是一个概率样本还是一个非概率样本？对于任何一个项目来说，这都是一个基本问题——它决定了你对数据的分析类型，也决定了从样本中能否对总体做出推断。

如果你利用的是一个可访问样本库，你会想知道它是怎么招募这些成员的，是怎样管理的，应用了什么质量控制，在你所需的时间范围内它是否能满足你的样本容量的要求。

仍旧有其他一些你可能会问的问题以确保你购买或使用的样本是高质量的，对在线调研来说，关于购买优质样本有一个很棒的指南，在 ESOMAR（www.esomar.org）这个网站上有一个文件叫作《在线抽样 28 问》（2012 年 5 月），下面是它涵盖的一些内容：

- 公司为市场调研提供在线样本的经验；
- 使用在线样本来获取受访者；
- 如何接触到那些不太上网的群体；
- 获取目标总体的代表性样本的步骤；
- 调查邀请过程（包括命题的提出，对项目自身的介绍）和使用的邀请类型；
- 参与的激励类型；
- 数据质量检验的责任和程序；
- 恳求调查的限制（恳求调查就是个人多久一次能接触到参与调查邀请，他们是否回应该接触）；
- 调查参与的限制（也就是个人多久一次可以参加调查）；
- 受访者身份确认程序以及对欺骗性受访者的探测；
- 企业的隐私政策以及如何告知受访者；
- 数据保护和数据安全的措施。

📬 本章总结

- 抽样是关于无偏误地尽可能精确地挑选个体，以此来收集数据。在市场和社会调研项目中，这些个体通常指个人、家庭或组织，尽管也可能是地方、事件或经历。
- 制订抽样计划是调研过程中最重要的环节，包括定义总体，选择合适的抽样技术，确定样本容量和准备抽样说明。
- 有三大主要的抽样方法：概率或随机抽样、半随机抽样和非概率抽样。
- 随机抽样方法包括简单随机抽样、系统随机抽样、分层随机抽样和多阶段整群抽样。抽样或概率理论支撑着随机抽样。
- 利用抽样框来选取样本。抽样框可以是一个数据库、列表、记录、地图——可以确定所有目标总体中个体的形式。一个有效的抽样框能够使你获得具有总体代表性的样本，它必须是精确的、完整的和及时更新的，它必须是容易获得的、方便使用的、包含了足够信息的。抽样框涉及的问题有缺失项、个体集群、空白和外部个体以及重复。
- 样本容量是指样本包含个体数量的多少，它与样本估值的精确度有很重要的关系，但是它本身并不能保证结果的精确和无偏，挑选样本的方式（使用的抽样技术、抽样框）决定了结果的精确度和无偏度。样本容量的大小取决于研究需求的本质和目的、基于调研结果的决策的重要程度和分析要求（特别是对样本中的子样本）。样本容量要足够大，这样所得的结果才能有一定程度的可信性，如果样本估值的精确度、置信水平或置信区间是已知的，就可以通过计算得到样本容量的大小。决定样本容量时，时间和预算限制也是需要考虑的因素。

- 配额抽样是非概率抽样中应用最广泛的方法，在市场调研中很流行。设计抽样框的时候会依据目标总体的主要特征，抽样框要反映这些主要特征的总体构成。访问者做选择时的随机程度以及配额控制的精确度和更新状况决定了配额样本的质量。
- 好的概率或随机样本应该能在各个方面反映目标总体（因为是随机的）；好的配额抽样只能反映配额规定的目标总体的特征——在其他方面可能不具有代表性，对于配额抽样，我们不能计算其代表性程度，甚至不能测出可能存在的偏差。
- 如果在在线调研中你想购买样本，你就应该询问样本供应者关于样本是如何构建或生成的，因为这会影响样本质量，进而影响调研质量。

➡ 问题与练习

1. 讨论以下内容在定量调研中对收集的数据质量的贡献：
   a. 抽样方法；
   b. 回答率。
2. （1）比较以下两种抽样方法：
   a. 分层随机抽样；
   b. 配额抽样。
   （2）你的客户是政府机构，它想要实施一项调研以帮助其做出一个饱受争议的政策的决定，不论决策是什么，都要经过严格的审查，因此调研结果需要能代表更广泛的总体，这一点是很重要的。你会给它推荐两种抽样方法中的哪一种？说出你的理由。

第 9 章
Chapter 9 ··

问 卷 设 计

□ 引言

问卷是主要用于定量调研的结构化数据收集工具。本章主要讲述问卷设计的原理。本章将探究为什么问卷设计重要；考察问卷设计的有效性（效度）和可信性（信度）；讨论问卷的计划和设计过程，包括解决与不同问卷类型和数据收集方法相关的问题。本章结合案例讲述了问卷设计过程，另外还提供了一些来自真实问卷中的问题和答案范本。本章有助于读者获取知识和技巧，以确认一个项目所需的信息，设计出一系列问题以收集这些信息。在第 11 章，我们将会探讨在定性调研中使用的弱结构化数据收集工具，你可能会发现本章中我们提到的一些问题与定性数据收集工具的设计也有关。

□ 本章主题

- 问卷设计的重要性
- 问卷设计过程
- 问题内容
- 问题编写
- 问题结构
- 问题顺序
- 排版与外观
- 问卷长度
- 试验性研究

□ 学习目标

- 理解问卷设计的原理
- 开发收集有效而可信的数据的工具
- 理解一系列收集和记录数据的方法中数据收集工具的优势和局限，并且评估数据收集工具对于一个给定的调研背景的适用性

9.1 问卷设计的重要性

好的问卷设计举足轻重。简单来说，有效的调研和高质量的数据依赖于它，这就意味着问卷设计不仅要能够契合调研目的，即收集有效及可信的数据来切实解决调研问题，更要能够实现现实任务，如数据收集、数据处理和分析。问卷在帮助访问者收集和记录有效

准确信息和帮助受访者提供准确完整可信数据方面扮演着重要角色。问卷必须是一个对访问者、受访者和数据分析者都可操作的、用户友好型的工具，同时它对于向更大的范围展示调研和调研领域具有重要的作用。

专栏 9-1

专业实践与《MRS 行为准则》：问卷设计

问卷在调研过程中扮演中心地位。因此《MRS 行为准则》和问卷设计有着密不可分的关系。

B2 所有任务和项目中成员的书面和口头保证都必须是真实准确的，并且需要由成员担保。

B3 成员必须采取合理的程序设计出客户认可的细节化的调研。

B4 成员必须采取合理的程序设计出符合客户认可的质量标准的调研。

B14 成员必须负责任地确保：

- 数据收集过程与调研主旨相符且给客户合理的建议。
- 问卷的设计和内容适用于被调研者。
- 受访者能够以他们想表达的方式表达观点，提供信息，包括"不知道"或"不愿意说"。
- 受访者不被引导至某一特定观点。
- 回应答案可以被清晰无误的解读。
- 采集的个人信息是相关的，不是过量的。

9.1.1 问卷设计和数据质量

有很多种方式可以导致调研的过程中出现错误，一个糟糕的问卷设计就是其中之一。这里有一些例子：

- 一个设计糟糕的问卷会导致受访者产生不愉快的经历和对于调研和调研领域不到位的理解，这会导致受访者不愿意继续参加后面的调研。
- 一个糟糕的调研介绍或展示会导致普遍的无回答情况和样本代表性差的问题。
- 不加考虑的构想不具备衡量功能的问题意味着数据是无效的。
- 不合适的或无关的内容会产生不准确或不可信的数据。例如，受访者参考范围外的问题，或者是受访者不熟悉领域的问题，或者是过度依赖受访者记忆来提供准确答案的问题。
- 用词糟糕的问题（使用暧昧、模糊、困难、不常用或专业性的语言），会被误解、误读，或是不同的人产生不同的解读造成数据的不可信和无效。
- 结构糟糕的问卷（困难、敏感或私人问题过早出现在足够的铺垫之前），会导致受访者拒绝回答或不完成问卷。
- 糟糕的问题排序会导致次序偏见，或者是前面的问题对后面的问题形成干扰。

- 过长的、无聊的和重复性的问题会导致受访者失去回答或提供准确回应的兴趣。
- 一个过长的问卷会导致应答疲劳、兴趣丢失，继而产生低质量数据；过短的问卷可能导致没有足够的问题予以铺垫，使得有关数据无法被收集。
- 不好的或描述糟糕的访问者须知或受访者须知，会导致回答和记录的错误。
- 糟糕的排版会导致受访者放弃填写或完成问卷，也会导致记录和数据处理时出现错误。

9.1.2 效度和信度

柯克（Kirk）和米勒（Miller）于 1986 年提出：理解这些概念的含义的一种方式是对于温度的测量。设想一下，我们有两个温度计：将第一个温度计放置于沸水中，且每当度数显示为 82℃时，它给出了可信的测量值（前后连续），但是却不是有效的（它并未量出水的真实温度）；每次当我们把第二个温度置于沸水中且温度计显示在 100℃左右时，这个温度计便提供了有效的测量，但并不可信（因为每次我们得到的具体数值都不一致）。

1. 效度

我们在第 2 章提到调研设计背景下的内部有效性和外部有效性的概念。内部有效性也是问卷设计中的重要概念。在问卷设计背景下，它是指特定测量项或问题在调研中能够测量所需变量的能力。有三种测量效度：

- 结构效度（construct validity）是关于这个问题在测量什么，这与问题如何构成有关。为什么我们要这样编写问题？是基于什么观念？
- 内容效度（content validity）是关于问题测量调研要测量的数据的适用性，这比结构有效性更加主观。
- 标准效度（criterion validity）是关于一个新的测量项或问题与已建立并行之有效的测量项或问题之间的协调性，或者是一个问题与其他涉及有效测量调研课题特征或态度的问题的协调性。

2. 信度

信度（reliability）是指调研结果的一致性。如果我们重复调研，或是针对不同的访问者展开调研工作，我们能否得到相同的结果？完全的信度依赖于我们每次调研都处于相同的条件状况，这在现实世界里是很难实现的，我们必须接受可信的结果也在一定程度上存在误差。在设计问题和把它们共同放入问卷时，在训练访问者如何整理问卷时，要牢记我们需要的是可信的数据。有许多方法可以衡量问题的信度：

- 测试 / 重复测试法（test/retest method）因为信度是指一个问题在相同条件下产生结果的相同程度，一种保证其信度的方法是用同样的方法在相同的受体上再次测试。这种方法存在一些问题，会使信度降低，因为重复测试并不独立于原始测试。这些问题如下：
  - ◆ 重新集合同样的样本，创造相同的条件。例如，测试和再次测试之间可能会发生一些事导致受访者改变了他们的想法；

◆ 对同样的受访者在多种情境下问相同的问题，受访者可能会失去兴趣，导致他们的回应不同，或者他们会想起以前的回答，然后完全重复原来的回答。

● 在多种形式选择法（alternative forms method）中，同样的人群同时回答两种形式不同但功能相同的问题。根据受访者的回答检查两种测试方法是否具有相关性。高度的相关性会体现出两种测量方法是在测量相同的事物。然而，设计一对功能相同的问题是很困难的，所以我们很难分辨两种问题间有多大的差异是由非信度或是由本身的差异造成的。

● 对半法（split-half method）是一种形式可转换性的测试，是应用最广泛的信度测试。对半法并不像测试 / 重复测试法衡量一个问题经久不变的程度，它衡量调研的内部一致性。对半法将样本分割成两等份，并将可选择的测量方法应用于每一半，每一半得出的结果由相关性测试来检测。

9.1.3 问卷设计和受访者

访问是一个社交过程。不管问卷和访问是如何组织构成的，访问者和被访问者都会进行互动。即使是单独完成的调查问卷也会存在一个幕后的调研者与问卷填答者的间接互动。访问是一种被访问者乐意、有兴趣并且能够参加进来的一种对话，问卷能够促成这个过程。在设计问卷时，你需要考虑如何开始对话，用什么措辞来展开话题和问题，如何收尾。

1. 访问介绍

访问的介绍是十分重要的，它具有社交功能，为互动奠定了基础，在最短时间内提起被访问者的兴致和注意；它还具有道德功能，为访问建立基本规则，建立有关匿名原则和保密原则的重要道德性和专业性保障；自愿参与和许可（包括透明度）；还有对参与者的无害性。访问介绍奠定了访问的基调。普利斯顿（Puleston）提出，在线调查经常由受访者阅读一大段文字（电话访问或面对面访问中，访问者对被访问者说的话）作为开始。在试验中，普利斯顿发现，不足一半的人充分阅读介绍部分的文字。然而，当这些信息被分割为多个小部分，当它讲述一个故事，包含幽默或图片时，受访者会花更多时间来参与调查，这样产生的回答更具代表性。因此，无论何种形式的问卷，编写者与受访者互动和探讨数据收集方法的介绍是很重要的。

所以，无论什么风格的问卷，访问介绍都应该清晰地罗列出以下几点：

● 调研的目的与主题领域。有时候调研设计要求调研目标必须被掩盖，如果是这种情况，根据《MRS 问卷设计指导》（2010）中的建议，问卷的介绍并不用准确地解释其调研目的，但需要真实地阐释调研课题领域，这种解释不能误导受访者，否则调研者就会违反《MRS 行为准则》B17 条规定。

● 访问是否会被记录、监控和观测。根据《MRS 行为准则》，访问者必须告知被访问者访问是否会被记录、监控和观测。

● 填完整个问卷需要多长时间。《MRS 行为准则》提出，当被询问时，填写问卷所需时间必须被告知。然而，在介绍中直接列出这一项是更加合理的行为。为了得到被访问者的同意，令其知晓这项任务的所需时间是尤为重要的。调研显示，缺乏这一项的陈述会影响数据的收集和受访者对调研的态度。

- 为什么受访者被选中来参与调研，他们是如何被选中的。如果使用一串人名来选出样本，比如一个客户数据库，你就必须告知受访者来源。《MRS 行为准则》B7 条规定指出，必须在合理的时点告知这样的信息。也许介绍部分就是合理的时点。
- 进行调研的组织、合同细节和参与访问的访问者。
- 被访问者的参与是自愿的，他们可以拒绝回答任何问题，或是在任何时候退出访问，以及如果他们愿意，可以立即销毁所提供的部分或所有信息。
- 在在线调研中，你必须陈述组织的特别规定（你可能甚至需要说出参与调研的客户的规定和统计调研结果的机构的规定）。
- 如果完成调查有相应奖励，则需要在问卷介绍部分写明并提供一个链接。

《MRS 行为准则》中关于调研介绍部分的规定在“专栏 9-2”中列出。

专栏 9-2

专业实践与《MRS 行为准则》：问卷介绍

B7 当要使用一些名单时，比如客户数据库，如果有需要，名单的来源必须在访问的合适时点进行说明。这个过程比客户的隐私匿名权更重要。

B15 如果访问过程需要被记录、监视和观测，受访者必须在被招募和访问开始前被告知。

B17 受访者在被要求合作参与时不应被误导。

B18 受访者有权在一个项目的任何阶段退出。

B21 访问者在与受访者清楚沟通时必须明确以下几点：

- 访问者的名字（访问者的身份证件必须当面出示）；
- 确保整个访问过程都遵从《MRS 行为准则》；
- 访问的受众；
- 访问的目的；
- 访问可能持续的长度；
- 受访者可能需要承担的成本。

B22 受访者不应迫于压力参与调研。

“专栏 9-3”中给出了关于调研中介绍的两个例子，其中一个是面向儿童的调查，一个是面向商人的调查。你自己的组织或你的客户可能会有经修改以适应每个项目的标准化的介绍。

专栏 9-3

示例：访问介绍

面对儿童的在线调查介绍

以下内容是一个面对小学最后一年 10 ~ 11 岁儿童的调查简介。它被写成一个问题和答案的序列，被制成一系列鲜活的幻灯片。文本以卡通的形式展示，使用不同的颜色和卡通式的字形，还被男孩和女孩两个配音演员念出来。有"开始""下一步"按钮，每页幻灯片最下端有"返回"按钮。请看"ARK 生活与时代"的动画版网页 http://www.ark.uk.kit/children /indruduction.html，获得参与许可包括三个步骤：首先，校长要批准学校能够参与；其次，小学生的监护人、家长要同意他们的孩子参与并且告知学校；最后，问卷开始时，小学生要被征求是否参与的意见。

你好，欢迎来到"儿童的生活与时代"调查网站的孩童区

> 开始

"儿童的生活与时代"是什么？
是奥斯特皇后大学每年组织的对北爱尔兰 P7 地区的每个人的调查。

> 下一个
>
> 返回

这个调查给 P7 地区的儿童一个说出他们对学校的看法，以及其他对他们来说小学最后一年重要事情的机会。

> 下一个
>
> 返回

每个人都参与吗？
每个在 P7 地区的人都被邀请参加，但他们要不要参加取决于自己。

> 下一个
>
> 返回

有些参与进来的儿童说这个调查给了他们用有趣的方式表达自己的机会。
孩子们不用写出自己的名字，所以没人知道这些应答者是谁。

> 下一个
>
> 返回

被提出的问题是什么类型的？
问题都是关于儿童想法的，不存在对与错。问题每年都变，包括儿童对学校的感觉，对朋友、对生活的感觉。每年，参加调查的儿童可以建议下一年应该提问的问题。

> 下一个
>
> 返回

这是因为调研者想要确保"儿童的生活与时代"中涉及的内容是对儿童重要的事物。

> 下一个
>
> 返回

谁来查看儿童所给出的答案？
当调查结束后，调研者会将结果发送给成年人，他们决定了小学如何运作，以及决定着其他影响儿童生活的方面。

下一个

返回

如果有儿童不想回答一些问题怎么办?

如果有儿童不想问答一些问题,他们可以直接跳过。如果你想看调查问卷的整体,可以点本介绍最后的"调查问卷"按钮。

下一个

返回

我怎么才能看出儿童的真正想法?

每年的调查问卷结果都可以在"comic"中查看,如果你想看记录,可以在本介绍最后点击"comic"按钮。

下一个

返回

谢谢观看本介绍。

更多信息请点击以下按钮:

重新开始

动漫

调查

资料来源:ARK. Kids' Life and Times Survey, 2011. ARK (http://www.ark.ac.uk/kltwww.ark.ac.uk/klt). Used with permission.

面对企业样本的电话访谈的介绍

"早上/下午好。我的名字是(名字),我来自 XYZ 调研机构——我们是欧洲顶尖的调研机构。我们在对该(话题)进行调研。这个调研已经委托给 ABC 服务公司,它们决定对调研做出调研报告。作为本领域的一个组织,我们想要和您谈谈。我们从(来源)得到了您的详细信息。调研将持续 20 分钟左右。您的回答会得到最认真严谨的处理;您的名字和组织的名字不会被泄露。当调研完成后,我们会发给您一份调研报告。"

2. 访问结语

如上所述,访问是一个社交过程、一种对话,给它一个适当的结语是必要的。在单独完成的调查中,你可以以一种让他知道调查行将结束的方式作为结语。举个例子,你可以写上一句话,比如"现在后面只剩几道问题了",这在在线调查中很常见。除了这样的结语,还可以加入进度条或其他的进度提示来显示受访者当前处于问卷中的什么位置,以此告知他们调查即将结束。用开放性的问题作为问卷结语也是一个好方法,它保证了受访者有对主题和问卷本身评价的权利。如果你觉得需要邀请受访者参与更多的调研,你必须寻求他们的同意来联系他们。如果合适的话,你可能会想告诉受访者接下来会发生的事情(比如有没有调研的第二阶段)。你可能会想重申(相关内容可能在介绍部分已经出现过)

受访者提供的数据是如何被应用和存储的，你可能会想提供任何必要的合同细节（如调研机构）。最终，问卷的结尾应该对受访者花时间参与调研致以感谢。

9.1.4 问卷设计和调研感知

"问卷是调研的前线工作"，这是公众对调研的感知，尤其是对市场调研。问卷和负责问卷工作的访问者是调研工作的大使，访问者不应该投放任何设计糟糕的问卷。随着应答率的下降，现如今调研者在准备一份易理解、易管理或易填写（或讨论指南）的问卷时，要比以往负更大的责任。问卷应该涵盖与受访者相关的问题，它应该整体上能够引起受访者的兴趣。涉及时间、问卷难度、话题敏感性这些问题时，不能让填写问卷成为受访者的负担。

调研体验应该用来加强调研工作的可信度、高标准和专业化。有效问卷设计可以保证不破坏后继调研的路径。我们将会在这章的后半部分更细致地讲述问题的措辞、问题的顺序和结束访谈的方式。

9.2 问卷设计的好处

总的来说，好的问卷设计在多方面有重要的作用。

对数据质量来说：
- 传递更加有效可信的数据；
- 使无回复最小化，鼓励并保持参与度；
- 使误差最小化——问题误差，应答、记录误差，数据处理误差等。

对访问者的工作来说：
- 让工作尽可能的直接；
- 使提问问题和记录的误差最小化。

对受访者的体验来说：
- 获得并保持兴趣，乐意参与调查；
- 使填写问卷变成享受的过程；
- 使填写问卷尽可能简单。

对分析者的工作来说：
- 使得数据处理和分析精确有效。

对调研的感知来说：
- 建立调研的框架；
- 提升调研的专业性和可信度；
- 提升公众对调研的支持度。

9.3 问卷设计过程

问卷设计是在对调研问题系统严格地审查和对所需证据的清楚理解之后形成的。对问题的内容、措辞、顺序的决定要基于以下考虑：

- 调研问题是什么？
  - 问题背景；
  - 问题定义；
  - 调研目的；
  - 应用哪些数据。
- 以何种研究类型来解决调研问题？
  - 探索形；
  - 描述形；
  - 因果关系形或解释形。
- 需要测量哪些想法、概念和变量？
  - 内容；
  - 定义和提示。
- 什么样的数据是合适的？
  - 定性的；
  - 定量的。
- 从谁身上收集数据？
  - 目标人群或样本。
- 什么数据收集工具是最合适的？
  - 观察；
  - 访问；
  - 访问者管理或独自完成；
  - 面对面或电话，邮寄或在线。
- 在哪里收集数据？
  - 大街上 / 购物中心；
  - 受访者家中；
  - 受访者工作单位。
- 怎样获取回应？
  - 纸和笔；
  - 电脑（台式电脑、笔记本电脑、PAD、手机）；
  - 录音或录像。
- 限制条件有哪些？
  - 时间；
  - 预算。
- 如何分析回应？
  - 电脑；
  - 人工。
- 如何提出问题？

过程概述

问卷设计过程的目的是将调研目的转化成有意义的问题，以及集合这些问题以形成有效的可应用的问卷。一般有以下几个步骤：

- 想清楚哪些确实是你需要测量的问题；
- 编写问题；
- 决定问题种类和回答形式；
- 把问题进行有效的逻辑性排序；
- 设计排版；
- 测试草稿版本；
- 修改草稿并制成最终版本。

9.4　问题内容

问卷的目的是收集有效可信的、可以用来解决调研问题的数据。设计一份问卷（或一个讨论指南）的首要任务是弄清楚调研目的，即信息需求，并且弄清楚究竟需要测量什么。

如果调研目的不够清楚，就有必要花时间弄清楚。不弄清问题所要传达的信息是不可能设计出一份有效问卷的。有些探索性的调研可能需要从目标人群的角度（通常不同于调研者的想法）理解主体，并需要弄清楚用怎样的言语去讨论这个话题。探索性的工作时常涉及二手资料（如过往调研的话题）的回顾和正式或非正式的定性调研。探索阶段的特性及程度依赖于调研的主题，以及你对其熟悉的程度和可利用的时间、资源。

9.4.1　标准问题

一些问题与调研目标直接相关，它们决定某人参与调查的可行性和参与调查的人的特征和情况。在消费者或社会调查中，这些分类问题可能会包含有关年龄、婚姻状况、工作情况、社会阶级、家庭收入和家庭财产等。在 B2B 调查中，时常会包含诸如询问有关组织、职称和员工数量的问题。另外，尤其是在消费者调查中，可能经常会有一些问题有关意识（关于产品、服务、品牌、广告）、购买行为、使用情况和满意度等。对于这些常见问题，有一个固定的标准模板可以套用，所以无需每次专门设计问卷。使用标准一致的问题不仅使得准备问卷变得简单（并且这些问题被应用和测试过数次，因此更加有效），而且这些统一的问题模板使得你方便在不同阶段甚至不同话题间对比回答结果。这对于你融合不同调查数据结果也是至关重要的。调研和客户组织可能有它们自己的标准版本以供查阅。"专栏 9-4"里有一些被用于政府调查的常见问题的标准版本范例，这些范例是由英国国家统计局（ONS）的专家编写的用来对特定主题进行信息收集的标准方式，将其称为"统一概念和问题"。你能从 ONS 的网站下载范例：http://www.ons.gov.uk/ons/guidemethod/harmonisation/primary-set-of-harmonised-concepts-and-questions/index.html.

专栏 9-4

示例：标准化的问题

婚姻状况

Q.2 你是：

单身（没结过婚）	1
已婚，和爱人住在一起	2
已依法注册登记的伴侣关系	3
已婚，但和爱人分居	4
离婚	5
鳏寡	6
自然的——在法律上承认民事伴侣关系，并与伴侣分开	7
自然的——以前是民事的伴侣伙伴，民事的伴侣关系现已依法解除	8
自然的——民事伴侣中幸存的一个：对方已经去世	9

家庭收入的改变

Q.6 回头看看去年，你的家庭收入……（读出来！）……

相比物价水平降低了	1
与物价同步涨跌	2
比物价上升得快	3
不知道	8

资料来源：ARK. Northern Ireland *Life and Times Survey* 2010, www.ark.ac.uk/nilt. Used with permission.

认知、购买和使用

Q.2 这些卡片（展示卡片）中的哪些品牌你听说过？

Q.3a 想想你上次买的（产品名），你买的是什么牌子？

Q.3b 你最经常买的是什么牌子？

Q.4 下次需要（产品名），你有多大可能或多大不可能购买 X 品牌？

肯定会	1
可能会	2
可能会也可能不会	3
可能不会	4
肯定不会	5
不知道	8

筛选和合格问题

由于客户的保密原因或者是你觉得所选样本人群不具代表性，你可能会将他们排除在调研领域外。例如，在洗发露的广告预测试中，你可能会排除那些在头发护理或美容产品行业工作的人，以及在营销、广告、公关、记者行业工作的人。你可能还需要一系列问题来决定某个人是否能够参与这项调研。例如，如果你需要访问一些组织的代表时，这些组织的顾客是一般公众（消费者市场），而不是其他企业（B2B市场），你就需要纳入一个问题来决定。"专栏9-5"给出了相关的例子。

👆 **专栏 9-5**

示例：筛选和合格的问题

Q. 你或你家里人在以下领域工作过吗？（展示卡）

市场调研	1	
广告	2	结束
记者	3	
公关	4	
市场营销	5	
石油公司	6	
汽车店或车库	7	
都没做过	8	继续

Q.1 我在做针对汽车驾驶者的调查，请问你有驾照吗？

有	1	继续
没有	2	结束

Q.2 你家里有车开吗？

有	1	继续
没有	2	结束

对一些话题，设计的问题可能会显得非常直接。话题可能是熟悉的，你也许会用标准的或者以前研究测试过的问题。然而，有一些东西是很难测量的。在这种情况下，就需要弄清意义并清楚地定义所需测量的变量，这样才能使得设计的问题和解读回答的方式不存在模糊不清的现象。

9.4.2 弄清含义：概念、定义和指标

清楚理解被测量的事物（观念或变量）意味着对某概念或变量的定义达成一致观点。这一步骤应该在设计问卷开始前发生（最好是在问题识别和调研设计阶段），这样才能清楚所需测量的事物。例如，思考一些简单的问题，如受访者的年龄——是要测量受访者在接受调查时的年龄还是上次生日时的年龄？再如，受访者的家庭情况。你想知道受访者的住房类型吗，他住的是平房还是公寓？或者，你想知道他房屋持有状态吗，是房东还是租客？

1. 概念与概念化

在一些案例中很容易就可以确定所需的测量变量，也相对容易得到一个确切的定义。然而，有些案例却并非如此。例如，如何确定性别歧视的发生率。在做出决定之前，你需要定义"性别歧视"这个词汇，需要一个名义上相对抽象的概念，然后用一组具体的"指标"来详细说明。这个从抽象到具体的过程被称为概念化。

2. 定义

如何才能确定一个可用的定义？例如，你可以使用正式或非正式的定性调研，询问目标群体的成员性别歧视对他们意味着什么；你可以查看其他人采用的定义（通过二手资料收集）。无论你使用什么方法，最终结果是对你设计的问题要测量的数据充分了解，或是对你设计的一系列问题中的任何字词要描述的观点（或变量）都充分认识。大众对性别歧视的认知定义基本为"一种性别生来优于另一种性别"，或者"一些角色、工作更适合于一种性别"。

3. 指标

一旦对概念有一个清晰、统一的定义后，下一步要做的就是设置一系列具体的"指标"。这些指标将用于测量概念的一个问题或一组问题。要从抽象的概念进入具体的指标，你可能需要考虑概念的维度。你可能会觉得自己对性别歧视的性别角色定型方面（强调特定角色或工作更适合于一种性别的人的观点）感兴趣。你可能会在这条路上走得更远，发现自己对与家庭责任或工作角色相联系的性别角色定型更感兴趣。在做这些决定时，你会对调研目的和"为什么你会对考察性别歧视情况最感兴趣"这样的问题进行回顾。例如，你可能对与工作相关的性别角色定型测量感兴趣是为了给员工设计传递平等意识的课程。那么你将如何确定性别角色定型的指标呢？再次强调，相关文献回顾和探索定性调研会对你有所帮助。与工作角色相关的指标可能包含"男人更适合与物理学相关的职业，或是更不适合涉及孩子的职业"的观点。"生活与时代"（2000）在（参见"专栏9-6"）给出了基于指标的问题的设计。

🖐 专栏 9-6

示例：关于职业的问题

Q.2 你认为以下职业只适合于男人还是只适合于女人，还是既适合男人又适合女人？

	只适合男人	只适合女人	都适合	不知道
保姆	1	2	3	8
消防员	1	2	3	8
小学老师	1	2	3	8
助产士	1	2	3	8
前线战士	1	2	3	8
居家照看小孩	1	2	3	8
牧师或公使	1	2	3	8
秘书	1	2	3	8

问题设计完成并不意味着任务结束了，下一步是要考虑如何解读对问题的回答。什么样指标的回答会揭示或被理解为受访者倾向性别角色定型？你可能首先需要确认什么样的角色被视为传统男性和传统女性。例如，消防员、前线士兵和牧师或公使——男性；保姆、助产士，那些待在家里照看孩子的人，还有秘书——女性；小学老师——男性或女性均可。你可能会设计一个得分系统，高得分意味着对性别角色定型（对男性，只委任传统男性工作；对女性，只委任传统女性工作）的高倾向性，低得分意味着低倾向性。在报告出性别角色定型的发生率时，你应该让读者不仅了解你是如何定义这个概念的，以及你是如何测量的，而且了解你是如何分析和解读数据的。这是十分重要的，因为你可能会因为使用了对性别角色定型的另一种不同定义、不同的指标、不同的分析和解读数据方法而产生不同的结果。

9.4.3 探求含义

调研越是结构化（数据收集工具也越结构化），严格探求我们赋予测量对象的含义越是重要。在一个结构化的（定量的）项目中，我们设计出一系列在数据收集阶段不能被轻易修改的问题；在非结构化的（定性的）项目中，我们可能会从一个概念的意义和维度去考虑。调研的目的可能是去理解一些受访者的思维框架，或者是去修订或重新定义这些概念，将其运用于以后更为结构化的调研中。无论是什么目的，我们都必须在设计问题之前对要调研的概念有清楚地认识，否则我们从问题中获得的数据不是模糊的就是毫无意义的。

现在我们既然知道了我们需要测量什么，那么我们必须想想如何才能最好地编写问题。我们需要将确定的概念和变量转化为有意义的、客观的问题来测量所需测量的事物。另外，我们需要设计出受访者乐意并且能够回答的问题。

9.5 问题编写

编写问题时要能够确定你可以得到有效可信的数据。为了达到这样的目的，每个问题都应按以下要求编写：

- 它能够测量所要测量的；
- 它对受访者来说是有关联的、有意义的；
- 它对受访者来说是可接受的；
- 访问者和受访者都理解它；
- 它是按你计划的方式解读的；
- 它是以相同的方式被受访者解读的；
- 它可以引出精确、有意义的回答；
- 回答意思清晰、不模棱两可。

9.5.1 编写有效问题

受访者必须在看到或听到一个问题时充分理解你在问什么。那么你在编写有效问题时需要记住什么？下面是一些基本规则。使用简单直接的话语，积极而非消极的语气，简单而非复杂的句子。避免出现令人费解的句子，例如，在过去几个月，你是否在假期（拜访朋友和亲戚不算）里出国待过 4 天以上？避免使用消极语气的问题，例如，主题为种族主义的公众讲演不应被允许，你支持吗？你支持以下出现的决定并非政府的职责这种说法吗？避免使用并列词的问题，即避免在一个问题中询问两个问题，例如，你喜欢使用电子邮件和网络吗？你觉得这篇文章有趣且具有教育意义吗？

问题（陈述或定义）越短越好，奥本海姆（Oppenheim）建议 20 个字。如果一个或一串问题需要一个介绍，应该在问卷的新章节开始部分设置，并使其不超过 30 个字。

使用简单、日常的词语，例如，用"生活"而不用"居住"，用"开始"而不用"起始"，用"商店"而不用"零售折扣店"。避免使用行话、专业术语，除非合适的情况，要理解你的目标人群。避免缩写，不是目标人群中的所有人都理解。避免使用不易读的字或词。使用准确、具体的词语而非抽象词。合适的情况下，要解释你的例子为了说明什么，或者对问题中出现的名词、概念进行清楚定义（参见"专栏 9-7"）。

🖐 专栏 9-7

示例：定义和参考时期

Q.17 请回顾过去 12 个月你的身体状况如何。对比一下你的同龄人，你的身体状况……（请只在一个□内打钩）

非常好□ 不错□ 一般□ 不好□ 非常差□（不能选）□

Q. 除了像婚礼、葬礼和洗礼之类的特殊场合，你现在多久参加一次宗教类活动？

Q. 你有长期的病症、残疾或不适吗？长期是指影响你已久或很可能影响你很久。

Q. 有些人有额外的家庭负担，因为他们要照顾病人、残疾人或老人。你是否和需要特殊照顾的病人、残疾人或老人（比如生病、残疾或老的亲人、妻子、丈夫、伴侣、孩子和朋友）住在一起？

确定一个具体的参考期——考虑具体精确度需要与调研目的相关的要求、询问的用法或行为的种类，以及受访者应该能记得的事物。例如，你可能会问受访者多久去一次剧院。你可以有很多种问法。避免使用"定期地""频繁地"这样的词，因为他们对不同的受访者意味着不同的频次。给出像"从不""几乎不去""一周好几次"这种具体的量词是可取的。你可能想知道他们一个月具体能去几次，或者是上个月去了几次。对于经常发生的行为习惯的问题，一个短的参考期是更合适的；对于偶尔发生的行为、使用情况，一个长的参考期是更合适的。要问一个特定时期，比如一周的行为、使用情况，你可能需要确定到底是问"上周""在上周"还是"截至上周日的 7 天时间里"哪个更合适。

避免询问对受访者将来行为的假设性的问题，因为你可能会得到没有意义的假设性数据。你应该尽可能多地在问题中提供细节和背景。如果你加进一些材料使得受访者想你所想，你可以用一些场景或插图，这样你可能会得到更有质量的数据。"专栏 9-8"给出了一些假设性的问题。

专栏 9-8

示例：场景式问题

Q. 我要提供一个设想的情景。我要提醒你，这里的答案没有对错，只有你的观点。

你在一个小邮局排队，现在已经快到邮局关门或停止办公的时间。一个有语言障碍的人说话非常慢，导致其办理业务的时间非常长。你会有什么感觉？（展示卡片，记录所有回应）

	是	否		是	否
恼怒	1	2	不良反应害怕 / 攻击他人	1	2
惊吓	1	2	对此人感到遗憾	1	2
怀疑	1	2	理解	1	2
紧张焦虑	1	2	无所谓	1	2
不舒适、尴尬	1	2	其他	1	2
惊讶、震惊	1	2	这些都不是	1	2
好奇	1	2	不知道	1	2

Q. 你会怎么做？（记录下所有回应）

	是	否
立刻向员工抱怨	1	2
离开 / 去另一邮局	1	2
离开 / 改天再来	1	2
礼貌地询问别的员工能否另开一个窗口办业务	1	2
什么也不做，一直等	1	2
问邮局员工自己能帮什么忙	1	2
问需服务的人自己可否提供帮助	1	2
其他	1	2
不知道	1	2

资料来源：The Life and Times Survey 2003. Used with permission.

另一个陷阱是在问题中有假设已经发生的语气。例如，"你多久去一次法国？""你什么时候开始不打老婆了？"试着回答一下问题你就发现问题所在了。你不能对受访者使用引导性的话语来暗示其选择某一特定选项。例如，"你是否总是买最贵的牌子？""你多大程度上同意'你的需要得到了满足'？""你是否支持你的组织对 X 政党进行捐助？"你也不能使用非中性词，例如："你怎么看待社会对穷人的福利？"要牢记《MRS 行为准则》的 B14 条规定，不能让问题引导受访者去思考一个带倾向性的观点。

你在编写答案时的用词要和编写问题的用词一样细致。本章后面的部分会具体提到答案用词。

最后，在编写问题时，任何对概念、名词、话题的描述和定义，对访问者和受访者的指导都要完整。访问者和受访者都不应该有自己的理解，不应该用自己的语言去解释问题的任何部分。

下一步，我们来看看"敏感性"问题和提这种问题的方法。

9.5.2　敏感性问题

如果敏感性或私人话题的问题没有被很好地处理，没有被合适地编写，没有被放置在问卷正确的位置上，人们会拒绝回答问题，拒绝继续填写，甚至一开始就拒绝参与调查。什么样的问题才是敏感的可能每个人回答都不一样。调研者认为，直截了当的问题对受访者来说可能是敏感的，反之亦然（Lee，1992）。许多国家或地区对钱、投选票、宗教、性行为、犯罪行为、毒品和酒精的话题感到敏感。在面对面访谈中，处理敏感性问题的方法，是让受访者在显示器上的问卷上做出回答或者是独自完成一张表。展示卡来代替回答也是一种方式。电话访问和在线问卷的相对匿名会使得这些方法都变得没有必要。

社会期望或偏见

有些话题的问题可能会受回答者的某种倾向即所谓社会期许（social desirability）或特权偏见（prestige bias）的影响，这时候，回答会因为一些原因并不能准确反映出受访者实际的行为、态度或观点。例如，回应者可能会做出一些他们认为被社会所广泛接受的回答，而这些回答有可能并非他们本人的真实情况。根据萨德曼（Sudman）和布拉德伯恩（Bradburn）的观点，关于做一个好市民、做一个学识渊博的人、做一个有道德和社会责任的人的问题层出不穷（例如，交税，开车车速达到限速，投选票，去博物馆、艺术展览馆和影院的频率，捐助，回收废弃物）。特权偏见也会影响一些有关年龄、职业、收入、清洁、装修等问题。统计漏报的情况存在于与饮用酒精、性行为、犯罪行为、吸毒等相关的问题。一种社会期许偏见是由于人们不想被认为学识不够渊博，所以他们对问题做出了回答，而非回答"不清楚""不知道"；还有一种社会期许偏见的来源是和一些敏感或尴尬的话题相关，如疾病。

在设计问题来避免这种倾向时，你需要使问题轻松、不具攻击性，这样受访者才能给出真实的答案。这也是提出敏感性问题的方式，通过独立完成的问卷，或是使用展示卡，受访者可以从中读取相关信息。另一种方式是简介提问（比如"你认为人们会怎么想……""其他人告诉我们……"），或者告知他们这个问题的任何答案都是行得通的、平等的，或者告诉受访者有效的离开方式。

如上所述，整张问卷保持受访者的兴趣是很重要的。问题的设计和问卷整体的设计在这其中起到关键作用。重复类似的问题、一直打钩或点击答案，轻则会使受访者感觉无聊，让他们在回答时分神，胡乱勾选，重则可能会直接导致他们退出调查。无论是哪种情况，最后都得不到高质量的数据。另一种让受访者失去兴趣的方式，是问他们不相关的、没必要的问题。每个问题都应该和调研目的相关，都应该和受访者的状态、经历有关，都应该能让受访者清楚具体地回答。如果一个问题和受访者中某个特殊群体无关，那么就应该标明以确保他们不用回答这个问题。

在线问卷的背景（网络环境）提供了设计有效、有吸引力问卷的巨大空间。想想看，一些最有吸引力的网站、App 或是你知道的网络游戏，然而很少有在线问卷是设计良好足以吸引你的。在"专栏 9-9"中，该领域的一位前辈专家普利斯顿总结出一些提升在线问卷的建议。他提出，我们可以从定性调研、社会心理、玩游戏中学习到一些方法。

专栏 9-9

如何充分利用在线问卷

全球市场洞察公司（GMI）的普利斯顿对他和同事（Puleston 2009，2010；Puleston and Sleep，2008；Puleston，Brechin and Mintel，2011）调研的主要发现进行了总结：在线问卷的完成度和数据质量能够被提高。

- **先把调查问卷看作一种面向大众的创新的沟通方式**。调查问卷一般是 12 点纯文本（12-point plain text），几乎没有虚构或动画，受访者在一个页面上要看 20 ～ 30 个选项。尝试在问卷上进行一些设计可能会有与众不同的效果。经实验，我们通过使调查问卷在视觉上更加吸引人，可减少 75% 的受访者逃跑率。
- **在一开始就牢牢抓住受访者**。任何一个好的定性调研者都知道让参与者"热身"的重要性，对被调查者也是一样的。很多调研都是以一大段文字开头，但我们的实验发现，不足 50% 的人很好地处理了这个过程。把信息分解成声音，讲述故事，加入图片和幽默，会使得受访者在调查问卷中投入更多的时间，给出更深思熟虑的回答。
- **使用更新颖的提问方法**。避免一串方块打钩的选项，可以减少中立选项的选择次数和选择相同选项的次数，并且能提升受访者的兴趣。
- **理解图像的重要角色**。图像不仅能提升受访者的参与度，还激活了记忆和联想，并且在人们被要求评判品牌、人格时，图像起到关键作用。图像可以引发人们更多想法，在调查问卷中被使用，会引导受访者回忆经历并提升回答率。想象一下，如果电视中只有文字出现将会怎样！
- **从社会心理学中学习**。开放式回答中的错误信息和强制的情境对在线问卷的填答具有副作用——它们会惹恼受访者。使用社交承诺方法，比如向他们展示其他人如何作答，可以给他们提供拷贝的范本。我们发现，这可以刺激产生两倍多的反馈。询问受访者他们是否自愿参与调查是极为有效的办法。它可以促使受访者在作答时投入更多时间和精力。
- **从定量调研者身上学习**。他们提问的方式和许多在线问卷的用语不同。我们发现投射法（projection methodology）和任务练习（tasking exercises）如情绪板（mood-board）一样，非常行之有效。受访者会享受承担更多的任务。将问题放入更具有想象空间的框架中会刺激他们的想象力并且得到更多的数据。例如，我们要求受访者评价一个新产品的理念，就像他们评价一个名为"新产品因素的"游戏展示一样，这引发了三倍多的深度反馈。
- **试验的价值**。对在线问卷进行试验是快速简单的，而且是十分有价值的，但是只有不足 5% 的问卷进行了有效性的试验。在线试验的价值不言而喻。观测 50 个样本就可以排除对整个样本的臆断。通过试验，可以发现并改正错误，可以改善问题和选项的结构，这样能够减少冗余，提升反馈质量。我们对索尼音乐进行了全球民族志的试验。我们进行七轮试验，问卷设计被不断改进，图像和鼓励参与的手段也得到改善，最终受访者的反馈从130字上升至超过400字。

- **游戏的力量。** 在未来，我们相信成功的问卷设计应该加入更多从对玩游戏的理解引申出的方法，要去理解人们为什么对待一些任务像对待游戏一样，在这些任务中他们愿意倾入时间和精力，即使是没有回报；为什么有些人对待任务像对待工作，即使有奖励，他们完成的质量也很差。当前，完成大部分网上问卷都被视作工作，受访者的意愿和兴趣都很低。但是，一小部分重新设计的问卷提问方法注入了活力、竞争因素、反馈机制和更具想象力的图像，这些改良的技术使得问卷看起来更像一个游戏，受访者乐趣的提升也提高了数据的质量和价值。在一些玩游戏的实验中，我们发现得到的数据质量和受访者对任务的投入时间超过原来六倍。

9.5.3 好的翻译的重要性

如果你在多个国家进行调研，那么你就必须将问题从原始语言转化为所在国语言或工作用语言。在翻译问卷的时候一定要确保问题中的用词在所有用到的语言中具有相同的意思。为了达到这样的效果，你不仅需要理解语言，更需要理解文化背景和该国的调研话题背景。这种理解会帮助你发现表达意思的更好的字和词。如果有可能的话，让一个居住在该国、居住过该国或母语为该国语言的人来做翻译工作。除了检查用词和意思，还应检查使用情况的传统（他们可能会在不同的国家被用不同的方式解读），以及询问人口统计问题（社会阶层不同）。

回译（back-translation）——翻译成原始语言，也是一种好的做法，尤其是在国家间连续性（对比性）比较重要的调研上。一个以问卷中的原始语言为母语的人应该承担回译工作。即使是短语被回译，它们仍然可能丢失了本来的意思；可能原始语言中没有一个词能表达原始的意思。虽然一致性是我们追求的结果，但很难做到。

9.6 问题结构

还有两个设计问题时要考虑的，就是你是否想要给受访者一个答案供选择，或者你是否想让他们给出自己的答案，以及你如何记录他们的回应，这就是我们将要讨论的。

9.6.1 开放式问题

在回答开放式问题时，受访者用自己的语言给出回答。例如："××怎么使得你说这种话？"受访者用个人的观点（面对面或电话）口头给出答案，访问人用笔记录下（或者是在电话访问或定性访谈过程中录音）；在自我独立完成的访问中（邮件、在线），受访者在问卷上写下或电脑上打出答案。在访问者引导的调查下开放式问题的答案可以被预先设计好，然后列举在问卷上（这个列表受访者无法看见）。访问者记录下这些回答，或者是与受访者答案相近的回答。如果答案不在这个列表上，那么访问者就会将答案归入"其他"，它经常伴随"填写完整"或"具体化"的引导。

开放式问题的主要优势在于它们可以让受访者感觉更加放松并感觉一切处于掌握之中，这种感觉会有利于访问者或调研者了解受访者真正所想，并且不会让他们选择提前准备好的答案。所以，在问卷中插入开放式问题，或者是在新话题的开始阶段插入，有助于做好铺垫。另外，开放式问题让你看见更多样的回答，而非有限的提示性答案。一个以开放式问题结尾的问卷设计，也会使得个人访谈更有机会挖掘细节。从设计的角度来看，开放式问题比非开放式问题更好编写。

至于缺点，开放式问题需要更多受访者、访问者、数据处理者的参与，因此更耗时，获取使用的成本也较高。受访者必须清楚地回答出来；访问者（受访者处于自我独立完成模式中）必须一字一句记录下来。有时有些细节和意思在这个过程中可能会丢失——受访者有时懒得写下或把回答全部打下来，可能会缩短句子省略一些词语；访问者不大可能像受访者说话速度一样快速记录下其所说内容。从应答的角度来看，数据处理部门必须建立一个数据库，这个过程会很费钱并且很难完成。

🖐 专栏 9-10

示例：开放式问题

无预先编码

Q. 你记得上一次在电视上看见 ×× 广告是关于什么的吗？（在下面记录答案）

Q. 你是被以怎样不好的方式对待的？

预先编码

Q. 你能记得哪些速溶咖啡品牌？其他的呢？

	首先想到	其次提示
杜威·埃格伯茨（Douwe Egberts）	1	1
Kenco	2	2
雀巢	3	3
麦斯威尔	4	4
……	5	5
其他（填入）	8	8
没有	9	9

数字的

Q. 你管理或监督多少人？（填入数字）

预先填入数字的

Q. 你管理或监督多少人?

一个都没有	1	16～20 人	5
1～4 人	2	21～24 人	6
5～9 人	3	大于 25 人	7
10～15 人	4	不知道	8

9.6.2 封闭式问题

封闭式问题为受访者提供选择答案。对受访者来说,选择是可以被看见、读出或显示在卡片上的(展示卡或提示卡)。在自我独立完成的问卷中,受访者可能会被要求在对应答案的小方框里点击或打钩,或者在答案下画线或画圈。

封闭式问题很易于管理——它们比开放式问题占据更少的时间而且访问者和受访者不涉及记录细节回答,使得数据处理工作变得简单。最大的缺点就是问题很难设计,而糟糕的问题设计又往往导致低质量的数据。另外,使用封闭式问题意味着我们可能要在测量时失去一些感知,即受访者真正说的并没有被记录下来,也没有一种途径去分析其真实回答。过多的连续的封闭式问题会使得整个问答过程无聊、重复,不利于获得高质量的数据。

有许多在线问卷都设计了一个程序,迫使受访者必须选择答案才能进入下一道题。这种程序被称为"强制完成",它减少了丢失数据的情况。然而,要记住自愿参与的原则,当受访者选择不回答一个问题,就应该避免使用封闭式问题,这不会损害你的调查结果,因为强制完成对调查完成率有负面影响。

回应的"级别程度"(scales)是封闭式问题经常用来测量态度的一种形式,就像下面出现的一样。"级别程度"还用来测量偏好、购买可能性和满意度。"级别程度"的选择和回答的模式都依赖于你的信息要求、用来测量调查中问题的所需感知程度,以及数据收集工具的适应性。

在选择和设计回答量表时需要牢记以下几点:
- 要不要加入"不知道"的选项;
- 一个答案中要包括多少个选项;
- 是否要将所有答案选项都打上标签,要打什么标签;
- 用什么样的顺序来放置这些"级别程度"的选项。

下面我们依次来阐述这些问题。

许多访谈式调查都不给受访者"不知道"这个选项,但是如果受访者的答案是"不知道",访问者同样会把这个答案记录下来。另外,如果受访者对一个选项犹豫,访问者不应该强迫他们做出选择,而应该记录"不知道"。《MRS 行为准则》的 B14 条规定,受访者应当"遵从他们自己的意愿用自己的方式表达自己的意思,包括说'不知道''不愿意说'"。因此在自我独立完成的问卷中提供"不知道""不愿意说"这样的选项是有必要的。

👆 专栏 9-11

示例：封闭式问题

Q. 我要读一些其他人对 ×× 的看法。用这张卡片（展示卡）告诉我你在多大程度上同意或反对每个陈述？

	强烈同意	同意	既不同意也不反对	反对	强烈反对	不能选择
是值得信任的公司	1	2	3	4	5	8
员工友好、乐于助人	1	2	3	4	5	8
比其他公司更关注环境问题	1	2	3	4	5	8
……	1	2	3	4	5	8

更适用于电话访谈的版本可能会使用稍微不同的量表：

Q. 你在多大程度上同意或反对以下关于 ×× 的描述？请用 1 ～ 5 分打分。

（1= 强烈反对；2= 反对；3= 既不同意也不反对；4= 同意；5= 强烈同意）

Q. 想想你自己对关于健康知识的了解，你觉得与同龄人相比你的知识……（读出来）……

比其他人多	1
和其他人一样多	2
比其他人少	3
其他（补充）	4
不知道	8

从包含"级别程度"选项个数的角度来看，调研表明（Lietz，2011），最合适的长度是 5 ～ 8 个，并且中性的选项应该被涵盖其中（这样能提高数据的效度和信度）。

至于在回应答案上的标注，这里的问题是要描述用数字型还是文字型，如果你选择数字型，是要用单极的（比如 0 ～ 10）还是双极的（比如 −5 ～ +5），无论你选择何种数字型，你是要把所有回答选项标注还是只标注其中一些（比如最后一个和中间的那个）。这里数据的质量表明数字型数据应该为单极，并且应该和文字型标签相匹配（比如"极度的"和"一点也不"被作为有效的强化词）。数字型和文字型的结尾应该可以被受访者理解。如果要测量同意或不同意，并用到数字型答案，应该给"不同意"选项匹配数值小的数字，"同意"选项匹配数值大的数字。

从数据选项的顺序角度来看，无论是"同意"还是"不同意"，从左向右排列都不会影响结果。

👆 专栏 9-12

示例：应答量表

行为：购买或尝试

肯定会

可能会

可能会也可能不会

可能不会

肯定不会

评分

非常好	好很多	不好	稍差点
好	稍好点	很差	差很多
一般	差不多		

偏好

更喜欢 R

更喜欢 Q

两者喜好程度相同

两者厌恶程度相同

观点

X 好很多	强烈同意	强烈支持
X 稍好点	同意	支持
两者几乎一样	既不同意也不反对	既不支持也不反对
Y 稍好点	反对	反对
Y 好很多	强烈反对	强烈反对

频率

我总是…… 我有时…… 我从不……

程度

根本没兴趣									非常感兴趣
1	2	3	4	5	6	7	8	9	10

9.6.3 探查和提示

探查（probing）是用来描述接下来的问题的方式。这些探查的目的在于获得更加细节的且考虑更加周全的答案。常见的探查包括："还有什么？""你为什么这样说？""××怎么了使得你这样说？"探查的指导或者问题经常被包含在问卷中，访问者知道何时如何运用它们。每个访问者都用同样的方式使用并询问受访者，对于保证数据可靠性是十分重要的。在"专栏 9-13"中给出了一个更加精确的探查的例子。提示是用来引出封闭式问题答案的。访问者对受访者用朗读或展示的方式问问题，会用到提示或是展示卡来列出可选择的答案。

专栏 9-13

示例：一个探索和提示

Q.13 大体来讲，你觉得你是某个政党的支持者吗？

是的	1	转到 Q.15		是的	1
不是	2	问 Q.14		不是	2
（不知道）	8			（不知道）	8

Q.14 你觉得你比其他人和某政党的关系更近吗？

Q.15 如果在 Q.13 或 Q.14 选择"是的"选项：哪个政党？

如果在 Q.13 选择"不是／不知道"：如果明天大选，你觉得你最有可能支持哪个政党？

9.7 设计测量态度的问题

编写能收集事实性数据或行为数据的问题是困难的。设计能测量态度的问题，要求能够具有效度和信度，是更为困难的。态度调研很复杂。在设计调研问题来收集关于态度的数据时，我们必须清楚我们需要知道哪些信息。如塔克（Tuck）所言，应该去调研对某个具体时间的态度而非笼统概念的态度，还应该去调研当前的态度。用一个问题或一个陈述是不可能抓住态度的本质的：我们很难了解态度的复杂性，所以数据是无效的；我们很难用一个问题或一个陈述来传达一致的结果——相较于回答事实性问题，受访者对态度型问题的背景和回答用词会更加敏感，所以我们可能得不到数据的可靠性。所以，仅用一个问题或一个陈述来调查态度是不明智的。调研表明，我们可以通过在态度模块中使用一系列的问题或"态度陈述"来增强测量数据的有效性和可靠性。如果问题、陈述、回答都包含了态度的复杂性、态度的背景，那么有效性便会提升。如果问题的用词、背景在陈述中不出现漏洞，那么可靠性将会得到提升。这些提升都是建立在问题的编写合理、答案的格式合理，陈述反映并测量了态度的基础之上的。

9.7.1 设计评价型和描述型态度及观点陈述

奥本海姆提到，观点陈述（attitude statement）"是能够表达一种观点、一种喜好、一种判断、一种情绪、一种信仰、一种对事物支持或否定立场的一个句子"。答案中涵盖的对态度的陈述必须是对于所涉话题领域有深刻理解的。学习以前的调研，回顾相关的文献是好习惯。对调查目标人群的深度访谈和小组讨论是有价值的，这样做可以探索出态度的特性和复杂程度，可以确定我们要测量的数据是什么、数据特征是什么，可以帮助我们理解受访者回答问题时表明态度所用的语言。

列表一旦确定，其中的每条陈述都必须遵循上述指导认真对待，谨慎措辞。你应该问自己以下问题：

- 每条陈述都措辞清楚吗？
- 每条陈述都不模棱两可吗？
- 有没有一条陈述过长呢？
- 每条陈述都只包含一个问题吗？

- 清单平衡了吗（即积极、消极的题目相等吗）？
- 各个陈述是打乱顺序排列的吗？

9.7.2 题目分析

相关文献回顾得到的题目库通过定性调研和前期试验性调研应该能够提供一个有效测量态度的方法。我们需要通过题目分析（item analysis）来确定这是否是我们想要得到的。题目分析帮助我们确定什么是最有效的态度测量工具，也就是说，什么最合适放在答案中。我们并没有比较评估各种不同态度陈述产生不同结果的方法。我们能够看到的只是每个题目与其他题目的相关性，这样做的基础是我们假定目前的题目库是最好的测量态度的题目库。我们计算何为"题目—整体"相关性：每个题目与其他题目的相关性，或是联系的紧密程度（统计性或数据分析包可以做这类计算。）和其他题目联系疏远的题目，由于没有办法测量其他题目可以测量的数据，无法形成有效整合关系，应该被丢弃。题目—整体相关性应该由测试来给出结果。低相关整合关系的题目不应被纳入最终问卷，其他描述态度的答案也是如此。你还可以把题目库中所有题目都纳入调查问卷，然后通过样本整体的回答情况计算它们的相关性，在分析阶段将无关题目剔除。

9.7.3 回答格式

制作一个题目库是通用的设计答案的方法，这种方法是因所选题目不同、措辞和得分适应于特定的回答形式而不同。更加细致的解释超出了本书的讨论范围，我们关注一种回答形式——李克特量表（Likert scale），这也是你最经常遇到的。为李克特量表选择题目时，主要关注点在于所有题目都应该测量相同态度的层面，换句话说，李克特量表应该是一维的。另外要注意的是，表示中性的和极端的态度的题目不应该出现。李克特量表的答案格式由五点构成："强烈同意""同意""既不同意也不反对""反对""强烈反对"。另外，要加上"不知道"这个选项，以便访问者记录下是否有这种情况发生，但这个选项不会提供给受访者。

你可能会发现，态度陈述的清单里有一些是积极语气，有一些是消极语气，务必确保你给这些打分和分析的方法是一致的。如果在你构建态度测量量表时，你决定用高分代表积极态度，将积极陈述"强烈同意"设为5分，"强烈反对"设为1分，同时又将消极陈述"强烈反对"设为5分，将"强烈同意"设为1分。这样可能会在问卷上体现得很具迷惑性。回应的量表最好是用相同的数字，"同意"对应高分，"不同意"对应低分。在计算态度选项的得分时，你可能需要做一些数据处理或分析阶段的改变。

一旦确定了态度陈述和答案格式，你就要测试问题并且观察受访者对每个陈述的反应，看他们的回答倾向极端还是中性，或者回答"不知道"，这些信息会告诉你，你的态度陈述设计有没有起作用。你希望受访者看到这些陈述就像是他们自己会说的话，或者他们能想起的某人说的话。你应该先观察受访者的特征，根据他们的回答分为不同的小组。你最不希望看到的应该是大批的人选择中性（如"既不同意也不反对"），或选择极端性答案，或选择"不知道"；你希望看到的是他们选择"同意"或"反对"，这样才说明态度陈述受访者区分开来了。

一个例子

看看"专栏9-14"中的例子。这是一个1999年在北爱尔兰奥斯特大学和贝尔法斯特女王大学组织的"生活与时代"调查（*Life and Times Survey*）。调查中的问题是被设计用来调查11～18岁学生对教学的态度，由两部分构成：

- 态度陈述或题目的列表，比如"学校并没有任务教学生政治和人权"。
- 五项答案的李克特量表的固定回答，从"强烈同意"到"强烈反对"。

列表中的态度陈述是被用来确保其测量的是陈述下的真实态度层面。在进行广泛调研时，需要涉及关于公民权和教育的文献回顾及会议出席情况，一系列与专家、意见领袖、目标人群的深度访谈。然后，调查问卷要经过预测试。

在阅览态度陈述的时候你会发现有一些正面观点（支持教育事业）和一些负面观点（反对教育事业）。无论正面还是负面，每个回应都有个专门对应的答案在问卷中，从1对应"强烈同意"，到5对应"强烈反对"。数据处理阶段这些数字都会被转化为得分，所以在数据处理具体化的过程中，每条对应的陈述计分保持一致性是相当重要的，比如说高分对应支持态度，低分对应反对态度。一旦分数被分配在每条陈述上，总分数就可以被计算出来。这就是受访者态度量表（attitude scale）的得分，它是通过对一系列态度陈述的测试来综合考量关于受访者对教育职业态度的方法。

专栏 9-14

示例：基于对公民教育的态度的问题

Q.17 现在在北爱尔兰的初中和语言学校经常提到公民的教育问题，这其中包括在课堂讨论中提到政治问题、人权问题。有些人认为在学校教授这些不合适，有些人却很支持。

你在多大程度上同意或反对以下陈述？（展示卡）

	强烈同意	同意	既不同意也不反对	反对	强烈反对	（不知道）
教授孩子政治和人权不是学校的责任	1	2	3	4	5	8
是时候让学校开放地谈论这种事了	1	2	3	4	5	8
和孩子讲政治和人权是在给他们洗脑	1	2	3	4	5	8
我怀疑讲述人能不能客观公正地讲述	1	2	3	4	5	8
孩子在年轻时接受这样的教育将来才能成为社会人才	1	2	3	4	5	8
学校应该是孩子能够远离政治问题的地方	1	2	3	4	5	8
教授孩子政治和人权会帮助孩子成为社区积极成员	1	2	3	4	5	8
在学校教授孩子政治和人权可能导致他们有极端政治思想	1	2	3	4	5	8
对人权和政治的讨论帮助孩子理解为什么其他传统被善待	1	2	3	4	5	8
讨论政治和人权对遭受不公对待的孩子来说过于沉重	1	2	3	4	5	8

9.7.4 建立量表

举个例子，我们把支持态度的陈述，从 5 对应"强烈同意"到 1 对应"强烈反对"，把反对态度的陈述，从 5 对应"强烈反对"到 1 对应"强烈同意"。这个态度模块上的得分，除去"不知道"选项的情况，可能从 10（每个陈述得 1 分）到 50（每个陈述得 5 分）：这两个分数是极端情况。这些分数是线性的，例如，11 分或 45 分，就意味着得 45 分的人更支持教育事业，得 11 分的人不怎么支持。受访者的态度模块得分表明了他们对某特定主题、变量（比如对教育事业）的态度。但只有当被用来与其他组进行对比，才能使得这些分数更有意义和使用价值。例如，我们可能想要看看不同社会阶级或信仰（尤其是和北爱尔兰地区有关的）的态度有什么区别（在调查问卷的第 22 个问题中被问到）。为了对比这些态度，我们可以计算出测试中受访者的平均分数，受访者中天主教徒的平均分数，以及其他人（比如无信仰的人）的平均分数。我们会发现他们的平均分数不同，因此我们得出一组比另一组更加支持教育事业的结论。当然，我们可能也会发现两组平均分数是一样的，那么就暗示着对于教育事业的支持与否可能不因受访者的信仰而不同。"专栏 9-15"是一个"生活与时代"（2003）调查中的例子，是关于对待老人的态度。你会在这例子中发现李克特量表里没有中性答案。

👆 专栏 9-15

示例：基于对老年人态度的问题

Q.5 下列是对老年人的陈述，请告诉我你的态度。

	强烈同意	倾向同意	倾向反对	强烈反对	（不知道）
老年人被年轻人敬重	1	2	3	4	8
50 多岁的人应该把工作交给年轻人来做	1	2	3	4	8
老年人固守陈规	1	2	3	4	8
老年人不喜欢听年轻人的观点	1	2	3	4	8
老年人应该积极捍卫自己的权利	1	2	3	4	8
老年人和年轻人应该加强社交活动	1	2	3	4	8
所有老年人都应该得到汽油、电力、电话、交通的优惠	1	2	3	4	8
老年人现在做事趋于年轻化	1	2	3	4	8
社会不认为老年人仍然可以做出贡献	1	2	3	4	8

9.7.5 其他量表

在"专栏 9-14"和"专栏 9-15"里是一些线性标度技术的例子。就像你看到的一样，建立这种技术是费时的（因此成本高），未必适合所有情境。我们简单来看两种量表——语义差异量表和等级顺序量表。

1. 语义差异量表

语义差异量表（semantic differential）是一个 7 点数级的双极的评分工具（有的为 10

点数级），两个极端用两种对立意思的形容词定义（参见"专栏 9-16"）。例如，语义差异可以是强烈的对应微弱的，可以是雄性的对应雌性的，积极的对应消极的，富有的对应贫穷的。一个适合用来测量某物体的量表被设计出让受访者用来给一系列事物（如品牌）打分。奥斯古德（Osgood）的调研发现，语义差异量表是一个有效且可信的测量工具。重要的是，量表中的成分是被谨慎挑选出来的。试点工作（二手资料调研、定性研究、定量测试等，以确定相关要素）在这个过程中极为重要。确保用来描述量表两个极端的形容词是完全对立的，这一步骤也极为关键。其中的陈述应该被随机排列、轮流放置，这样才能避免顺序偏差。样本中的各项分数可以加总平均，也可以用来比较不同人群对某一特定个体的感知程度，如对一个品牌、服务、组织，对其形象、特征的感知。

👆 **专栏 9-16**

示例：语义差异量表

请在以下格子中打钩：

非常值得信赖							一点都靠不住
时尚							古老
不友好							友好
可靠							不可靠

2. 排序量表

我们也可以通过让受访者给一系列与事物相关的态度、观点排序来衡量其态度观点。例如，我们可能问："在你看来，什么是导致伦敦有些人无家可归的最主要原因？请给下面五个原因标上 1～5 的数字，1 代表最主要的。"或者问："在你看来，这些公司谁家的产品质量最好，用 1～5 给这 5 家公司排序，1 代表最好的产品质量。"通过排序，我们可以知道一个人通过一系列标准评估一个事物的方式。我们在让受访者排序时，不能提示不同序数间的差别、差距有多大。我们设计的是顺序量表，我们不能默认不同顺序间的差距是相等的。例如，在给产品质量打分时，排在第一的 C 公司可能比排在第二的 A 公司高很多分，但排在第三的 B 公司可能和 A 公司得分很接近。在设计排序问题时，我们必须确保说明足够清楚，不是模棱两可，这样受访者才能清楚排序的依据，列表中的题目应限制在 10 条，否则会加大统计的难度。另外，我们让受访者排序所依赖的标准必须是有意义的。为了答案完整性，在标准中应该加入"其他"和"不知道"。与语义差别的得分类似，我们可以把样本的排序得分平均，来算出某个特定标准得到了几个第一顺位投票，几个第二顺位等。

3. 配对比较

配对比较（Paired comparisons）是一种排序形式，要求受访者从两个对象中选择一个。例如，在进行产品测试时，要求受访者从口感和外形的角度来从两个产品中选择一个。要对一系列对象（比如 6 个产品）进行排序得到序列，我们必须把它们组成一对一对地并呈现在受访者面前。这会使得使用配对比较建立顺序量表变得很复杂，因为 6 个题目有 15 种配对方法 $[0.5 \times N(N-1)]$，8 个题目有 28 种配对方法，10 个题目有 45 种配对方法。

在设计任何等级量表时，必须贯彻关于问题措辞的方针，另外还要多注意说明指导的措辞，以确保其很好的实施。还应该给出相关的背景信息和设计等级量表的目的（例如，想想你如何使用这个产品）。量表中的成分，即等级标准或态度陈述，应与被测评客体相关，应该对所有受访者的理解都相同，所涉及内容应该在受访者知识范围内。应答类别应该和问题的用意相关，比如李克特量表、语义差异量表、排序量表。另外还应该确定量表的级别数，一般为 3 ～ 10（5 ～ 7 为最佳）；确定是否需要一个中间点——一个中立的、"既不 / 也不"的答案。

9.7.6 量表易出现的问题

你需要注意"集中趋势错误"（error of central tendency），即受访者会避免选择极端的答案。这个错误可以通过让极端答案表现得不过于极端，或在数据处理阶段结合每极的最极端的两个选项来避免这种错误的干扰效应。

另一个常见的问题是评定量表的"光环效应"（halo effect）：在对量表中的题目作答时，对一个被测量事物的喜爱或不喜爱会影响受访者的评定。这可以通过对问卷进行设计以使评定量表分离来克服这样的问题。另一个光环效应是自动回应综合征（automatic response syndrome），当正分全集中在一页的一端，负分全集中在另一端，这种症状通常会出现。如果受访者注意到了这种分布现象，他们可能会不加思索地对答案做出选择。解决方法是在列表中加入正向和负向陈述，如果使用语义差异量表，务必确保量表的正向一端不总是在同一边。

另外一个问题是逻辑错误。这种问题通常是在受访者对事物的属性或态度的感知类似，给予类似的评定时出现。解决方法是确保这种特征和态度在评定量表中不会挨得太近。

9.7.7 格网式测量

如果你想了解受访者如何描述或评估一个产品、服务或品牌在理解消费者对市场、品牌的感知上的帮助作用，了解营销活动对品牌认知的影响效果，通过一套标准来评定产品和服务可以帮助你实现。联想网格（association grid，让受访者将特定陈述与特定品牌匹配）是迅速收集大量信息一种有效方式，并允许多种方法分析数据，例如计算陈述与品牌、产品配对的样本所占比重，例如对每个品牌的形象进行多变量映射技术的对比。

要对一个物体、一个产品或服务进行态度的评测，如同态度量表一样，首先要做的是制作一套评估性的或描述性的陈述来反映对事物的态度或观念。描述性的态度陈述可以与产品、服务或品牌的特殊属性相关，这些属性可能是营销、广告活动中强调的重点。评估性的态度陈述可以更多地与观念（或态度型）的特点相联系，如"可靠""质量好""适合孩童"。伯德和埃伦伯格（1970）的调研已经证明，相比描述性评测方法，评估性的评测可以更加有效地区分出一个品牌的用户和非用户。

在选择陈述类型前，要先弄清楚测量的对象以及测量数据的意义。你要收集基于态度和观念的信息（令受访者评估一系列产品、品牌）以观察不同产品、服务或品牌是如何将人们区分开的吗？或者你要收集基于态度和观念的信息以确定当出现购买或使用产品、服务或品牌时的偏好程度或选择可能性？或者两者皆是？数据的最终使用去向应该确定标准的选择：用来区分产品的陈述不一定和那些用来确定偏好程度、购买选择的陈述或表明态度的陈述完全一样。使用这个方法时，首先要确定一个产品、服务或品牌的特点的相关或主流观点。如果你要测评一系列品牌，你需要囊括对每个品牌都适用的显著态度或观点。使用显著观点可以使得你编写出更好的态度观点陈述，使得你对市场有更加深入的理解。一种获得显著态度或观点的方法，是让目标市场的受访者罗列出一个服务、产品或品牌的特点属性，或是他们对其的观点，并用这些制作一套评估性的、描述性的陈述。在设计陈述和问题时，一定要具体，并把它们放入适当的背景当中。

当对于细节理解程度要求不高时，量化方法对收集基于态度的数据是极为合适的。如果使用的测量方法是基于定性调研，它们就很可能是合理有效的测量方法。如果设计良好，则可以产出可信（重复连贯）的测评方法，这样的方法可以被用来做统计分析。在设计态度问题时，可能会有过度简化的倾向，这样可能会有丢失细节或对属性的部分理解。使用量表和排序可能会误导我们，让我们觉得态度是连续的，正向观点的另一端是负向观点，这不是正确有效的思考态度的方式。

👆 **专栏 9-17**

示例：品牌 / 陈述网格

	L 品牌	M 品牌	N 品牌	O 品牌	P 品牌
口味好	1	1	1	1	1
让人昏昏欲睡	2	2	2	2	2
见效快	3	3	3	3	3
易携带	4	4	4	4	4
任何时间都适用	5	5	5	5	5
能治愈所有感冒症状	6	6	6	6	6
有效果	7	7	7	7	7

👆 **专栏 9-18**

示例：观点和观念的陈述

这里有些定量调研中使用的陈述示例，它们是用来理解全职医生对镇痛剂处方的态度的。陈述是从以前的工作发展而来；从全职医生基于定性调研中对病人的看法，对其他国家完成的项目而来。

全职医生对病人的观点

我喜欢病人接受我的治疗

现在的病人要求非常挑剔

有些病人知道什么最能减轻他们的痛苦

我希望我的病人一个月内不要再回来

我总是对病人从使用温和的镇痛剂开始

如果我不开处方，大多数病人会觉得我在耍他们

我总是对我的病人以使用一般的镇痛剂开始

镇痛不是我感兴趣的领域

（5分应答量表：1= 强烈反对；5= 强烈同意）

全职医生的个人观念

我倾向于以一个人的成功来衡量一个人

很多年来我的信仰和价值观并未改变

出人头地取决于你的出身背景的贫富水平

我一直在做自己，无论别人怎么想

当今的规则和制度使得我跟上时代的脚步有难度

我享受在新的、不寻常的环境下生活和工作

（5分应答量表：1= 强烈反对；5= 强烈同意）

9.8　检查问题

一旦你设计了一组问题，在进行下一步之前，对应相关调研目标来回顾这些问题是极为重要的，如果有必要的话要对问题进行修改。对于草拟的问题，应该问如下几个问题：

- 它提供了所需信息吗？
- 它是对应调研目标的吗？
- 问题的目的清晰吗？
- 这个问题设置有必要吗？
- 这个问题里假设是什么？

另外，检查问题是否对目标群体适用，检查是否对数据收集方法和数据分析方法适用。

专栏 9-19

示例：检查答案，重新编写问题

在第一波数据收集时，我们针对异性伴侣数量的问题是："在过去 12 个月，你有多少不同的异性伴侣？"我们专门使用"伴侣"这个词，而非使用"机会"来描述。从我们的访问来看，有一部分人把这个问题理解成了"不同于普通的伴侣"。因此，我们需要改进，我们在问题中去除了"不同"这个词。

1. 目标群体

目标群体是由成人还是孩子构成？是由消费者还是企业构成？回顾问题的措辞以保证用词对受访者合适；回顾应答形式以确保受访者回答问题没有困难；检查以确保问题和答案都有意义。

2. 数据收集方法

在电话访问中，受访者不能看见访问者和问卷，提示或量表必须读出来，对于他们如何使用量表的指导必须解释清楚。为了防止出现困惑或误解的情况，最好不要设计长问题、长的量表和长的描述。

对于自我独立完成的方法（如在线），完成问卷基本依赖于问卷的外形，它必须在视觉上吸引人而且能够给人良好的第一印象，它必须能够反映出调研机构的专业性。问卷必须看起来容易填写并且实际上也是容易填写的，出于此原因，大部分问题都需要提前编写以使得整个过程相对简单。开放式问题允许受访者对封闭式问题里给出的答案进行评论、解释或补充。问题和指导必须清楚地编写，不能模棱两可。整个流程应该是容易跟进的，因为在一些情况下（邮寄问卷、单页的在线问卷）受访者可能会阅读整篇问卷，所以使用展开技术或对未提示问题进行提前录入是不大可能的。没有访问者在现场，建立和保持受访者的兴趣变得十分困难。话题和问题应该符合受访者的兴趣，并且与其相关。如果不是这样，受访者可能不能完成问卷，或者可能让他人替代其回答问题。

专栏 9-20

示例：自我完成式的排版

Q. 你的公司是处理以下哪种业务？在下列合适的选项中打钩。

贷款□　　　　养老金□　　　　人寿保险□　　健康保险□　　汽车保险□
假期/旅行保险□　投资/存款规划□　投资组合管理□　其他□

如果选择"其他"，请补充填写贵公司的业务类型。

Q86. 你自己做过以下这些事吗？请在选择的方格打钩。

	没做过	做过一次	做过几次	做过许多次	不记得
使用违禁药品	1	2	3	4	5
吸烟	1	2	3	4	5
饮酒	1	2	3	4	5
使用药品增多	1	2	3	4	5
性行为	1	2	3	4	5
为了减肥控制饮食	1	2	3	4	5

---

3. 数据分析

思考如何分析数据，征询负责数据处理人员的建议。使用数据录入和分析软件可以指导问卷的排版和问题编码的方法。

9.9 问题的顺序

现在你已经有一组问题可以实现调研目的，以及适合这些问题的应答形式，下一步就要把它们放入有效有逻辑的顺序当中去。访谈是对话的一种形式，为了保持受访者的兴趣与合作，访谈必须是有意义的，不应该出现不和谐的顺序和不合逻辑的话题跳跃。问卷应该创造出一种调研的特定部分和整体的正面良好印象。话题和问题的顺序要建立在与受访者交流的基础上是十分重要的，即使是访问者不出现的情况下。过早提问困难的问题或敏感话题可能会毁坏铺垫，导致受访者撤出访谈或拒绝回答一些问题，或者当在回答时，受访者会感觉不舒适以至于无法给出精准回答，这样会使得数据质量下降。在访问者引导的调查中，问题的顺序会影响访问者的对问卷成功与否的信心，调研表明，有信心的访问者在访问时能取得更理想的结果。

在确定问题顺序之前画一张流程图会有所帮助。从一系列的草拟问题中，抽选出与话题相关的问题组合起来，每组问题都是一个模块。把这些模块排序——很简单，开始阶段不涉及挑战性话题，更困难、更敏感的话题，包括年龄、收入之类的问题，直到最后（务必确保收集的个人信息数据是有关的，而不要过量收集）。要帮助理顺整个问卷，在每个模块前都要加入简短介绍。例如，在2010年的"生活与时代"调查问卷中，老年人社会保障的模块是这样介绍的："明年，政府将会决定如何提供老年人社会保障。我们希望询问每个人对于这一话题的观点。老年人社会保障是帮助其在自己家或住处打理日常生活，如他们从专业服务机构得到的洗衣穿衣服务。"另外，从问卷的流程来看，你需要考虑不同种类问题间的平衡：过多的封闭式问题或态度量表可能让访问者感到无聊和重复，受访者也会因此提供不了高质量的数据。

一旦决定了模块的顺序，你需要确定每个模块中问题的顺序。漏斗法（funnel approach），即从一般问题过渡到具体问题是有效的。再次强调，较为困难的或敏感性的问题应该晚些时候出现。开头的一些问题可能会影响对后面问题的作答，例如，在询问经帮助或提示的意识问题之前询问独立的或自发的意识问题；在询问态度前询问使用情况和行为。在询问受访者一个相对长串的题目，比如品牌、形象、态度陈述，可能会引起疲劳，影响获得数据的质量。一种消除这种影响的方法是重置并随机化这些题目的顺序。

如果一个模块或某个问题与受访者无关，一定要设置好路径引导，以让受访者或访问者进入下一问题或模块。

9.10 排版与外观

问卷的排版与外观可能看起来不那么重要，但实际上出于几个原因需要周详考虑，它对于问卷完成度和数据质量有重要影响。

在自我独立完成问卷的情况下，问卷必须被认真编排才能吸引并保持受访者的兴趣，它必须是视觉上吸引人的。再看上述关于导言的作用以及"专栏9-10"中普利斯顿关于在线调查设计的建议，那即是具有视觉上的吸引力。此外，对基础问题（如标题和指示标的使用）的关注会带来好处。在在线调查中，加入进度条或是其他一些提示，受访者问卷中剩余问题占比的提示，对促使受访者完成问卷有巨大帮助作用。

当然，在没有访问者出现来解释或帮助的情况下，自我独立完成的问卷必须清楚地编写和编排，以让受访者理解问卷需要什么。说明和问题以及答案选项必须是明确清楚不模棱两可的，还必须是易读且易填写的。对于在线问卷来说，这意味着要考虑设备、显示屏的尺寸，它可能是个智能手机、平板电脑、笔记本电脑或个人电脑等。你也因此需要注意在这些尺寸的屏幕上，问卷会怎样展示出来。为了避免受访者必须向下滚动或翻页（这可能会导致他们扫兴，易造成问卷的低完成度），你必须设计出为手机、平板电脑适用的问卷版本。在在线问卷中，你还可以设计成使得所有问题只有一页，这种情况下受访者必须向下滚动页面来完成问卷，你也可以限制每页的问题数量，并在每页的最后添加"继续""下一页"或"提交"的按钮以让受访者进入下一页。

单页排版的最大好处是能够被更快完成；最大的缺点是受访者会一次看见所有问题，并可以来回反复看，可以修改之前问题中的所选答案，这样你就没什么引导和过滤问题的工作要做了。如果你坚持使用多页的设计，你必须确定每页出现的问题数量，这样的排版必须由问卷和受访者来引导，同一话题的问题应尽量出现在同一页上。很多页意味着很多次的点击，也就意味着花很长的时间来完成问卷。然而，在线环境使得多页问卷更容易充分利用设计特征。另一个要考虑的设计是多页问卷是否要加入"返回"按钮，让受访者可以返回到之前的页面。一方面，"返回"按钮使得受访者有更大程度的掌控权，允许他们检查或修改答案；另一方面，问卷的设计可能要求他们不能返回修改之前的答案。有一个在线问卷软件的设计叫作"自动前进"，在受访者做出答案选择后，它会自动促使问卷进入下一页。如果使用"自动前进"，你可能会想加上"返回"按钮来给受访者检查前面答案的机会。

访问者引导的问卷必须能够让访问者容易读懂，顺从路径安排和精确记录受访者的答案。在编写访问者引导语时，要点是要用大写和加粗字体，问题字体和答案都应该用小写字体不加粗。路径指导应该对应出现在问题文字合适的位置，问题上方。

排版、外观和问题的措辞、问卷的长度以及其他都必须适用于数据收集方法。访问者引导的问卷不应该看起来像一个自我独立完成的问卷，面对面的问卷不应该看起来像电话访谈问卷，在线问卷不应看起来像邮寄问卷。在为某特定数据收集方法设计调查问卷之前，你应该充分利用该方法的优势来引起受访者的兴趣。对于一个在线问卷来说，这意味着要利用网络的可视和交互性。对于计算机辅助面谈（CAPI）调查，这意味着问卷的排版要严谨，这样才能使访问者更准确更容易浏览。

就像上面陈述的，排版从数据处理的角度来看也是很重要的，并且在排版时应该考虑数据获取和分析软件的要求。

9.11 问卷长度

问卷必须有足够的长度以实现调研目的，合适的长度要符合调研预算条件（问卷越长，成本越高），合适的长度还要与数据收集方法相适应。它必须是一种能够允许访问者与受访者建立铺垫的长度。另一方面，它不应该过长，以免使得受访者完成问卷变成一种负担，或者过长使得受访者根本没有兴趣参与。除了影响合作效应，问卷长度还影响收集的数据质量。当问卷过长，受访者对回答问题感到疲倦时，最后收集到的数据质量就会不高。室内面对面问卷访谈建议的最大长度是 45 分钟至 1 小时；网上调查是 30 分钟；电话访谈 20 分钟；路边访谈是 5 ～ 10 分钟。

9.12　检查问卷

在完成问卷后，应让现场工作的专家和数据检查专员来系统地检查问卷。特别要注意的是，应校对问卷以确保路径和编码指导清楚准确；问卷还要有足够的空间可以记录或填写答案（纸质问卷上，有足够的空间填写编码）；针对人工数据录入，编写的代码（和数列个数，若使用的话）应该在数据录入人员容易看到的位置。后面我们将看到问卷获得批准的过程（参见第 12 章）。现在先讨论一下怎样进行问卷的前期试验性调研。

9.13　前期试验性研究

有时客观评估一份问卷或一个讨论指南对其目标人群的适用性是很困难的，因为为了接近该群体你可能会做过多假设，而且你并不属于该目标人群。在你全心投入调研工作前，你必须知道这些：目标人群理解问题吗？他们是按照你预想的方式理解问题吗？问题提供了你想要的数据吗？进行一次前期试验性研究是测试这些事情、这份问卷，以及评估问卷和单个问题的最好方法。如果问卷是新的并且没有对以前的工作进行重复或是与其他问卷类似，那么试验性研究就显得更有帮助。对于面对面访谈，前期试验性研究并不费时费钱，相反，在前期试验性研究的最后发出一份有效的收集高质量数据的问卷会节约时间和金钱。前期试验性研究在跨国合作项目中是至关重要的，它可以确保问卷被修改以适用于当地的语言和文化。各个国家的前期试验性研究的结果应该进行对比，以确保问题在衡量相同的事物，收集同等的数据。

9.13.1　前期试验性研究的实施

前期试验性研究可以在问卷开发的任一阶段进行——从概念化阶段（探索概念的本质，理解目标人群使用的语言），到完整的草案（检查它是否传达了设计所需要传达的信息；检查是否不存在软件瑕疵；检查路径指导工作，"返回"和"下一步"按钮是否正常；检查是否存在逻辑错误等）。试验性访谈的方式取决于问卷是如何设计的。问卷初始设计阶段使用的前期试验性访谈可以采取非正式的定性深度访谈。问卷设计更为完整时采取的前期试验性访谈则更适合于正式的定量访问（在开始时使用面对面的方式，而后在最终阶段使用数据收集方法）。

对于面对面和电话访谈，一旦问卷进入终稿阶段，访问者要进行一系列前期试验性访谈。从有经验的访问者和一些相对无经验的访问者身上可以获得有价值的反馈，他们会提供不同的对访谈过程和对前期试验性问卷有效性的看法——问卷是否容易跟进，是否说明清楚等，有经验的访问者会从受访者的观点中吸收经验教训。他们会给你指导问卷填写需要的时间和问卷的可操作性的反馈。对于需要在特定设备（如智能手机）上完成的在线调查，确保在前期试验性研究中检测查者的反应。例如，他们在屏幕上能看到什么，他们必须滚动多少页面，所有的问卷要素在设备上如何体现（比如拖拽、图片、视频和音频等）。

无论前期试验性研究的形式和草案所处的阶段是什么，设计问卷或讨论指南的人参与进来指导或观察前期试验性访谈是很有必要的，这在提升问卷设计水平上很有帮助，因为你可以看见你所设计的问卷如何真实地应用于受访者身上。如果完整的、合适的前期试验性研究无法进行，务必请另一个与你一起工作的人（未直接参与该项目，如果有可能的话最好是目标人群）和你一起做试验性访谈。

无论最终版本的问卷是在电话上实现的还是自我独立完成的问卷，首先与目标人群的成员进行面对面的前期试验性研究是很有帮助的。面对面访谈使得访问者可以观察和记录受访者对问题的肢体反应，这样，你就可以在访谈中进行先导试验。为了观察调查问卷是如何工作的，你要发起至少 12 次访谈（对于讨论指南，相对年轻的定性访问专员应该进行三四次试验性访谈；更有经验的访问者可能只需要一两次前期试验性访谈便可看清其中奥秘）。一种指导前期试验性访谈的方法是把它当作真正的访谈，将受访者对问题的反应做记录。在访谈的结尾，你可能会重新返回到每个问题，寻求受访者对该问题的评论，你也可以让受访者直接对那些问题进行评论，你甚至可以给受访者一份印有每个问题对应的调研目的的副本。把前期试验性访谈进行录音并再次收听会对整个过程有所帮助。

专栏 9-21

示例：前期试验性研究的清单

在进行一个前期试验性研究时，要考虑以下几点：

- **阐述目标**。问题是在测量它们应该测量的变量吗？受访者如何解读问题？问题和受访者相关吗？对受访者有意义吗？

- **问题措辞**。有没有一些问题用词模糊、不清楚，容易造成歧义，或是使得理解变得复杂？问题中有没有使用不常用的词语，或是在一个问题里问了不止一件事，有没有使用双重否定句？有没有问题过长，难以理解？

- **问题内容**。有没有一些问题妨碍受访者完成问卷？有没有对于受访者来说，回答起来过于尴尬的问题？

- **问题类型**。开放式问题和封闭式问题的分配数量平衡吗？每种类型的问题使用合适吗？量表使用的适宜吗？有没有一些可能会引导受访者选择一串相同答案的问题，比如在一页中全部回答"倾向同意"？有没有线索引导受访者选择中立答案？"不知道"的选项安排是否过多？

- **应答选项**。应答选项是否充分完整？清单是否过长？

- **问题模块的顺序和模块中问题的顺序**。问卷中问题到问题、模块到模块的过渡是否自然？顺序对于受访者和访问者来说是否有逻辑？是否有看起来奇怪、不衔接的地方？一般性问题是否出现在针对性问题之前？敏感问题是否出现在正确的位置？有没有顺序偏移或顺序效应？
- **问卷的排版和外观**。它对于收集数据的方法来说合适吗？如果是自我独立完成的格式，受访者能够清楚不费力地发现指导说明并遵从它吗？如果是访问者引导的，问卷容易跟进吗？记录应答容易吗？
- **长度**。需要花费多长时间来完成问卷？访问者和受访者对长度的预期是多少？是否过长或过短，还是正好？

9.13.2　回顾和修改

当前期试验性研究完成后，就需要思考如何分析这些回应。对照调研目的检查数据，看你是否得到了所需的信息。对于一个定量调研，有必要在对问题回答的基础上准备一个录入框，修改问卷，填入数据，记录修改点数。这样你可以检查是否存在有可能妨碍数据处理的逻辑或编码的不一致。依从前期试验性研究所给建议，对问卷进行适当整改。如果整改很大，你可能需要再和新一批受访者进行一次试验性研究。最终，你需要对用于调研的数据收集方法进行一次简短的前期试验性研究，这样可以确定出那些与数据收集方法相关的问题。

案例研究 9-1

必须改进：一个前期试验性研究的发现

下面简要介绍了"生活与时代"调查的面对面访谈练习（模拟访谈），它指导进行真实完整调查的访问者组织了 60 次面对面的前期试验性访谈。有一些试验得出了下面的改进建议。试验还强调了填加补充问题和移除其他问题（要么因为这些问题不能提供有效数据，要么因为它们过于敏感化）的重要性。试验还提供了关于完成整张问卷和每个模块所需时间的宝贵信息。

为什么这个案例研究值得阅读

本案例研究值得阅读有以下原因：它提供了前期试验性研究得出的改进建议的范例，包括问题措辞的改进，对预先录入表格的填加，以及对问题模块排序的改进。

改进：预先录入的表格

从 2A 模块：健康问题

在试验性访谈中，许多受访者说他们会去征询药剂师的意见。这被填加进预先录入的表格和展示卡中。

Q.1a 想想你认为重要的健康问题，你从哪里得到的相关信息和建议？（展示卡）

（记录下所有适用选项）

	是的	不是		是的	不是
医生或健康专业人士	1	2	传单	1	2
健康专业的朋友或亲人	1	2	电话专线	1	2
另一个朋友或亲人	1	2	支持小组	1	2
尝试替代药剂的人	1	2	药剂师	1	2
网络	1	2	其他（请补充）	1	2
书	1	2	不知道 / 不记得	1	2

改进：问题措辞
从2A模块：健康问题

为了使用日常用语，"疾病"替代了"状况"。为了避免尴尬，向受访者表示关怀，提到的特定的疾病（心脏病和癌症）被删去了。

Q.2 假设你有胸痛的症状，去找医生，他告诉你你有像心脏病或癌症（删除）这样的严重状况（改成疾病）。医生为此安排了深入检查。与此同时，你愿意了解更多，想知道你到底有什么情况吗？或者你只需要知道医生告诉你的信息？

改进：问题模块的顺序
从模块3：政治态度

访问者发现在访谈阶段做的铺垫不够充分，无法获得关于政治态度的高质量数据。因此，这个问题模块被后置了。

改进：选项
从模块4：教育

在前期试验性访谈中，许多受访者回答说"每个人都应被平等对待"。这被填加到了选项当中。

Q.14 有些人说失业人群应该得到额外照顾：免费训练课程和能够帮助他们重返工作岗位的课程。你支持还是反对为这样的单亲母亲给予额外帮助？（展示卡）

a. 对以前进过监狱的人呢？

b. 对 50 岁失业的人呢？

c. 对 20 岁失业的人呢？

	非常同意	同意	既不同意也不反对	反对	非常反对	不知道	每个人都应被同等对待
单亲妈妈	1	2	3	4	5	8	6
有犯罪前科的人	1	2	3	4	5	8	6
50 岁的人	1	2	3	4	5	8	6
20 岁的人	1	2	3	4	5	8	6

➡ 本章总结

- 问卷是用来收集数据的工具。有效调研和高质量数据依赖于设计良好的问卷。问卷必须有效对应调研目的，收集有效可信的数据来清楚明确地解决调研问题，它必须适用于数据收集和数据处理与分析的现实工作。问卷还代表调研和调研领域甚至更宽广的世界。

- 问卷设计应服从详细严格的调研问题审查，并且能够清楚理解为了解决调研问题所需的信息属性。为一些话题设计问题应该直来直去，话题可能是熟悉的，也可能你使用一些标准化的经先前调研测试过的问题。如果调查问卷之间一定要做比较，如果不同调查所得数据结果要融合在一起，那么问题标准化是必需的。有一些事情是难以测量的，许多事与它们第一次出现相比要难得多。为了阐释清楚需要测量的事物的意义和定义，有许多工作要做，这样才能在"问题在测量什么"和"回答要如何被解读"两个问题上不至于模棱两可。
- 在整个设计过程中要投入极大的注意力，这样才能确保问卷适用于数据收集方法和目标人群。
- 对于问题的措辞、问题的结构（开放式问题还是封闭式问题）、问题模块的顺序、模块内问题的顺序、问卷的长度和排版都要格外注意。
- 用一个问题或一句陈述来获取一个态度几乎是不可能的：我们不太可能掌握态度的复杂性，所以它会缺乏有效性；一个问题或陈述不太可能传递一致的结果，受访者会对问题用词敏感，对态度型问题的背景比对事实型问题的背景敏感，所以它会缺失可信度。态度测量的有效性和可信度可以通过使用一系列问题或态度量表与态度陈述的组合来改善。问题的措辞和背景的瑕疵可以通过一系列陈述来修正，以此来提高可信度。设计测量量化的态度的问题可以由两部分构成：设计并选择一系列态度陈述或特别态度变量的"题目库"；选择答案格式。最常用的方法是线性量表技术，语义差异量表和排序量表。
- 了解量表设计出现错误的来源——集中趋势错误、光环效应、自动回复综合征和逻辑错误的问题，克服这些问题。
- 一个联想网格使得受访者可以选择他们心中与特定品牌相联系的陈述。联想网格是快速收集信息的一个实用工具，它可以使用多种方法审视分析数据，从计算品牌、产品与陈述相联系的样本所占比，到多变量映射技术下的每个品牌标识的对比。
- 对目标受众的前期试验性研究在确定你是否使用正确的方式提问了正确的问题时是至关重要的。

➡ 问题和练习

1. 分别讨论问卷设计对以下各项内容的积极影响并举例说明：

　a. 数据质量。

　b. 受访者体验。

　c. 访问者体验。

2. 你所在的组织向其他组织销售货品，几年来一直通过电话访谈方式进行顾客满意度调查，但是发现最近两轮调研的回答率下降了。

　a. 讨论导致回答率下降的可能原因。

　b. 为了提升回答率可以采取哪些步骤？对每个提议给出相应的论据。

3. 访问者在进行面对面访谈时要做好哪些准备，都有什么步骤，并给出相应的原因。

4. 从尽可能多的渠道开始收集问卷范本。对于每份收集到的问卷，询问以下问题：

a. 这份问卷想要收集什么信息?

b. 问卷的目标群体是谁?

c. 是自我完成式还是由访问者替代?

d. 使用的问题类型是什么?

e. 问卷是如何开始的?

f. 问卷容易完成吗?

g. 你理解其中的问题吗?

h. 完成问卷需要花费多长时间?

i. 首先出现的问题是什么种类的?

j. 问题顺序合理吗?

k. 有没有一些问题是敏感性的或特别私人的?

l. 你会为给出的信息的用途感到担心吗?

第 10 章

编写调研提案

□ 引言

本章我们将讲述如何起草调研提案。调研提案是调研者用来描述以下内容的文档：将要被实施的调研本身，如何实施本次调研，该提案为什么能够满足客户的信息需求，调研完成的时间日程以及调研所需要的费用。提案往往也会指明为什么这家调研提供商是完成本次调研的最佳选择，因此调研提案也是调研过程中十分重要的文件。我们从第 4 章了解到，完成一个有效的提案很大程度上依赖于明确了解客户的要求。调研手册是整个提案的起始部分，然后我们将从关注提案与调研手册之间的关系以及如何对调研手册提出问题。我们还将关注提议所要达到的目的和构成提案的各部分。最后，我们要关注如何评估提案并做出相应的回应。

□ 本章主题

- 调研提案的目的
- 对调研手册思考的问题
- 调研手册和调研提案之间的关系
- 调研提案的内容
- 评估调研提案
- 后续事情

□ 学习目标

- 了解调研提案在调研过程中的角色
- 了解调研手册和调研提案之间的关系
- 设计一份调研提案
- 评估一份调研提案

10.1 调研提案的目的

当你在为一个商业调研书写调研提案的时候，大多数情况下你已经收到了调研手册，甚至你在读调研手册之前就已经和客户举行了会议，来进一步讨论细节和需要阐明的问题（如果你是在做学术调研，可能你写调研提案是为了确保申请到自己调研的资金，因此你应该明确你感兴趣的研究范围，事实上你为你自己书写了调研手册）。

调研提案的目的是为了向客户展示以下内容：

- 你明白调研所囊括的所有议题和问题；
- 你明白调研中的潜在问题并了解客户面临的商业环境；
- 你拥有良好的专业知识来设计、构建、管理并交付一份高质量的调研结果，来为客户的决策或行动提供参考依据。

接下来你将看到，调研提案在长度、复杂性和细节方面各式各样。可能你并没有收到书面的调研手册，但这是练习如何在收到口头提案时准备书面提案的机会。书写一份关于将要做什么、为什么这么做的书面文件可以避免混淆和误解。调研提案还可以被用来作为后续调研讨论的焦点，帮助客户和调研者明确调研任务和目标，为后续商讨留下记录。

10.2　对调研手册思考的问题

当你（调研提供商）收到调研手册时，要花点时间来仔细阅读它。在这个阶段，你需要问自己一系列问题：

- 这是你想一起共事的客户吗？
- 这是你想从事的主题吗？
- 对于这个项目你是否有相关经验或是专长？
- 你认为哪种类型的调研是必要的？
- 你能提供这种类型的调研吗？
- 调研期限是什么时候？你能在期限内完成调研吗？
- 预算是多少？调研在预算内是否可行？

如果这个项目是你感兴趣的，并且可以在期限要求内完成它，那么它值得进一步探索。接下来提出的问题将帮助你剖析问题和客户所需要的信息：

- 企业的问题是什么？
- 调研的问题是什么？
- 该研究需要什么？
- 所需要的信息是否足够清晰？
- 调研是否能够帮助解决问题？
- 如果有的话，在定义问题时进行了哪些假设？
- 是否清楚客户在组织内打算怎样使用这些调研数据？
- 调研目标是否清晰明确并和问题有关联性？
- 提出的调研方法是否可行？是否能得到需要的信息？

手册里是否有上述足够的信息，以使你能够写出一份高质量的调研提案？如果不能，那么你应该向客户寻求更多信息或者说明某些问题。

10.3　调研手册和调研提案之间的关系

调研提案的质量（包括调研计划的适用性和效率）很大程度上依赖于调研手册的质量。要准备一份高质量的调研提案，你就应该清楚地理解客户的业务问题和对应的更加宽泛的背景，以及用来满足问题的信息需求，这些信息将如何被使用。如果调研手册没有为你提供上述信息，你应该寻求和客户进行一次会面，以商讨更多细节。

高质量的可行的调研通常都是客户和调研者之间通力合作的结果，一般来说，该过程启动的越早越好。任何调研项目都需要对话与合作，而不单单是复杂的项目才需要。如果你发现手册是粗制滥造的，要求不明确，预算和时间要求不合理，那你就得考虑这个项目是否还值得付出时间和努力来继续。

10.4　调研提案的内容

下面是调研提案内容的详细清单。但是，并不是所有的调研计划都需要清单里正式详细介绍的所有内容。被委托的调研可能与先前的调研相似或者重复，所以可能不会授权所有的提议；或者调研者和客户已经建立了良好的关系，客户并不会要求提案里所有的细节。时间可能是限制产出内容的一个因素。大概需要 1 ～ 2 周来准备调研提案，让调研者有时间填写工作计划，安排预算等。大概需要花 1 ～ 2 天来思考和书写，这取决于项目的复杂程度（如果很复杂可以花更多的时间）。有时一两张纸就可以包括一个简短的不太正式提案的所有内容：包括基本介绍、问题陈述、调研所需、调研目标、推荐的方法、报告、时间设定、预算花费以及相关经验。

下面是一个完整的提案应该囊括的内容。

1. 问题背景

告诉客户你了解问题的性质和背景。做一些背景调研，不要仅仅重复客户在手册里提供给你的背景信息。加入一些信息（如二手资料调研）表明你理解客户的业务问题。这些将增加提案的价值，并让客户认为你对此感兴趣并愿意做一些额外的工作。

2. 调研目标

关于调研目标部分应该声明调研如何进行，而且应该与所调研的问题有关系。在手册中调研目标可能并不是很完整充分，所以你应该做一些工作将它们体现出来。你所理解的目标和客户所期望的目标相契合是十分关键的，同时，你也应该清楚它们将传递十分必要的信息。通过调研目标和手册囊括的其他信息，你应该能够清楚知道调研大体上需要处理哪些问题了。

3. 调研方法

描述调研方法以及为什么这个方法最适合收集所需数据的。无论你的建议是什么，你都应该解释它的论证过程，以及这个方法的局限性。

4. 抽样

清晰陈述所调研的目标群体。例如，可以是汽车经销商 15 公里半径内，打算在将来 6 个月内买车或在过去 6 个月内买过车的 15 ～ 64 岁人群；在社区内居住的所有 55 岁及以上的人群；或者是某个网络服务提供商的所有用户。标注出在广泛的抽样总体内目标群体出现的概率的假设，以及假设依据。阐述你打算如何在目标群体中抽样，例如，是配额抽样或随机抽样，还是从在线样本库中提取（我们在第 8 章中已经详述了抽样的细节）。阐述打算使用的样本大小，讨论组的数量和深度访谈的人数，以及涉及调研目标的子样本大小（例如，从经销商那里购买了现有汽车的人群）。解释清楚你选择这些样本的原因，以及他们可能造成的影响。指出你接触样本和访谈时可能遇到哪些问题，你将如何克服它们。

5. 收集数据的方法

详细说明你打算用哪种方法来收集数据，例如，是否计划陪同参观（参观汽车陈列或试驾），在线讨论组，是单个的还是配对的深度访谈，是面对面访谈还是电话访谈，是纸笔书写还是用计算机辅助。说清楚你为什么推荐这个方法。详细说明你期望的访谈时间长度、内容覆盖范围以及访谈风格。这并不需要一个完善的讨论指南或是调研问卷，但是你得让客户知道，你对于需要谈到哪些话题或问题来达到调研目标是清楚的。可能你还想对用到的问题类型举一个例子。在一个定性调研项目中，说明你打算使用刺激物调研法还是投射调研法。你需要利用手册中提供的信息估计问卷或访谈的长度来提出比较精确的花费。你应该在提案里将它们（包括你所基于的假设，如开放式问题和封闭式问题的数量等）清晰地列出来，这样客户才能看清你的花费构成。阐述你所推荐方法的含义：有哪些优点和缺点？例如，如果你提议进行在线调研，就有必要指出问卷长度会限制在 15 分钟以内，还有现场工作如何组织。你需要说明，小组座谈的参与者是由受过训练的定性调研招募专员招募的；定性调研的现场人员符合访谈质量控制计划（interview quality control scheme）的标准；工作的开展与 MRS 或 ESOMAR 行为准则的要求相一致。

6. 数据处理与分析

阐述如何处理数据。对于定性调研，需要标明：小组讨论和个人访谈是否会被记录；这些记录对于客户是否有效；是否会对所有访谈进行完整的文字记录；这些文件是否会呈递给客户；关于数据分析是如何进行的：是否会使用专业的数据分析软件？如果没有完整的文字记录，数据分析是否会基于仲裁监督人员的记录进行？对于定量调研，你可能需要提供数据处理的细节——数据编辑处理过程的范围和本质，数据录入后的验证过程，数据集的清理，对开放性问题回答结果的编码过程。确认将使用到的分析包和数据格式是有效的，例如，是交叉列联表还是数据文档；进行硬拷贝或电子拷贝，或者都进行。详细说明对数据进行的任何加权。阐述数据分析类型并说明这是如何解决客户的业务问题的。

7. 结果

阐述清楚你将要提供什么结果（outputs）、方式（报告、简报、电子文本等）、副本的数量，以及提供这些产出的时间。讲明额外交付成果的花费，如中期总结报告，这样客户在提出这些要求的时候就可以考虑到相应的潜在成本了。

8. 道德问题

你必须识别出与你提议的调研相关的道德问题，你必须向客户陈述：这些问题会有哪些影响，调研将如何进行，以及调研的结果将被如何呈现和使用。你必须陈述，作为调研者你将采取什么措施来解决道德问题，客户自己的责任又是什么。道德问题可能会在正当且专业的调研行为的任何方面出现。例如，客户的机密保护，调研受访者的匿名保护，以及受访者所提供信息的机密保护等。

包括大学、公共部门、志愿者组织的研究基金在内的许多组织机构，都要求调研者将他们的调研计划提交给调研道德委员会批准。这些委员检查调研计划以确保调研者识别到了任何可能存在的道德问题并在着手解决这些问题。通常，他们会询问调研样本的构成中是否存在弱势群体，知情同意书如何取得；调研参与者是否会因参与调研而承担受到伤害的现实风险，数据保护问题以及数据将如何存储。在卡迪夫大学（Cardiff University）的网站上（http://www.cardiff.ac.uk/socsi/research/researchethics/guidance/index.html）可以找到取得道德批准的指引摘要范例与道德委员会的审批表范例。

正如我们之前所看到的（参见第 1 章），有许多调研者和客户的行为规范。MRS 的成员必须在计划和执行调研时遵守他们的行为准则；然而对于那些不是 MRS 成员的调研者，这份行为规范也为他们提供了专业实践标准的指导。在"专栏 10-1"中列出了在委托调研和书写调研提案阶段相关的《MRS 行为准则》（2010）的第一、二部分的摘要。

🖐 **专栏 10-1**

专业实践与《MRS 行为准则》：项目计划与设计

准则 A：专业调研的通用规则

A1 调研必须符合国内和国际的相关法规，特别是《数据保护法案》（1998），以及国外的类似法案。

A2 调研者应采取恰当的措施防止与客户和员工发生利益冲突，必须积极揭示各方所关心的问题，防止发生类似的冲突。

A3 调研者应当诚信对待受访者、客户（潜在客户）、员工、雇主、服务分包商和公众。

A4 标有独立名称的 MRS 调研者证明仅被允许在 FMRS、MMRS、AMRS 的案例中使用。证明未经允许不能用于其他类别。

A6 调研者不能对他们的经验和能力做出虚假的声名。

A7 调研者应采取合理的措施确认其他人没有违反该规范。

说明：这包括：调研者应采取合理的措施，确保一起共事的人或组织（包括其他调研者、非参与调研从业者、同行、客户、咨询企业和分包商）对准则足够清楚，不会无意地违反准则。调研者在实施过程中，各项手续和合同中负有采取合理行动确保准则不被违反和不违反准则的责任。

A8 调研者不能做出败坏 MRS 和其他调研者名誉的行为。

A9 调研者不能诽谤或无理地批评其他调研者和非调研者。

A10 调研者必须确保受访者在参与调研项目时不会受到伤害或其他不利影响。

准则 B：应用于调研的专业行为规范

计划与设计调研项目

B1 调研者不能在未经允许的条件下有意利用其他调研从业者未经发表的成果，这是其他调研从业者的私有财产。

说明：这意味着，除非获得相关允许，否则调研者不能有意地基于其他组织调研从业者的提案来执行或委任工作。

B2 调研者所做出的任何关于委任和执行项目的书面或口头保证事实都必须正确无误，这是调研者的荣耀。

B3 调研者必须采取合理步骤为客户详细地设计调研。

B4 调研者必须采取合理步骤设计符合客户质量标准的调研。

B5 调研者必须采取合理措施确保自身和客户的权利和责任，应当被书面合同或 / 和内部委托合同所制约。

B6 调研者不能在未经客户允许的情况下公开客户的身份与客户的任何机密信息，除非有法律义务要求会员这么做。

资料来源：MRS Code of Conduct 2010. Used with permission.

9. 时间表

时间表包括简单的时间表或工作计划表，它明确标出关键日期，特别是那些需要客户投入参与的工作。下面呈现了两种格式的时间表。图 10-1 是一个与关键的或"里程碑式"的任务有关的日程安排表格（你可以再增加一个纵栏来填写关键工作的产出）。图 10-2 是一个甘特图，用附有时间数字的进度条标示独立的任务，这样不同阶段的起始、结束以及重叠部分都将会十分清晰地呈现出来。这个阶段你不可能做出精确的时间安排——这取决于客户的准许，但是当细节确认以后，你就可以将星期数和具体日期填写进去。在制作时间表时要考虑到它的可行性。如果可能，给偶发事件留一点时间，当然这并非总是可能的。如果时间安排十分紧凑，请向客户说明并解释原因。

星期数	任务
1	项目启动会议 讨论项目管理问题 确定关键任务的日期——批准二次讨论指南、调研问卷等 确定定性调研的目标人群 / 样本 确定下次会议的时间

图 10-1　项目时间表草案示例 1

2	选择深度访谈的样本 设计深度访谈的讨论指南 申请客户对讨论指南的批准 协调招募人员 招募深度访谈的参加者
3	进行深度访谈 录制访谈 分析访谈 通过电话向客户非正式汇报到目前为止的成果
4	完成深度访谈 录制访谈 分析访谈 起草成果总结报告并呈递给客户
5	进度讨论 讨论深度访谈中的发现 讨论调研问卷的进展 完成调研问卷草案并呈递给客户
6	会见客户讨论调研问卷草案 修订调研问卷草案并呈递给客户征询意见与批准 用修订后的问卷进行试点调研 将前期试验性访谈的成果反馈给内部项目小组和客户 通过调研问卷的修正结果
7	敲定最终调查问卷 实地调查的计划和组织 召开问卷调研发布会
8	实地调查计划完备 启动实地调查 陪同客户视察实地调查
9、10、11	起草数据分析的详细说明并呈递给客户 确定数据分析的细则 实地调查继续进行 回答实地调查组的询问进行再编辑和编码 计划数据处理 与客户联络 与客户和实地调查组确定编码框架
12	数据处理结束 制作标准的表格 检查表格 为客户起草主要总结报告
13	落实表格并同数据文档一起呈递给客户 开会讨论成果和计划陈述/专题研讨会
14	撰写报告并设计陈述 将关键成果的总结报告草案与陈述草案呈递给客户 给客户做陈述 筹划成果研讨会
15	回答客户的后续问题 为客户内部团队召开两次研讨会

图 10-1 （续）

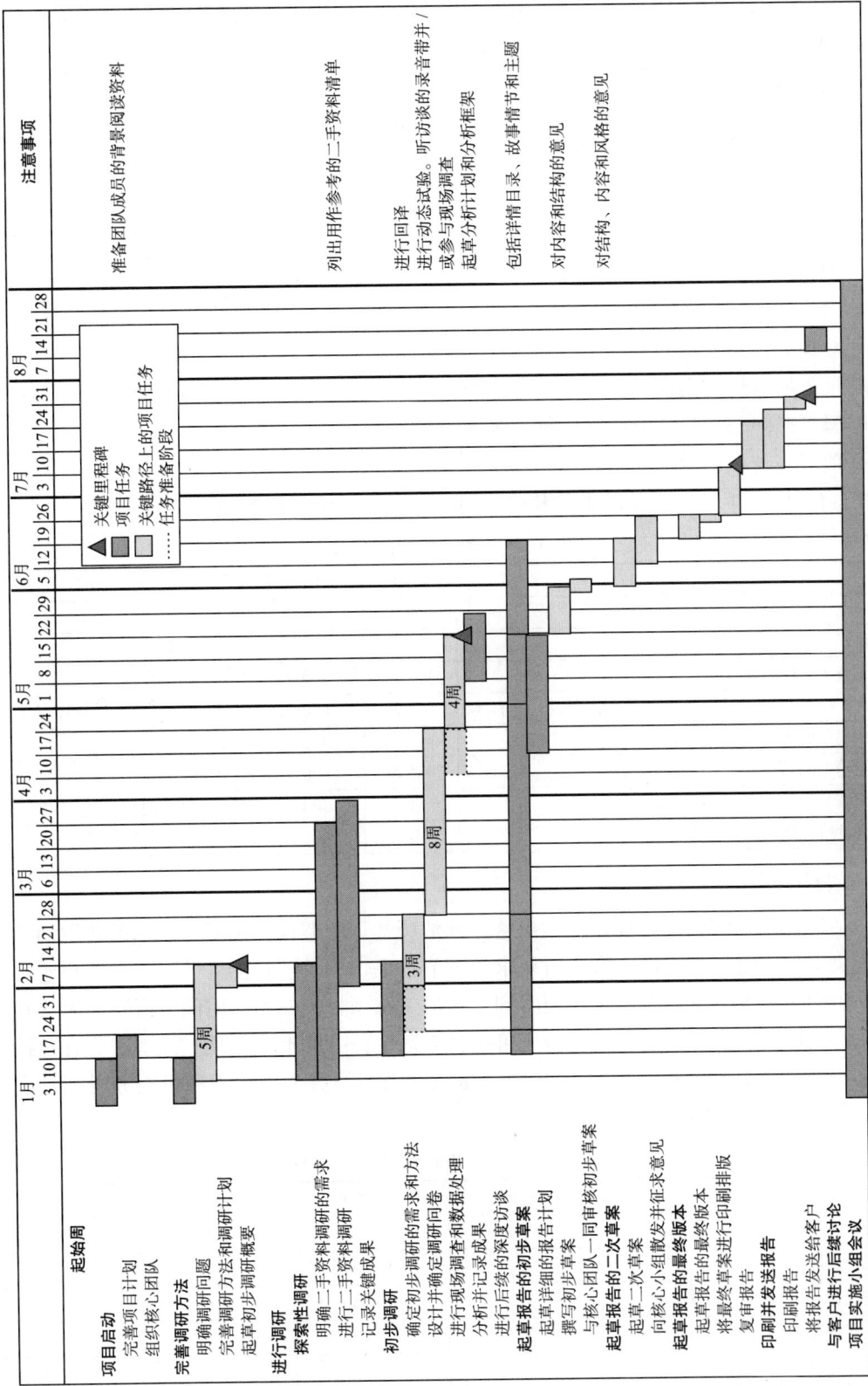

图10-2 项目时间表草案示例2

制作一个精准的项目时间表是十分困难的，因会有许多相关因素影响到时间安排，例如：

- 调研的实质——是定性调研还是定量调研，还是二者混合；
- 项目的大小、范围以及难易程度；
- 数据收集和获取的方法，如在线或是面对面；
- 被研究人群的性质——接触到研究人群样本并进行招募的难易程度，以及执行效率；
- 访谈的长度；
- 访谈的数量；
- 调研的地理范围；
- 这一年的时间（受假期影响）；
- 数据处理和分析的需求；
- 报告所需要的内容；
- 思考时间——与其他数据比较，解释的时间；
- 项目需与客户联络的内容。

下面的表 10-1 列出了手册中涉及的不同项目所需要粗略花费的时间。

表 10-1 调研周期的参考

方 法	样本	样本容量	周转时间
小组讨论（面对面）	消费者	6 组	4 周
深度访谈	企业	12 人	3～4 周
街头调查（纸笔访谈）	消费者	300 人	4～6 周
面对面/家中（借助计算机的个人访谈）使用随机样本	消费者	600 人	4～6 周（取决于回答率）
计算机辅助的面谈（15 分钟访谈）	企业	400 人	3～4 周
计算机辅助测试（20 分钟访谈）	消费者	400 人	2 周
邮寄调查	企业	300 人	2～3 个月（取决于回答率）
电子邮件或在线调研	企业	300 人	3～4 周（取决于回答率）

10. 费用

包括执行调研的费用详情以及做出这些预估所基于的假设。你所要展示的费用的细节程度取决于你们组织的习惯、客户所要求的细节水平，以及项目的性质。有的客户想看到所有估价的全部加总，还有的客户想看到每个员工在项目上花费的时间或者每小时或每天的费用支出率是多少。定量调研的费用可能会以逐个任务的形式呈现，或者将为客户提供的服务按照"项目和时段"加总。表 10-2 是三个级别的员工分别为项目服务时间长度的示例，表中费用仅供参考。

表 10-2 客户服务时间费用表示例

员工级别/每小时酬劳（英镑）	主管/200	经理/100	高级主管/70	调研主管/45
任务	预估时间			
项目团队简报	1	1	1	1
问卷设计	1	1	5	5
现场工作简报		1	1	1
现场工作视察			5	5

(续)

员工级别 / 每小时酬劳 （英镑）	主管 /200	经理 /100	高级主管 /70	调研主管 /45
设计分析细节		1	2	1
数据检查			1	4
准备主要成果		1	2	7
与团队讨论成果	2	2	2	2
与客户讨论成果	1	1	1	1
准备报告	1	2	4	21
准备陈述	2	2	2	7
交付陈述	4	4		
项目实施				7
每个团队成员的时间合计	12	12	30	62
每个团队成员的费用合计 （英镑）	2 400	1 200	2 100	2 790
总的服务费用				8 490

定性调研的费用可能会按照每组活动或每个深度访谈列出，或者仅有一个总费用，也有可能拆分成招募成本、现场工作成本（场地租赁、茶点、运输成本、奖励费用）、支持人费用和报道费用。"专栏 10-2"是一个定性调研在提案中呈现的示例（见表10-3）。同上，示例中的费用仅供参考。

专栏 10-2

表 10-3　团队费用

选项	费用 （英镑）	每组费用 （英镑）	激励 （英镑）	总费用 （英镑）
6 组	25 200	4 200	3 120	28 320
5 组	23 000	4 600	2 600	25 600
4 组	19 800	4 950	2 080	21 880

明确你的报价的时间跨度是合理的。提交提案和被委任调研当中所经过的时间有可能会比较长，实际费用在这段时间里可能会上升（或下降）。明确客户单方面取消授权将会面临的惩罚费用。在下面商业条款一节中会详述。搞明白你的报价中是否包括任何可能相关的消费税。涉及变动的汇率，国际项目的报价会比较难。在计算跨国项目的成本时，确定用于结算的货币种类，当汇率发生变动时，变动幅度超过一定数额时（一般是10%）就有必要进行重新核算了。

项目的费用与所花费的时间密切相关。特别是，也取决于访谈的难易程度、访谈的长度、每轮访谈的数量、访谈的总数量、访谈的地点、访谈的类型、分析需要、项目管理和报告需要。成本计算过程是多变的。例如，对于定量调研项目，数据处理和客户服务可以由调研代理商或供应商的相关部门基于所需时间、人员级别和每小时工资水平计算出来。每小时（天）工资可以通过员工成本、利润率和日常开支（如社会保险、养老金以及办公设备）核算出来。现场部门或现场工作供应商可以核算出现场工作的费用。每轮访谈的执行效率和实现的访谈数量，访谈的花费以及相关成本（器材、场地租赁及差旅伙食费等）加上项目管理的成本（监督和行政管理的时间花费）都将核算在总成本中。

为客户提供定价服务是十分艰难的：一方面，你不想使你提供的服务被低估；另一方面，你也不想对它定价过高。你可以从客户那里得到关于你的价格是否具有竞争力的反馈信息，特别是当你参加投标竞争过程时，你也可以从其他从业人员那里得到相关信息。查阅在一年两期的基础上制作的《ESOMAR 全球价格研究》（*ESOMAR Global Prices Study*）也很有借鉴价值。该书提供了 60 多个国家不同调研领域和调研类型（消费者市场还是企业市场，定性还是定量，数据收集的各种不同方法）的相关信息。还提供了初级、中级和资深调研者的酬劳水平。

11. 相关经验

这是你推销自己、展示自己，告诉客户为什么应当由你来实施调研的机会。与其展示一个标准化的竞标书，还不如提供一个为他解决具体问题的调研手册。考虑一下你能给这个主题的调研项目带来什么。客户可能会索要项目组调研者的详情。不管这种情况会不会发生，将关键调研者的简历体现出来，用以展示相关领域的经验和专业知识会很有用。

12. 商业条款

调研提案作为销售工具的同时也是重要的契约文件。把以下内容列入提案是十分必要的：你自己的信息；业务环境；提及你将遵守《MRS 行为准则》或《ICC/ESOMAR 行业规则》；你计划怎么给客户开账单；所使用到的外币汇率；声明在客户修改调研规格时保留调整项目费用的权利；客户在委任项目后单方面取消所要付出的违约金。

🖝 专栏 10-3

示例：商业条款

商业条款声明 1

作为专业团体 MRS 的一员，我们坚持《社会行为规范》，规范包含《数据保护法案》（1998）的关键原则。细节可以在 MRS 的网站（www.mrs.org.uk）上查看。

总费用的 50% 在委托调研时会开出账单，剩下的 50% 在完成报告和展示后交付。所有的账单应在 30 天内付清。对于延期付款，我们每个月追加 5% 的额外费用。

商业条款声明 2

支付

- 50% 的总费用在委托工作时支付；
- 25% 在定量现场工作阶段（第二阶段）支付；
- 25% 在交付最终报告后支付；
- 开出账单的 14 天内应支付完毕；
- 到最终支付期限后，对未支付部分每月加收 1.5% 的延期费；

- 相关费用自今天起 6 周后生效；
- 现场工作英镑兑欧元汇率为：1.00 欧元 =0.78 英镑；
- 在生效期内汇率变动大于 ±10% 时，我们保留重新核算费用的权利。

取消合同时的违约金

当你委托调研后再取消，将分别承担以下违约金：

在项目开始 6 周前取消	无违约金
在项目开始前 4 ～ 6 周取消	总费用的 20%
在项目开始前 2 ～ 4 周取消	总费用的 35%
在项目开始前 1 ～ 2 周取消	总费用的 50%
在项目开始前 1 周内取消	总费用的 100%

加入保护你知识产权的内容也是很重要的。尽管多数客户与调研代理商合作是基于道德约束，但是仍有许多问题并未被察觉到或被忽略。你可能会想在条款内加入下面这小段话：

> 请注意，项目提案或调研详述是调研代理商的私有财产，未经原调研代理商的同意，不能将其传给其他代理商。

13. 写作风格

在书写调研提案时，不要假设读者是调研专家或是调研相关的学者。内容要清晰而简单，要避免给读者留下使用不必要的行话和专业术语的印象。

14. 调研提案提交的最后期限

调研提案应该按时提交，延时提交会给客户留下不好的印象。在政府招标中，最后期限是固定的，如 10 月 17 日 15 时，超过这个时间将不会再接受提案，一分钟也不行。其他客户没有那么精准——业务一般会在周二或周四的早晨发出停止指示。最后期限就是最后期限，你应该将它视作一个向客户展示你有按时完成任务能力的机会。

10.5 评估调研提案

客户收到你的提案之后会进行评估，你可能会从众多的调研者中胜出。客户可能会要求来你的办公室商讨提案，或者邀请你去他们那里展示内容。在你将提案发出去之前，设身处地地假设自己是客户，以客户的角度来评估这份提案。下面是一些引导你进行评估的问题。你可能会发现，你被邀请与客户商讨提案时这些问题也是有用的。

1. 调研问题和调研目标

- 调研者是否证明自己已经清楚地理解了问题？
- 调研者是否理解问题背景，以及基于调研将会做出哪些决定？
- 调研者是否清楚辨识出关键调研目标与问题？
- 调研者是否做出了一些不正确的假设？

2. 调研设计

- 所建议的调研设计或方法是否会交付正确的数据？
- 对于所建议的方法是否有坚实可信的实例？
- 调研者是否辨识到这个方法存在的局限性？
- 调研所得的数据是否可靠？
- 调研者是否清晰准确地确定了目标人群？
- 调研者的抽样策略是否合理？
- 调研者的抽样策略是否与调研目标相符合？
- 数据收集的方法是否合理？
- 数据收集的方法是否存在局限性？
- 调研者能否解决质量控制问题？
- 现场工作的实施是基于什么标准？
- 数据是否会被清晰地分析与呈现？方法是否合理？
- 调研者能否提供标准数据进行对照？
- 调研者是否提出了对调研结果的解释框架？

3. 道德问题

- 是否存在任何道德问题及法律问题，它们能否被恰当解决？

4. 时间与成本

- 时间表是否由你自己协调排序并易于管理？
- 费用是否合理并且来源清楚？是否物有所值？
- 所有的偶然事件是否都考虑到了？

5. 经验

- 调研者是否有相应级别和经验来完成相应的调研项目？
- 人员配置是否合理？全体人员的数量及经验类型是否匹配？
- 调研者是否增加了其他价值，提供了有价值的深刻见解，做的事情超出你的预料？
- 提案是否被清晰地列出、书写并且容易理解？

10.6 后续事情

一旦你把提案发给客户，一般客户在评估提案之后就会联系你。如果他们认定提案符合他们的需求，提供了一个可靠、有效、有价值的资金解决方案，就会委托你来做这个调研。如果他们这样做了，请索取书面的确认书。一旦你收到确认书，你就应该联系客户，告诉他们你是否愿意做这项工作（情况在你写了调研提案之后可能会有变化，你可能不再处于一个可以接手项目的状态）。如果你打算接手这项工作，接下来你需要安排和客户进行一次会面。

有关项目的第一次会议被称为项目启动会议。会上各当事人都将提出自己关心和感兴趣的问题，充分讨论调研如何进行，阐明各方的相互期待。任何对原有手册和提案的修改以及后续的调研计划，都应该经双方同意后进行书面记录。例如，虽然客户接受了你的提案并想进行调研，但是对预算还有所顾虑。客户可能会打算和你以及供应商进行商讨，在不超出预算（例如，减少一组小组讨论或缩小样本容量），不对调研目标进行牺牲和妥协的情况下能够做出哪些变化。

你的提案没有成功中标时客户也会通知你，尽管这并不常发生。如果在递交提案的最后期限两三周之后都没有收到客户的通知，你就应该主动联系他们，询问你的提案为什么没有通过。这会让你学到一些东西——关于市场，关于客户，关于你自己的能力，关于你所提供的"产品"。这会给你提供信息，帮助你解决，优化你所提供服务。

📩 本章总结

调研提案的目的是向客户展示以下内容：

- 你能理解调研的问题以及相关的问题；
- 你能理解调研方面问题的影响和客户更加宽泛的商业背景；
- 你有能力设计、执行、管理并交付一份被客户用来进行行动决策的高质量调研；
- 提案的质量很大程度上依赖它所基于的调研手册。

调研提案应当包括：

- 问题的基本介绍与背景；
- 调研目标的陈述；
- 调研方法；
- 道德问题以及解决方法；
- 交付成果、时间表以及费用；
- 相关经验和项目组简历；
- 商业条款。

在提案被提交之前应当核对确认相关描述交代了所需要的信息。

一旦提案被接受，调研被委托，调研者和客户应当开一次会来商讨调研进行的细节问题。

📩 问题与练习

假设你是客户，你刚刚接到如专栏10-4中的调研提案。

 a. 应用本章给出的指导原则回顾一下该提案，如果可能，列出信息表。

 b. 列出你与调研者见面时可能提出的问题。

第 11 章
Chapter 11 ......

进行定性调研

□ 引言

在第6章我们已经讨论了定性调研的本质，以及进行定性调研的方法的范围。在第10章我们学习了如何完成一个调研提案。如果你在提案里涉及定性的元素，你将怎么做？进行一次定性调研不同于定量调研，主要是因为定性调研者在招募参与者和进行实地调查时具有更大的作用。因此，到底涉及了哪些工作？为了完成这些工作你需要具备哪些技能？这些都是我们在这里提出的疑问。本章的目的是描述进行定性调研的实践层面，从招募参与者到准备讨论/采访指南以及进行调研访谈。

□ 本章主题

- 定性调研者的任务和技能
- 被调研者的招募和抽样
- 设计采访或讨论指南
- 采访和主持技巧
- 投射和使能技术

□ 学习目标

- 掌握并理解有关定性调研者的任务与技能
- 掌握并理解有关定性调研抽样的知识
- 设计一个合适的采访或调研指南
- 掌握并理解进行采访和主持小组讨论所需技巧

11.1 定性调研者的任务和技能

根据调研与发展委员会定性调研分会的定义（1979），定性调研者的技能与经验"是调研价值的最重要的决定性因素"。因此，在一次定性调研中涉及了哪些任务？要完成这些任务又需要什么技能？

关键任务与技能

定性调研者不同于相应的定量调研者，他不仅要设计调研，还需要着手做实地调查以及数据分析。因此，定性调研者的任务和技能与定量调研者的有很大不同。

一个定性调研者首先需要理解一个调研摘要，能够分析出客户需要什么——商业问题是什么，调研问题是什么，调研目标是什么？这些是他们与其他类型的调研者共同需要具备的技巧。在理解调研概要的前提下，定性调研者必须能够选择一个适合调研目的的定性调研方法，能够为客户处理业务问题提供依据。调研者也需要使客户能够信任调研方法的适用性以及质量（可靠性与合法性）。一旦调研启动，进程的下一阶段涉及进行实地调查——筛选人员以找到参与调研的样本人群。调研者可能需要负责管理实地调查进程，并且可能涉及直接招募参与者。另一个主要任务是设计数据收集工具——一个民族志调研计划，或是一个在线深度访谈的采访指南，或是一个面对面小组讨论的讨论指南。一旦客户接受了计划或指南，就可以开始进行实地调查。定性调研中实地调查的例子：在一次民族志调研中调研者作为一个观察者，与调研参与者（比如幼儿的母亲）一起购物拍摄下来的与调研相关的日常生活；或者在一次在线调研中，发布问题并鼓励参与者（大学生）给出他们的观点；或者它可以意味着在一家企业采访一位企业经理关于公司业务的内容；或者在观察测试室中协调组织一次关于老年人的财务计划的小组讨论。在所有这些实地调查的情况下，定性调研者的工作是创造一种氛围，在这种氛围下参与者愉快交谈和分享。这需要专心地倾听，需要把表达的话语（和未表明的话语）与调研摘要和调研目标相联系。决定探索什么或采取的后续行动，什么应去弄清或质疑，什么时候重申或进行总结，以及什么时候让谈话进入尾声。

MRS 调研与发展委员会定性调研分会于 1979 年界定了这些工作所涉及的技能，如下所示：

- 关于同情、敏感性、想象力和创造力的个人能力；
- 既参与其中又保持超然；
- 善于表达又善于倾听；
- 不仅有知识能力又具有常识；
- 有逻辑分析能力；
- 既有概念性能力又具有细节观察能力；
- 既能分析性思考又可忍受无序；
- 口头技巧；
- 自信能胜任口头演讲。

在第 6 章我们引用了布兰斯韦特（Branthwaite）和帕特森（Patterson）的定性调研的三个特点（2011）：它是一个谈话；它包括主动地倾听；它是互动的并且需要调研者和参与者有良好的关系。布兰斯韦特和帕特森详尽地说明了这些特点，同时这些说明有助于进一步深入了解成为一个定性调研者要具备的技能。首先，他们探讨了谈话的重要性和在社会情景下掌控谈话的规则（Harre，1979；Branthwaite，1983）。这些社会情景包括"每日谈话"和组成定性调研的"口述记录"（Rubin and Rubin，2011，将定性访谈视为"有导向性的谈话"）。我们用自己的文化来直观理解这些谈话规则；在我们的文化之外，我们可能会发现对它们并不确定（因此，这就是为什么我们发现在其他文化中进行采访会有些困难）。

接着，布兰斯韦特和帕特森通过下面的调研者技能，探讨了"倾听的力量"和"如何达到必要的专心"或"灵活的"倾听：

- 创造一个信任、接受的氛围；
- 对其他人以及他们的话充满好奇；
- 寻找含糊的话和可替换的含义；
- 注意非语言表达；
- 适应参与者进行的内部谈话；
- 确定可能需要深入调查或探索的问题；
- 通过以不同方式询问同一事物来检查可靠性。

最后，他们谈论了同情心，把同情心定义为，"进入其他人的个性并分享他们经历的力量。能够像他们一样思考，有同样的感觉"。达到这种程度的技巧是去克服"采访情况的束缚和不自然"，去超越"华丽的辞藻"到达"私人的境界"。在本章的后面，我们会介绍在访谈情况下这些技巧是如何应用的。

11.2 被调研者的招募和抽样

在定性调研中，样本是"招募"来的。与定量调研项目相比，定性调研的样本容量相对较小。由于较小的样本容量，概率理论和统计代表性的概念并不适用，而且定性调研的目标不是获得一个能够在统计意义上代表总体的样本。然而，这不意味着样本的代表性是没有什么影响的。同样，这也不意味着设计与选择一个样本不是一个严密、系统的过程。

与定量调研相同，在为一次定性调研设计样本时，明确定义目标人群以及样本与目标人群之间的关系是必不可少的。举例来说，可能样本的目标是广泛地代表目标人群的特征，如年龄、性别和社会阶层，但在小样本容量的情况下获得一个具有真正代表性的样本是不可能的。设计这种样本的目的可能是概括与调研主题有关的一系列特性，或调研在更广阔范围中，具有这一系列特征的人的行为、经历或事件。正如在定量调研的背景下，思考调研目标和提前对发现结果进行分析与解释是很重要的。在与调研问题相关性的基础上选择样本单元或要素、分析型架构，或者你所希望去进一步做出的解释，被看作是理论性抽样。格拉泽和斯特劳斯（1967）发明的这种抽样方法是最广为人知的版本。

抽样过程

定性调研的抽样过程开始于定义目标人群，以及样本与目标人群如何关联。接下来你必须决定如何从中选择成员。在定性市场调研中，抽样通常指的是招募，经过特殊训练的访谈者被称为招募人员（recruiter）。招募人员听取实地调查经理或涉及这个项目的调研者的建议，为了让招募人员得到参与者的正式许可，他们应提供招募人员所需的与项目有关的细节。为了遵守英国《数据保护法案》（1998），招募人员招募调研参与者并保留参与者或潜在参与者的名单或数据并且必须将其告知信息专员办公室。

招募可以采取很多种形式：选择将极大依赖于样本的特性——这些人是谁，他们在哪里或你可能在哪里找到他们，以及你已经掌握了有关他们的哪些信息。通常绘制一个坐标、矩阵或详细名单来显示与调研相关的人群或组织类型。例如，招募人员可能会根据人口特征（年龄、性别、社会阶层、工作地位等）来定义，或可能根据对某一特定产品或服务的使用来定义，或根据他们的态度或经验，或是一个事件、一个过程或一个组织，即任何与调研目标相关的事物。这些方面的结合可能会用于描述目标人群及需要的样本。应注意的是，不要过度详述，因为这是不必要的，而且会使招募变得困难且昂贵。必要的话，一次招募或浏览问卷可以帮助招募人员找到那些符合招募过程或样本标准的个体，来保证样本的可靠性。招募调查问卷可能是面对面或通过电话，与在家的人或街上的人接触，或在一个特殊的地点，在这些地方适合招募规则的样本出现的概率可能相对较高。

在一个特定地点的招募是一种任意抽样。举例来说，如果我们寻找的是去教堂的人，我们会在做礼拜时的教堂附近进行招募。招募也可以在网上进行——在寻找去教堂的人这个例子中，也可通过一个教堂的网站或社交网页来进行招募。

招募调查问卷同样也可以通过电子邮件或邮寄来发放。如果目标人群是可以获得的样本，比如一个企业名录或数据库，邮件、电话或邮寄联络经常被使用。客户可能会提供一个可能的联络者名单；或者你可能会使用一个专家样本或名单的提供者或一个招募人员或实地调查机构它们自己的名单；或者通过对市场或目标领域的了解，你可能有自己的名单。利用名单中的样本资源可能会带来与数据保护有关的问题 [在英国，根据《数据保护法案》（1998），名单的所有者应进行登记]。在招募中使用名单或抽样框，有时也称为名单抽样（list sampling）。样本的质量在某种程度上依赖于样本框的质量。我们已经在抽样这章（参见第 8 章）讲解了这个问题。

使用网络联络并让这些联络人把你推荐给其他人，称为网络抽样（network sampling）或滚雪球抽样（snowball sampling）。当名单或样本框无法获取，或样本很难寻找时，例如一个发生率低或可见性低的小组，这个方法是很有用的。缺点是你可能在结束时拥有一个有相似特征的人群组成的样本。

再次参与调研是另外一个招募或确定一个样本的方法，在前一次调研结束时回答者被问到他们是否希望被再次联络以参与进一步的调研。在新调研的招募阶段，会再次联系他们，以检查他们的参与意愿和适用度。这种抽样策略在个体很昂贵且很难去寻找时是很有效的。

定性调研的参与者同样也可以通过在某些地点或现场的广告参与调研。这些地方可以是报纸或特定杂志或简报上的广告，或者在相关地点（咖啡馆、博物馆、办公室、健身中心——经过所有人 / 经理的许可）的海报上，或在线的搜索引擎页面、网站或社交网站上。对于广告的反应可以被记录下来，判断他们是否符合招募或抽样标准。当个体很难去寻找时，这是另一种有效的抽样方法。

案例研究 11-1

寻找在"边缘化"的青少年

这个案例研究描述了调研团队如何获得与难以接触到的人群——"边缘化"的青少年相接触的机会。

为什么这个案例研究值得阅读

本案例研究值得阅读有如下原因：它重视了对难以接触到的群体抽样的问题；它是网络抽样的一个例子；它描述了与调研主题和目标群体有关的道德问题。

关键词： 青少年、招募网络、招募人员、行为准则、敏感的、家长／监护人许可。

引言

为了建立一个关于青少年怀孕问题的有效交流策略，英国政府卫生署通过信息中央办公室（COI）委托了一项关于青少年对于性行为和避孕态度的调研。在"边缘化"的青少年（一个尤其高危的群体）是目标对象，因此也是本次研究的目标群体。从这个群体中提取的样本包括男孩和女孩，他们有着不同的年龄，但是主要集中在 11 ～ 17 岁。它必须包括那些被认为是最有风险的青少年，包括：

- 那些来自社会底层的青少年；
- 那些来自高风险地区（从市中心的住宅区到乡下海边的度假胜地）；
- 性行为活跃和不活跃的；
- 青少年父母；
- 被"照顾"的孩子；
- 来自少数民族的青少年；

我们很快发现，即使有很多招募低收入参与者的经验，我们现有的招募网络不足以完成这个工作。我们使用了在现有网络中最接近边缘的招募人员来发现并训练那些有"低收入"背景的招募人员。换句话说，招募人员招募新的与边缘人员更接近的招募人员。这些招募人员继续招募参与者。

给予新的招募人员关于行为准则的明确指南。向所有招募人员简单介绍合适的和敏感的方式来接近参与者。此外，对招募人员强调所有潜在参与者征求其家长／监护人许可的重要性。没有必不可少的家长／监护人许可，参与者不可以参与调研。项目的成功很大程度上取决于这个专业团队的热情与信仰。除此之外，招募人员和参与者之间的亲密关系可以使我们克服一些对于招募青少年来讨论青少年性行为这个敏感区域的特殊的挑战。

对于"被照顾"的孩子和青少年母亲的特殊招募，需要涉及在这些领域的专家和专业人士。在本地教育当局中，有专业团队从事"被照顾"的孩子和青少年母亲的工作，以及从事有助于招募那些想要参与到调研中的人员。

资料来源：Adapted from Cohen, J. (2005)'Teenage sex at the margins', MRS Conference, www.mrs.org.uk.

1. 样本容量

在定性调研中一个普遍的问题是，我们需要多少访谈或小组讨论？贝克（Baker）和爱德华（Edwards）在他们名为《如何才是足够的定性调研访谈》一文中总结了哈利·沃尔科特（Harry Wolcott）给他们的答案，即"视情况而定"。尽管定性调研的样本容量大多很小，它也应该足够大，以获得明确表现调研问题所需的信息，包括与话题相关的分组，允许你做有意义的对比。在选择样本容量时，应该参考其他人对相似类型调研或在相似领域或市场的经验。一种方法（类似于在社会或学术研究中）是采用"滚动"或动态样本，换句话说，就是一直抽样直到达到"理论上的饱和状态"（Bertaux and Bertaux-Wiame，1981），直到你在数据中不能看到或听到任何新的东西。正如哈利·沃尔科特对贝克和爱德华所说，"一直问，只要你得到不同的答案"。

2. 激励或参与费

当招募到参与者，告知他们会收到一个"感谢"回报或参与费是很平常的做法，尤其在市场调研中。在调研之前告知，这是对于参与的一种激励形式（并经常被称为激励）。各种轶事与调研证据都表明这是一个有用的策略——通过确保被招募者的可靠性，避免了过度招募与重新规划，节约了抽样和招募的成本。尽管激励的大小没有完全包含参与调研的总成本，但它向参与者显示了你对于他们时间的尊重，并且认识到了给他们带来的不便。如今人们期望获得报酬是很平常的现象。在《MRS 行为准则》（2010）中 B25 条规定列出了你必须告知参与者谁给予激励，B26 条规定表明客户的产品或服务或代金券是不能被用于激励的。一些客户或捐助人，尤其在社会调研和学术调研中，没有支付参与费或激励的传统。

3. 抽样中的道德问题

在抽样和招募阶段，你也需要考虑道德问题。这些是《MRS 行为准则》中的一些内容，罗列在"专栏 11-1"中。

除此之外，关系到打算从中抽样的群体特性时，道德问题也会显现出来：是谁组成了这个群体？例如，你是否计划采访一些孩子，还是那些在其他"自愿"小组中的人，像"案例研究 11-1"中讨论的那些人，或那些有学习困难的人，或是涉及非法活动的人？在这些案例中，你将需要仔细思考有关你怎样计划和管理你的调研，尤其是在获得正式许可以及保证不会给参与者由于参与了调研带来伤害的情况下。如果你计划使用网络调研，这些问题会有所增强。你如何核实你获得了家长、监护人或代替父母责任的人的许可？

👆 专栏 11-1

专业实践与《MRS 行为准则》: 定性调研抽样

这里是一些与定性调研项目中抽样和招募阶段有关的《MRS 行为准则》:

A1 调研必须遵守与特定项目相关的国家和国际法律，特别是《数据保护法案》（1998）或其他使用与英国以外的相似法案。

A3 调研者在对待参与者、客户（实际或潜在的）、雇主、员工，分销商和大众时应表现诚实。

B2 任何成员做出的涉及委托或实施项目的所有书面或口头保证，必须是真实无误的并经调研者许诺。

B11 与某个参与者的后续采访只有在之前的访谈中得到参与者的许可时才能实施。唯一的例外是，为了质量控制的目的进行重新联络。

B12 任何重新联络必须与在获得允许时交给参与者的保证相符合。例如，什么时候会重新联络，目的是什么，由谁在联络等。

B13 参与者的详细情况，没有参与者的预先许可不能传递给第三方，无论是出于调研还是任何其他目的，唯一的例外，是如果客户是参与者数据的控制人。

B17 参与者在被要求参与合作时不能被误导。

B21 调研者必须确保以下内容都清楚地与参与者交流了：

- 访问者的名字（如果是面对面的话，一个访问者识别卡必须被展示出来）；
- 保证访谈将会根据《MRS 行为准则》来执行；
- 访谈的大致话题；
- 访谈的目的；
- 如果被问到，访谈的可能长度；
- 任何参与者可能会发生的成本。

B34 在招募时（或者，如果详细情况在招募后发生变化，在调研发生前），调研者必须确保参与者被告知了所有相关信息按照 B21 条规定，以及：

- 实际调研的地点，以及是否发生在一个观察测试中；
- 观察者是否可能会出席；
- 这个实际调研什么时候和以什么方式被记录；
- 实际调研可能的长度，包括开始和结束的时间；
- 调研者、主持人和 / 或将执行实际调研的代理人。

B35 调研者必须确保完整的招募问卷、激励以及参加名单，或任何其他信息，或者可以识别出参与者的输出信息，在没有得到参与者的明确许可时没有传递给客户或其他第三方，并且调研者必须采取合理的步骤来保证信息或输出信息只用于收集时获得允许的目的。

B62 调研者必须采取合理的步骤，按照相关的数据保留政策和 / 或依照合同的责任保证所有私人信息的硬拷贝和电子名单安全地保存、转移和处理。

资料来源：《MRS 行为准则》(2010)，经过许可使用。

除此之外，还有数据保护问题：网上调研可以得到私人信息，而且网上数据收集的特性就是它是被记录下来的；如果你打算记录一个小组讨论或访谈（声音或视频）在招募阶段你必须获得参与者书面上的许可。同样，如果你知道某个人（一位客户或同事）将会观察讨论或访谈，同样，在招募阶段你必须征得参与者的书面同意。

《MRS 定性调研指导方针》中包括了一系列优秀的实践操作指导方针，包含了有关数据保护和招募的问题。一个定性调研协会也出版了《定性调研招募：最好的实践方法——规则与指导方针》（2002）。尽管定性调研更针对于购买样本，《欧洲市场研究协会（ESOMAR）的在线抽样28问》仍是一本优秀的指南。它列出了当你购买调研样本时你应该提出的问题，包括了样本提供者收集并获得在线样本的方式，以及在数据保护、隐私和数据安全方面的测量方法。

4. 调研的实施地点

面对面定性调研访谈、小组讨论、研讨会可能在一系列场景中进行，包括在招募人员的家中、参与者的家中或工作地点、一个中心地点（如宾馆），或在一个特定的调研地点。在美国，大部分调研在这些特定的地点进行，被称为观察测试室，在欧洲和其他地方它们也正变得越来越流行。

观察测试室由一个房间和一个相邻的观察室组成，小组或个人坐在房间中（房间被设置成起居室——尽管在美国大多数是办公室样子），客户通过一个单向镜在观察室中观察访谈（并且依靠可提供的设备，比如在一个监控器上——让客户能够看到每个参与者脸部特写，同样可以看到整个小组）。用来记录小组的设备安装时不应过分突出。

对于调研实施地点的选择由许多因素决定，包括：

- 调研的特性和调研目标。
- 观察测试室或实施地点的可接触性、可获得性。
- 客户或提供资金者是否想要观看讨论或访谈过程。
- 调研地点对于话题的适应程度或参与者的类型。例如，以女性为样本的对于家用产品的调研可能更适合在家庭环境下进行；商业人士使用的信息产品可能更适合一种正式的环境，比如一个观察室或宾馆。
- 访谈的类型。个体访谈的参与者在一个观察室中会感到不舒服，意识到他们正在被观察。
- 记录和／或传送调研过程的需要（非常高质量的记录在其他地方是不可能的，除了在观察室中）。
- 给客户和调研参与者提供餐饮服务的需要（实地调查常常会在用餐时间进行，特别是晚餐时间，因此在一个可以提供食物的地方进行调研可能是很必要的）。
- 进行实地调查所在国家的文化。在有些文化中，邀请别人去一个私人家庭或一个观察室可能是不合适的。
- 成本。租用观察室能够显著增加项目的成本。

无论你为调研选择了什么样的实施地点，确保参与者在到达时不会产生任何困难，这可能包括组织接送或确保足够的可使用的停车设施。同时，确保物理环境是舒适的，既不过热也不过冷，有适当的照明，不吵闹，有舒适的座位等。如果有必要的话（并可能），重新布置家具让你和参与者之间没有障碍。

5. 道德和观察与记录

无论你在哪里实施调研，如果观察人员出席了或这个调研被记录了，你都有道德上的责任去告知参与者他们将会被观察和 / 或被记录，你必须告知他们由谁和出于什么原因他们会被观察（即使这一切都通过互联网远程操控）。《 MRS 行为准则》B15 条规定，"如果在访谈过程中有任何记录、监控或观察，参与者在招募和访谈开始时必须被告知"；B41 条，"调研者必须确认参与者在到达调研地点时被告知了观察监控或记录的特性，以及被给予选择撤出调研的机会"。B21 条、B34 条、B37 条、B38 条、B39 条和 B40 条都强调了这一点。关于其他调研细节，你需要告知参与者调研是否在一个观察室中进行，观察人员是否会出席和以什么身份出席，观察人员是否了解参与者（有可能出现在企业或员工调研中）。依照《 MRS 行为准则》（ B36 条），调研者也必须告知观察人员他们自身的道德与法律职责，至少要与保密相关。

除此之外，B9 条规定包括了定性调研记录的可能后果：这条准则写道，如果参与者同意以某种形式传送数据，这使得他们被直接地鉴定（包括声音和视频记录），那么 MRS 成员必须表明他们采取了"所有合理步骤来确保数据将只用于被收集时的目的"，而且他们必须告知参与者"什么将被揭露，给谁，以及出于什么目的"。准则的 B42 条表明，任何不经过参与者同意交给客户的材料（包括报告或展示）必须以匿名的形式。例如，来自记录的一字不差的记录必须不包括能够识别出参与者的内容。

11.3 设计访谈或讨论指南

在定性调研项目中一个主要的任务就是设计访谈或讨论指南。访谈或讨论指南的样式多样（有时指的是话题指南），类似于定量调研者的调查问卷，从调研者计划讨论的、与一个小组成员一起去探索的、要访谈的、在一次民族志调查中话题的简单清单，到在标题或话题下包含一系列问题的更有结构的形式。样式取决于多种因素，包括：

- 研究的目的。例如，一个探索性调研可能意味着一个缺乏结构化的方法。
- 数据收集方法。个人深度访谈、成对的访谈、在一次民族志实践中的访谈、小组讨论或它们的任何变种——无论是面对面、电话或在线。
- 访谈或小组间可比较性的需要。例如，假设许多调研者共享实地调查或在许多国家间进行。
- 调研者 / 访谈者的经验或知识。例如，对于话题有深度了解的调研者在利用话题指南时会感到更轻松，而缺乏经验的调研者也许需要一个更加详细的指南。
- 调研者或客户的独特风格和喜好。例如，一些客户偏好于更详细且有结构的指南。

专栏 11-2

示例：一个访谈简报

这里是一个关于你可能会先于实地调查需要的那种简报，来帮助你设计访谈指南。它描述了项目的背景——实施调研的原因，以及开始的调研目标。它描述了你可能需要得到的那种信息，在这方面源自迷你深度访谈。

背景

中央车站是一个提供本地、全国和国际服务的大型火车站。一个私人组织的部门管理这个车站并负责出租零售单元（retail units）。为了重建，很快有了三个餐饮网点的租赁。管理团队把这视为一个评价现有供给的机会。关于每个餐饮网点的财务表现的关键数据是可获得的。然而除此之外，团队想要了解车站使用者是如何看待正在供给租赁的那些单元。有了这些信息，管理人员相信能够更好地来制定关于未来供给的有效决策。

目标

这个调研的探索阶段的主要目的是得到对每个零售单元关于下面问题的更好的理解：

- 谁是顾客？
- 为什么他们选择这个单元？
- 他们想要什么？
- 他们需要什么？
- 他们对于现在从我们这里得到的有什么感受？
- 他们对此的感受如何？
- 他们认为应该改进什么？

我们需要采取大约 15 次的深度访谈（大概持续 20 分钟），顾客来自于这三个零售单元中的每个单元。

访谈内容

我们需要从顾客的观点中识别主要问题，因此我们有足够的信息来为调研的定量阶段准备一份有效的问卷。你需要起草一个访谈指南来包括如下内容：

- 顾客的资料：年龄组、性别、来这个车站的原因、旅行的原因、和谁一起旅行、旅行的长度等。
- 探索为什么他们在车站吃／喝。例如，是有计划的还是无计划？
- 探索在零售单元中吃／喝的选择是如何进行的：什么是他们想要的，哪些其他零售单元被考虑及其原因，在决定中涉及了哪些人，对于这个零售单元的认识是什么以及其他的考虑等。
- 找出餐点的类型以及被选择的原因。
- 探索对于被选择的零售单元的体验／意见，包括服务的标准、环境、供应的产品以及它们的价格等。

11.3.1　提问方式

定性调研使用的提问方式不同于定量调研（尽管之前在第 9 章描绘的许多原则能应用于定性调研问题的设计以及访谈／讨论指南）。在定量调研的访谈中大多数问题是封闭式的或提前编制的，而定性调研数据收集的问题是开放式的、非导向性的；投射法和使能技术同样被使用，我们将在本章的后面部分再详细介绍。最常使用的访谈方式被称为"心理动态"模型。也就是说，它基于这样的假设：参与者认为访谈者想听到什么或他们"应该"

说什么支配了公开陈述的可能合理性（Cooper and Tower，1992）。这种定性访谈方式的目的是到达表面以下，超越理性回归，鼓励参与者进行深入谈话并详细描述他们的体验、态度和意见，以及他们的想法和感受（Cooper and Branthwaite，1977；Cooper and Tower，1992），如图 11-1 所示。

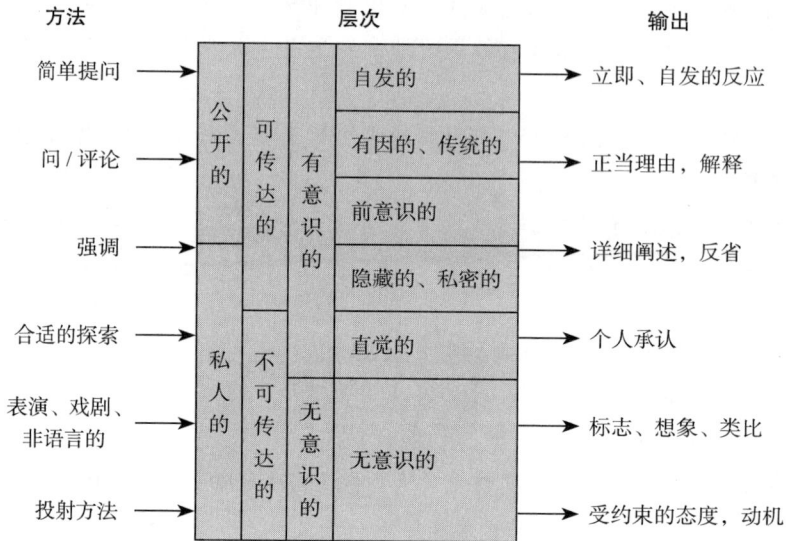

方法		层次		输出
简单提问 →	公开的	可传达的	有意识的 — 自发的	→ 立即、自发的反应
问 / 评论 →			有因的、传统的	→ 正当理由，解释
强调 →			前意识的	→ 详细阐述，反省
	私人的	不可传达的	隐藏的、私密的	
合适的探索 →			直觉的 无意识的	→ 个人承认
表演、戏剧、非语言的 →			无意识的	→ 标志、想象、类比
投射方法 →				→ 受约束的态度，动机

图 11-1　一个定性调研访谈模型

资料来源：Cooper, P. and Tower, R. (1992) 'Inside the consumer mind: consumer attitudes to the arts', *International Journal of Market Research*, 34, 4, pp. 299–311, www.jmr.com.

开放式和非导向性问题允许参与者以自己的方式联系话题，使用他们自己的语言（而不是那些预先编制好的反应）伴随着很少或无方向的回答访谈者或主持人。探查——使用以下问题来弄清意思或来鼓励参与者更加深入地回答。例如，"之后到底发生了什么"和"告诉我更多的内容"被普遍使用。封闭式或更精确的问题能够被用于设立明确的背景或弄清特定的事实。例如，"你为此支付了多少钱"或"你使用过它多少次"。刺激是鼓励参与者回答的另一种方法：这种技巧包括重复问题或重新表述问题；使用非语言的暗示，如鼓励的表情、点头、暂停和缄默。当然，在鼓励参与者回答与引导他们，或把话强加给他们之间保持平衡是很重要的。例如，"我想你应该后悔购买它"。

在定性调研实践中，准确地倾听事情是如何被描述的很重要，因此你能够在接下来问出有用的问题。留心听彻底的抱怨和归纳，如"我总是使用它"或"我永远不会买它"，并且想出能够挑战这些抱怨的问题，以一种温和试探的方式，比如问"有什么例外吗"，或重申"永不"或"总是"。这里有一些例子：

- 反应："那是不可能的。"或者"我不会那么做。"
  试探："是什么使得这不可能（什么阻止了你……）"或"如果……"
- 反应："他们必须 / 应该 / 需要……"
  试探："如果他们没有那么做会发生什么？"

- 反应："那是行不通的"

  试探："什么行不通？"

其他有用的提问技巧，包括总结和重申或反思参与者所说的内容，有助于弄清意思并增强理解和建立同情。例如，"你对于他们如何处理这个问题感到沮丧"。

11.3.2 小组工作过程

在我们开始探讨如何构建一个访谈或讨论指南之前，有必要记下一些可能会发生在调研过程中的问题，尤其在小组讨论中。对这些过程的问题有所了解能够帮助你设计一个更加有效的数据收集工具。

当人们聚集在一起形成一个小组时，他们倾向于经历若干个不同的过程或阶段。这些阶段被塔克曼（1965）及塔克曼和詹森（1977）描述为形成、头脑风暴、制定准则、执行和结束，并且在小组讨论的调研背景下十分有用。它们通常以这个顺序出现，尽管一些阶段在讨论的过程中可能会重复出现。

1. 形成阶段

一个小组的形成阶段包含多态阶段（inclusion stage），如果小组能够基于一个它的功能合理运转，这个阶段是十分重要的。主持人必须解释调研工作，阐明小组讨论中涉及什么内容，并且让每个人都在开始前几分钟谈话。这会有助于参与者消除他们关于谈话以及对小组贡献的焦虑，并且减轻他们关于进入并成为一个有用的小组成员的恐惧。小组成员间互相交谈而不是仅仅同主持人交谈也是很重要的，这样对于一个小组在一开始的热身或形成实际讨论是很有用的。做这件事的方法之一是，参与者结成对并介绍他们自己，然后向小组介绍对方。视小组规模而定，结对介绍可以扩大为3组或4组。

2. 头脑风暴

头脑风暴是小组为了如何建立与他人、与主持人和与任务的联系而一起完成工作的阶段。在这个阶段，参与者将对彼此进行判断、摸底并试图建立一个被小组所接受的界限。例如，他们可能会挑战主持人或其他小组成员。在头脑风暴阶段，你应该能够识别（而且应该能应对）突出的参与者和安静的参与者。当导入新任务或新材料时，头脑风暴可以晚些时候发生。在这个阶段重要的是，主持人重申：所有观点，无论积极的或消极的，都是有效的并且受欢迎的，以及他想要听到所有参与者的意见。

3. 制定准则

在小组安定下来后，参与者看到在一些事物上与小组的其他成员有相似之处时，应该制定小组准则。这个阶段发生的一个信号是出现一个普遍的一致并且轻松的气氛。这是一个小组主要工作可以开始的阶段，也是一个介绍接下来要进行的关键任务的很好时机。

4. 执行

执行阶段是完成工作期间，它是高能量阶段。当小组到了这个阶段时，小组是任务导向的，协力合作并且乐于融入各种事物。这是一个适于向小组介绍更难或更复杂任务的好阶段。

5. 结束

结束是小组逐步停止运作的阶段。这是要完成的重要阶段，那么参与者能够最后完成并解除任务以及他们在小组内形成的关系。为确保这个过程的顺利完成，主持人必须明确地示意小组的结束，并且建立一个逐步停止运作的阶段。如果参与者没有被给予足够的时间来完成这个阶段，他们将不想结束并且 / 或者他们有被利用了的感觉——他们会带着主持人想要他们完成一项任务，从他们身上得到信息然后抛弃他们这样的感觉离开。还剩 15 ~ 20 分钟，用信号示意一个半小时长的讨论的结束。当剩下 5 分钟或 10 分钟时，问一些逐步结束的问题，例如，"还有什么你想要说但没有提及的吗"。

11.3.3 访谈或讨论的结构

一个访谈或小组讨论的结构帮助你控制一个有效的访谈或讨论是很重要的。在结构中应有一个明确的介绍和"热身"阶段，以及一个明确示意的结尾或逐步停止工作，与上面的小组过程中的形成和结束一致。

1. 介绍

从道德的视角以及为了让参与者安心，一个明确的介绍是必不可少的。他们很有可能会感到焦虑（Gordon and Robsen，1980），而且减轻参与者关于涉及内容的恐惧和帮助参与者放松是访谈者或主持人的工作。在介绍时你应该做如下工作：

- 谈一些关于你自己的事（你的名字、所工作的组织）；
- 告知参与者话题并表明调研的目的；
- 告知参与者访谈会持续多长时间；
- 告知参与者你作为访谈者或主持人的角色（即你是独立的，为引导讨论或访谈、倾听）；
- 告知参与者他们如何以及为何被选择；
- 提供关于保密及 / 或匿名的保障；
- 询问参与者是否允许记录访谈；
- 告知参与者访谈是否被观察以及被谁观察，并获得他们的许可；
- 让参与者认识到他们的参与是自愿的，因此他们可以随意离开并拒绝回答任何问题；
- 提到"基本规则"（即没有正确或错误的答案，这不是一个测试，你所感兴趣的是参与者的体验、感受和选择。所有的观点都是极其重要的，如果你在主持一个小组讨论，他们可以互相谈话，不必同意其他人的观点）。

··

📖 **专栏 11-3**

示例：一次深度访谈的介绍语

"我的名字叫（名字），来自（调研组织）。我正在进行关于（话题）的调研，调研的目的是（简单描述），这是由（组织）委托的。访谈会持续大约一个小时。你提供给我们的所有信息将绝对保密。对访谈的摘录可能会出现在最终报告中，但无论如何你的名字或任何识别特征都不会被涉及。你的参与是完全自愿的，你可以随意在任何时候结束访谈或拒绝回答任何问题。"

2. 访谈的主要部分

以一个相对直接的方式、普遍的问题或使参与者易于回答或谈论的话题来开始一次访谈是一个好主意，这有助于创造一个轻松的氛围并帮助建立访谈者与参与者之间的和睦关系；之后转到更具体的问题或更难的话题是有可能的。这个技巧就是通常所说的"漏斗"。调研目标引导着问题的内容和顺序，而且可能有时你需要采取不同的方法并直接跳到关键问题上来。

这里有你可能会在访谈或讨论的主要部分问到的问题的类型：

- 宽泛的、开放式问题："告诉我有关购物的事。"或"告诉我一个真正令人满意的购物经历。"
- 迫切的、刨根问底式问题："你尤其喜欢／不喜欢购物的哪些方面？""你提到××，那请更加详细地谈一下。""你是如何处理的？"
- 在特定话题或问题范围内的问题："当你抱怨时，他是什么反应？""接下来发生了什么？""最终结果是什么？""处理它时，这个方法和××比较如何？"
- 阐明性问题："然后你到底做了什么？"
- 总结性或陈述性问题："你说他们给了你一封道歉信，解释了问题是什么并退款给你，我觉得这封道歉信对你来说是最重要的。"

专栏 11-4

示例：来自讨论指南的节选

话题式讨论指南
主题：消费者对于一个公共事业公司处理和解决问题的满意度
介绍
- 对于服务和服务提供商大致的态度；
- 对于任何问题或担忧的经历；
- 对于提供商如何处理问题的经历；
- 对于提供商如何处理问题的反应／感觉；
- 对于问题解决的感受（满意／不满意——探查细节）；
- 改进建议；
- 结束。

一个更详细的讨论指南
主题：零售店的发展

热身

- 你多长时间去一次（商店类型）？
- 你如何决定去哪一家？
- 哪个是你真的很喜欢去的？（彻底探查原因）
- 有你不喜欢去的吗？（彻底探查原因）

对目标商店的态度

- 核查——你是否去过 ××？
- 你从 ×× 买过什么东西？
- 那是什么时候？
- 你买了什么？
- 你喜欢 / 不喜欢从商店购买什么？
- 探索——你对下面的话如何打分：
    - 产品和品牌的范围；
    - 经营你想要的产品；
    - 经营你想要的品牌；
    - 价格（包括特价）；
    - 服务（包括员工态度、后续服务）；
    - 布局（包括陈列、照明、标识、气氛 / 感觉等）；
    - 总体印象。
- ×× 做什么能使你想要去那儿（更频繁地）/ 买更多？

3. 逐步结束

用信号示意访谈或讨论的结束是十分重要的——在 1 小时的访谈结束前的 10 分钟，在一个 1.5 ~ 2 小时的访谈结束前的 15 分钟。一些有用的逐步结束的策略包括：对主要观点进行总结和要求最终的评论；问参与者有没有什么是他们打算说但没有说的，或者他们希望不说但说了的；询问哪个想法或点子是参与者在这次访谈中希望客户从他们这里获得的。

当把一个访谈或讨论指南完整放在一起时，检查问题是否：

- 提供了你想要的信息；
- 对参与者有意义且相关（并在参与者的参考架构内）；
- 以某种顺序帮助访谈进行。

4. 使用投射技术

当使用投射技术时，确保你选择的技术适合于调研目标。如果你打算在国际调研中使用投射技术，那么要确保被选择的技术适合于特定的文化；如果你正在进行一个多国家的调研，要确保使用的技术在每个国家都以同样的方式起作用。这些适合于多国家的工作包括拼贴画（确保被选择的图画与该国家或市场有联系，并且检查标识、标语和颜色在每个国家的含义）、词语联想、完成幻想和句子、映射以及拟人化。

　　一个技术要想有作用，它必须在恰当的时间使用，在参与者放松时以及访谈或小组工作得很顺利时。任务应该是简单并直接的：清楚准确地解释将要发生什么。它将要由个人完成还是在小组内进行，是否参与者能够在工作中与其他人谈话，他们是否能够提问，可使用的时间有多长，在任务结束时将需要什么等，对此进行说明并尽可能的清楚，使参与者放心这并不是一个测试。当他们进行工作时，给予一定的鼓励。当快结束时提醒他们并安慰他们如果没有完成是没有关系的。邀请他们轮流向你（在个人访谈中）或向小组说明最后的结果。接下来，通过讨论来得出从已做的工作中得出的结论。

👆 **专栏 11-5**

示例：一个访问指南

　　这是一个用于进行个人深度访谈的访问指南，用于探索已工作的成年人居住在父母家中的决定，并了解他们住在家里的经历。

背景

告诉我一些关于你自己的……

年龄。

工作。

教育经历。

关系状况。

家庭。

在家庭中的地位。

父母的生活。

兄弟姐妹。

住在家里多长时间了？

是什么时候搬回来 / 决定留下？

留在家中的决定

告诉我你关于住在家中或留在家中的决定……

它是怎样产生的？告诉我详细的内容。

这是有计划的决定还是自然而然发生的？

受到别人影响了吗？

伙伴、朋友、兄弟姐妹、家长？

是被鼓励的还是被迫的？

什么影响了这个决定？

你的朋友住在家里吗？

赞成意见和反对意见都有什么？

经济、财务上的问题。

通勤来往距离。

对未来的打算……搬离还是留下？租房还是买房？

为买房、结婚、旅行存钱……

住在家中的经历

它是什么样的？

告诉我一个关于典型工作日的细节。

你早上起床……

你下班后回家……

一个典型的周末又是什么样的？

模式——设施

房子里房间的使用

获得 / 拥有一辆车

模式——服务

责任

谁为谁做了什么事？

做饭

清洁

洗衣

租金 / 钱

模式——行为

期望——自我、兄弟姐妹、父母

规矩

破坏规矩

冲突

解决冲突

关系

做决定

支持

许诺

责任

结论

总结

优点

缺点

观察或推荐其他人考虑留在家中 / 搬回家中？

任何想要分享的最终想法，或在访谈中被提出的你想详细阐述的内容？

资料来源：Adapted from Fleming, P., Ni Ruaidhe, S. and McGarry, K. (2004) "'I shouldn't be here': the experiences of working adults living at home'. Unpublished qualitative research project, MSc in Applied Social Research. Used with permission.

11.4　访谈和主持技巧

进行深度访谈、"主持"或"协助"小组讨论或研讨会并不仅仅是问问题和使用技术，它更是关于倾听和观察，关于建立与调研参与者的和睦关系（Branthwaite and Patterson，2011），以及管理自我。

绝大部分交流是通过声音与身体语言来进行的。不仅要听说了什么，也要听以什么方式讲述是很重要的——使用的单词、停顿、讲话的方式及语调，以及非语言信号的身体语言（Colwell，1900）。这些会让你对于所说内容的意义有更深的理解。然而，说比做容易得多。在一个访谈或小组过程中，你与参与者或参与者们进行谈话——提问，倾听，问下一个问题；你同时也与自己进行谈话，在你的脑海中，你在做如下的事：

- 考虑参与者已说的和没有说的话，如何适合于调研目标，或你根据问题发展出的想法；
- 决定你是否该追问下去，或是弄清楚，或是继续；
- 进行下一个问题；
- 观察身体语言；
- 重视访谈的动态性和他们接下来意欲将发生什么；
- 考虑你还剩多少时间以及还有什么应该涉及。

朗曼（2010）提出，当倾听他人时存在一个"前台"——说话者在说些什么，和一个"后台"——在倾听者（调研者）的脑海中进行内在解读。他描述这个"后台"有三个模式：'安全地倾听'——为了掌控谈话；'仔细地倾听'——阐释谈话者的意思；'结束倾听并确认'——决定你是否得到你需要的东西。

11.4.1　倾听

除了内部谈话或"后台"，你必须积极并专心地倾听参与者说话，并且你必须表现出你在倾听（以一个非判断的、感情如一的以及充满尊重的方式），同时你必须表现出你对于正在说的话感兴趣。为了更好地倾听你应该：

- 如果可能的话，移开（在你和参与者之间的）物理障碍；
- 进行眼神交流；
- 轻微地向参与者倾身；
- 保持一个放松的姿势；
- 使用鼓励性的反应（点头、"嗯嗯"）。

不要：
- 用桌子或其他物品作为障碍；
- 坐得太近；
- 盯着、避免眼神接触或看其他地方；
- 环顾房间、盯着地板或盯着讨论指南；
- 紧张、焦虑或不自在；

- 看你的手表；
- 坐立不安或做不必要的动作；
- 皱眉或向对面看；
- 打哈欠、叹气、做不鼓励人的反应或者使用不鼓励的语调；
- 打断。

神经语言项目（NLP）是一项应用于包括定性调研等一系列领域的技术（Barikowiak，2012）。发展多角度，包括感觉敏锐——对你听到的（听众）、看到的（视觉的）和感觉到的保持警觉，是 NLP 实施的主旨之一。理解参与者的关注点是否为听觉的、视觉的或动觉的是很重要的，这会决定你给他们的任务，或它会帮助你理解他们对于刺激材料的反应。为了有效地沟通，NLP 还关注建立并维持和睦关系，"匹配"和"反映"参与者的身体语言、语调甚至他们着装的风格在这里都是有用的技巧。

11.4.2　建立和睦关系

访谈 / 主持过程对参与者来说可能是一个令人心烦的经历——与他们从未见过的人（或几个人）见面；提问并要求谈论他们有时可能甚至不会和朋友讨论的话题。调研者能够使参与者感到安心自在以及建立和睦关系必不可少，没有和睦关系，调研者与参与者之间的互动就会非常匮乏，关系和睦是获得参与者注意并建立信任的基础。你可以通过主动的倾听（如上面所讲的），通过给予参与者你的全部注意力，以及通过展现给参与者你对于理解他的观点感兴趣，通过回顾他说话的内容来建立和睦的关系。除此之外，你可以"投射"或"匹配"——（精确地、真实地）采纳参与者的语言和非语言行为，如讲话的速度和语调、面部表情和姿势。

案例研究 11-2

与青少年谈论性：第二部分

之前在第 6 章我们讲到了该调研使用成对深度访谈的基本原理，它的目的是帮助政府制定与青少年怀孕有关的战略。现在我们研究调研者在访谈青少年有关性行为、避孕和怀孕的内容时应采取的方法。

为什么这个案例研究值得阅读

本案例研究值得阅读有以下原因：它展示了将要被调研的问题、样本和方法之间的联系；它描述了调研者如何用这种方法进行访谈及其基本原理；它展示了如何构建访谈以及任务前的日志（同样见"案例研究 11-3"）如何在访谈中应用。

关键词：交易关系、汇集讨论、双边关系、边缘化的青少年。

我们的方法

调研的方法建立在三个原则上：

- 建立一个交易关系；
- 汇集讨论；
- 可视刺激和敏感性投射技术。

建立一个交易关系

目的是建立一个相互信任的双边关系，但问题在于如何做。调研的参与者（边缘化的青少年）很少发声并总是不被重视。期望在时长 1 小时的访谈中建立一个基于信任和友情的关系是不现实的，尤其是与经常失望的青少年。参与者知道他们有你需要知道的材料，这是为什么他们可以得到回报：你付钱，他们就会说出来给你听。如果你没有理解或你想要理解更多，你应告知他们。这是一场交易，而且像其他交易一样，它只有当双方都得到真正的东西时才起作用。

对于主持人这个交易是：

● 你必须听取他们必须说的，不设议事日程，没有预先假设。

对于参与者这个交易是：

● 他们不得不叙述、不编造，没有任何倾向。

这个简单的交易在创造一个平等的双方关系中——对你有什么期待和你能对我有什么期待，被证明是有效的。

汇集讨论

对话的流程设计使参与者安心，从开头时泛泛地讨论到逐步引入私密的、特定的问题。这是一个广为人知的调研技术，并且在这个调研中创造有成果的讨论尤其重要，以下是讨论流程的一些要点：

● 他们的世界；

● 在他们世界中的关系；

● 性关系；

● 性行为；

● 青少年怀孕；

● 避孕套和性传播感染；

● 他们的性经历；

● 他们的避孕措施。

典型的访谈由一个一般的关于他们的世界、生活、家庭、兴趣、喜欢和不喜欢的事物的谈话开始，这极大地取决于他们的预先调研日志。展示出他们的观点与努力非常有价值是很重要的。这是一个开始谈话的安全地带，允许他们扩展到他们觉得自信并安心讨论的地方。日志同样用来提供一个出发点，从那种一般的谈话到一个关于他们生活中的关系和人物的更有焦点的谈话。理解他们与他们所信任的人之间的关系以及他们与谁谈论什么，被证明是交流策略发展的中心，也是调研的原因。从关系到性行为的过渡是相对自然的。大致来说，他们会乐于谈论对性、避孕和青少年怀孕的态度，只要关于这个话题的谈论在一个自然的氛围下进行。

资料来源：Adapted from Cohen, J. (2005) 'Teenage sex at the margins', MRS Conference, www.mrs.org.uk.

11.4.3 观察

为了建立并维持和睦关系，你需要倾听，同样也需要观察。你需要知道并敏感于参与者的身体语言，包括面部表情（Habershon，2005），为了理解参与者到底在说什么，以及为了很好地主持访谈或讨论。举例来说，你需要知道参与者是否理解了问题或话题，你需要知道他们是否焦虑或感兴趣以及其他。身体语言会帮助你说出这些事情。身体语言的关键点包括：

- 动作（来自头部和身体的其他部分，包括手上姿势）；
- 面部表情；
- 注视的方向（包括眼神接触）；
- 姿势；
- 空间位置（包括接近和方向）；
- 身体接触；
- 音调；
- 服饰。

如果你参与到一项国际调研中，记住姿势与身体语言在不同的国家可能意味不同的事情（Morris，1994）。除了观察参与者的身体语言，你需要了解你自己的以及可能会传达给参与者的信息。

11.4.4　自我管理

思考你的角色以及你对于任何定性调研中所遇到事情的看法是很重要的，关于你对于调研参与者以及话题做了什么假设，在实地调查开始之前自己把这些搞清楚。一个开明的头脑和一个高度的自我意识在定性访谈中是很重要的要素。在一项调研的开头，你应该检验一下自己的感觉，你的看法是什么。例如，问你自己你做了哪些假设或你认为可能从参与者那里听到什么；检查一下自己的偏见以及你的观点；问一下自己你如何准备去听到一个与你自己不同的观点或听到令人震惊的事情。记住，作为定性调研者，你技巧的一部分包括能够不给出你的意见并且不出现任何判断。

11.5　投射和使能技术

投射和使能技术——那些故意含糊的、有歧义的间接提问形式，经常被用于定性调研，尤其在态度调研中，来超过理性反应到达"私人的"和"非交流性"（Cooper and Branthwaite，1977）。这个想法是参与者在完成任务时会"投射"他们的想法、感觉、情感和态度。通过这样做，参与者可能不会或不想通过直接提问给出信息。也许会取决于你的调研项目的目标，你会需要在访谈或小组讨论中使用投射和/或使能技术。引入它们的最佳时机可能是在访谈或小组讨论的主体部分，当参与者稳定下来并对于调研情况感到自在安心。投射技术可以用于面对面数据收集以及在线调研。一些技术在网上比在其他地方更有效，例如，词语联系比拼贴画更有效（除非你在使用一个应用软件或特定的软件）。

1. 投射技术的类型

投射技术的类型有多种：联想技术、完成法、构建和表达的技术。在"表 11-1"中给出了例子。

表 11-1 投射技术及其应用的示例

名　称	描　述	应　用
词语联想法	当被给予一个特定词语时（口头或写下来），要求参与者说出现在脑海中的第一个词	探索联系，得到使用的语言，揭示产品或品牌属性和印象
图片联想法	从一大组多变的图片集合中，要求参与者选择哪个最适合一个品牌或产品和它的使用者	
幻想完成法	参与者填写一个画面或图片中所描绘人物可能的想法或感受	发现与不同情景相联系的人、想法、感受、态度、动机和其他
句子完成法	完成未完成的句子。例如，"如果××（组织的名字）确实对保护环境有兴趣，它会……"	
拼贴画	参与者从一堆图片中创建一个拼贴画，或在实地调查前编辑一个拼贴画或画图板	揭示与一个产品、服务、品牌、一次经历等相联系的一种心情、一个印象或一个样式
投射式提问	"你觉得在这个酒吧每位饮酒的人对它有什么印象？"	揭示参与者可能不想或不能直接表达的信念、态度、感觉和想法
模式化	编一个关于某个人或一个图片的故事	
物体/品牌特性拟人化	"如果这个品牌是一个人，他会长什么样？他会以什么为生？他会住在什么类型的房子里？"	
映射	根据一些关键原则对品牌或组织进行分类；根据另一种不同的标准分类	理解人们如何看待一个市场，理解定位，识别差距
选择排序技术	给出范围的边界，把品牌或产品放在它们所属的范围	理解在某些特性和相互关系间，人们如何看待一系列产品或品牌
显形	访谈者引导参与者回顾上一次他做X或尝试Y，来显现当时场景的所有细节	允许参与者回忆一次经历或一个情景的细节，并想起关于它的想法以及感觉
心理描述	描述一个品牌或一个过程	想起关于一个品牌或一个过程不能明白说出或不在首要印象的想法和感受

案例研究 11-3

理解青少年的生活

　　本案例研究描述了在一次为帮助政府制定与青少年怀孕相关战略而对边缘化青少年的调研中日志的使用。给参与者发放日志并要求他们在主要访谈阶段前填写——这是指定的"预先任务"。

为什么这个案例研究值得阅读

　　本案例研究值得阅读有以下原因：它陈述了为什么选择这种特殊的方法；描述了任务是如何提出的；记录了日志在产生丰富的、有洞察力的数据中的作用；描述了对于客户团队的最终利益。

　　关键词：具体例子、日志、预先任务、期望、合作、热情、创造力、个性化笔记本、便利贴、相机、图片、可视的洞察力、隐藏、有影响力。

引言

　　理解青少年的生活对手册是十分重要的。这个调研是用于寻找有关青少年的想法、感受和需要的具体例子。为此目的，我们要求参与者填写日志。日志聚焦于以下四个方面：

- 他们的世界：商店、品牌、音乐、电视、杂志、广播。
- 在其中的人：谁是他们最关心的、尊敬的、钦佩的，会向谁寻求帮助。
- 他们：喜欢的、不喜欢的、渴望的。
- 希望与恐惧：他们希望什么，他们在 10 年后想做什么。

为了获得足够的日志来代表样本中青少年的生活，要求所有样本都完成一个日志。我们期望半数人会这么做，其中一小部分会是有创造力、想象力的。事实上，超过80%的样本完成了日志并且绝大多数都有自己独特的风格。知道有人关心他们的生活并让他们把这些记录到纸上，还愿意为此付钱，这有益于他们对自己所说的话的价值产生自信和信念。他们以天分和创造力表现了他们的生活和态度。

方法

我们让样本完成日志的方法如下：

- 保持亲密；
- 让完成日志变得简单；
- 使它可视；
- 让它有趣；
- 让它很"酷"；
- 让其他人参与。

保持亲密关系

为了产生高质量的调研前日志，招募人员与样本保持亲密关系并为参与者提供支持的重要性毋庸置疑。

简单、可视、有趣且"酷"

从他们第一次看到预先任务时，目的是让参与者感到这是一个有趣的挑战，而不是一个负担——让他们能表现自己，而不是像他们学校中那些不得不做的事。为了达到这个目的，他们将收到个性化笔记本和一套印有简单问题的便利贴，而不是一个强硬的、预先安排好的顺序让他们在规划好的范围内填写答案来完成日志。我们的计划是提供一些更灵活、直观的东西。他们自己仔细选择笔记本，来确保参与者对任务有良好的反应，而不是觉得笔记本质量太好或太"酷"，因而不想弄乱它。书面指导应尽量减少。

使用图片

每个参与者都会得到一个相机。在实地调查前有一些争论关于宝丽来是否比一次性相机更可取。宝丽来相机能够提供即时相片，让参与者把它放在日志中。对于一次性相机的忧虑是参与者可能会厌恶拍照，洗出照片并把照片放到日志中。在这个活动中，宝丽来相机和一次性相机都被使用，并且一次性相机照出的照片普遍上透露出拍摄者更加深思熟虑。

鼓励参与者撕下杂志上的内容和在日志中画画，为了让日志真正意义上记录他们是一个什么样的人以及他们感受如何。在许多情况下这与参与者更加相关，并且对我们来说，在分析阶段比起拘泥形式的照片这会更加有趣。

对客户的好处

参与者的日志带来的好处之一是，它们提供了一个对人们生活可视的洞察力，否则它们会保持隐藏。所有被涉及的客户、创意团队、战略规划者、媒体策划人、公关顾问以及市场团队和政府部门负责人，都能够得到真正意义上的参与者以及得知什么对他们有意义。它们有一个可视的事实，这是幻灯片或书面报告轻易不能做到的。正因为日志如此有影响力，客户会根据时间和资金，确定重要的委托来确保大部分以日志形式呈现。

资料来源：Adapted from Cohen, J. (2005) 'Teenage sex at the margins', MRS Conference, www.mrs.org.uk.

本章总结

- 定性调研者的技巧和经验在定性调研任何部分的价值都是重要元素。定性调研者的角色是设计调研、实施实地考察并分析、报告结论。
- 定性调研使用非概率抽样技术（经常是有目的的技术）。样本是典型的小样本，统计代表性观点并不应用。不过代表性是一个重要目标，而且为定性调研选择一个样本应该是一个严密、系统的过程。
- 访谈或讨论指南的方式有很大不同，表现为从有一个简单的话题清单，到更有结构的、在标题下有一系列的问题。选择什么方式取决于调研的目标、被访谈者间或小组间对比的需要、访谈者的经验，以及访谈者和客户的风格。问题的方式趋向于开放式和非定向性。
- 倾听和观察、建立与参与者的和睦关系的能力，以及提问技巧在定性调研的访谈中是必不可少的。其他（相关）技术包括产生同情的能力、敏感性、想象力和创造力，以及涉入但仍保持距离的能力。
- 投射和使能技术——联想技术、投射、构建和表达的技术（那些故意含糊的、有歧义的、间接的提问形式），被用于超理性的反应。

问题与练习

1. 你打算对 4 岁以下儿童的母亲进行一次定性调研，探索她们对于是否回归工作的决定。
   a. 描述三种适用于在这类人群中招募参与者或抽取样本的方法，大致说出每种方法的优缺点是什么？
   b. 你更推荐哪种方法？请给出你的原因。
2. 你准备对两位同事就同样项目中的同一话题进行一系列深度访谈。对每个人你将进行 6 次访谈。描述你将采取的步骤并给出你将采取的步骤的合理性，以保证这 12 次访谈方法的一致性。
3. 讨论：访谈或讨论指南在定性调研收集数据的质量方面扮演的重要角色。

PART 3

第三篇

实施和完成

第 12 章
Chapter 12 ···

调研项目管理

□ 引言

在第 3、4 章中我们介绍了制定调研项目的初步工作——确定问题和调研手册的撰写；第 10 章，我们进一步讨论了明确调研项目细节时涉及的问题——调研提案的写作工作；第 11 章的内容着眼于定性调研项目中的一些关键任务和这种调研所需的技能。现在，我们将讨论调研过程中有关获得批准开始调研工作的问题。本章的目的在于介绍调研项目的立项以及运行中涉及的问题，调研项目管理中的实践、逻辑层面，调研项目是定性的还是定量的，或许包含这两种调研。我们将利用案例研究以及实践调研项目中的一些案例，来说明调研项目管理过程中的重要工作。

□ 本章主题

- 项目管理
- 开始阶段：项目的产生
- 组织实地调查
- 检查问卷的可行性
- 向访谈者和招募人员进行项目说明
- 组织数据处理
- 数据分析之前的思考
- 检查和报告进度

□ 学习目标

- 理解项目的日常要求
- 为实地调查的供应商提供调研手册
- 为访谈者和招募人员提供项目概要
- 实施前期试验性研究
- 组织数据处理
- 准备数据处理规范
- 检查数据表

12.1　项目管理

首先，在进入开展项目的不同作业之前，让我们先回顾一下之前的内容，并从项目管理的全部任务以及具体包含了哪些内容这一更大的图像来探讨项目管理。

12.1.1　项目开始：客户端代理

绝大多数项目始于客户准备的调研手册（任务简介）和调研供应商针对手册提交的调研提案。在调研者开始项目的时候，你需要意识到以下问题：

- 需要调研的企业问题是什么；
- 调研形成的最终产品必须是什么形式（信息需求、调研目的、产品输出）；
- 调研资源有哪些（实际上可获得的预算和时间）；
- 客户可接受或不可接受的风险（例如，获得的样本容量要比提案中设定的小；一个样本分组中没有找到足够的个体）；
- 提出的研究计划。

一旦调研项目提供商（也可以说代理商）已经实施了项目，兑现调研项目就变成了代理商内部领导的责任。按照项目的规模和范围，这位领导可能是一个董事、副董事或高级调研执行官。他们或许可能被任命为"项目经理"，也可能没有，但无论如何他们都必须履行一个项目经理的责任。要实现这一点牵涉哪些因素？

12.1.2　项目经理的角色

项目经理的全部角色就是向客户传递完成的项目。对于一个规模大而又复杂的项目来说，这或许就意味着在项目期间他们的全部时间都要投入到一个项目上。另一方面，也许他们同时还负责另一个项目，这就需要根据实际情况分配时间了。

项目经理的主要责任在于为项目运行设定计划，决定项目需要哪些资源并进行资源配置，以及在项目完成和交付期间所有任务的完成。这意味着项目经理必须：

- 明确客户需要调研的目的。
- 理解项目目的和特定的目标。
- 理解项目的限制条件（时间、金钱、风险等）和能够抵消它们的因素（例如，在实地调查中花费更多的时间以获得样本；缩短问卷以提高数据质量）。
- 制定风险管理战略（识别可能发生的意外并提前制订计划处理这些隐患）。
- 针对限制条件下如何完成项目目标制订一个项目计划表。
- 理解必须完成的任务——明确工作任务。
- 为项目成员分配清晰明确的角色。
- 控制并评估项目进度。
- 在必要的时候调整项目计划表。
- 告知项目中全体成员项目的进度。

12.1.3 识别潜在风险

尽管你已经仔细审查了客户的调研手册并将调研计划作为调研提案的一部分进行了准备,但在项目设定和运行的过程中还是会遇到提案阶段已知或未知的事情,也会遇到在计划阶段没能想到的情况。或许,你会发现自己之前认为已知并做出计划的情况在项目进程中已经发生了改变。所有这些不可预知或不确定的事情都会对项目成功造成威胁。制定风险管理战略意味着你能够提前识别可能的风险,并制订计划来阻止或者控制它们。

12.1.4 项目管理工具

在项目管理中存在两种管理工具:一种能够帮助你落实最有效的项目计划;另一种能帮助你向项目客户以及项目小组全体成员传达这种计划。在之前的学习中(第 10 章)你已经接触了一些这种调研工具。调研提案实际上就是一种项目管理工具——这种管理工具能使客户以及小组成员清楚地了解项目中包含的所有内容;项目启动会议——会议中项目经理需要简洁、详细地向小组成员介绍项目以及项目的进程安排,同时回答有关项目关于成员角色、责任以及时间安排这类主要问题中存在的任何疑问;项目时间表——这种表设定了项目进程中的一些关键日期或重要里程,可能采用关键路径分析图表、项目评估和计划评审技术(PERT)图表或甘特图(参见第 10 章中的例子),以及能够反映项目每一部分所能获得的预算情况的成本安排表或网格图。其他有用的管理工具,例如,第 8 章中介绍的抽样计划以及本章你将要学习的调研手册文件。

12.1.5 沟通

项目进展中最重要的因素是有效沟通。一个好的项目经理应该帮助项目组中全部成员完成以下几点:
- 理解项目以及项目目标和目的;
- 了解如何实现项目目标和目的;
- 了解他们在实现这些目标和目的中所扮演的角色。

此外,一个有效的项目经理还会同客户以及负责项目不同方面工作的员工,就与实现项目目标和目的有关的项目进展情况进行信息分享。

12.1.6 领导力

这其中就涉及领导力(影响别人实现目标的过程)的问题。要成为一个优秀的领导者,你需要:
- 了解自己的工作;
- 熟悉项目中其他人负责的工作;
- 确保项目中所有人理解项目目标;
- 支持项目组成员实现项目目标;

- 做出表率；
- 如果事情出现了差错，评估差错状况，采取行动继续项目时，不要指责他人，而要为自己的行动负责；
- 做出正确、及时的决策；
- 让每个人都了解项目各种情况；
- 利用所能获得的各种资源。

12.1.7　资源管理

典型的项目资源就是时间和资金。在这里，资金是指客户在准备任务手册时为项目分派的预算，以及调研方或代理公司在准备项目提案和计划时为项目各种任务分配的项目预算。一旦确定了项目计划和项目小组，就需要针对时间、资金进行有效的管理，以确保所有的任务和活动都能够帮助你实现项目目标和目的。

1. 预算管理

或许你仅仅负责某个部分的预算管理而非整个项目，但对于你负责的这部分项目工作的预算，你需要承担起确定的责任。例如，这部分可能是问卷设计工作、分析工作，或者是报告或展示的准备工作。下面的这些建议能够帮助你掌握、管理预算：

- 如果你是一个项目经理，你需要告知项目组成员他们所负责的任务得到的预算大约多少。
- 如果你是一个小组成员，你需要询问自己负责的任务分得的预算情况。
- 确定关键任务需要多长时间，以及已经花费的时间（利用之前相似任务的成本信息）。
- 明确你所负责的那部分哪些会产生成本，以及你或项目经理如何管理。
- 确认工作需要产生的实际预算。
- 如果可能的话，针对意外事件达成共识、进行评估并讨论预算超支的风险。
- 额外工作中产生的成本要及时告诉项目经理或客户。
- 根据设定的预算管理你的支出。
- 如果你察觉到了预算超支并认为超支是很有可能的，评估这种情况，及时采取行动。

2. 时间管理

在一个特定项目中管理你的时间，你需要使用下面一些有用的方法：

- 对自己一天需要完成的任务准备一个任务清单。
- 按照重要程度安排任务处理的次序。
- 在一项任务完成之后进行及时的确认。
- 需要的时候分配或是委托任务给其他成员。
- 着手那些你不得不做的任务。

在本章末尾，我们会根据你管理的全部工作量，重新简单地看一下时间管理问题。事实上，你很有可能同时负责多个项目。

12.2　开始阶段：项目的产生

客户批准开展调研项目后，你需要确定调研手册中的要求，以及在调研提案中和与客户讨论时所承诺的都要高效转化到即将实施的有效调研中。这一阶段，检查是否存在一些在撰写项目提案时或之前没能设想到而现实中可能出现的问题，这对项目管理工作很有帮助。例如，在同客户讨论的过程中，客户可能提出些会影响成本或计划的变化；或者是你在制定时间表之后，发现你所希望的实地调查时间同目标人群的重大节日假期相冲突；更或者是在准备过程的后续部分，你发现最终问卷长度或样本规模、小组讨论的次数与之前设定的不符合，从而影响实地调查和时间安排，甚至是数据的处理分析工作。这些问题都是你作为一名项目经理或者调研执行官可能会遇到的问题。

一旦项目开始实施，作为调研项目执行官，你就成了调研小组中的核心人物。调研项目执行官负责联系调研项目委托人（客户）和负责项目各阶段工作（实地调查、数据处理、数据分析）的成员。你所拥有的责任以及自主权取决于你的级别和经验。项目产生阶段的任务包括下面几项或全部内容（这取决于项目的类型）：

- 按照每日计划管理项目，检查项目进度，回答来自实地调查提供方、招募人员、数据处理人员或客户的疑问；
- 积极参与设计数据收集工具的讨论；
- 创造或设计数据收集工具；
- 与样本提供者 / 招募人员沟通，告知其项目要求；
- 针对实地调查的展开，与实地调查提供方进行沟通联系（包括试点、使用时间、征用的场地等）；
- 为访谈者或招募人员准备简报手册；
- 针对数据收集工具的脚本、编码以及数据处理与解决方案供应商进行沟通联系；
- 针对刺激物的准备和交付与客户进行沟通；
- 检查前期试验性研究中的反馈并在需要的时候做出必要的更改；
- 管理实地调查的进展；
- 检查数据表的准确性；
- 听录音并准备副本和摘要；
- 分析并解释数据；
- 计划并准备展示和草案报告；
- 针对项目进展、会议、展示和报告与客户进行联系。

在开始阶段，你的主要目标是对能够为你提供项目所需资源的人进行沟通。换句话说，你需要与样本提供方、实地调查提供方、数据处理和分析提供商以及调研项目中的其他成员保持联系。你需要确保项目中所涉及的每个人都能清楚项目需要什么。在调研提案阶段需要完成很多关于调研设计和调研计划的设想工作，而项目的可行性需要同调研场地以及数据处理提供商进行讨论，目前的任务就是将设想转化为行动。最终的目标是在一定的期限和预算限制下，将能够实现客户目的的高质量调研工作提交给客户。

12.3　组织实地调查

通常地，一旦客户交付了工作并对细节问题达成了共识，任何项目工作的第一步，都是向实地调查提供商针对项目要求进行简单而充分的介绍。

12.3.1　实地调查现场

在准备项目提案时，你应该与实地调查提供商一起讨论过调研的可行性。实地调查需要根据目标样本在更大总体中出现的可能性进行估价；识别和接近目标样本的难易程度；访谈或讨论的性质和长度（在访谈者管理的调研中，一名访谈者一次能够访谈的人数）；以及所需要的被调研者和小组的全部数量。在调研提案被接受后，确认包括样本要求、实地调查开始以及结束的时间，与实地调查提供商讨论可能对原计划成本、时间或所需员工的水平造成影响的变化等细节问题。在预定实地调查之前，实地调查提供商需要明确项目提出的各项要求。但对于单独的项目来说，这并不详尽——不同种类的项目会产生一些特定的问题。例如，一项采用固定样本组的在线调研，通过随机抽样进行的面对面调查，或者为一项民族志研究或扩展的专题讨论会招募参与者等，同样适用于个体项目。

事实上，涉及多个国家的实地调查要远比在一个国家或国内调研项目复杂。为了避免误解，你需要准备尽可能完善的项目手册。你可能需要准备不止一个手册，手册的数目以及详细程度取决于实地调查的组织方式。如果调研是由不同国家的当地提供商负责，你需要准备独立明确的调研手册，以确保在对数据进行比较或综合时不同国家之间的调研是连续的。如果调研是由一个供应商协调进行的，这个供应商掌握主要的调研手册就足够了，此时可能包含体现国家方面特殊要求的注解。在"案例研究 12-1"中，跨国石油公司壳牌的罗斯玛丽·蔡尔兹（Rosemary Childs）描述了她在处理国际性调研时的方法，在"案例研究 12-3"中，迈克尔·威尔斯顿（Michale Wilsdon）则描述了在国际性调研中协调者的角色。

🌐 案例研究 12-1

壳牌国际：中央与地方

为什么这个案例研究值得阅读

本案例研究值得阅读有如下原因：本案例是关于跨国公司如何开展国际调研工作的；主要探索了两种调研方法——是采用中央购买调研还是地方购买，并对两种方法的优缺点给予了对比；本案例研究同时勾勒出了在调研过程中协调人和供应商各自的责任；强调了调研过程中各要素之间的关系，以及了解顾客需求和调研任务的重要性。

关键词： 中央或地方购买、连续性、价值、风险、缺点、共同核心、中央协调、市场预测、调研预测、敏感性、当地供应商、文化、洞察性。

引言：制定规则或框架

很多公司围绕一定的规则或框架展开中央或地方购买调研工作。这种方法能够保证在调研范围上的连续性，也很容易在数据分析阶段获得不同国家的数据，而它们的价值也正是无法忽视的。然而，我认为这种方法还是有很多缺点的，这种规范性的方法可能会使当地调研者忽视调研中出现的问题，也可能仅仅是采用一种次优的方法，对地方情景并不适用，甚至在调研中会因为对顾客提供的信息缺乏敏感性而忽略一些问题。

识别共同因素

我的方法并不是为调研设定某种规则或是预测一些问题，而是识别需要调研的地方，并在公司运营中与同事一起形成在这些调研中普遍适用的共同核心因素。

中央协调研究的责任

由于在速度、成本、专有技术、专家型调研供应商等方面存在很多优势，很多公司采用中央协调的方式进行调研。在这种情况下，我们通过与一般供应商合作进行调研的设计、协调、分析以及解释展开调研工作，以达到采用最优的方式管理调研过程。在这种情况下，需要从市场视角以及调研的视角全面理解调研任务，这样才能给出最好的建议，选择最恰当的调研供应商，针对国家以及文化特征设计出最适当的方法。确保当地分析的敏感性和洞察性，对来自不同国家的调研数据进行全面公正的解释正是他们的责任。

使用当地供应商：理性

即便是在中央协调的调研中，有时在协调者的指导下采用当地供应商是一个不错的选择。这种方法对于在当地运营的公司保证对有价值因素的控制权上有很大的优点，尤其在实地调查地点为当地时，调研也很准确。在一些例子中，我们不断地在代理商的推荐下转换地方供应商，一直到现在，代理商根据项目工作流，有效沟通推荐了一家供应商，并在最大化敏感性和理解的基础上开展项目。与当地供应商有着合约的协调代理商往往在这方面做得更好，它们的学习曲线比较平缓，双方都有足够的时间集中于项目本身，而不需要额外学习如何促进双方的合作更有效。

资料来源：Adapted from Childs, R.(1996) "buying international research", *International Journal of Market Research*, 38, 1, pp.63-6,www.ijmr.com.

在有关调研的所有问题都讨论过并同供应商达成一致之后，你就需要针对时间以及细节进行沟通确定。你为项目准备的文件可以考虑以下问题，这样你就能在项目管理过程中直接循环解决这些问题。

关键日期汇总：

- 提交问卷最终版本以及雇用调研者的日期；
- 提交访谈者或招募人员简介手册的日期；
- 访谈者/雇用者项目简介会议的时间（是否合适）；
- 参与实地调查的时间（是否合适）；
- 刺激物以及其他物资的到位和分派时间；

- 实地调查开始的时间；
- 实地调查结束的时间；
- 为数据处理商提供数据的时间；

人员间需要确认的细节：

- 关于项目的每日责任；
- 项目技术方面的责任（脚本、程序、数据分析）；
- 最终完成的问卷或者数据文件需要传送给哪些参与人。

12.3.2 与目标人群取得联系

对大多数消费者市场调研项目而言，获得被调研者相对容易（当然，他们是否同意参与调研就是另一个问题了）。但在特定地点的实地调查（如机场或购物中心），可能就会出现问题。展开调研时，取得场地所有人的同意很重要。在其他一些调研中，尤其是B2B调研和社会调研，获取被调研者就会变得很困难。一些被调研者之所以难以获得，是因为他们是隐藏的被调研者，或者在一般人群中出现的比较少，如非法药品使用者和助听器使用者。另一些人是由于他们被别人保护而无法直接接触，例如，精英阶层——高级商务行政人员、医师、法律专家和政客。这时你可能就需要采用自己的方式与组织中某一阶层的人接触，间接地访问这些精英；或者需要与为他们工作的私人助理取得联系，并在一定的限制之下参与调研。在接触儿童以及易受伤害的成年人时也会存在这样的问题。因而，起初你与组织、看管人员或是个人之间建立的合同就十分重要。如果你没能事先获得这种权利的话，你的调研就很有可能得不到回复。"案例研究12-2"中就暗示了这点的存在，同时也表明最初方法的变化能够使调研进行得更有效。

所以说，在一些情况下接触被调研者会是有限的，或者根本无法接触。因而，被调研者的接触难易程度影响着项目成本和调研时间安排。在项目进行中如果还没有处理好这个问题就会演化为很严重的问题：最初认为很直接的、在调研提案中设定好的有时都会变得很难实现。

如果你不得不通过"守门人"获得你的样本，你就会发现调研将变得漫长而费时间，甚至是无效果的。借用守门人或者被调研者尊重信任的赞助商帮你接触被调研者或许是很必要的，这些赞助商还能够帮你扫除对调研项目的怀疑，证明调研的合法性，推荐调研组织帮助"推销"调研中的一些想法。例如，温克（1987）关于行政董事长的调研中，就借助机构董事会中一位能够代表公司董事的专业人员组织小组讨论。伊萨克森和罗佩尔（2010）曾指出，与学校教师以及其他教职人员的合作，对在学校展开有关儿童的调研帮助很大。

案例研究 12-2

采用适当的方式询问

为了能够成功与学校方面取得联系开展有关学生的调研，来自曼彻斯特商学院的埃勒夫森和罗佩尔发现，给学校方面寄送的信件并没有的到回复，而根据学校教师以及其他与学校方面联系的调研者反馈做出的修订版却很有效，在每次的调研中大约38%的被调研者会做出积极回应。以下就是针对这两种版本进行的一个简单对比。

为什么这个案例研究值阅读

本案例研究之所以值得阅读是由于两个原因：它讨论了同两种守门人进行交流的不同方式——一种会帮助你同被调研者取得联系，而另一种则会阻碍你的调研工作；它从不同角度讨论了这些方法。

关键词：守门人、减少拒绝、接近、兴趣、益处、私人的、直接的。

第一封信

老师您好，

作为××大学的一名研究生，目前我正在针对限制性消费对于青少年（14～16岁）的影响展开调研。为了能够对不同青少年进行一个比较好的对比，我将不同家庭经济状况的被调研者分为两组进行对比，即低收入家庭与中等收入家庭的比较。

第二封信

老师您好，

不知您是否有注意学生中的时尚一族？您是否注意到15岁孩子穿着普拉达、古驰和阿玛尼？您是否考虑过为什么现在的孩子变得如此物质，热衷于名人？您是否已经注意到传统意义上的童年早已消失不见？这种日渐发展的名牌意识消费文化在情感上以及行为上会产生什么样的结果？通过您对这次调研工作的帮助和参与，或许能够为目前政府对媒体所采取的抑制其对少年儿童产生影响的一系列政策做出解释。作为一名××大学的博士生，我的调研是探索品牌、广告以及消费文化对青少年产生的社会、情感演变方面的影响。

讨论

在提高接近机会方面，关键的两个要素是在调研中直接吸引守门人，同时通过发送书信来减少拒绝情况。在第二封信中，作者通过突出调研中最有可能吸引或者是有益于这些守门人的方面来达到吸引他们的目的，即作为他们的学生，青少年情感、行为上的一些结果会影响他们的工作环境。此外，这封信突出强调了参与调研对于他们可能存在的潜在益处——为现在政府对媒体所采取的抑制其对青少年产生影响的一系列政策做出解释。其次，信件内容的措辞也由学术性、正式的语言，转换成了更加私人的、直接的以及轻松的风格。

资料来源：Isaksen, K. and Roper, S. (2010) " Research with children and schools；A researcher's recipe for successful access" *International Journal of Market Research*,52,3,pp.308-9.

12.3.3 准备刺激物

很多调研项目，不论是定量调研还是定性调研，都需要向被调研提供一种刺激物，可以是广告、产品或包装的照片，甚至是产品本身。仔细考虑以下项目所需要的刺激物，并同能够为你提供这些资料的客户进行讨论。例如，如果你是针对某种新产品进行调研，就需要客户为你提供资料；如果你调研的是已经存在了的产品，相对而言自己去准备这种资料就会更容易些。还要确保无论是由谁来提供刺激物，提供者对于调研的截止日期应该很清楚，以保证刺激物能够及时传递到调研小组手中，或者是分发给访谈者和协调人。

12.3.4　确定奖励物品

正如第 6、7 章中所描述的，在市场调研实践中向潜在被调研者提供奖励物品来鼓励他们参加或者表达对他们参与的谢意是很普遍的活动。《MRS 行为准则》（2010）中将奖励物品定义为，"在调研中为被调研者提供的激励其参与调研活动的任何形式的好处"。"专栏 12-1"进一步说明了《MRS 行为准则》中关于奖励物品的叙述。

一些人尤其是那些专门从事学术社会调研的人，并没有提供奖励物品的传统。很多调研案例都说明了提供奖励物品的好处，通过提供奖励物品可以使可获得的被调研者更可能参加调研活动并完成问卷，从而在选择样本以及招募被调研者上节约成本。无论是临床研究还是完成产品测试，甚至是完成在线调查问卷，这都适用。因而，奖励物品可以避免过量样本或者是重复性的访问。尽管奖励物品的价值同被调研者参与调研任务的时间并不匹配，但是却足以表明你对被调研者所付出的时间以及贡献的认可。在觉得是否提供奖励物品以及奖励物品的类型时，你需要考虑样本属性以及调研任务的本质（你要求被调研者做什么，这需要花费他们多长时间），还需要考虑这种奖励物品必须是符合道德规范、合法以及切实可以提供的。伊萨克森和罗佩尔（2010）在报告中说，可以通过守门人获知最有效的奖励物品。在他们针对学校进行的调研中，现金或零售商店的代金券是最受欢迎的奖励物品。然而，一个学校的守门人建议说给接受了高等教育的妇女一个展现的机会。

👆 **专栏 12-1**

专业实践与《MRS 行为准则》：奖励物品

B25 当提供奖励物品时，调研成员必须清楚地告知被调研者奖励物品由谁管理。

B26 客户提供的产品或者服务，以及购买这种产品或服务的代金券，不能在调研项目中用作奖励物品。

评论：奖励物品不能让被调研者认为是一种带有金钱性质的象征性谢意。有时，在客户的准许下向被调研者简要地介绍项目成果，可以鼓励被调研者参与调研项目。其余可以用来替代奖励物品的有：

- 慈善捐助；
- 非货币性礼物；
- 抽奖活动（此时需要附加 MRS 中关于奖励物品以及免费抽奖活动管理规则的规定）。

资料来源：MRS Code of Conduct 2010. Used with permission.

2010 年 Gendall 和 Healey 发现，在邮政调研项目中采用向慈善机构捐助的形式提供

奖励物品对于调研产生的影响是很复杂的。他们发现,价值2～5美元的捐助并不会显著提高调研回答率,1美元的捐助更是一点效果都没有。但同时他们也发现,这种慈善性捐助对于一些特定人群特别是妇女会有一种有效的刺激作用,尤其是在社会性而非商业性项目的调研中。他们建议说,如果要采用慈善捐助作为奖励物品,此时你不应该让被调研者指定某一种慈善,而是要明确指出要捐助的慈善机构,或者是为他们提供两三个选择。

12.4 检查问卷的可行性

为了能够实现调研的目标,你需要设计调研问卷,问卷中包含的问题要能够测量你想要调研的各个因素,以及能够帮助你说明调研问题的一些数据资料。在问卷设计阶段需要实地调查专家(包括实地调查管理人员、访问者和被访问者)从数据采集和实地作业管理的角度进行分析,同时数据处理专家需要从数据分析和处理的角度对问卷进行检查。这对于定性调研中的访问指导、课题讨论同样适用。除了需要客户对手册进行检查以确保能够达到调研的目的之外,也需要经验丰富的定性调研专家进行检查。

12.4.1 与实地调查提供商一起检查问卷

在把问卷提供给客户征求客户意见之前,问卷首先需要得到实地调查专家的认可。在你脑海中出现一个合理草案的时候就需要与实地管理人员进行沟通,这样的话你会拥有充足的时间修改方案。针对问卷的讨论越接近实地调查或问卷最终成型的时间,你就越缺少足够的时间进行修改,这样的后果就是你不得不延迟数据收集甚至是终止收集,这对于你的声誉来说无疑是巨大的伤害。

实地调查管理人员会与被调研者、访谈者一起针对问卷进行检查,他们主要会询问以下问题。

1. 长度

- 对于数据收集的方式来说,问卷的长度是否刚好?(对于街角调研来说,5～10分钟为宜;在线调研的话,最好控制在15～20分钟。)
- 在一定时间和成本的基础上,问卷的长度能否达到一定的成功率?(如果问卷太长的话,就需要删除或修改一些问题,甚至是对整个调研工作的成本和时间进行重新安排。)

2. 对被调研者的影响:负担

- 问卷对被调研者而言是不是一种过重的负担?
- 所有的问题都是必要的吗?
- 问卷是否要求被调研者投入过多的精力,对他们的记忆力要求较高?
- 问题设计的是否平衡?问卷中是否存在过多冗杂重复的问题?(如果你采用在线调研,建议你设计的陈述不要超过12个,否则被调研者或访谈者都会感到厌倦,从而影响数据质量。)

- 问卷的内容和样本是否相关？这些问题是不是在被调研者的所知范围内？
- 被调研者是否能够清晰地表达出自己的答案？

3. 对被调研者的影响：容易理解和完成

- 问题是否符合逻辑？
- 问题是否清晰明确？
- 对调研样本而言，问题的语言是否适当？例如，企业调研中的被调研者。能否理解技术／商业用语？被调研者能否理解等级量表的意思？
- 对被调研者和／或访谈者的指导语是否得当？
- 对被调研者和／或访谈者的指导是否容易遵守？
- 对被调研者和／或访谈者而言，问卷是不是方便填写？
- 问卷是不是在合适的地方分页了？

4. 减少偏见

- 问卷的设计是否尽可能地减少了可能造成的偏见？例如，通过随机排列或者轮换题目和网格的顺序来减少偏见。

5. 管理

- 总共设计了多少版本的问卷？不同的版本之间区别在哪，又如何对其进行管理？
- 问卷中是否预留出了记录问卷编号及访谈者编号的空间？
- 是否对所有的问题进行了正确的编号？
- 所有的路径指导是否准确？是否准确地安排成了自动路径？

12.4.2 与数据处理专家一起检查问卷

问卷还需要由负责数据处理（DP）的专家检验并认可，最好在问卷最终草稿经由实地调查专家检查过之后提交给 DP 专家，尤其是在一些实地调查专家告诉你说问卷中的某些问题可能不会达到调研效果的时候。DP 主管能够保证问卷被恰当地编码，确保问卷包含将已完成的问卷全部转换为数据表格时所需的完整信息，并以一种能够快速编码的方式呈现出来。在问卷有多个版本的时候，你需要保证在设计其他版本之前主要的版本已经检查并被认可。这样在今后对问卷所有版本进行修改时就可以节约很多时间。在你设计完成全部的问卷版本之后，你可以检查每个版本并让其他人也参与到问卷的检查中来。如果不同版本的问卷使用的是不同的信息收集格式，检查这些问卷时要使用被调研者能够看到的格式。例如，对于在线调研的问卷，你可能会有适用于平板装置或其他移动设备的版本，而针对笔记本电脑以及台式电脑则会有不同的版本。这时你就需要针对这些版本做全面检查，以确保问卷出现在被调研者设备上时模式可用，并且内容清晰可见。

12.4.3 问卷定稿

实践调研中，问卷最终版本经由客户、场地管理员以及 DP 检查并认可是很重要的。

在问卷的设计阶段，问卷也会经过多次修改，并且在每次修改中都要以新的眼光审视问卷，这样才能发现一些排版上的错误。如果不能做到这一点的话，可以针对问卷设计一个问卷评论清单，记录相关人员对问卷所提出的修改建议和评论，在设计阶段不断改进，参考评论清单提高问卷质量。此外，还要对问卷做最终检查，以确保问卷（讨论或访谈指导）强调了调研手册中确定的目标，每个问题都能够很好地测量出你想要测量的东西。问卷还要满足第 9 章中提出的一些标准。最后，要检查问卷中必要的管理和说明性细节准确无误：

- 项目编号；
- 记录系列编号、访谈者编号的位置空间（如果必要的话）；
- 问卷中全部的问题编号是正确的；
- 所有的路径指导说明都能很容易地遵守和完成；
- 全部的自动路径都被准确地编码；
- 访谈者和被调研者的指导说明都能很容易地遵守和完成；
- 全部的代码是正确的；
- 全部问卷版本是正确的。

翻译

在国际调研项目中，当最终问卷版本确定下来之后，问卷以及访问、讨论需要翻译为另一种语言。

为了使翻译过程更加高效，在初次翻译时需要保证这次翻译是由母语（即目标国语言）使用者操作的，这些人可能本来就居住在问卷设定的国家或目前居住在那里，对目标区域有着较准确的理解。有时，由别人将译文翻译为原来的语言，对于检查翻译的准确性也很有帮助。例如，你的母语是英语，你需要将问卷翻译为日语，那就再将已翻译的日文版再翻译为英语，将翻译回来的版本和原来的英语版本进行对比。对比中发现差异的话，需要与翻译人员或目标国语言使用者进行交流，并做出修改。翻译有时会产生差异，翻译人员可能在翻译过程中选择那些在词义上有稍微偏差的词语，或者是在不同情境下有不同含义的词语。倘若调研中你需要对一些国家进行对比，你就需要确保在词语使用上不同国家的被调研者对问题的理解是一致的。如果不是的话，你的问卷调研就会影响到调研数据的效度和信度。

案例研究 12-3

多国调研项目：调研协调者的主要职责

Apex 国际调研的负责人迈克尔·威尔斯顿（Michael Wilsdon），介绍了在涉及多个国家的调研项目中协调人的作用。

为什么这个案例研究值得阅读

本案例研究值得阅读有如下原因：它详细介绍了在跨国调研项目中协调人所发挥的作

用，它强调了有协调人参与的调研项目的特点。

关键词：协调人、项目经理、采购商、供应商、分包商、文化多样性、协作、语言障碍、抽样、实地调查、一致性、数据、多国编码目录。

协调人所扮演的角色

协调人所扮演的角色与建筑行业中的项目经理很相似，他们掌握控制从各种分包商那里购买的各种服务，并从项目开始的第一天到项目结束承担着调研的全部责任。这种角色也可以说是调研采购商和调研供应商的综合，对于调研的最终使用者而言，协调人是服务供应商；对于实地调查者和分包商而言，协调人又是他们的客户。

协调人需要处理的典型管理性事务主要有下面几个：

- 文化多样性。例如，生产一种能够在英国、西班牙、泰国以及中国台湾使用的电池时，就需要在开展实地调查工作之前，仔细调研当地供应商的发展情况，并同他们建立良好的协作关系。

- 语言障碍。一般来说可以通过准确的翻译规范解决语言问题，但有时还是会出现一些不易克服的障碍。

- 抽样。大多数国内供应商都有获取有代表性消费者样本的成熟系统，但有时可能在执行中出现脱节的现象；在采用供应商不常用的抽样方法进行调研时也会遇到一些问题。

- 实地调查的组织。由于在实地调查中有多种方法组织访谈，因而协调人若想在调研中追求某种程度的一致性就会有一定的难度，这在欧洲也是如此。例如，在访谈调研手册中就很难做到保证一致性。

- 数据准备和录入。通过当地供应商对数据进行准备和录入在多国调研项目中是很明智的。项目协调人准备多国编码目录，参照正确的逻辑检验撰写编辑程序，提供清晰详细的说明。

资料来源：Adapted from Wilsdon, M. (1996) 'Getting it done properly: the role of the co-ordinator in multi-country research', *International Journal of Market Research*, 38, 1, pp. 67–71, www.ijmr.com.

12.5 向访谈者和招募人员进行项目说明

访谈管理问卷中的指导语是为了向访谈者进行问题说明，帮助他们了解什么样的问题需要向被调研者做进一步的说明或鼓励。大多数的访谈管理问卷都包含了一系列详尽的访谈任务说明，有时现场客户服务主管会与客户进行面对面的任务介绍。下面我们将着重看一下这方面的内容。

12.5.1 访谈者任务说明书的撰写

任务说明书的目的是让访谈者对调研目的形成更深刻的理解，对问卷以及其中的一些内容有一个全面的认识。任务说明书一般涉及以下内容：

- 引言和调研背景——调研背景介绍要包括调研活动目的的摘要。
- 访谈者工作内容——对访谈者工作内容列一个任务清单。清单的性质取决于调研的性质（产品或广告调研、态度调研等）和数据收集的方法（电话、面对面、CAT、CAPI）。清单的格式可以包含针对被调研者的感谢信、奖励物品、刺激材料或卡片、指标、地址簿或地图、问卷、联系记录表、工作记录反馈、账单单据等。
- 说明书的重要性——在开始实地调查之前需要通过简单的介绍，强调阅读任务说明书以及熟悉问卷的重要性。
- 实地调查的地点和选取样本的区域（若必要）——访谈者和招募人员工作的地理区域。例如，特别的邮政区域或城镇。
- 抽样操作或程序——对抽样方法进行详细介绍。例如，是采用随机路径还是随机数字拨号的方法。若有必要，还要注意对样本结构的控制，例如，在不同年龄、性别以及社会阶层方面都有一定的比例。
- 明确说明被调研者选择标准——描述所需被调研者的类别和范围。例如，"被调研者必须是某种服务的国内使用者，而且不能是商业用户或企业用户；被调研者应该是能够在选择电话和网络服务提供商方面，承担有个人或共同责任并使支付账单的人"。
- 如何向潜在被调研者展现调研的细节——对访谈调研和有关访谈长度信息的描述；调研机密性和匿名性的提醒；数据保护问题；对如何解答有关调研疑问进行指导，例如，调研成果的最终用途、客户名称、实地调查提供商的具体联系等。
- 详尽的问卷说明——针对问卷的每一个问题进行详细的说明。该说明应该包括展示卡的使用，奖励物品或是驱动自我完成调研的因素；重申包括填答路线和跳跃的问卷说明；关于探查和分类的说明；答案完整记录的说明；问卷中有多种答案以及那些只有"一个唯一编码"问题的详述。最后，针对每次访谈之后的问卷检查和编辑都要做出说明。
- 有关道德法律的问题——这主要是指对于数据保护，公开调研目的以及建立内容告知体系时可能涉及的道德法律问题。例如，在针对儿童进行的调研中，除了需要获得其父母或监护人的同意之外，还要保证被调研者本身有拒绝参与调研的权利。
- 为被调研者提供奖励物品的详细说明——要针对调研奖励物品进行详细的描述，包括奖励物品的种类和寄送方式，是包含在工作包裹中还是需要邮递，以及被调研者希望何时收到等。
- 实地调查时间安排——针对实地调查的开始和结束时间做出详细说明。
- 工作结果反馈——在调研结束后，调研结果以何种方式传输，以及何时传递给哪些人。
- 项目管理的问题——提供全部调研项目负责人的联系方式，以便能及时解决调研中出现的任何问题。
- 感谢信——最后还应该包含对被调研者表达感谢的信件。

🖐 专栏 12-2

专业实践与《MRS 行为准则》：实地调查

在实地调查的计划和实施阶段，《MRS 行为准则》强调的是被调研者的权利和由计划和实施引申出的必须做的事。

通过阅读下面的准则，你将会发现这一部分主要强调在实地调查中要遵守的道德准则：自愿参与；对被调研者不会造成伤害；调研内容的解释要准确；匿名调研和信息的机密性（参见第 1 章）。此外，对于以儿童为被调研者或者是采用多种数据收集方法（定性调研、观察法、民族志调研等）会有些特殊的准则，这一点在第 6、7 章已经介绍过。

B14 调研成员需要采用合理的方式以确保：

- 数据收集的程序已经获得客户的同意，并且与目标匹配；
- 对于被调研者而言，数据收集程序和工具的设计及内容要适合于所研究的群体；
- 被调研者的作答没有受到暗示影响；
- 可以使用某种方法中断被调研者的作答；
- 调研中收集的个人信息与调研相关且没有过量。

B15 调研中如有任何对访谈过程的记录、监控，都需要在访谈开始之前告知调研对象。

B16 调研成员不能非法使用收集来的被调研者的个人信息。

B17 在参与调研中，被调研者不能被误导参与。

B18 必须尊重被调研者随时退出的权利。

B19 调研成员需要保证被调研者能够毫无困难地确认调研者和调研组织管理者的身份（还包括分包商）。

B20 在未经预约时，调研者给被调研者打电话的时间不要在周一到周六的早上 9 点之前、周末早上 10 点之前，晚上 9 点之后也不要再打电话。

评论：这一点会由于不同的风俗习惯有所变化。

B21 调研成员还要保证下面的内容已经与被调研者详细地沟通过：

- 访谈人的姓名（面对面访问需要出示访谈者相关证件）；
- 保证调研遵守《MRS 行为准则》；
- 访谈的主要目的；
- 访谈可能持续的时间；
- 被调研者可能承担的成本。

B22 被调研者（包括针对员工进行的调研）参与调研应该是自愿的，不能受过分的强迫。

B23 在合理的情况下，如果被调研者要求删除某些信息，调研者应该尊重他们的要求。

B24 在调研中，调研者不能向其他被调研者泄露其他被调研者的答案及身份。

资料来源：MRS Code of Conduct 2010. Used with permission.

此外，如果调研者独自负责某一地区的实地调查，培训和任务说明书将能够帮助降低调研的风险。它能帮助调研者识别可能发生的生理伤害（或威胁）以及心理伤害，同时还可以识别某种情景之下可能遭受冒犯。确保调研工作中的安全是调研者和被调研者共同的责任。雇用调研者的组织需要保证他们在工作中的健康以及生命安全，因此针对这些问题要有相关的政策指导。更多的相关信息可以参考 2001 年由社会调研机构出版的《社会调研安全实践准则》。

12.5.2　向访谈者进行任务说明

对访谈者和 / 或访谈管理人员就选样、招募、访谈的实施，以及访谈者与被调研者之间的关系等内容进行面对面的培训是很必要的。这一部分会涉及调研的客户、项目经理、实地行政管理人员以及调研行政管理人员。客户、项目经理和调研行政管理人员需要向访谈者交代项目背景，解释所需要的信息以及信息的用处，尤其是调研中涉及问题的特征、产品、服务或品牌，这些都需要进行详细说明。他们还需要向访谈者简单介绍被调研者的选取，如何同被调研者交流，如何更好地对项目进行介绍。同时，演示教授问卷管理的方法，可以是对每个问题进行讲解或者采用模仿访谈的方式。访谈者和 / 或访谈管理人员可以通过模拟访谈熟悉访谈过程和对访谈刺激物的管理过程。在实地调查场地，管理人员可以重复对访谈者的培训，除了对实际场地简单的介绍外，一对一的任务简介过程还可以向客户说明供应商所提供的严谨、高质量的调研方案。

12.6　组织数据处理

在这一部分中，我们将介绍定量数据分析中的四个关键任务：
- 问卷检查与编辑；
- 编码；
- 准备数据处理明细单；
- 检查结果。

在一个专业调研机构中，这几项任务正是数据处理或分析主管和调研项目主管的职责。这里涉及的一些资料能够帮助你理解数据分析的依据，尤其在如何将问卷数据转换为数据表以及对数据表（有时叫交叉列表）的理解上能有很大的帮助。如果对于这部分的一些内容不能理解的话，建议你阅读第 14 章（理解数据）。在在线调研或计算机辅助调研中，没有独立的数据输入过程，数据检验和问卷编辑过程也可以利用计算机数据处理软件自动进行。但仍然需要了解如何进行问卷检查和编辑，因为如果在数据中看到差异，就可以通过检查单个的数据记录从而找到原始问卷的作答情况。

12.6.1　问卷的检查与编辑

为了确保调研的质量，需要对问卷进行检查和编辑，这可以在实地调查开始之前进行，并且使用数据收集的软件程序或者由访谈者以及实地调查管理人员进行检查。在发现问题时需要向上级反映出现的问题并及时做出改正，在实地调查结束阶段以及实地调查结果反馈阶段，也需要对问卷进行检查。这可以看第 14 章关于检查和编辑过程中的误差和矛盾的种类，以避免这些问题。

1. 在实地调查中检查编辑问卷

在实地调查开始以及问卷完成时就需要对问卷进行检查编辑了，这时的检查需要确保在实地调查进程中被调研者能够参与调研，样本的组成也需要符合样本结构要求。最终获得的样本必须要符合要求，否则实地调查管理者就需要安排额外的访谈。在检查个人问卷时需要保证对于每个问题的回答都已经进行了记录，并且不存在任何的信息缺失；检查还需要保证访谈是按照路径要求进行的（对于网上调研和其他自我完成的问卷更为重要）。在使用计算机收集数据时，这类检查是植入程序的，故此可以使用计算机程序自动进行；对于纸制问卷，这类检查就需要访谈者或实地调查管理人员或是办公室编辑人员完成。除了要检查问卷完成情况，还要对答案的质量进行评估。检查过程中对于那些过于集中或者比重较大的，如"不知道"、中间分数或连续同一答案（也就是对每个问题都在量表的同一分数处打钩）的问卷，你需要从样本中剔除；还有那些明显是随意作答、不符合逻辑、前后矛盾以及答卷速度太快的都需要删除。如果按照说明书或指南中确定的方式进行检查，如果问卷是访谈者管理的，对于开放式问题部分也要检查，以确保都已作答（在在线调研中，这是评估回答质量的一个好的指标）。

如果你的调研项目涉及纸制问卷，你就需要同实地调查主管讨论，并在访谈者说明书中就你想做的检查类别进行说明。倘若调研涉及计算机问卷，你需要确保计算机程序中包含自动检查部分，这时如果你还要求对问卷进行人工检查的话，就需要在访谈者任务说明书中做出说明。

2. 对不恰当或不完整数据的处理

在数据处理过程中，你还需要向负责数据处理的人员说明如何对已完成的实地调查中存在错误或矛盾的数据进行处理。不完整数据的处理方法有多种。可以从分析中剔除这些低质量的数据或不完全的问卷；可以将出现不完整数据的样本直接删除，但这可能造成调研结果出现偏差，因此数据处理过程中若存在删除样本的情况需要清楚地记录，还要检查这对样本可能造成的影响结果。某一样本中出现大量数据缺失时这种做法是恰当的，但在大量样本中删除某些样本可能会对调研结果产生一定的影响。另外一种选择是再联系问卷填答者，获得缺失的信息。与第一种方法相比，这种方法比较直接，但也只是限于发现数据缺失后及时联系被调研者，这样才能保证被调研者的再次作答不会因为时间而受影响，如果可以的话，二次调研要使用初次调研中的数据收集方法。事实上，这两种方法在调研中都不建议使用，缺失的数据可以使用其他方法在数据处理的过程中进行处理，包括定义缺失值、成对删除、输入数值等，这些方法将在第 14 章具体介绍。如果缺失值在最终实地调查结果检查以及编辑阶段仍然存在，你需要告知数据处理人员你希望如何处理这些数据，选择恰当的处理方式，并在数据处理说明书上进行详细记录。

数据处理说明书用来记录你期望的数据处理方式以及输出结果的呈现形式，在包含了开放式问题的问卷中，你还需要说明对这些开放性问题进行处理或编码的形式。接下来就看一下这两方面的内容。

12.6.2　编码

编码是针对含有开放式问题问卷处理的一种方法，有时也被称作"逐字记录"，是对开放式问题进行分式和标签，并赋予其一个数字型编码，从而实现利用分析软件进行答案分析的目的。编码简介能够说明你希望的数据处理的方式，而编码框架则是对开放式问题处理方式的说明。

1. 准备编码说明书

为了能写出质量较高的编码框架，首先你需要浏览一下调研项目的背景以及调研主题，这能帮助你更好地理解问卷所反映的一些信息，因为有时问卷展现出来的信息会比较模糊。如果调研课题是你不熟悉的，你就需要提前对该行业中的一些行业术语以及行业最近出现的新事件进行了解；如果调研涉及的是某种产品，你就需要对产品和品牌进行初步浏览，或者是使用测试产品；对于有关服务的调研，你需要首先确认影响服务的主要因素；涉及广告的调研，则需要审阅广告内容，识别被调研者潜意识里可能参考的广告及品牌。如果你并不真正参与编码过程，则需要保证编码人员可以获得以上信息。此时你可以将这些信息编辑在编码简介或编码框架草案中，指明你认为对编码而言比较重要的部分，确保编码人员在编辑问卷内容时理解其中的关键问题。

有时被调研者可能会拒绝对某些问题做出回答，但又会参与后面的问题调研，这时为了保证信息的完整性，你就需要要求编码人员找出这些问题，并通过相关问题的作答"再编码"这个问题的答案。对于开放式问题而言，对问题答案做出详细地描述并记录下来也很重要，因为有时你需要通过对关键数据的分析对被调研者的答案种类进行分类。这从调研目的上也很容易理解，因为你需要了解每个被调研者对调研主题的反应。为了实现这点，编码人员需要总体上理解调研问卷，并按照被调研者对某些问题的作答进行分类，可以按照对某件事的反映分为积极的、消极的或中立的三类。不论你编码时的要求如何，你都需要在编码简介中做出详细的解释。

如果调研项目是在多个国家进行的，调研结果会在不同国家间进行比较，这时的编码工作就需要编码人员通力合作编制出高质量的编码框架，这种框架可以用在所涉及的全部国家中进行数据表准备。此时的大框架需要由各个国家中组织调研的人员在对问卷进行逐字分析的基础上构建完成。此时产生的大框架可能存在差异，但是要比在不同国家生成不同版本容易得多。

2. 准备提炼编码

在实地调查之后，对于收回的问卷，要逐个逐条地列出那些附有"其他情况——请具体介绍"的开放式问题的答案，就像单个的回答项目一样（这个过程在网上调研、CAPI

或 CATI 系统中可以自动完成)。例如，调研中被调研者对自己坚持使用某一家水电公司给出的解释是，"他们之间的交易关系一直很好，对其他的水电公司也不是很了解"，这种陈述就可以分解成两个因素——"良好的交易关系"和"对其竞争对手的不了解"，这都可以列在编码提炼中。提炼的过程要一直持续到不能再精简的程度，也就是说，要一直到提炼出来的内容涵盖了被调研者的全部观点。由原始资料提炼出来的清单组成了对每个问题编码的基本框架。

3. 从编码框架草案到最终编码框架的形成

接下来就需要对相似回答做出分组，一旦完成了分组，可以根据答案的含义对问题进行检查，尤其是检验能否实现调研目的。"我希望发现更多的竞争"表明了一种积极的态度，这对调研客户来讲很重要，客户可以由此得知被调研者比较看重的方面。"我不太了解其他供应商"则表现了被调研者保守的特点。这些对于调研客户做决策有很大的帮助。另一方面，这种差异可能并不重要，因而两种作答都可以编码为"对竞争对手缺乏认知"。对每组答案都要进行这样的提取，并设置相应的编码来代表这些答案。在调研主管或客户的认同之下，这些编码都需要逐题地在编码框架草案中列出。该编码草案可用于全部样本的回答编码。在编码过程中可能会出现一些答案无法聚类到某种编码中，这时就需要将这些答案以疑问的形式列出，并将问卷清单同编码框架草案一起呈交给对调研课题有着专业知识的问卷编码人员或负责调研项目的管理人员。如果已存的编码无法涵盖这些疑问，就需要制作新的编码。在编码人员或项目管理人员判断后，认为这种有疑问的回答只发生在少数案例中，或对调研目的影响不大，可以将它们在"其他"目录中列出。编码框架草案会经过多次更新，直到框架包含了全部的样本，最终的编码框架将在数据处理软件中使用。

12.6.3　准备数据处理明细单

对问卷中数据进行处理的方法有很多种，数据处理明细单就是要明确地说明数据要采用何种方法进行处理。在处理数据上，很多公司都有自己的特点，可能是在形式上有某种要求；即便是你在准备自己的数据表时，一个清楚明晰的数据处理明细单可以帮你取得预想中的数据，也能使数据处理的过程更加有效率、更加准确。在准备数据处理明细单的时候，你需要首先明白自己想要如何使用数据，这需要考虑数据输出结果的内涵及结构，因而提前完成分析计划是很重要的。在诸多解释变量中选择一些你认为有用的变量，如人口统计变量、地理人口统计变量、态度或行为变量，从问卷中提取出相关信息并生成数据表是比较容易和便捷的。在数据分析中不能根据自己的分析需求随意选择或删减数据。

在数据处理明细单中需要说明的问题有：

- 工作是关于什么的内容?
- 客户是谁?
- 它属于哪类调研?
- 问卷有不同的版本吗?
- 截止日期是什么时候?
- 谁需要该数据表?

- 与之前的版本相比，工作 / 问卷有变化吗？
- 输出结果的形式是列联表、描述性统计，还是推论性统计，抑或是多变量分析？

你需要清楚地知道自己所需的数据形式，并且要能向别人进行清晰地描述。同负责数据处理的管理人员进行沟通，以清楚在时间、金钱及输出结果上各有什么样的限制。

1. 背景简介

为了向数据处理管理人员说明项目背景以及调研目的，数据处理明细单中要包含项目背景介绍的有关信息。当然，你也可以直接将项目调研手册交给数据处理的管理人员。这时的信息可以帮助数据处理的管理人员对工作有一个更好的理解，在数据处理以及分析上也能有更多的选择。

在涉及多个国家的调研中，需要提前在脑海中产生分析计划，如果研究的目的是要将在不同国家获得的数据进行对比，此时应该将这些国家的数据一起制作成数据表，而不是对每个国家制作一张数据表。此时还应该考虑是否要将数据加权，以反映市场规模或人口总量。同时还需要考虑，每个国家需要分别呈现数据还是共同呈现，以及是否要将数据表翻译为不同的语言。

2. 数据表横行或表头

需要简要地说明你希望各个变量（如年龄、社会阶层）如何在数据表中展现，例如，在问卷中有关年龄的问题可能有 18 ~ 24 岁、25 ~ 34 岁、35 ~ 44 岁、45 ~ 54 岁等选择，这种分组或许就是你想在数据表中呈现的形式。因而，你可以在数据处理明细单中标注 "年龄 ×4——同问卷"，换句话说，年龄这一变量将被分为四组。在其他的变量中可能这种说明不会很直接，而需要你列出相应的解释。例如，你在有关被调研者同意 / 不同意的量表调研中就需要这样解释：

十分同意： 5
同意： 4
无所谓： 3
不同意： 2
反对： 1

这在数据表横行中需要标注为：

同意（编码为 4 或 5）：表示同意或十分同意。
不同意（编码为 2 或 1）：表示不同意或反对。

在设计数据表表头时就形成最终数据表的布局是很重要的。为了能使数据表看起来整洁有序，有助于表格的阅读，一张表格里面可以包含几个表头。如果表中包含若干张表格，你就需要决定如何将表格分拆成有意义的几组表格。表格表头的名称顺序能够帮你更快地找到数据表，一般来说这时候的数据表表头是按照人口统计来划分的，包括年龄、性别、社会阶层等内容。当然，此时采用其他的标准划分也是有效的，如高端用户、中端用户以及低端用户。

除了按照人口统计标准来观察被调研者的答案，还可以按照不同的表格名称来查看，对于网格问题你可能需要阅读表格摘要。摘要性表格主要是指带有名称的表格，例如，在网格类问题中网格上方或下方出现的一些注解。为了对比的需要，你可能需要选出一些问题的相关数据并呈现在一张表格上，而在同一张表格下方可能需要列出另一个时段的相关数据。有时你也需要将一个变量的不同取值做一个总结编码，例如，将"很满意"和"相当满意"合并为"同意"，或者是在一系列回答中将对某种服务的喜欢程度由"喜欢"合并为"任何意义上的喜欢"。一般来说，数据表以全部样本的答复为基础才是合适的，但在有些情况下需要根据不同的标准进行过滤，例如，将被调研者区分为"现在购买者"或"听说过该品牌的人"。要记得，过滤标准是针对整个数据表来说的，因此一定要注意不要混淆了过滤标准和"两分式数据"(top break)，"两分式数据"仅仅是列标题。

3. 摘要和推测性统计

考虑一下在数据表中你需要什么样的统计数据。例如，对于不同等级的评分问题你可能需要平均得分；对于算数变量（如营业额和员工数量），你可能需要平均值、中值以及标准差。如果你需要平均得分的话，就要考虑一下用什么样的方法得到平均得分。例如，对于得分区间为 −2 ~ +2 的题目，是直接计算其平均值，还是先转换为 +1 ~ +4 的得分以方便和其他数据的对比，还是要与客户先沟通一下？如果数据是从随机样本中获得的，你可能需要对其进行统计显著性检验。在你需要进一步分析时要给出具体的要求，比如在进行因子分析或聚类分析的时候。

🖑 专栏 12-3

示例：一系列"两分式数据"

Q.1：在你所居住的社区中有多少辆汽车？

	性 别			年 龄				婚姻状况		住宅类型		
总计	男士	女士	<25	25 ~ 34	35 ~ 44	45+	未婚	已婚	住宅	公寓	其他
1 505	798	707	322	409	299	475	862	643	1 002	471	32
100%	100%	100%	100%	100%	100%	100%	100%	100%	100%	100%	100%

汽车数目：

	总计	男士	女士	<25	25 ~ 34	35 ~ 44	45+	未婚	已婚	住宅	公寓	其他
0	156	53	103	102	48	6	—	97	59	5	130	21
	10%	7%	15%	32%	12%	2%	0%	11%	9%	0%	28%	66%
1	1 013	559	454	121	349	226	317	674	339	690	314	9
	67%	70%	64%	38%	85%	76%	67%	78%	53%	69%	67%	28%
2	275	151	124	99	10	52	114	91	184	249	26	—
	18%	19%	18%	31%	2%	17%	24%	11%	29%	25%	6%	0%
3	55	31	24	—	2	14	39	—	55	54	1	—
	4%	4%	3%	0%	0%	5%	8%	0%	9%	5%	0%	0%
4+	6	4	2	—	—	1	5	—	6	4	—	2
	0%	1%	0%	0%	0%	0%	1%	0%	1%	0%	0%	6%

专栏 12-4

怎样准备数据处理明细单

问题节选自"生活和时代"调研，自主完成的问卷 B

完整的问卷可以在网页 http://www.ark.ac.uk/nilt/2000/scb00.PDF 中下载。

Q.3：家庭中是不是由你负责做主要的家务，包括清扫、做饭、洗衣等。

给出的选择有：

　　是的，主要由我负责（1）。

　　是的，不过主要与其他人一起负责（2）。

　　不是，由别人负责这些事情（3）。

数据处理说明指导

Q.3 的系列纵栏。表格纵栏名称可以通过提炼问题（编码 1 ～ 3）大意来概括，并且要以全部样本为基础将该问题以及被调研者的答复（编码 1 或 2）列成表格。

表格示例

标题：负责家务的责任人

　　　主要负责家务的被调研者

　　　与别人一起负责家务的被调研者

　　　别人负责家务的被调研者

总结：主要或部分负责家务的被调研者

　　　没有回答

Q.4：对于下述答案，请按照你所认为的重要程度将工作中的因素进行评分。

问题中给出的选项是按照重要程度排列的：

很重要（1）；重要（2）；一般（3）；不重要（4）；十分不重要（5）；无法选择（8）。

数据处理说明指导

Q.4 中 8 个项目的每一项都是重要性的测量。汇总表（编码 1 ～ 8）的设计要按照问卷中对重要程度的划分设计进行，将被调研者的答复按重要程度分为重要（编码 1 或 2）和不重要（编码 4 或 5）。

平均得分（按照 1 ～ 5，其中 1 = 十分重要）

依据：全部样本（所有回答）。

表格示例

标题：对工作重要性的评分

　　　工作安全性

　　　很重要

　　　重要

　　　一般

　　　不重要

　　　十分不重要

　　无法选择

　　总结：重要

　　总结：不重要

　　剔除"无法选择"后的平均得分。

数据处理说明指导

对于 Q.4 还需要总结表，结构同上，但此次增加了说明（像"两分式数据"）。

依据：全部样本（所有回答）。

表格示例

标题：有关工作各方面重要性的评价

工作安全	高收入	好机会	趣味性的工作

很重要

重要

一般

不重要

十分不重要

无法选择

总结：总体重要

总结：总体不重要

平均得分

Q.8：假设现在你可以在多份工作中进行选择，你会如何进行选择？

给出的选择有：

a. 我会选择……成为一名员工（1）

　　　　　　　自己做老板（2）

　　　　　　　无法选择（8）

b. 我会选择……在小公司中工作（1）

　　　　　　　在大公司中就职（2）

　　　　　　　无法选择（8）

c. 我会选择……为民营企业工作（1）

　　　　　　　为政府机构工作（2）

　　　　　　　无法选择（8）

数据处理指导说明

Q.8 的每个部分（a～c）都是"两分式数据"，可以按照问卷内容列表。

依据：全部样本（所有回答）。

对于 Q.8b 和 Q.8c 主要按"两分式数据"标题划分表格，但这一次是以答案为"成为一名员工"（Q.8a 中的编码 1）的被调研者为依据。

表格示例

同上。

12.6.4 检查结果

在数据提交给客户或进行展示之前需要先对数据进行检验，一般来说数据检验需要由数据处理管理或分析人员以及调研管理人员进行检查，并且两个人分别从不同的视角检查数据。例如，数据处理人员要检查数据中的漏洞（holecount），以确保程序传送的数据表是正确无误的，要保证有正确的基数、筛选指标以及加权方法等，保证要求的统计数据是完整的，保证数据表的结构合理并且可读性强。调研管理者则需要检查数据表是否在形式、统计变量、基数、筛选指标以及加权上符合之前的数据明细要求，还要检查数据是否在调研情景下有意义，当然这需要运用他们对调研项目的专业知识。

1. 检验不同版本调研问卷中的数据

如果问卷有多个版本，你需要详细检查在不同版本中生成的数据表，尤其这些表格在不同版本中有不同特点的时候。例如，同一个编码在另一个问卷版本中就可能有着不同的含义。在形成基于全部问卷版本的数据表时，你需要说明在所有的问卷版本中同一个编码的不同含义。这种情况下很容易出现各种问题，因而需要针对每个版本来检查不同答案的频数分布，以发现其中的漏洞。

如果有"两分式数据"是直接从问题中提取而来的，而非按照分类数据得到的，例如"目前使用品牌 X"，你就需要检查数据以保证是以全部数据为基础的。为了做到这点，你需要回到原来的问题上，例如"现在你使用这些品牌的哪一个？"检查问卷中回答"品牌X"的人数与"两分式数据"是否一致。在表 12-1a 中的 56% 或者总样本中的 336 人使用品牌 X，于是根据 226 产生的"两分式数据"就是错误的，表 12-1b 是正确的。

表 12-1a 目前使用的品牌：不正确的表达

目前使用的品牌	总计（%）	使用品牌 X 的情况（%）
品牌 X	56	100
基础：全部样本	（600）	（226）

表 12-1b 目前使用的品牌：正确的表达

目前使用的品牌	总计（%）	使用品牌 X 的情况（%）
品牌 X	56	100
基础：全部样本	（600）	（336）

🖐 **专栏 12-5　如何对数据进行标准的检查**

以下是提出的一些问题和你应该依据数据表要做的数据检查，这可以确保数据的准确性并和符合你的 DP 或数据表明细单的要求。

- 总的样本符合预期吗？换句话说，所有的答案都包括在内吗？
- 人口结构符合样本结构或配额控制的结构要求吗？
- 数据表的表头内容（项目号、项目名称、项目日期、客户名称、标的题目等）正确吗？

- 表格完整吗？需要为表格增添新内容吗？（需要添加内容的话就要参考问卷以及详细记录。）
- 对于主要的"两分式数据"，整个表格横行或纵列的名称准确？
- "两分式数据"表都正确吗？
- 对于每个表格都要检查以下内容：
  ◆ 基本容量正确；
  ◆ 问题的处理方式是严格按照数据处理明细单要求进行的，例如，基于正确的依据；
  ◆ 总结性数据（比如均值）计算无误；
  ◆ 总的编码（所有编码）正确（总的说它们不少于总的编码中包含的所有项目）；
  ◆ 数据不存在明显的错误，比如出现一些意外的明显高或低的数值，这时需要进行系统的检查。

2. 根据总的编码或复合型变量检查"两分式数据"

此外还需要检查从不同问题或总的编码中复合而来的"两分式数据"是否准确。在表12-2a中每个国家选择了75个访谈者，不同的国家也按照下面的一些标准分为不同的区域：

- 欧洲中东部地区（450），包括捷克共和国、斯洛伐克共和国、波兰、罗马尼亚、匈牙利、俄罗斯；
- 亚太地区（375），包括日本、韩国、马来西亚、新加坡、澳大利亚；
- 北欧地区（225），包括挪威、瑞典、芬兰；
- 南欧地区（300），西班牙、葡萄牙、意大利、希腊。

表12-2b显示，全部的样本数目为1 275，而不是1 350；欧洲中东部（CEE）的"两分式"总数为375，而不是450。由此可以发现，在欧洲中东部的"两分式数据"遗漏了俄罗斯。

表 12-2a　区域性数据：正确的表达

	总数（%）	欧洲中东部（%）	南欧（%）	北欧（%）	亚太地区（%）
欧洲中东部	33	100	—	—	—
南欧	22	—	100	—	—
北欧	17	—	—	100	—
亚太地区	28	—	—	—	100
基础：全部样本	（1 350）	（450）	300	225	375

表 12-2b 区域性数据：不正确的表达

	总数（%）	欧洲中东部（%）	南欧（%）	北欧（%）	亚太地区（%）
欧洲中东部	33	100	—	—	—
南欧	22	—	100	—	—
北欧	17	—	—	100	—
亚太地区	28	—	—	—	100
基础：全部样本	（1 275）	（375）	（300）	（225）	（375）

从表 12-3a 和表 12-3b 同样可以发现类似的错误，表 12-3a 是正确的，因为样本的成分依据了正确的抽样原则；表 12-3b 则是有错误的，年龄段为 35 ～ 44 岁的被调研者被错误地加入到了年龄段为 25 ～ 34 岁的被调研者组中了。

3. 检查二手数据

如果你的数据是二手的，比如来自固定样本组，或者是追踪调查或仪器检测的数据，不要认为由于先前的数据表正确，现在使用这些数据就是正确的。对这样的数据同样需要你像检查新数据一样进行检查。此外，还需要保证数据表上实地调查的日期是准确的，并且在处理之前问卷的任何一次改动（例如，增加新的问题，删除老的问题，由于品牌目录增加了新的品牌或图像网格增加了新的陈述所带来的编码的变化等）都需要在数据处理中体现出来。检查的目的是要保证数据的任何变动以及上次实地调查之后出现的任何差异，都能在市场活动中得到较好的解释。

表 12-3a 年龄分组：正确的表达

年龄分组	总计（%）	18 ～ 34 岁（%）	35 ～ 54 岁（%）	55 岁 +（%）
18 ～ 24 岁	10	40	—	——
25 ～ 34 岁	15	60	—	——
35 ～ 44 岁	16	—	50	——
45 ～ 54 岁	16	—	50	——
55 ～ 64 岁	33	—	—	77
65 岁 +	10	—	—	23
基础：全部样本	（608）	（152）	（194）	（262）

表 12-3b 年龄分组：不正确的表达

年龄分组	总计（%）	18 ～ 34 岁（%）	35 ～ 54 岁（%）	55 岁 +（%）
18 ～ 24 岁	10	24	—	——
25 ～ 34 岁	15	76	—	——
35 ～ 44 岁	16	—	—	——
45 ～ 54 岁	16	—	100	——
55 ～ 64 岁	33	—	—	77
65 岁 +	10	—	—	23
基础：全部样本	（608）	（249）	（97）	（262）

12.7 数据分析之前的思考

我们会在第 13、14 和 15 章中分别对定性数据分析和定量数据分析进行具体介绍。下面的这些内容是对数据分析过程中涉及的一些问题进行了一个总结。当然，在你开始项目时心里就应该考虑如何进行数据分析了，在接受客户任务介绍和为了解决客户的企业问题而设计调研时，你就应该提前设想会产生何种调研成果。如果你进行了二手资料调研或探索性调研，或者是参与了实地调查，在你的脑海中可能就会对调研结果有一些概念。现在，在你掌握来自定量调研中的数据表和 / 或来自定性调研中的草案、录音或记录，你就可以准备开始进行更加正式、系统的分析了。要注意，此时你掌握的这些数据还只是未经处理的原始数据——处于安得鲁·埃伦伯格（1982）爱的阶段，它们还是"人类大脑中不能触碰的"——它们并不是调研结果，你必须对这些数据进行进一步的分析，以发现数据背后的结果和"故事"。

12.8 检查和报告进度

正如在本章开篇介绍的那样，在整个调研项目实施过程中，你需要同实地调查组织人员、编码人员、数据分析提供商以及项目小组中的其他成员、客户保持沟通，并回答他们的各种疑问。因此，你需要保证自己对调研项目本身有深刻的理解，这样才能以一个自信又职业化的方式回答他们的疑问，确保项目中的每个人对项目进程都有最新的了解。你可能发现，亲自参与实地调查，近距离聆听和／或观察被调研者对被邀请参与调研时的反应、被调研者对问卷问题和调研刺激物反应如何，以及访谈者如何控制访谈等，所有这些对你有很大帮助。例如，经验能够帮助你回答有关编码的一些问题，也会帮你对这些数据产生更深刻的理解，这样仅仅通过查看数据表或阅读数据草案你就能够发现缺失的样本。同时，这还能帮你对数据收集过程建立起更好的理解，帮助你提高问卷和访谈／讨论指导书的设计能力。同数据处理提供商进行合作也是很有意义的，特别是在数据检查、编辑以及问卷编码和准备数据表上，同仅仅关注收集而来的数据相比，仔细阅读完整的访谈记录能够帮助你更好地理解被调研者在接受调研时对问卷问题的看法。

12.8.1 同客户保持联系

在获得客户认同并给予调研权限之后，你需要同数据处理供应商一起针对实地调查以及数据处理的时间做出计划安排，并且要形成有关重要工作汇报的时间表。你可以参考第10章的两种时间表来制作自己的调研时间计划，当然你需要与客户一起商量时间表的设计，并在需要的地方进行修改。如果在项目进展过程中由于某些原因不能按照时间表的安排完成某阶段的工作，需要及时与客户沟通，并说明具体原因。时间表的设计要有可行性，为了避免实地调查可能持续的时间超过计划安排，你需要在时间表中预留出一段时间，以备调研中发生意外事件。同客户保持联系的目的是要保证客户对于调研中发生的各种情况都有清楚的了解，对于调研最终形成的结果，以及需要投入的资源（如刺激物等）都很清楚。根据调研项目的性质、关系和在提案中的承诺，向客户做定期的、正式或非正式的项目进展报告。

12.8.2 时间管理

有时候，你可能同时负责四五个不同的项目，比如你所负责的项目中有一个还处于刚刚立项阶段，需要你准备项目调研提案；第二个项目则进入实地调查阶段，你需要考虑制订分析计划；第三个项目则可能已经是项目最终汇报阶段。此时就需要你对这些工作进行先后排序，合理安排自己的时间，以保证有足够的时间处理每个项目，并且在内外部要求的时间期限内完成。可以通过制定工作计划图表的方式将各个项目中的重要日期做出标注，可以参照第 10 章中工作计划图表的例子进行一些修改，以服务于你所负责的项目。当然，你也可以像开篇我们介绍的那样，按先后顺序列出一天中需要完成的各项工作，然后按照这个清单展开一天的工作。

时间的记录和监控

在分析时间报告时记录监控项目中所花费的时间和成本是很重要的。如果你负责这部分工作，你可以通过阅览时间报告系统中的信息获知项目各任务所需要的时间。这就要求时间报告系统中的信息必须是准确无误且随时更新的，因此在制作时间表时必须要保证这点。系统中的信息对于工作量分配也有一定的指导作用，它可以使工作安排人员明白项目参与人的忙碌程度，根据这点进行任务的分配，决定参与任务的人员组成，以及是否要展开新的业务。这些信息也能帮助回顾每个项目进展情况，评估项目中花费的时间以及成本是否符合客户所提供的资源。

如果在项目实际进行中花费的时间要长于之前的计划，就需要弄清楚原因，在以后的项目开展或成本评估中避免这样的事情发生。下面列出了部分可能导致项目超出预算的原因：

- 低效率的沟通或介绍导致任务延期执行或重复作业；
- 客户提出额外要求，如额外的报告或会议；
- 原始项目成本核算以后项目性质发生了变化；
- 样本获得比预想的要更难；
- 需要更多的分析才能理解调研中的问题。

尽管客户并不需要为提案、提出提案时花费的时间支付费用——即使是不成功的，但是这些都还是需要被记录下来，以方便你计算出在产生新的业务时花费的时间和成本，并且要将这些添加到成本结构中去。

🔁 本章总结

- 任务简介中的要求、调研提案中以及在与客户讨论中的承诺等，都必须转化为可有效实施的调研计划。在实地调查的调研手册、数据处理分析提供商以及调研项目中其他成员中，调研管理人员的角色是很重要的。
- 调研管理人员的角色任务包含以下几点：
  - ◆ 按照每日任务管理项目进展，检查项目进程，回答来自实地、DP 以及客户的各种疑问；
  - ◆ 参与问卷、访谈或讨论指南的设计；
  - ◆ 保证问卷/访谈/讨论指南是合适的，并为实地调查以及数据分析准备好这些指南；
  - ◆ 为访谈者或招募人员准备好任务介绍书；
  - ◆ 准备一个编码和数据处理明细单；

- ◆ 检查数据表的正确性；
- ◆ 收听访谈记录并准备访谈草案和重点记录；
- ◆ 同客户保持联系并向其汇报工作进展。
- 项目管理者应该做到清晰的交流、优秀的领导并对风险和资源进行有效的管理。一系列项目管理工具可以用于有效的项目管理，包括项目计划、时间表、介绍性文件和会议等。
- 国际或多国的调研项目可以由中心进行协调，或者由被调研国家当地的项目负责人进行协调。目标应该是获得跨市场的一致性，同时在理解特殊市场时又不失去任何灵敏性。协调人的作用与项目管理者是一样的，它们要与客户和本地供应商搞好关系。
- 调研者的技巧之一是有效地管理时间，以便于控制内外部所有项目的期限，所有项目要素的执行都要达到一个高标准。

问题与练习

1. 描述下列工作的主要阶段：
   a. 准备一个要进入实地调查的项目。
   b. 完成了实地调查工作之后。
2. 你的客户正在计划一个涉及四个国家的定量调研：美国、澳大利亚、印度和中国。客户不能确定，是向四个国家的代理公司都做出说明让其实施该项目，还是只向澳大利亚的一个代理公司说明，让其组织协调整个项目的实施。你的建议是什么？
   a. 描述每种方法的优点和局限性。
   b. 你将推荐哪种方法？请给出选择的原因。
3. 描述一个项目的各个阶段，指明该项目下述工作的重要性并给出其原因：
   a. 通知客户。
   b. 向客户咨询。

第 13 章
Chapter13 ....

定性资料分析

□ 引言

本章我们将学习分析和理解定性资料的方法，以及将大量的原始资料——笔记、记录访问、小组讨论或专题研讨会、访问录音等，转化为有意义的调查结果的方法。

在第 6 章我们学习了收集定性资料的几种方法，在第 11 章我们学习了收集资料过程中调研者应该扮演何种角色。定性资料的收集和分析是紧密结合在一起的（几乎是相互交叉的）。本章我们将接触到一些在资料收集阶段和资料分析阶段会遇到的一些细节问题，我们提出了用于分析资料的一般方法。为了便于描述，我们将这些方法分解为几个阶段（计划分析和制定战略；进行分析、整理资料；了解资料；控制进程；建立链接；寻求关联；整合结果）。在现实生活中，定性资料分析是个很混乱的工作，这些活动之间不总是有清晰的界限——这些阶段可能在任何时间发生。当你从头至尾分析资料时，不是从一个阶段移向下一个阶段，更可能会一次次重复这些阶段。所以，这里并不是对定性资料分析做出描述，而是提出一个指导方针和多种方法，来帮助你掌握资料并找到自己的分析方法。

□ 本章主题

- 什么是定性资料分析
- 分析方法
- 计划分析
- 实施分析
- 利用计算机进行资料分析

□ 学习目标

- 了解定性资料分析的方法
- 理解调研目标和资料分析之间的联系
- 理解并评价定性调研成果
- 实施并管理定性分析过程

13.1 什么是定性资料分析

定性资料分析中一部分是有关操作的——对资料进行处理和分类；另一部分是有关智

力的——思考资料。同样我们会在定性资料和定量资料之间寻求不同的模式和关系。一旦实地调查完成后，分析过程不是独立实施的，而是从调研一开始就实施，在实地调查的过程中脑子里还会冒出有关资料的想法。一旦实地调查完成，你就有机会去整理资料，进行分类，思考并整合结果。

13.2 分析方法

对定性资料的分析是很难的，并且很耗时。尽管有许多不同的分析方法，但并不存在标准的方法或明确定义的步骤。大多数调研者都有自己的方法——因为几乎没有人对此进行记录，特别是对商业市场调研来说，没有一个通常的指导方针。登青和林肯（Denzin and Lincoln，1994）提到定性调研时将其称作"拼装"，就是调整和使用不同材料和工具的艺术，将定性调研者称为"拼装人"，他们擅长工具的使用和调整。定性资料分析是定性调研的一个领域，在这个领域里"拼装"这种方法是显而易见的。从社会科学特别是社会人类学和社会学的一系列准则中，导出了适合定性调研和定性资料分析的方法。在对定性资料进行分析的时候，你采用的方法取决于一系列因素和它们的相互作用，包括你的背景和所受的训练，如科学、社会科学或人文科学、心理学、社会学或人类学；所受的对定性调研的理智或情感训练；特别的范式或方法，如符号学、解释学、符号互动学、民族志方法学或话语分析；是偏爱理论还是资料驱动方法。你所采用的方法也取决于以下几点：

- 思考和分析事物的形式（受你学习风格、所受训练，也可能是左右脑分离的影响）；
- 经验水平；
- 对某领域调查后的知识水平；
- 相关理论或模型的可获得性；
- 项目类型（小组讨论、深度访谈、专题研讨会、面对面访谈、网上访谈）；
- 调研需求的本质——探索性、描述性或是二者相结合；
- 主题和受访者怎样处理；
- 调研的最终用途；
- 可用资源——时间、金钱和人数。

有如此多的因素都对其造成影响，难怪定性资料分析是异质的——有多少个调研者就有多少种调研方法。另外，在学术性和较小范围的社会调研中，调研者会使用程序包来分析定性资料，但在商业或市场调研中却很少这么做。使用的程序包有CAQDAS、计算机辅助定性资料分析（我们在本章的后面将会介绍CAQDAS）。

13.2.1 分析的一般原则

然而，有一些建立在演绎和归纳基础上的一般原则，下面我们将介绍这些原则和它们的应用。

1. 演绎和归纳

演绎（deductive）是指我们进行预先的推测，包括我们所认为的我们会发现什么以及在调研中怎样去检验一个理论、假设或想法，据此我们去设计调研、方法和分析。通过演绎实现从一般到特殊——从可能会发生的一个想法、一般假设或理论到特殊观测，以验证我们的期待是否确实发生。这种方法在定性调研中很常见，一些定性调研者（Katz，1983）称它为"分析归纳法"。

分析归纳（AI）这种方法是这样的，你明确了调研的问题并且对你需要寻求什么也有一些想法，然后利用你对这个问题的理解和与该问题有关的背景（你从其他研究中获得的，也包括你的直觉）对调查问题进行假设，之后进行实地调查，通过实地调查弄清楚受访者的答案是否符合你最初的想法和假设。你不断思考这个问题，看看是否需要修订或扩展假设，修改预测，更深入地探究一些问题，获取更多的支持或否定假设的例子等。

比起演绎，在定性调研中更多使用归纳（induction），使用这种方法不必通过实地调查去检验我们的假设或现存的理论和概念，收集资料完成以后通过对资料进行研究，我们可以确定应用于被调研者的一般原则——从特殊到一般，建立理论而不是检验理论。下面我们来看一个应用广泛的方法——扎根理论（ground theory）。

正如我们所想的那样，在实际操作中很难去使用一种纯粹的归纳方法，当解决一个问题时，很难不去考虑其他的想法，并且始终保持一个完全的开放思维。你可能对调研中的一个产品领域或地区有一定的了解，至少对一般的行为模式和态度有一些了解（从以前的调研或文献中），因此实际的分析是归纳和演绎相结合的互动过程，想法和假设来源于资料又根据资料来验证，通过修改和收集更多信息来验证或发展想法。

2. 扎根理论

扎根理论是格拉斯和斯特劳斯（1967）提出的资料分析方法，后来斯特劳斯和柯宾（1998）描述了这种方法。使用这种方法时，为了确定主题和模式，要用"不断比较法"来审查资料，总结资料产生概念和编码，用概念和编码建立命题或综述，阐释资料中存在的关系。编码和命题要接受检验以确保它们相互支撑，确保它们符合被分配的属性，并且综述能够帮助解释研究的问题。挑选新"案例"（被调研者）时可以使用"理论抽样"方法，它有助于产生新概念、命题和理论。

尽管扎根理论经常被引用，特别是在学术研究中，但用这种方法进行分析时，资料（Bryman and Burgess，1994）显示，很少有人按照格拉斯、斯特劳斯和柯宾描述的那样完整地使用这种方法，引用扎根理论方法更可能是想说明分析是"资料驱动"的，而不意味着会完全照做，比如进行编码，不断对比和进行理论抽样。

3. 认识自己的偏差

这里需要提醒一下，我们所有人都存在偏见——思维方式、对调研的想法和态度、在开始之前的发现，这些偏见可能来自我们的生活经验，或是在相同领域中从工作或项目里获得的一般知识，也可能来自我们读的简介和背景等，要保证这些偏见不会使我们对资料的分析和解释偏斜或受任何程度的限制。你自己对于一个问题的思考可能导致你只看到你想看的，或是只看到和你想法一致的内容。在定性调研和分析中，考虑其他假设，以开放的态度看待对问题的其他解释方式，质疑并挑战我们对材料的所思所想。因此在项目的开端，要审查你"知道的"或假设的，以及你可能带入到实地调查和分析的先入之见。在实地调查之前要弄清楚你对一个问题的感受是怎样的，问问你自己：我是怎样看待广告的？我对这个问题的态度是什么？把这些问题弄清楚，说明白，提出质疑，然后把它们尽可能放在一边。在分析定性资料时要记住以下几点：

- 保持开放的思维；
- 不要过早下结论；
- 将你对问题的看法和受访者的看法区别开（避免把你自己的想法和思考方式强加在资料之上）；
- 不要将资料硬套在一种理论或模型上。

4. 利用理论和模型

对于分析而言，一个好的理论或模型的意义是巨大的：它有助于发展并扩充你的思想；通过给定的框架加速分析的过程并增强一致性；它还有助于你提出问题和调查方向；它也为分类提供了思路。和系统检验（寻求支持或推翻你的想法的证据）一起使用时，模型或理论有助于产生更稳健可靠的分析。在选择你所需要的理论或模型时，你必须要确定它是有理有据的——要选择那些经过深入研究和实证支持的理论或模型。

13.2.2 分析的目的

尽管分析方法不同，但分析的目的可能是相同的——从资料中产生有价值的见解，产生稳定可信的结论来回答调研问题。为了实现这个目的，对资料的分析应该是受规则约束和严格的，但这并不意味着分析应该完全被条条框框所约束，它应该是彻底的、前后一致的、全面的，系统而不呆板，对新发现的可能性持开放态度——直觉和创造力也是它很重要的部分。

13.3 计划分析

这部分我们将学习在分析的主要阶段——实地调查——开始之前我们需要做什么，换言之，在项目的早期阶段你需要考虑什么。

13.3.1 调研设计阶段

尽管分析的主要阶段发生在实地调查完成时，但这并不是开始分析的时点，从你接触到概要和开始思考问题的那一刻开始，你就已经开始分析了。在这个早期阶段，没有任何东西可以替代清晰、周密的思考，如果你在一开始理解调研问题和含义时多花费时间，那么分析过程就不会那么艰辛，结果的质量也会更高，这可能牵涉去回顾一些与调研主题有关的文献或者回顾相同主题或相似主题的其他调研项目。调研的目的和目标决定了调研的设计以及样本、方法和问题的选择，所有这些都决定着分析战略。在早期阶段就考虑这些问题有助于你分析和解决问题，并且有助于你形成战略和框架，这有助于审查资料和展示成果。

13.3.2 实地调查阶段

在定性调研中，实地调查和分析之间存在很大重叠。你收集资料时一直在思考，然后再收集更多的资料——由于实地调查对问题的阐明，你可能会用稍微修改过的讨论指南或从新制定的激励措施。你思考问题的整个过程会一直在发展：想法、预感以及洞见都会突然就冒出来，当你想要进一步验证这些想法时，就会产生假设。

1. 写现场笔记

记录下在实地调查时你所产生的想法和见解的具体细节，尽快将它们写下来，否则到了分析阶段时，你可能已经不记得了。在访谈、小组讨论或专题研讨会结束后尽快坐下来，"倾倒大脑"，把你所有的想法、感觉、印象和见解尽可能详细地记下来，对发生的一切或开始建立的构想都做详细的笔记或画出图，记下任何有关或有趣的引用。

问问自己什么是预料之外的；审查并挑战自己的假设，考虑什么问题需要更深入地去探索，需要调查的新领域是什么，考虑早期的发现对进一步的实地调查、分析和解释有什么影响，如果需要的话就做出一些改变。例如，写下你认为的关键主题、相关引用，未来要更具体探索或思考的事情，任何出乎你意料的事情。换言之，记录下你认为当全面展开分析过程时可能会有用的任何想法，要弄清楚什么是印象和推断，什么是事实或具体的调查（Boulton and Hammersley，1996）。

2. 与同事和客户一起回顾实地调查

如果你和同事一起工作，那么在实地调查结束后要尽快一起仔细回顾这个过程并做详细的记录。如果有客户观察者，就要和他们交流，问问他们的想法并做记录。

3. 写下总结

在访问指南或"接触总结"的指导下，针对每个主题或问题，要对参与者的主要观点写一个总结，这一点很有用（Miles and Huberman，1994）。另外一个很有用的方法叫"思维导图"（mind map）（Buzan and Buzan，2003），使用任何你觉得会帮助你解决问题和对后续分析有帮助的方法，对这些类别进行总结记录将会有助于你产生思路并且决定分析的战略，当需要详细写下调查结果的时候，它也会是很有用的参考来源或指南。当实地调查中涉及不止一个对象，并且分析中也不止一个对象时，这些笔记、总结或示意图都特别有用，其他小组成员也可以通过阅读它们来把握整个样本的资料。

13.3.3 制定分析战略

想明白了调研问题和完成了一些实地调查之后，在你脑海里和你的笔记中就会出现分析策略或解决分析问题的基本内容。要正式确定这个计划，清楚地表述出来，特别是如果你对定性调研还不熟悉的话。你可能会因为收集的大量资料和寻求解决方法而感到头疼，在定性调研中存在很多可能的调研方向，时间和资源也是有限的。分析策略要能为你处理资料提供方向，这样的话你就要消除对大量数据和复杂任务的恐惧感，确保你以系统的和严格的方式来解决问题。战略要适应调研的目的和要求，它通过确定调研方向的优先次序来帮助你利用可能的时间和资源。但是，拥有一个战略并不意味着无论资料反映出什么你都必须严格地遵守它，战略应该随着环境变化而得到调整。

在合并你的分析战略时，考虑以下几点将是有用的：

- 关于实践的考虑：
  - 分析中涉及的人数是多少？
  - 分析过程中要包括客户或赞助商吗？
  - 分析要花多长时间？
  - 是使用文字整理稿、记录或笔记，还是把它们结合在一起使用？
  - 会使用计算机分析程序包吗？
- 关于调研的考虑：
  - 基于调研结果所做出的决定是什么？
  - 分析的详细程度要如何？
  - 需要什么形式的结果？展示、总结报告还是全面报告？
  - 调查结果要出版吗？
- 你准备怎样去完成任务：
  - 通过国家？
  - 通过访谈还是小组讨论？
  - 通过提问问题？
  - 通过受访者类型？

制定战略时是没有一种方法的——一种途径就是利用调查简介或是调查提议（如果有的话）。开始的时候先要写下你准备问的重大调研问题，也就是调研的目标，把这些问题列表，不同的受访者可能会给你提供不同的灵感，通过问题记录下你想在资料中寻求什么，然后受访者可能会帮你实现调研目标，这就是你的分析战略。

当你的分析和你的想法逐渐发展，你可能会发现（通过二手资料的收集），有大量支持你的分析的知识或者它们会带给你看待资料的不同想法和方式。你可能会发现，先前的调研报告或文献中早已存在于你调研的实质性话题，比如那些来源于管理学、营销学、心理学、消费者行为学、社会或人类学的完善的模型和理论，它们可以帮助你建立分析框架、调研方向，也有助于扩展你的思维。作为灵感的来源，它们不能被忽视，但也不能不加鉴别就使用。

13.4 实施分析

当实地调查基本上完成的时候，通常分析的主要阶段就开始了，以下是分析过程中的五个主要步骤：

- 整理资料；
- 理解资料；
- 把握资料的来龙去脉；
- 建立链接并寻求关系；
- 整合结果。

13.4.1   整理资料

整理资料是指为了继续进行分析从而将你所需的资料进行分门别类。由于项目的规模和复杂程度不同，你喜欢的工作方式不同，你可能会积聚大量的"原始材料"——实地调查阶段一摞摞的记录、笔记、记录访问或讨论的文字整理稿，以及关于受访者的回答和投射练习及其答案的笔记。

如果你将这些材料分类，整理成文件或文件夹，贴上标签，这有助于你在深入分析的过程中有清晰的思路，并且容易找回，在这个阶段复制文字整理稿——纯粹的原稿，用于剪切和粘贴的副本（如果你喜欢这样做的话）和一个用于做笔记的副本——是极其有用的。一旦完成了整理和归档工作，你就能回顾你的笔记，收听或观看你的记录，阅读文字整理稿，并开始计划怎样来分析。

在这个阶段，一般调研新手会感到慌张和焦虑，因为资料很多，不知道从何下手。你的思考工作很可能比你想象的要多很多，对资料进行分类和整理，回顾笔记，阅读文字整理稿，和同事一起讨论将会有助于你理清事物。不要推迟开始——回顾你的调研战略并且开始进行，这可能是个很辛苦的过程，你必须以一种系统的方式来解决。但是很快你就会发现，当你投入到资料中去的时候，事情会开始变得有条不紊起来，会开始出现一个线索。

13.4.2   理解资料

在定性调研的早期阶段（如果时间或团队合作允许的话）去听实地调查录音并且准备自己的采访文字整理稿将是个好主意，你不仅可以从你的访问技巧中学到很多，它也有助于你理解资料，全面地掌握资料。你收集的资料大多数都是口头话语，所以以这样的形式多听多看是很重要的，否则当你阅读文字整理稿时，你可能会遗漏一些丰富性和许多细微的差别。尽管现在的声音识别软件已经很先进了，但一般来说，运用传统的"聆听并记录"仍是更快捷的方法。约翰逊（2011）提出，使用软件并不能节约时间，并且不能生成更精确的文字整理稿。如果你不能自己去准备文字整理稿（这是个耗时的过程），要确保你至少听了一遍或看了一遍你的记录，然后再通读一遍完整的文字整理稿（可能是别人准备的），在你这么做的时候记得做笔记，记录下怎样说的、说了什么、你的解释是什么、你产生的想法是什么等。

尽管在这个分析的加强阶段你对来龙去脉有一些想法、感受和印象，但不要过早下结论。你可能会发现，当你听了记录或阅读了整个文字整理稿，所有的东西都汇聚在你脑子里，但还是会有你记错或者是把不重要的事情当作重要事情的风险，你要抵制思维的选择和退化，这也是为什么现场做笔记是尤为重要的——比起实地调查结束后再做笔记，这样会更可靠，这也是为什么收听或观看实地调查记录如此得重要。当你阅读笔记或文字整理稿，收听或观看记录时，要记下你产生的任何分析想法和印象，并且记录检验这些想法的结果，看它们是否站得住脚。你要系统地回顾所有资料，认真阅读、收听或观看你的记录，以确保在你脑海中的是整个体系而不是只言片语。从不同的受访者那里审查并比较资料，以此检验你的想法，不要过早依赖这种想法——当分析不断发展的时候，你可能不得不丢弃它们。在整个过程中要保持开放的思维，接受新的可能性或别的解释以及新的概念。

13.4.3 把握资料的来龙去脉

这是分析的"分开"阶段。在你读完笔记和文字整理稿或者看完或听完记录，并且站在受访者角度，以不同的受访者和不同的主题来审视资料时，你就会开始注意到形式和主题，你会发现有一些内容出现很多次，或者至少多于其他内容：在态度、行为、想法和经历方面有可以识别出来的模式，你可能会注意到，有些人表达他们对事物的观点、描述事物的语言都是在一定模式下的。把这些统统记录下来——记在笔记、文字整理稿、资料分析单、计算机程序等一切你能使用的方式上。

1. 编码和总结

要详细地了解来龙去脉，你需要仔细分析资料，把它们拆分，然后逐个检验，这包括完成收集资料、确定主题和模式、贴标签、把其放在不同的标题或总结性描述下，这个过程就叫作分类或资料编码。在这个过程的后期，当你对所有的内容都有了通透的了解，你就能建立资料间的链接——所有的编码部分，再次把材料汇合在一起。

这个编码的过程不是生硬的命名和分类过程，它是一个创造性和分析的过程，包括以一种有意义的方式对资料进行仔细分析和排列，这种方式可以帮助你思考并理解调研问题。编码是一种很有用的"资料处理"工具，它把相似的资料整合在一起（Miles and Huberman，1994），并且把它们归纳为总结性的编码，这样就使得大量的资料得以更好地管理也更容易掌握，使你很快很轻易地就能把握资料的来龙去脉。进行编码和与之有关的查找材料案例、建议及发生情况时，要确保你以严格、系统的方式进行。编码也是一种有用的"数据思维"工具，你开发的编码和你对资料的布局方式可以让你更快地就发现资料间存在的相似点、不同点、形式、主题和相互关系，它们应该能使你质疑你对资料的认识。编码过程有助于你以更广的视野将资料和你的想法、预测结合在一起，这样你就可以产生一个概念序列（Strauss，1987）（从特例到一般的描述），建立链接，生成结论。

2. 生成编码

首先如何生成这些编码呢？它们来自哪里？你可以用讨论、访问指南的主题或问题领域作为一般的编码或标题。例如，你可能询问过受访者他们的理想航班是怎样的——你就可以把一般的编码叫作"理想航班"，在编码阶段把来自小组讨论或访谈的描述都汇总在这个编码或标题下面，像下面这样（尽管在一个真实的项目中每个摘录都必须以受访者回答的详细内容为标签）：

理想航班

"好看的电影，足够的腿部空间，好吃的食物，自己一个人坐6或8小时，你想要这些。"

"你想要自己被尊重，而不是像一个号码一样被对待。"

"有足够的里程可以用来度假。"

"没有什么让你不开心——在值机队伍中你前面没人，没有延误，座位有足够的腿部空间，你旁边没人，好吃的食物，干净的卫生间，不用等太长时间就可以拿到行李。"

"舒适和适当的娱乐活动。"

"服务——要感受到他们是真的在为你服务。"

"值机的时候不用排队——没有争论。"

"在接近终点的地方有一个预留的停车位，并且是免费的。"

"从值机到托运行李都很有效率。"

"值机很快，不用太早到。"

"空间舒适宽敞——旁边如果没人就太棒了。"

"舒服的座位和足够的空间。"

"自己一个人，可以完成一些工作。"

"很好的娱乐系统——好耳机，还有多种可供选择的电影和电视节目。"

"没有延误或争执——就这么简单。"

"下飞机时感觉很好，没有不舒适和疲惫的感觉。"

要记住一点，在话题被提及之前或之后，有些人可能会谈论回答，所以在查找资料记录时要注意所有的发生时刻。

不是从资料外部强加编码，而是从资料里面得到（这是一个自下而上的资料驱动方法），注意受访者描述事物的时候使用的文字、名词或概念，把它们用作编码。记住不同的人可能用不同的话语描述同一件事，所以要注意这一点。

3. 编码过程

编码过程本身可以有很多种途径，不同的调研者有不同的方法——用笔和纸或计算机。相对较简单的办法是为每个标题、话题或编码建立一个文件，当你通读文字整理稿时，把与编码有关的内容剪切下来，然后粘贴到你创建的文件中去，这样就得到了一个与特定编码或话题相关的材料库。在对每一小段内容（受访者的细节、实地调查的细节、在文字整理稿中的位置）贴标签时要小心谨慎，这样你就能知道它的上下文，如果有需要就可以很容易找回。要记住的是，一段资料或上下文可能适用于不止一个标题或编码，在把相同或相似的内容放在一处或一个标题下之前，你应该通读整个文字整理稿，在原位置对小段内容贴标签。

很可能你会经历多个（至少两个）编码阶段，第一阶段要使编码具有普适性，并达到最小的数量，例如，你可能在资料中确定了四五个关键主题，或者把资料分为了许多话题领域。当你第二次处理资料时，你可以把这些大的普适性的编码分成更具体的。在"理想航班"这个例子中的第二个编码阶段，把受访者的回复分类，例如，把标题列为"情感方面"（感觉舒适等）、"物理方面"（腿部空间等）、"可利用的设施"或"服务"。在第二个阶段，你可以在以下的相关编码下对资料摘录进行分组（注意，一些可能会出现在多个类别里，可能是因为受访者的回答不止一个，并且你想保持整个引用的完整性；或者可能是一些案例并不明晰，不知道它们该被包含在哪个类别中）：

情感方面

"你想要自己被尊重，而不是像一个号码一样被对待。"

"没有什么让你不开心——在值机队伍中你前面没人，没有延误，座位有足够的腿部空间，你旁边没人，好吃的食物，干净的卫生间，不用等太长时间就可以拿到行李。"

"自己一个人，可以完成一些工作。"

"没有延误或争执——就这么简单。"

身体方面

"好看的电影，足够的腿部空间，好吃的食物。自己一个人坐6或8小时，你想要这些。"

"没有什么让你不开心——在值机队伍中你前面没人，没有延误，座位有足够的腿部空间，你旁边没人，好吃的食物，干净的卫生间，不用等太长时间就可以拿到行李。"

"舒适和适当的娱乐活动。"

"空间舒适宽敞——旁边如果没人就太棒了。"

"舒服的座位和足够的空间。"

"下飞机时感觉很好，没有不舒适和疲惫的感觉。"

设施

"好看的电影，足够的腿部空间，好吃的食物。自己一个人坐6或8小时，你想要这些。"

"有足够的里程可以用来度假。"

"没有什么让你不开心——在值机队伍中你前面没人，没有延误，座位有足够的腿部空间，你旁边没人，好吃的食物，干净的卫生间，不用等太长时间就可以拿到行李。"

"舒适和适当的娱乐活动。"

"在接近终点的地方有一个预留的停车位，并且是免费的。"

"很好的娱乐系统——好耳机，还有多种可供选择的电影和电视节目。"

服务

"没有什么让你不开心——在值机队伍中你前面没人，没有延误，座位有足够的腿部空间，你旁边没人，好吃的食物，干净的卫生间，不用等太长时间就可以拿到行李。"

"服务——要感受到他们是真的在为你服务。"

"值机的时候不用排队——没有争论。"

"在接近终点的地方有一个预留的停车位，并且是免费的。"

"从值机到托运行李都很有效率。"

"值机很快，不用太早到。"

"自己一个人，可以完成一些工作。"

"没有延误或争执——就这么简单。"

你也可以用相反的方式来编码。第一次编码时，当你通读资料，把你脑子里的想法都记录下来，使用第二次或第三次编码来构建或修订这些更具体的编码。方法没有对错，使用你认为对你和资料最好的方法。

一小段资料可能有多种含义或是与你认为的含义不同，因此在编码过程中不要排除这种可能性。要时刻审查评论的上下文，这样能更明白评论的真正意思是什么；回顾记录也是一种有用的方法。看待资料和对资料编码时要保持开放的心态，不要太快下结论或者不加质疑，不要把你生成的编码看成静止的或固定的——它们可以被进一步扩展、拆散，当它们不再有用的时候甚至被丢弃。

当你完成了将小段的资料放在一个标题或编码下面这个过程后，下一步就是对它们进行对比——寻找它们之间的相似点和不同点，这有助于优化编码，使编码更明确，也有助于实现对资料的更好理解。你可能在编码的第二阶段或第三阶段来做这个工作，这取决于你可用的时间、详细程度以及需要的分析深度。

在这个阶段你可能想要摘录一些逐字评论——引用或小短文，扩展的故事——比如一些关于一个特定经历或事件的引用（Miles and Huberman，1994），为了在展示或报告结果时用。选择它们时要注意不要过多关注那些善于表达的受访者，避免过度抽样。你可能会想要挑出一系列回复，它们能够解释一个特别的现象、态度、感受或经历，将这些引用汇合在一起形成一个引用数据库，要注意在从文字整理稿中摘录它们时要联系上下文，这样它们的意思就会很明晰，并且要确保它们与相关受访者的回复细节是一致的。

在"分解"阶段进行中和完成后，你要开始去寻求小段资料间的链接和关系，下一步就是，当你对所得到的内容有了很好地理解之后，把它们再次整合在一起。对资料的总结（编码方案）可以更容易地看到资料间的连接、关联和关系。

13.4.4　建立链接并寻求关系

现在你应该能很好地把握资料了，"故事线索"应该会出现了，你可能对资料的来龙去脉有一些暂定的想法或解释。当你读完或听完资料记录，完成了编码，你就能发现不同主题或交叠编码之间的链接，你就会提出一些问题，检验你的想法并寻求关系。例如，你可能会问："不同频率的航班搭乘者或乘坐公务舱和头等舱的乘客对理想航班的描述有不同吗？""乘客和非乘客持相同的观点吗？""是年轻女性这样说还是所有女性都这样说？""是生命周期阶段而非年龄或人口统计来解释一个特定模式吗？"你可能根据不同受访者的特征的相似性对其进行分类，可能会分离一些商旅乘客，比如以飞行频率和对航班的态度或满意度为特征；或对于不同的网络用户，以上网的经验、常用的浏览器、上网时长为特征。调研目标将会决定你对资料提出什么问题，以及你用何种方式来处理资料。

当你建立链接和关联或寻求关系时，想一想如何解释它们，并且多想几个解释。一旦你生成了一些可能的解释时，就要开始去寻求支持你的想法或解释的证据，也要寻求推翻它们的证据。在这个阶段，你可能仍旧在对资料进行编码——使编码更具体或更完善，同时你可能会发现，从具体的编码可以移向更抽象的概念，从这些概念出发可以实现对资料更高程度的概括。

使用图表

使用图、表、流程图和示意图对资料进行分类和展示，可以帮助你揭示或说明资料间的格局和关系，比起文字，借助图表或图画可以更好地思考和解释概念。精简资料形成图表或示意图可以让你更专注于思考资料间的关系（见图13-1和图13-2），哪种形式最合适很大程度取决于你试图理解什么。概念示意图在表现不同品牌之间的关系和重要品牌属性时是很有用的，图13-3就是一个例子。

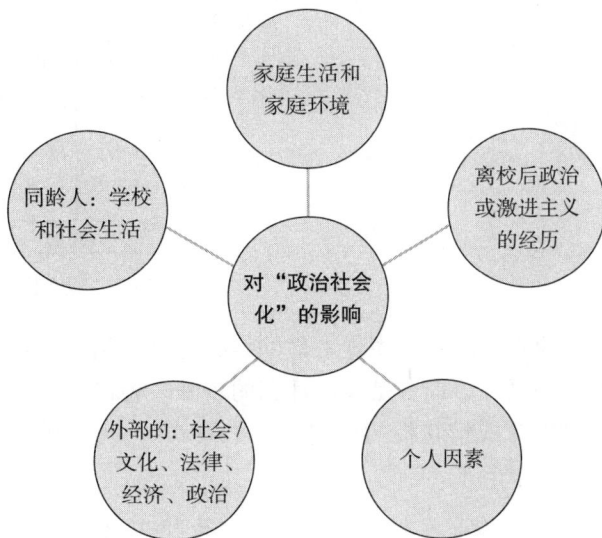

图 13-1　政治社会化的主要影响总结图

资料来源：Adapted from Beattie, D., Carrigan, J., O'Brien, J. and O'Hare, S.(2005) " I'm in politics because there's things I'd like to see happening'. Unpublished project report, MSc in Applied Social Research. Used with permission.

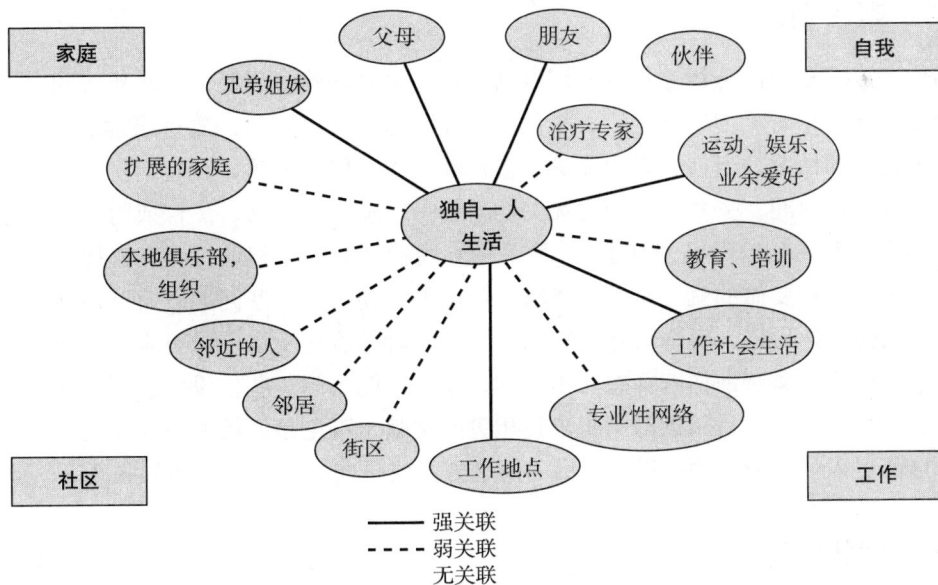

图 13-2　受访者社会支持网络示意图

资料来源：Breslin, G., Comerford, F., Lane, F., and O Gabhan, F.(2005) On and off the treadmill: a typology of work-life integration for single workers aged 35-44. Unpublished project report, MSc in Applied Social Research. Used with permission.

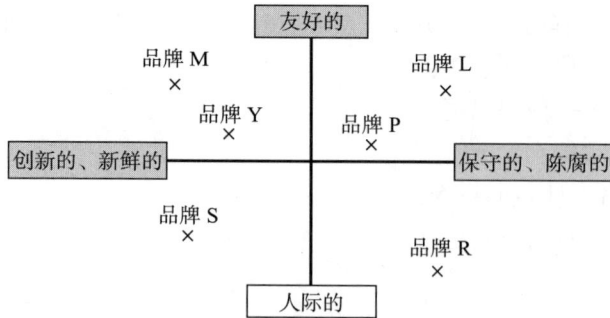

图 13-3 概念图举例

流程图适合去表现事件的详细记录，例如，导致人们流离失所或者搬到酒店或避难所的那些事件，或者是投资计划的步骤。表格适用于总结不同小组或受访者对特定激励物如产品概念或情绪板的反应，表 13-1 就是一个例子，每个受访者对每个概念的关键评论都可以记录下来。

表 13-1 资料分析总结表

概念编码	较年轻的回答者（15～18 岁）评论			较年长的回答者（19～24 岁）评论		
	R1	R2	R3	R1	R2	R3
1						
2						
3						
4						

13.4.5 整合结果

当你完成了资料的分析工作——沉浸其中，分解并构建，质疑，检验想法和假设——你可能会在某一个时刻突然感觉，一切都匹配在一起并且讲得通，故事线索出现。有许多方法促进这样的情况。当你脑袋里充满了数据和概念，停止分析，让它们自己去发酵，给它们"发酵"的时间。去做一些与之无关的事情——睡觉、运动、烹饪或听音乐，你就会突然有那么一瞬间脱口而出"有了"。另一种方式就是与一个和项目没有直接关系的人谈论你的发现，他们要做的就是坐下来倾听，可能的话还会问一些问题。尝试在你脑子里理清概念，大声表达出来，解释给你接触的人听；或者是看一个以前没有看过的图。另一个人可以通过问你问题帮助你解释想法和推理，他们可能会问一些你没有想到的问题，这会很有帮助。另一种方式是阅读与调研项目相关的文献，不论是原始的简介还是一篇期刊的文章，这都可以触发新思路，提出以后的问题方向或是建立一个很有用的联系。

13.4.6 自我管理

我们之前（第 6 章）提到过，在访谈或资料收集过程中考虑自己的角色是很重要的，这个过程涉及你对观察或访谈对象所做出的假设或话题；我们也提到在实施实地调查之前，自己心中要明晰，这样在实地调查时就能保持开放的思维和高度的自我意识。在分析阶段你也应该进行同样的自我审视过程，特别是当你不想让你的假设、偏见或看法干涉你对资料的解释时。在整个分析过程中（当然，这个过程与定性调研的资料收集过程有重叠）要努力审视自己，弄清你自己的感受和观点，挑战你自己的思维和感知方式。记住，作为一个定性调研者，你的技巧不仅要关注受访者对主题的"立场"，还要关注自己的"立场"，要能够退一步，不强加你自己的观点，保持不予以评价。这不仅适用于资料的分析和解释阶段，也同样适用于资料的收集阶段。另一种扩展技能是指，可以换个角度看问题的能力，从他人的角度看待问题——要一直关注自己所做的事。

在整个过程中要始终明确调研的目标是什么，当你沉浸在资料中时别忘了这一点，在你完成编码阶段后开始记录一些细节是很有帮助的，当你这么做时，要不断地问自己所有这些内容和调研目标有什么联系。当你脑海中的脉络逐渐清晰的时候，回过头来再看调研目标，考虑一下你揭示的内容是怎么反映调研目标的，考虑一下调研结果的影响。

考虑一下调研结果的质量也是很有用的，你可以问自己以下问题：

- 它们的合理性如何？
- 它们说得通吗？
- 它们是靠直觉获得的吗？是偶然获得的还是预料之中的？
- 有多少证据来支持它们？
- 证据的可靠度和合理性如何？
- 它们与从其他地方得来的证据的适应性如何（从这个领域其他调研、理论或文献中得到的证据）？
- 为了证明假设不成立，你有整个审查资料吗？
- 你是否核对过其他解释会更好地解释资料？
- 解释过矛盾和异常吗？
- 你指出过什么偏差吗？
- 在样本中是否那些表达性强的人占了更大比重？
- 在寻找证据时是否以系统和严格的方式？是否考虑了所有的观点和方面？
- 在处理资料时是否按照自己的想法？
- 对于有些内容是否解释过多？
- 是否遗漏了某些内容？

13.5 利用计算机分析定性资料

没有一个计算机程序能够为你完成资料分析的任务，然而有许多程序则可以应用于操作层面的过程，包括存储和管理资料、搜索和找回文本、编码和制图。也有一些程序可以被用作建立理论、链接概念和分类。除了分析文本资料的软件外，还有一些软件是用来分析试听资料的（对此描述超出本书范围，故略）。计算机辅助定性资料分析（computer-aided qualitative data analysis，CAQDAS）软件在学术研究、大型应用性社会调研项目、大型公众咨询活动中很流行，因为它允许对调研者整个分析过程的审计，如果调研结果被应用于政策制定时，这一特点对同行评议或审查都很必要。使用这种软件意味着一种系统性方法，对分析过程更苛刻，路径也更简明并且可以追踪（需要指出的是，这些优点都来源于调研者怎样使用该软件，软件本身并不能带来这些益处）。

雷蒂等人（2007，2008）的调查报告指出，在商业市场调研中使用分析软件还是相当受限的，回复率很低。据估测，英国使用该软件的市场调研者低于1/10。对于商业市场调研者，不使用这种软件的主要原因是缺乏时间——大多数市场调研项目都有着非常紧张的周转时间，使用专门的软件来分析资料会耗费太多的时间。另外，大多数程序包依赖于对访谈或讨论的完整的文字整理稿，在商业调研中它们并不是总能获得，还有就是由于时间和预算压力。有效并高效的使用程序包也需要培训。最后，对于使用这样的软件进行分析（超过资料的管理），其过程也存在质疑。坎布拉－费耶罗和威尔逊（2011）在西班牙的调研报告中也得出了类似的结论。

还有许多具有不同特点和功能的定性资料分析软件。总之，对于大多数程序包来说，最主要的功能还是"查找和检索"、编码和贴标签、做笔记、内容分析、示意图和图表这些方面。这些功能的复杂程度视程序包的不同而不同。例如，对于查找和检索功能，你可能需要键入文章的关键词或短语（KWIC），或者关键词搜索可以用相近含义的词代替；搜索产生了一个关键词索引，一个关键词的频率或频数表，搜索功能还能让你寻求和证实是否在概念或主题之间存在关系。一些程序包还具有人工智能的特点，可以进行数据挖掘操作（发现和验证，"如果……然后"分类规则）。

定性资料分析程序包对于储存和处理资料都很有帮助，并且使分析更易理解，它使你改变对资料的看法，当新想法出现时可以改变编码计划，可以很快很容易地就找到相关部分。当你对资料进行分析时，你可以记录下你的想法（例如，可以在文字整理稿的边缘做一下笔记）。程序包让你不仅可以看到整个内容，还可以看到那些细小的碎片内容——你可以反复看摘录的上下文。比起纸质的文字整理稿，搜索和找回功能可以让你更容易更彻底地审查资料，这样你对资料的理解就会更深入，对最后的结论就会更有信心。

当然，任何程序包都只是等同于你的思维和分析技巧，不要简单地认为只要使用了程序包你就能得到一个很好的分析结果，程序只是执行你的指令，它自己不会为你思考，它只是可以帮助你做一些常规工作，让它们更具体更彻底。

如果你正在考虑要不要使用分析程序，建议你在使用之前要了解分析的原则以及注意你自己的想法和分析任务的方法——与你正在从事的特定项目大体一致或有联系，因为这会影响到你选择什么样的程序。你要记住的是，除了你的分析技巧外，大多数程序都存在陡峭的学习曲线。另外，别忘了大多数程序都需要一份完整的文字整理稿，准备它们是很耗时的，要注意这一点。一旦熟悉了程序后，你就可能在分类、整理和资料编码这些劳动强度大的活动中节省时间，当你进行的是一项大型项目或分析很庞杂的资料时就更是如此。对于小型项目——摩根（1998）提出分界点是六组或更少，就可能不用这么麻烦来使用分析程序。

如果想看在实践中是怎样应用程序包的，可以去NVivo开发者（NVivo developers）、QSR国际（QSR international）网站，你可以注册，然后可以看看关于英国国家社会调研中心是怎样使用 NVivo 来分析 2011 年英国骚乱的调研资料的，网址是 http://www.qsrinternational.com/en/social-research-UK-riots/

➡ 本章总结

- 定性资料分析包括在资料间寻找模式、主题和关系，这是个持续的过程，从项目一开始直到实地调查结束，这是个很困难并且耗时的任务，没有标准的方法或清晰界定的程序——有许多方法来自社会科学，特别是来自社会人类学和社会学的一系列原则。
- 分析的目标是从资料中发现有价值的内容，产生可信可靠的结果以帮助解决调研问题。分析应该是受约束的、严格的、系统而不呆板的、对可能性和新洞见持开放态度的，直觉和创造力也是它很重要的部分。
- 一个分析方法是归纳法——收集资料，从资料中确定适用于特殊的一般性原则，从特殊到一般过渡，建立理论而不是检验理论。扎根理论是这种方法的一个例子。在调研下，你很可能对产品领域有一些了解，但在实践中很难使用一个纯粹的归纳法，分析倾向于是一种归纳和演绎的交互过程，假设和概念从资料中来又回到资料中去验证它们。一个好的理论或模型是无价的，它帮助我们开发和扩展思维，通过收集资料、提出要遵循的程序以及为开发类型学提供思路等促进调研工作。在进行分析时要注意你的偏见，不要让它们歪曲分析和对资料的解析，或者是以任何方式限制分析。要记住，保持开放思维，不要太早下结论，你的观点要与受访者的观点区分开。
- 分析过程包括对资料进行整理和分类，详细了解资料，进行思考，把它们拆开理解再合并起来，建立链接并寻求关系，产生结果，这些活动中许多是交叉进行的。对资料进行编码和贴标签是一种很重要的分析工具，它有助于对大量资料进行总结，使调研者思考资料，发现其中的模式、主题和关系。使用图表、流程图、示意图对资料进行分类和展示也是很有好处的。对分析结果和证据的检验要以一种完整的系统的方式进行。
- 有许多专门的计算机程序可以用于进行定性资料分析，对资料进行存储、分类、搜索和找回，一些程序还可以进行理论的建立。使用计算机程序使分析更加深入和具体，但这取决于调研者怎样操作程序。

➡ 问题和练习

1. 列出定性调研过程的关键步骤。
2. 你和另外两个调研者在进行一个研究项目，你们每个人都已经完成了 6 个深度访谈，你是领导。
   a. 准备一份简介来介绍你准备如何进行分析。
   b. 为了使分析完整一致，描述你准备采取的步骤。
3. 讨论以下内容对于实现一个优质资料分析的价值：
   a. 在实地调查时做笔记。
   b. 准备完整的文字记录稿。
   c. 收听实地调查记录。
   d. 收看实地调查记录。
   e. 利用理论。

第 14 章

理解定量数据

□ 引言

数据分析的目的在于从数据中提取有意义的观点，进而产生有效、可信的结果以帮助回答所研究的问题。产生数据的调研工作一定是带有一定目的或意图的，例如，为了研究人们如何使用某项产品或服务，或者为了测量人们对于一项新的广告活动的反应。这个过程类似于以下过程：客户识别到一个企业问题，这决定了进而需要采取什么措施去解决这个实际问题——陈述研究目标，阐述、设计和回答问题，进而产生数据。该过程中的下个步骤即是分析这些数据——这不是一个独立的步骤，而是帮助阐明顾客问题这一更大过程中的一部分。

正如我们在第 12 章注意到的那样，在数据处理过程后期以数据集呈现出来的仅是原始形式的数据，而不是结果，它们并不会为自己开口说话，它们并没有被人类思维"触碰过"（Ehrenberg，1982）。调研者在一个项目分析阶段的目的是通览数据并产生结果。分析是一项非常有规则和严谨的过程，它应该是彻底和系统的，但并不应该全部是机械式的，虽然在一些"机械步骤"，如浏览数据表、运行统计测试以及其他过程中，这是个必要的组成部分，并且构成了其中的大部分。

本章（和第 15 章）的目的是介绍定量分析的基本知识。我们先看一看在计划时都需要些什么；然后数据如何聚成数据集；简单介绍四种数据分析方法，然后更具体地学习单变量和双变量描述性统计分析。本章的资料应为你进行熟练的定量数据分析打下基础。本章应该会帮助你理解一个项目的研究目标与对该项目进行分析选择的关系，也应该让你了解如何计划分析方法。

□ 本章主题

- 分析计划
- 理解数据
- 数据分析的类型
- 单变量描述性分析
- 双变量描述性分析
- 数据简化

□ 学习目标

- 理解在分析计划中涉及哪些内容

- 理解什么是数据简化
- 实施定量数据的基本分析

14.1　分析计划

在进入分析阶段时，你可能对所寻找的东西充满各种各样相当坚定的想法，这其实也是定量研究的特点。你必定会选择收集定量数据，并进行定量分析，因为你对你所想要"测量"的概念有着很清晰的认识，即你想要强调的问题或想验证的假设。事实上，当你把客户手册（client brief）转化成调研目标，特别是当你决定抽样时，例如其总体和样本数是多少，或者当你决定在问卷上设计何种问题，以及设计询问方式时，你都要事先给予分析阶段相当多的考虑。调研毕竟是所有环节相互联系、相互依赖的一个过程。该过程的后期，即我们现在所处的数据分析阶段，其特点就是要依赖调研的前期步骤，也就是问题识别和调研设计阶段。如果你在前期确保客户问题更好地识别，依据调研目标确定的调研过程能确实传递出有助于解决客户问题的信息（数据），分析阶段将会呈现出一个更好的结果，也会更加容易管理。如果以上步骤你都已经完成，那么很可能现在你已经有了相关及可靠的数据。那么现在该做些什么呢？

一个好的开始方法是回顾，重新认识一下该项调研为什么实施，以及采取了哪些措施以完成该项调研工作。现在，你已经有了三份非常有价值的文件在手，分别是调研手册、抽样计划书和问卷。调研手册是客户要求调研者需要做的一系列事宜，给我们指明了大方向，它指出了客户的商业问题所在，以及需要哪些信息以解决该问题（如果有调研提案，其中也应该包括这些信息）。千万要记住，当你进行分析时，对每个结果问一个问题："那又怎样？这对客户又有何意义？"当你在检查调研手册时，你应该问自己以下几个问题：

- 为什么需要本次调研？
- 如何使用这些结果？客户想要做些什么？
- 调研目标是什么？
- 调研目的经过了探索、描述、解释和／或评估吗？
- 如果有的话，调研假设是什么？

在处理分析时，你要从数据中寻求有意义的观点以帮助客户做出可预见的决定。把客户问题和研究目标打印出来并粘贴在你桌子上，可能在整个分析阶段都对你有所帮助。

当调研手册只给出一个大方向时，抽样计划书和问卷则会把细节呈现出来。抽样计划书告诉你需要关注哪个群组或类型的人。问卷对于数据是一种地图或索引的功能，它会告诉你已经拥有哪些数据。你可以和调研手册一起使用以计划如何处理数据分析。不要撇开调研手册进行数据分析，当然，如果你这么做的话，在分析时你就可能有"失焦"的风险。我们在第 12 章就学会了如何从问卷中导出数据表，我们也注意到从问卷上的每个问题中寻求并得到一整套数据表是何等的简单——把每个问题制成关于人口统计、地理人口统计、态度或行为变量的表格。这种方法看起来非常具有诱惑力，因为它会给出你所需要的大部分信息，但它也会给出不相关的信息。采取这种方法，你可能会在产生的大量数据和表格前不知所措。这种方法只适用于处理关于谁、分析什么以及如何从事该项分析的决定。在准备一项数据计划细则时，你要想清楚你到底需要哪些东西，哪些与调研手册相关，以及如何计划使用数据。

因此，为了更好、更快、更便宜地决定一组问题，制定分析策略或计划，你需要以一种系统而严谨的方式透过大量数据寻求本质。在调研手册中制定满足该项需求的策略会强调研究目标，会使得整个分析工作变得更有效率。但请记住，该项分析策略不是一成不变的。看起来数据会产生一些有意义的结果，并十分适合撇开这些策略去深究数据。然而，当你完成该项分析时，你应该对整项调研过程有一个大方向的理解，以及所有细节如何适用于整个蓝图。

在分析过程中你可能发现，重新回顾相关二手数据资源，也就是这个特定研究的最初背景分析和二次调研，或者是与你所调查的领域、主题有关的已有知识体系（包括理论），是非常有用的。如此可能给予你灵感以完善你的思考和分析。例如，你可能发现，查阅来自管理学、市场营销学、消费者行为学甚至社会学、心理学和人类学的完善的模型与理论是有用的，这可能成为你灵感的来源，而且对你能够有所帮助，但是不可不加批判地使用。

当你事先制订了一个分析计划时，下一步就是要了解数据进行分析，并把数据"重组"起来以适合你的分析目的。这里说到"重组"，因为在最初的分析阶段得到的原始数据是结构化的，并以结构化的方式被收集起来，这也是定量分析的一个特点。在稍后的部分，我们会暂停一下，去查看如何从结构化问卷中的回答进行数据转化的过程。我们从这里继续研究下去，会探讨一些在定量分析中用到的一些术语和观点。在这之前，我们会学习一些非常基础的基本分析技术，这会帮助你理解数据中到底发生些什么。

14.2 理解数据

定量数据分析包括挑选、组织和总结通过问卷收集来的数据，以这种方式帮助解释和报告结果。但是，问卷中记录的答案如何变成你看到的表格中呈现出的数据呢？也就是说，问卷中的答案如何被转化成"数据"呢？

14.2.1 概念、问题与变量

定量调研者会经常谈到"测量"，例如，会经常说出类似"设计这个问题以测量……"的话语，该语境下的"测量"意味着从相关的"东西"收集数据，这里的"东西"是客户要求通过收集数据以完成的任务。这可能是选购智能手机涉及的影响因素，可能是你的收入水平，也可能是你的社交媒体的使用情况，或者是你对全球变暖的态度。在第9章（问卷设计）中，我们看到这些"东西"可能是相对简单明了的，如婚姻关系现状；或者是一些不那么直接，而更困难地去询问或去转换的问题，如性别歧视或关于全球变暖的态度。我们看到或得到的关于性别歧视的一组可靠、可信的问题，我们首先要对性别歧视这个概念有所了解，还需要对性别歧视这一概念达成一致，以及讨论我们所感兴趣并需要测量的维度，这些维度与我们研究目标切实相关，我们还需制定合适的指标以便测量。最后，我们设计问题。这就是"实施概念"（operationalizing the concept）的过程。但这项任务并没有以问题设计的结束而结束，我们还要决定回答所用的格式。当然，关于一些问题回答的格式，我们可能并没有其他选择，这就涉及测量水平（level of measurement）的问题，这点我们会在稍后详加讨论。所以，总的来说，在问卷设计阶段就需要未雨绸缪，考虑到后续分析的要求，且要确保你所设计的问题与客户所要求测量的"东西"密切相关。

在分析阶段，通常采取的分析方式是把问卷中设计的问题作为自变量，将关于问题的答案作为因变量，我们也会在稍后更详细地予以解释。在这里需要记住的重点是，问题和变量相关联，且与测量中确定的概念或东西相联系，以及关于问题的选择/回答格式和分析具体工作的关联。

个案、变量与值

一个完整的单元分析称为一个个案（case）。典型地，由询问和回答记录组成的一套问卷就是一个个案。如果你有300个完整问卷组成的样本，那么你就拥有了300个个案。为了识别每个个案，给每个个案分配一个序列号。在由300个个案组成的样本中，问卷可能依次被编码，从001到300。对于每个个案，也就是每个问卷而言，每一单位的信息（一个问题或者一部分问题）被称为变量，基于这些问题做出的回答称为值（values）。

先来看"专栏14-1"中的第一个问题。当问及回答者过去一年中他的家庭收入变化，该变量就是HINCPAST（"过去一年中他的家庭收入变化"的缩写）。回答者的答案——落后于价格增长；与价格增速同步；超过价格增速；不知道——就是变量值。如果你的答案是"超过价格增速"，那么你或回答者的答案被赋值"3"，这个将数值分配给回答者的过程叫作编码（coding）。编码就是将回答者及其对问题的反应转化为一个分析程序可以读取的变量值。

👆 **专栏 14-1**

Q. 回顾过去一年，你的家庭收入……		Q. 你是在多大年龄时结束正规教育的？	
落后于价格增长	1	15 岁或以下	1
与价格增速同步	2	16 岁	2
超过价格增速	3	17 岁	3
不知道	8	18 岁	4
		19 岁或以上	5
		还在上中学	6
		还在上大学	7
		其他情况——写清楚	8
		（不知道/不记得了）	9

14.2.2 数据录入

当一份问卷通过计算机辅助（CAPI、CATI 或在线回答时）管理或完成时，数据录入过程，即把问卷中的回答移入数据表，就自动完成了。如果你使用的是纸质问卷，那么你必须通过一个称为数据录入的过程转化回答结果。对一项分析项目而言，数据必须呈现出规则的可预测的格式。对大多数数据集来说，数据多以表格的方式呈现出来，也就是你在电子表格或统计软件包（如 SPSS）中所看到的那般。表格是由以个案组成的行和以变量组成的列共同构成的，每一行中的数据是由个案构成的，每一列则是由编号代码构成的变量。将问卷中的回答转化成分析阶段所用的编号代码的过程就是数据录入（data entry）、数据输入（data input）或键入（keying in）。此外，还要输入数字编码，大多数建议你输入字母数字的编码——使用字母加数字的编码。使用字母的编码叫作字符串变量（string variables）。

表 14-1 描述的是如何通过这些行的数字和列的编码找到 10 个回答者关于"生活与时代"调查问卷中 Q.1 ~ Q.6 的答案。第一个三列数字是访问者识别码；第二个四列数字是独立的系列号或特定问卷的个案号码——两者都在问卷的首页；接下来的各列数字是对于 Q.1、Q.2……Q.6 的回答 [你可以从"生命与时代"调查网站（www.ark.ac.uk/nilt/2006/quest06.html）下载问卷，检查编码在问卷里表示什么]。

表 14-1 "生活与时代"调查（2006）中 10 名虚构的回答者的数据录入表

识别码	系列号	Q.1	Q.2	Q.2a	Q.3	Q.4	Q.5	Q.6
1 2 3	0 0 1 0	0 4	1	1 2 2	3	1	1	1
1 2 3	0 0 1 1	3 9	2	– – –	5	2	2	1
1 2 3	0 0 1 2	2 4	1	2 1 1	3	1	1	2
1 2 3	0 0 1 3	1 2	1	1 1 1	3	1	1	1
1 2 3	0 0 1 4	1 9	2	– – –	4	2	2	1
1 2 3	0 0 1 5	0 0	1	2 2 1	4	2	1	2
0 0 7	0 0 1 6	1 1	2	– – –	2	2	1	1
0 0 7	0 0 1 7	0 8	2	– – –	2	1	1	1
0 0 7	0 0 1 8	1 5	1	1 2 1	2	1	1	2
0 0 7	0 0 1 9	0 9	1	1 2 2	1	1	1	1

从表 14-1 我们看到，每一个变量或问题是如何被编码的。由访谈者录入的数字编码，例如对 Q.1 "你住在这个乡镇（城市、村庄）多长时间了"的回答就出现在表中。例如，序列号 0010 的回答者居住在一个小城市或乡镇有 4 年（Q.3 编码 3），被编码为 04。0011 的回答者居住在同一个乡下农场（Q.3 编码 5）至今有 39 年；0015 的回答者在他现在的住所居住时间不超过 1 年，根据问卷中的指示，已经被编码为 00。

当你想编码的信息不是数值时，以 Q.2 ~ Q.6 为例，可以输入数字编码作为信息（变量的值）的代码。例如，对 Q.2 "你曾经在北爱尔兰以外的地方居住超过 6 个月"的回答"是"或"不是"，被编码为"是＝ 1"和"不是＝ 2"（要注意，对某些问题，回答者的答案不合格时，应该把空白或空格或零值填入表中）。记住，尽管这些问题的编码是数字，但是并没有算数值。

从"专栏 14-1"的第一个问题开始，分析程序将开始计算样本中数字出现的次数（个案的总数），每个回答都将被录入或编码。它将计算回答"价格下降"或编码 1 的回答者的人数；计算回答"价格持平"或编码 2 的回答者的人数；计算回答"价格上涨"或编码 3 的回答者的人数，还计算出回答"不知道"的回答者的人数。通常，这些频数计算将包括百分比，计算特定问题的最佳基准线，比如全部回答或总样本。你可以询问 DP 规范，或者当你书写说明表时，百分比和频数统计或行序号将出现在表中。

如果你对使用统计分析包 SPSS 感兴趣，那么参考 2006 年和 2010 年的"生活与时代"调查报告（www.ark.ac.uk/nilt/datasets/teaching/index.html）会对你有所帮助。这份数据集是以 SPSS 数据表格式存储起来的，用于定量分析的教学与学习辅助。

14.2.3　计量尺度

你可能已经注意到以上所描述中的数字编码并不总是一回事，虽然它们都用于测量，但却代表了不同的类型或计量尺度（levels of measurement）。有时它们代表的是数值量，如你的年龄或物价水平，但有些时候它们只是些象征符号，比如有些问卷中用 1 代表"是"，用 2 代表"否"。在定量分析中，理解数字所代表的计量尺度是非常重要的。一般有以下四种类型的数据：定类数据、定序数据、定距数据和定比数据。定类数据和定序数据也被称为非计量数据（non-metric data），定距数据和定比数据被称为连续型数据、计量数据（metric data）或基数数据（cardinal numbers）。

1. 定类数据

定类数据（nominal scale number）用以对事物分类或贴标签。另外，定类数据也可以用除数字之外的符号代替，但因为数字清晰易懂，所以最常使用的是数字。当使用数字表示定类数据时，数字本身没有计量意义和计量价值。在一个分析中，性别是一个定类变量，我们用数字 1 代表"男性"，数字 2 代表"女性"；"曾经在北爱尔兰意外的地方居住超过 6 个月"也是一个定类变量，用"1"代表回答"是"的人，用"2"代表那些回答"不是"的人。这些数字除此之外没有任何意义，如果相加就会出现混乱。

2. 定序数据

定序数据（ordinal scale numbers）用以表明编码的各条目间存在着一定的关联，也就是各数字间存在一定的顺序。例如，街上房屋号码就是定序数据；你在比赛中的名次或在家庭中出生的顺序，可能是第一、第二或第三，这些就是定序数据。定序变量的一个例子就是产品测试中的意见评级或偏好排名：最喜欢，第二喜欢等。定序数据可以进行排序，但和定类数据一样，并不具有计量意义和计量价值。

3. 定距数据

定距数据（interval scale numbers）和定序数据不同，定距数据具有一定的计量价值。定距数据值间存在着一定的顺序关系，数据值之间被等份分割。例如，温度变量就是定距数据。定距数据的主要特征就是其没有基准零值：当变量值为 0 时不是表示没有，如温度变量，当温度为 0 时，并不是表示没有温度。负数可能意味着其他东西。例如，−5℃就是一个有意义的数据。收入也是一个定距数据，例如，如果某人有负债，那么他就有可能是负收入。

4. 定比数据

定比数据（ratio scale numbers）有着和定距数据相同的一些特点：它们都有一定的顺序，数据值之间被等份分割，都具有计量意义。但是，与定距数据不同的是，定比数据有基准零值。定比数据汇总的"0"表示什么都没有，但定距数据中的"0"可能表示"低"或"非常低"。定比数据不存在负数，比如已经过去的时间、身高、体重等都是定比变量。

5. 为什么关心这些

在研究中你会遇到以上四种类型的变量，定距变量和定比变量可以通过数学或统计学方法进行运算，因为它们具有一定的计量价值，而定类变量和定序变量则不具有这种计量价值，因此不适用于分析中的精确计量运算。所以，在决定使用哪种类型数据最适合于研究和检验假设时，进行统计计算都需要识别所用的变量值到底属于哪种数据。不同类型的数据对应不同的统计检验，我们会在第 15 章予以讨论这个问题。

14.2.4 编辑和清理数据集

需要对收集而来的数据进行编辑和清理，以保证数据的正确性和连续性，需要处理的有缺省值、超范围值，以及由于错误安排问题所导致的错误。

1. 缺省值

如果一个回答是空白，那么这就是缺省值（missing value）。产生缺省值的原因可能各种各样——问题不适用于回答者，回答者可能不能回答或拒绝回答，抑或是访谈者忘记记录回答了。处理缺省值很重要，否则会影响整个数据集或对调研者和客户产生误导。一种方法是在问卷设计阶段就做好准备，给问题的回答选项中预留"不知道""没答案"或"不愿回答"等选项。调研者应该事先商量好如何处理此种回答，以及如何进行编码。调研者也可以在问卷回答的最后阶段与回答者一同检查是否存在缺省值。

如果缺省值存在，编码可添加到允许其以缺省值形式存在的数据输入程序中。通常，有编码的数值会超出其变量的可能值。试想，由于某些原因，"生活与时代"调查的回答者并没有给出回答，或者访谈者没有询问或记录回答者对 Q.3 "你会如何描述你所居住的地方"的回答。这个问题的回答值或回答编码从 1＝"大城市"到 5＝"乡下农场"；你可以把"9"作为一个缺省值"没有回答"。如果你了解更多为何出现缺省值的细节信息，例如，"不合适""拒绝回答"或"不知道"，并且这些回答不适用于问卷，你可以给这些回答以不同的缺省值编码，"不合适"可以是 96，"拒绝回答"可以是 97，"不知道"可以是 98，"由于其他原因缺失"可以是 99，还有其他处理缺省值的方法。一个极端的做法是整例删除，就是删除包含缺省值的任何个例。然而，这种方法会导致样本容量减小，可能导致偏见，因为有缺省值的样本可能不同于其他没有缺省值的样本。一个比较温和的做法是在那些没有用缺省值的表或计算中成对删除这会影响数据的质量，特别是如果样本容量相对较小，或者有较多的缺省值。

处理缺省值的方法有给缺省值补上一个值，有以下两种方法：你可以先计算该组变量的平均值，然后以平均值补上缺省值；或者你可以依据回答者在该份问卷中的其他回答或与回答者类似的其他回答者的回答补上缺省值。用平均值补上缺省值意味着样本的分布不会改变。但通过补上缺省值的方式可能存在误差，毕竟有可能原回答者的回答存在极端值。

2. 非连续、问题排序错误和超范围值

其他的数据编辑活动涉及解决由于非连续性回答、问题排序错误以及超出范围的非有效回答等问题。例如，如果在"生活与时代"调查的 Q.2，回答者的答案是"没有"（他们没有在北爱尔兰之外的地方生活超过 6 个月），那么这个回答者就不应该回答 Q.2a，而是应该直接跳到 Q.3。只有那些回答是"有"的人才有资格回答 Q.3，其他人都应该排除。如果一个回答者在 Q.2 中回答"没有"，接着回答了 Q.2a，那么"跳过"规则就没有正确执行，Q.2 和 Q.2a 的回答是不符合事实的。这种情况不应该出现在这个调查中，因为这个调查是由数据获取程序自动执行的。这个程序使使用者（回答者或访谈者）能够修改不合适的回答，跳到合适的问题并能够拒绝超出数值的回答或编码。当数据以频数统计形式呈现并可使用时，在下一阶段进一步检查数据的精确性和连续性。例如，如果 1 100 个被访者中有 406 个有过网上购物经历，那么是否有 406 个被访者回答了他们购买了什么物品这个问题？

3. 变量运算

在检查完原始数据后，你可能会发现有些变量的格式不利于进一步的分析，因此改编变量值或在此基础上建立新的变量就成了必须。例如，你在询问关于假期目的地的选择问题时，收到的答案却是列着各种城镇和度假胜地的长长清单。因此，把这些回答分类归于地区、国家或大洲会更有用。如果一个变量是定距变量或定比变量，你就可以在原变量的基础上使用数学计算来创造新的变量。例如，你询问了关于每个月人们手机消费的平均值，为了更好地进行下一步分析，你可以把这个变量整合成每年平均消费值，如果这对于你的分析更有帮助的话；或者，你现在有两个变量值——家庭中成人和小孩的个数，但是你并没有家庭总人数变量的值，那么你就可以把前两个变量值加起来以得到这个变量值。

14.3　数据分析的类型

随着数据的输入与整理，我们回到了分析阶段的开始。如果你是调查的执行者，这就是你回归项目的时刻：你可能将涉及项目设计和建立、设计调查问卷，但不太可能涉及数据的收集和处理。然而，你可能已经参与了准备分析规范、数据处理要求。

调研项目的目的在于回答和解决由客户想要探索、描述、解释、理解或评估与他业务相关的问题，你现在就处在能回答这些问题的阶段（当然，调查问卷确实和调研问题密切相关）。主要有以下四种类型的分析（Blaikie，2003）：

- 单变量描述性分析；
- 双变量描述性分析；
- 探索性分析；
- 推断性分析。

关于推断分析的说明

你可能在分析时使用一种或多种，乃至于所有的四种分析方法，但推断分析比较特殊。使用这种分析方法要依赖于你采取哪种抽样方案，即你采取的到底是概率（随机）抽样还是非概率（非随机）抽样。正如我们在第 8 章中看到的，使用概率抽样或随机抽样的原因，是希望从样本中概括总体的特征。如果你采取这种抽样方式，由样本推断总体，那么推断分析就是合情合理的；如果你并非采取概率抽样或随机抽样，那么使用推断分析可能就不合适，虽然也经常这么使用。史密斯和弗莱彻（2004）指出，在数据解释上，非概率抽样的推断分析存在着一定的局限，关于这点，我们会在第 15 章予以讨论，现在我们讨论单变量和双变量描述性分析。

14.4 单变量描述性分析

单变量描述性分析，顾名思义，就是关于一个变量的描述性分析。这是一种非常基础但却非常实用的数据分析方式，使用该种分析方式会帮助你理解数据。简要来说，这种分析方式包括使用频率计数和频率分布来总结或描述回答，计算描述性统计中的集中趋势，（也称为平均值）以及变量的分布情况。

14.4.1 频率计数

频率计数（frequency counts）就是统计一个数字或其他值在数据集中出现的次数，尤其是回答中出现的某一特定回答。例如，我们想知道在抽样调查中有多少人对于 S 银行的服务满意。频率计数，也就是统计出有多少人对于 S 银行的服务满意，就会告诉我们答案。

在数据集（这个也就是孔数，在数据分析中使用打卡方式的一种）中可能最先看到的就是每个变量值的频数统计。在准备细节数据或规格表之前，运行孔数是有用的，因为这能提供一个问题回答的概况，你能看到总样本中特定子样本的容量，回答应该如何分类，需要何种权重。例如，如果我们问被访者是否是某个在线银行服务的使用者。孔数和频数统计将告诉我们有多少人使用过。我们可以对比使用者与非使用者的态度、行为或意见，决定它是否可行。

频率分布图也是图表展示频率的有效方式：把横轴作为值的范围，把纵轴作为每个值的频率。如图 14-1 所示，这种展示方式可以简单直观地看到不同变量的值的分布情况。

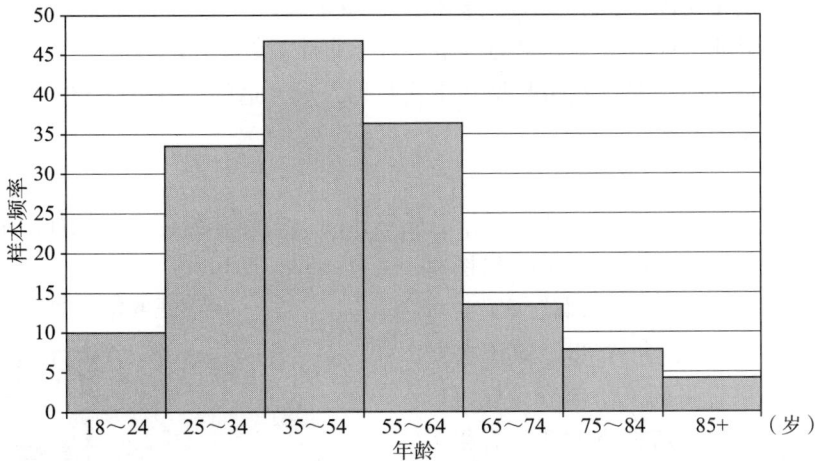

图 14-1 频率分布图

频率分布图也是描述连续变量和指标变量分布的有效方式。如果分布对称（像钟形的

正态分布），平均数以上和平均数以下的变量各一半（见图 14-2a）。不论哪个方向都没有"偏态"，平均数、众数和中位数具有相同值或几乎相同的值。如果分布偏离中心或非对称，平均数一侧的值多于另一侧，平均数、众数和中位数具有不同的值（见图 14-2b）。正偏态就是平均数以上的数值多于平均数以下；负偏态就是平均数以下的数值多于平均数以上的数值。

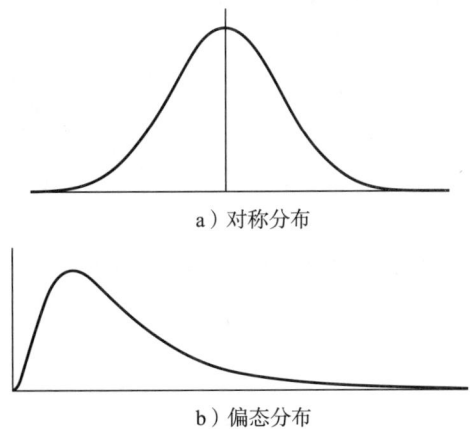

图 14-2 对称分布和偏斜分布

1. 原始数据、比例、百分比和比值

频率计数通常以原始数据的形式出现，例如，一次问卷回答中有 36 人为在线客户，但它并没有告诉我们这个数据占到整个样本的比例或百分比，而后者可以让我们在组间比较这些数据（例如，在线回答者中男性和女性的比例）。比例（proportions）是指一个总体中各个部分的数量占总体数量的比重，通常反映总体的构成和结构；百分比（percentage）是一种表达比例、比率或分数数值的方法，用 100 作为分母。例如，在线客户的比例是 0.12（36÷300）；在线客户的比率是 12%。

比值用于比较两组间的数量关系。例如，你把样本分成了领导品牌和其他品牌的消费者，总计并对比这两组间的数量关系可能会是有帮助的。例如，领导品牌有 450 个用户，而其他品牌的用户是 150 个，则两组间的比值是 450∶150（3∶1），也就是每有一个其他品牌的用户，就有三个领导品牌的用户。

2. 图形展示

通过以上内容我们知道，通过图形展示频率是十分有用的。还有以下几种的统计图形也很有用，分别是饼图（pie chart）、条形图（bar chart）、直方图（histogram）和折线图（line graph）。图形的选择取决于数据的类型，对于非计量数据（定类数据和定序数据），最适合的是饼图和条形图；对于定距数据和定比数据，最合适的是直方图和折线图。我们分别看一下这几种图形。

（1）饼图

如果你想展示某个事物是由哪几部分组成整体的，饼图十分适合。例如，展示选举中不同政治党派的支持率（定类变量），饼图是不二之选。饼图中的每个部分都代表了党派的支持率（见图 14-3）。每个部分应该按照顺时针排序。如果想强调某个部分，你可以将其分离出来。如果你所拥有的变量有很多类别，饼图就不合适了（超过四五个部分，饼图就会混乱，难以理解）。尽管两个并列的饼图有时被用来展示相关的数据或整体的分布，但是来回移动两个饼图以比较每个部分是难以实现的。

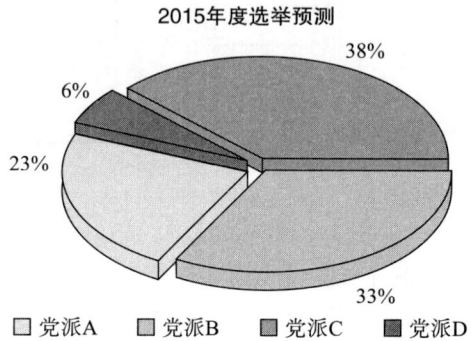

图 14-3　饼图例子

（2）条形图

条形图和直方图容易用混，定类数据或定序数据（分类变量、非度量数据）使用条形图，定距数据或定比数据（基数、度量数据、连续变量）使用直方图。在图 14-4 中的条形图中，横轴代表类别，纵轴代表观察或回答每个类别的频率或数量，高度代表频率的高低。类别或条形应按照逻辑或发现的顺序排列。图 14-4 展示了品牌 L 样品的不同属性。

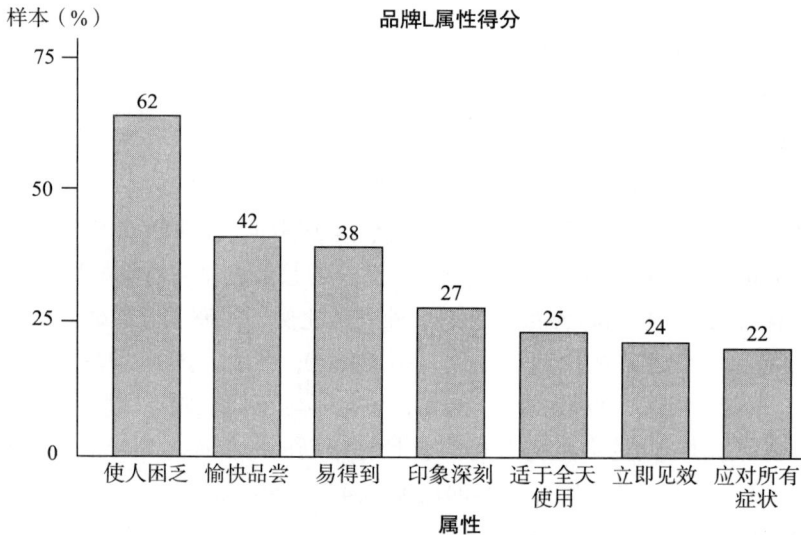

图 14-4　条形图例子

还有一些方式展示条形图，横向或纵向。例如，可在一个图中展示两个及以上的条形，每个类别的数据集合在一起，如图 14-5a 和图 14-5b 所示，把不同品牌样本的回答组合在一起。一个条形可以分为多个部分，每个部分代表与其他部分相关的测量数据。图 14-6 中展示了由多个部分累积成的条形，这样的区域展示了品牌有效性的百分比和现有购买者的百分比。在图 14-7 中，条形中的每个部分代表了整体样本的回答，并且每个部分都代表了特定回答的频率或百分比。

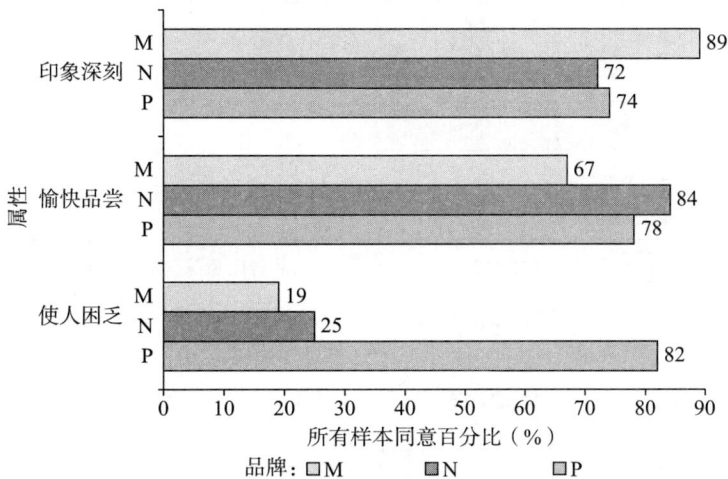

图 14-5a　横向条形组图例子

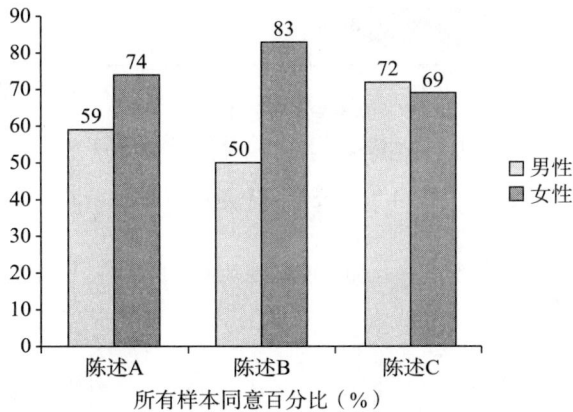

图 14-5b　纵向条形组图例子

（3）直方图

直方图看起来就是把条形图的条形之间的空隙去掉。条形之间之所以没有空隙，是因为直方图展示了定比数据或定距数据中的连续数据，比如品牌的"年龄"或群体的收入，而非能分成不同组别的数据，如性别或社会群体。条形的宽度代表了定距数据的范围，取决于群体的回答。因此，直方图中的条形代表了群体回答的成比例的频率（见图 14-8）。

（4）线形图

条形图中的数据也可以用线形图的形式显示，将条形图中每一条形的中点用直线连接起来即可。这种图有时也被称作频率多边形。

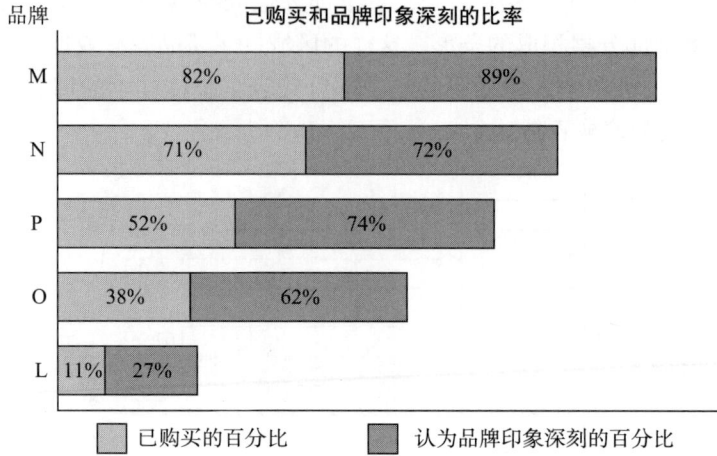

图 14-6 "叠层型"条形图例子

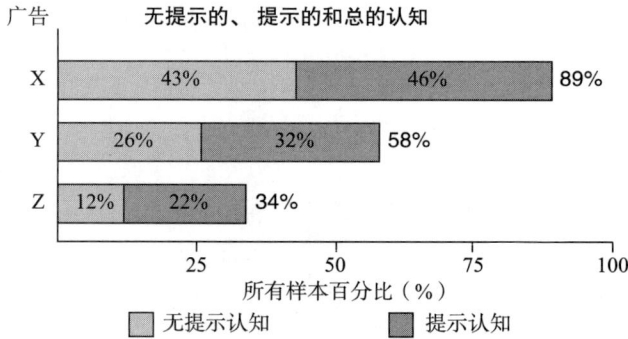

图 14-7 "复合型"条形图例子

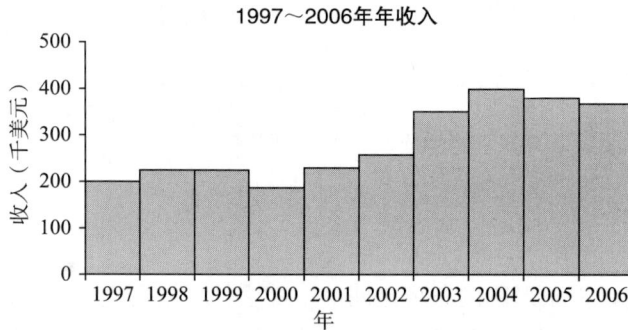

图 14-8 直方图例子

（5）选择图表或图形的尺度

除了要选择恰当的图形，还要注意 X 轴和 Y 轴的尺度大小。如果 Y 轴的比例远大于 X 轴，结果会使得整个图形向上伸长，X 轴的增幅看起来会比正常显示的要更大一些；反之，如果 Y 轴比例压缩，X 轴长度上的差异就不会那么大。塔夫特（2001）检验了许多情况，调查了几何及形状的美观程度，他采纳了图基（1997）的建议——在绘图中推荐使用宽度比高度更大的图形形式。

14.4.2　描述性统计分析

除了绘制图外，另外一种描述性统计分析的方式是计算相应的统计数字。存在两种类型的统计数字，即关于变量集中趋势和变异情况的统计数字。

1. 集中趋势的测量

集中趋势也就是平均值，它是用一个值代表总体的变量分布。存在有三种平均值：平均数（mean）、众数（mode）和中位数（median）。

（1）平均数

平均数（或算数平均数）是最常使用的，把一组数相加然后除以这些数的个数计算得出。例如，为了计算家庭中的平均儿童数目，你需要把所有家庭中的儿童数目加总并除以家庭数，进而得到想要得到的结果。

（2）众数

众数是一组数中出现频率最高的那个数，一组数中可能存在一个以上的众数。

（3）中位数

中位数是把一组数按照顺序排列时位于中间位置的数，除了定类数据外，其他类型的数据都存在中位数。如果有偶数个数，那么该组数的中位数就是中间两个数的平均值。

（4）平均数、众数和中位数的特点

三个平均值——平均数、众数和中位数都有各自相应的特点。不同于众数和中位数，平均数是通过数学计算得到的数值，并可用于进一步计算。中位数则并不是通过数学计算得到的数值，也不可以进一步计算，也不会被极值影响。众数是指出现频率最高的数，也不能用于进一步计算。

那么，到底什么时候选择平均数、众数和中位数呢？我们总结如下，当出现以下情况时，我们应该使用平均数：

- 需要一个广泛理解的统计数据；
- 需要考虑所有数值甚至是异常值；
- 需要一个用于后续分析的统计数据；
- 不需要一个真实存在的数据；
- 你所分析的数据是定距数据或定比数据。

当出现以下情况时，我们应该使用中位数：

- 需要一个不受异常值影响的平均值；
- 不需要进一步的统计计算；
- 中间的值有某些特点；
- 需要一个更具代表性的现实存在的数值；

- 是定距变量或定比变量。

当出现以下情况时，我们应该使用众数：

- 不需要进行进一步统计分析；
- 只对出现频率最高的数字感兴趣；
- 是计量数据（定距数据或定比数据）或非计量数据（定类数据或定序数据）。

2. 变异测量

常用于描述变量变动情况的有极差和标准差。正如我们看到的那样，知晓数据的计量尺度在决定采取哪种变量变动分析时极其重要。

（1）极差

极差（range）是一组数据中最大值和最小值的差，适合于定距数据和定比数据分析。极值越大，则该组数据分布越广泛；极值越小，则该组数据分布越集中。但是，极值非常容易受极端值影响。

（2）方差与标准差

标准差（standard deviation）测量的是一组数据距离其平均值总的平均距离，和极差一样，标准差越大，则分布越广泛。

标准差是一个很有用的统计数据，特别是和平均数一起使用时。例如，当你比较 A 服务和 B 服务时，它们的价格平均数都是 79 英镑，但是 A 服务的收费标准差却更大，A 的标准差是 22 英镑，B 的标准差是 14 英镑。这告诉我们，在 A 和 B 平均数相同的情况下，服务 A 的价格变动幅度更大。接下来就需要解释为什么存在这种差异，可能是服务 A 的附属服务收费更高，或者是一两家供应商收费更高？

14.4.3 小结

根据分析，你现在有合理的辅助工具可以对数据进行进一步探索：频率计数和百分比；中心趋势测量方法和方差会告诉你整组结果的平均值和分布。然而，在这一分析水平上，你一次只关注一个变量或一个值，因此这类分析叫作单因素分析。使用这类分析的知识就介绍到这。在大多数的调查项目中你将需要比较不同人群的回答——男性和女性、年轻和年长、买者和非购买者等，为了得出是否存在模式，检验变量之间是否存在联系——性别和购买行为，年龄和经济能力等。你要回答如下问题：不同人口概况的人购买某产品的可能性倾向大小如何？年龄和智能手机使用之间是否有联系？女性比男性更可能去看全科医师吗？为了回答这类问题，我们需要双变量描述性分析。

14.5 双变量描述性分析

双变量描述性分析，顾名思义，包括了两个变量，例如，年龄和每月发送的短信数目，这种描述性统计分析可以描述两个变量间的关系。客户会经常想知道谁或哪类消费者最容易购买其产品或服务？关于年龄和短信发送量的讨论（见表 14-2），客户可能更多地想知道年轻消费群体的消费习惯，如在 18 ～ 34 岁消费者中，现用现付的消费者和签订每月合约计划的消费者存在哪些区别？

表 14-2　年龄与每月短信发送量的关系

Q.7 每月短信发送量（条）	年龄（岁）	
	18 ～ 34（%）	35 ～ 54（%）
无	0	5
1 ～ 30	7	36
31 ～ 60	20	43
61 ～ 90	28	14
91 或更多	45	2
不知道 / 不确定	—	—
样本数	（400）	（400）

双变量描述性分析可以让我们看到变量间的相同点和不同点，更可以检查两者之间的关系。为了掌握双变量描述性分析，我们需掌握一些概念和术语，这也有助于我们学习探索性分析和推断分析：

- 概念与假设；
- 因变量与自变量；
- 列联表（交叉表）；
- 基数和过滤；
- 权重。

我们下面分别予以详细讨论。

14.5.1　概念与假设

我们之前已经讨论过在开始分析时会检验一些你的观点或直觉，而这些背景知识则来自之前的文献阅读和你对消费者行为的理解，这些观点也称为假设，布莱克（2003）指出了我们所说的这种假设和推断分析中所用到的假设的不同点（你在哪里获得随机样本、高回复率，你想从样本数据到调查人群做出归纳）。在推理分析中，做出统计假设从而得出你在样本数据中看到的兴趣特征或关系在人群中是否存在。如果你得到了非随机（非概率）样本，即配额样本，你就不必做统计假设，但是你仍可以构思验证数据。

14.5.2　自变量与因变量

在谈及两个变量间的关系或检验假设时，我们常把一个变量定为自变量，把另一个定为因变量，因变量随自变量的变化而变化，例如，满意度取决于银行的服务类型。当我们问："那些说更在乎环境的人比那些不那么关注环境的人更有可能购买有机食品吗？"我们猜测或假设有机食品的购买取决于对环境的态度或受其影响；或者换句话说，我们相信对环境的态度可能会影响购买有机食品的可能性。对环境的态度是自变量，购买有机食品的概率是因变量。类似地，当我们想问："在未来三个月中升级手机的可能性和年龄有关吗？"

因变量是升级的可能性，自变量是年龄。换句话说，我们的假设是年龄可能预测（甚至解释）在未来三个月中升级手机的可能性。

把一个变量定为自变量，把另一个定位因变量，这意味着我们知道哪个变量影响着其他变量，这可能来自之前的文献阅读、已建立好的理论模型、探索性研究中得到的结论或日常生活经验。你可以利用这些方面的概念设计列联表（交叉表）——决定横向标题应该写些什么，因为一般都是通过帮助我们探索或描述关系，从而进一步深究变量（如影响力）来观察问题的回复情况，如果你能在列联表（交叉表）中并排比较不同组或不同类型人群的回答时，这样做的帮助就很大。但是要注意，决定一个变量是自变量时，你是在做假设，没有必要假设其是产生相关关系或差异的原因。在第 15 章我们会回到对原因和影响的探索。

14.5.3　列联表

进行双变量描述性分析最常用的就是使用列联表（交叉表），这是查看样本中的数据最方便的方法。表 14-2 就是列联表的一个例子，"未来三个月升级手机的可能性"这个变量分成了四组，另外加上了"不知道"和"不想回答"两个选项。年龄变量则分成了两组，分别是"18 ～ 24 岁"和"25 ～ 34 岁"。使用这个列联表我们可以比较两个年龄段的消费者对于未来三个月升级手机的不同态度：有 26% 的"18 ～ 24 岁"的消费者非常可能在未来三个月升级其手机；对于"25 ～ 34 岁"的消费者而言，这个数字只有 8%。从以上这些数字我们可以说，年龄和未来三个月升级手机的可能性存在着关联。

表 14-3　未来三个月升级手机的可能性

Q.7 未来三个月升级手机的可能性	年龄（岁）	
	18 ～ 24（%）	25 ～ 34（%）
非常可能	26	8
有点可能	40	17
有点不可能	20	28
非常不可能	8	40
不知道	6	7
不愿回答	—	—
样本数	（180）	（280）

1. 如何阅读列联表

表 14-3 中的每一列都是基于某一组内被调查者的总数，这是由回答问题的人数决定的。例如，18 ～ 24 岁一列基于那个年龄组所有样本，共计 180 人，在列尾的括号中标注出来，在左边标记其为基本容量。我们可以看到他们当中的 40% 说在未来三个月中非常有可能会将手机升级。将每一栏的所有数字加总会得到 100%。在每个问题只能给出一个答案的情况下，比如在这个例子中"升级手机的可能性"——列联表中的所有百分比加总应该是百分之百。由于有时会有四舍五入的情况，加总会大于或小于百分之百。然而，如果你对一个问题有不止一个答案时，比如"你用过以下哪种社交网站"，每一栏中的百分

比加总会超过百分之百，因为被调查者可能使用过好几家社交网站。

2. 包括"不知道"的百分比数字

在某些情况下，你会遇到很多问题的答案可选择"不知道"或"无想法"。在测算百分比时经常需要具体考虑是否将那些回答"不知道"或"无想法"的人涵盖在内（那些拒绝回答或不想回答的人数和百分比会记录在表中）。究竟如何处理这样的回答取决于问卷的目的。记录有多少人回答"不知道"或"无想法"可能很重要，例如，回答"不知道"的那些人可能真的不确定他们是否有可能升级手机。另一方面，将回答"不知道"或"无想法"的人包含在内可能会影响调查结果的真实性。根据表 14-4 和表 14-5 的数据，首先我们可以看到，对服务表示满意的轻度使用者的比重较少，尤其是与中度使用者相比。但是，将近 30% 的轻度使用者回答的都是"无想法"。如果我们除去回答"无想法"的人数重新计算百分比，即只统计那些表达出明确观点的人（制表以此为基础），就会得出不同的结论：中度使用者和轻度使用者的比率之间没有差别。决定使用哪一种方式处理数据取决于调查内容。在大多数时候列出回答"不知道"或"无想法"的人的百分比对调查是有益的，排除这两类回答之间的比例会有差别。同时也要注意某些文化背景下的人比起其他人更可能回答"不知道"。如果你在分析或上报多个国家的数据，你就需要认识到这一点并将这种情况考虑在内。

表 14-4　包括"无想法"的统计

Q. 总体上对公司提供的服务如何满意或不满意？

	重度使用者（%）	中度使用者（%）	轻度使用者（%）
非常满意或满意	76	65	52
非常不满意或不满意	16	23	19
无想法	8	12	29
样本数	（200）	（200）	（200）

表 14-5　不包括"无想法"的百分比

Q. 总体上对公司提供的服务如何满意或不满意？

	重度使用者（%）	中度使用者（%）	轻度使用者（%）
非常满意或很满意	83	74	73
非常不满意或很不满意	17	26	27
样本数	（184）	（176）	（142）

14.5.4　制作一组列联表

在以上的例子中，我们看到的都是由两个变量组成的列联表，其实更普遍的是由一组变量组成的列联表，如人口统计变量、地理人口统计变量、态度变量和行为变量。

人口统计变量包括年龄、性别、阶层、工作状态、宗教信仰等一系列变量；地理人口统计变量包括地理位置变量和人口统计变量。如果调查目的包括确定产品或服务用户的大致特征，或者弄清不同人群的态度或观点是否存在不同，那么将相关变量作为首要的突破口。态度变量是用以描述态度的，如开放或保守态度，或人们对于健康的态度，或消费者对于某一项服务或产品的满意程度；行为变量描述的是使用者的行为，如频繁购买现磨咖啡或每周至少去一次运动馆。站在那些有不同态度和不同表现的人群的角度来关注这些数据，能够帮助我们理解驱动或影响不同类型人群的因素，并且能够帮助我们勾画出市场动态的图景。那些有着自由的社会态度的人与保守社会态度的人相比，更可能还是更不可能支持政府对宗教学校的出资？经常购买研磨咖啡的人会买什么其他饮料？网银客户对于接受的服务相较于传统存款客户来说更容易满意吗？

得到列联表相对简单，通常让问卷上所有的问题（也就是所有变量）归类为人口、地理人口、态度和行为变量进行制表——事实上你觉得任何变量都可能对你的分析有用。千万不要这样做，要有选择性地指定列联表中的首选变量，只需做出与你的分析计划相关的表格，否则你会有被由此产生的大量数据淹没的风险，你的分析会失去重心。记住那句话："分析应以信息而不是以数据为基础。"要采取有序的、系统的方法。如果表中的问题多到你不能回答时，你就要思考其他的表格和分析工具如何能够帮助并注释，以支持接下来数据的运行。

👆 专栏 14-2

用人口学作为变量的列联表例子

Q.10 你的家庭样本中总共有多少量汽车？

	性别			年龄（岁）				婚姻状况		住所		
总计	男性	女性	<25	25～34	35～44	45+	单身	已婚	别墅	公寓	其他
1 505	798	707	322	409	299	475	862	643	1 002	471	32
100%	100%	100%	100%	100%	100%	100%	100%	100%	100%	100%	100%

汽车数量：

	总计	男性	女性	<25	25～34	35～44	45+	单身	已婚	别墅	公寓	其他
0	156	53	103	102	48	6	—	97	59	5	130	21
	10%	7%	15%	32%	12%	2%	0%	11%	9%	0%	28%	66%
1	1 013	559	454	121	349	226	317	674	339	690	314	9
	67%	70%	64%	38%	85%	76%	67%	78%	53%	69%	67%	28%
2	275	151	124	99	10	52	114	91	184	249	26	—
	18%	19%	18%	31%	2%	17%	24%	11%	29%	25%	6%	0%
3	55	31	24	—	2	14	39	—	55	54	1	—
	4%	4%	3%	0%	5%	5%	8%	0%	9%	5%	0%	0%
4+	6	4	2	—	—	1	5	—	6	4	—	2
	0%	1%	0%	0%	0%	0%	1%	0%	1%	0%	0%	6%

14.5.5 表中的基数和过滤

每个表格都是以能够回答与之相关的问题的样本为基础。然而，并非总样本要求所有问题，基于总样本的问题也不一定是相关的。例如，在一项对于使用电子商务的调查中，我们可能会要求所有回答者回答他们是否使用自动语音技术（Q.7）。那些回答"是"的人要回答与之相关的一系列问题（Q.8a ~ Q.8f）；那些回答"否"的人被过滤并过渡到接下来相关的问题（Q.9）。如果制表的目的是呈现出服务使用者的评价，当表格展示时，以与这些问题相关的表格为基础会产生误导作用。这些表格应该以那些应回答这些问题的人（也就是在 Q.7 回答"是"的人）为基础。与自动语音技术相关的 Q.8a ~ Q.8f 的表格应该基于使用自动语音技术的人（Q.7 中回答"是"的人）。与 Q.7 相关的表格应该基于总样本。在设计表格时，要考虑什么基础与你分析的目标相关。

如果你有特别大或难处理的数据集，就不需要关注来自总样本的回答情况，"过滤"数据，排除一些类型的回答者或以相关子样本为基数的表格能够使分析更有效、更稳定。例如，有关除臭剂市场的使用和态度的初步数据分析就包括了总样本的概述。你的下一个目标就要审视女性除臭剂市场。为了有效性和安全性起见，只基于女性子样本重新使用表格可能更加有价值。

14.5.6　标签表

列联表应该被清楚地列出并易于阅读，这会使思考调查结果的整个过程更加容易。每个表格都应该有一个标题，概括性地描述内容、相关的问题数目、基础的问题和变量。计算百分比的基数应该清晰显示，表明百分比是基于列变量或行变量，还是行列两个变量。

14.5.7　权重

为样本赋予权重是为了使得样本更好地代表总体的某些特点，如人口统计特征。这个过程就是参照总体构成，调整样本的数据，以保证其中各自成分的重要性和总体相一致。例如，在某一次态度调查中，样本由 60% 的女性和 40% 的男性组成，而人口普查结果却显示男女性别比例为 52% ∶ 48%。为了使样本的构成和总体相一致，应该使样本中女性的比例降低些，同时提高男性所占比例。由于样本中的性别比例乘以权重会得到总体中的性别比例，那么权重就应该由总体中的性别比例除以样本中的性别比例得出（见表 14-6）。

表 14-6　一个应用权重的实例

性别	样本中的比例（%）	总体中的比例（%）	权重
女	60	52	0.87
男	40	48	1.20

案例研究 14-1

家庭规模的加权

下面这个案例研究是在随机抽样中如何对不同规模的家庭进行加权运算处理。

为什么本案例研究值得阅读

本案例值得阅读主要有两个原因：它显示出了加权方法是必需的；它也显示出了如何进行加权运算。

关键词：随机抽样、家庭、个体、概率、被抽中、概率不同、家庭规模不一、数据、加权、加权系数。

引言

在北爱尔兰进行的"生活与时代"调查中，识别受访者是一个两阶段过程。首先，对邮编地址文件中的家庭进行随机抽样；然后，每个家庭中再进行随机抽样以获得抽样个体。这么做的结果就是，在第二阶段的个体抽样中，如果是在一个个体组成的家庭，那么这个个体被抽中的概率就为100%；相反，如果一个家庭中有5个成员，那么每个个体被抽中的概率就为20%。

加权

所以，为了纠正由于家庭规模不一致所产生的抽样概率不同问题，我们需要对数据赋予权重。我们可以把每个家庭中年龄超过18岁的成年人的数目与所有受访者中成年人的数目的比值作为加权系数。但是，这种加权运算只适用于分析个体数据，而不适用于分析家庭数据，如家庭不动产，这对于家庭中的所有人都是一样的。

资料来源：Dr Paula Devine, Deputy Director, ARK, Northern Ireland Life and Time Survey Team.

14.6 数据简化

数据简化（data reduction），是指把大量数据减少为更易管理也更有意义的一些东西。它包括一些比较简单的步骤，比如计算平均数或标准差等（对于单变量描述性统计分析而言），或者去除列联表中对分析没有帮助的数据等，也包括由一系列问题（如测定态度等）来创建一套指标等复杂的过程，一些调研者也把因子分析和聚类分析成为数据简化。

14.6.1 频率计数阶段

正如我们上面提到的，你可能有机会关注数据的频率计数。考虑数据简化是有意义的。通过审视总样本每个问题的频率计数和频率分布，你会决定对变量重新编码：哪些变量的哪些类别可能会有效地结合在一起。例如，去年你访问全科医生的次数，你应该像0，1，2，3，4等这样列出，还是分布成0，1～3，4～6，7～9，10+这样更好？你也将能决定关键变量作为列联表首选的可行性。例如，在一列中分开来看基数规模足够大吗？你能脱离首席运营官的看法而只关注首席财务官的回答，或者最好将二者合并在所有高管人员之中吗？

14.6.2 单变量描述阶段

你可以运用相关性描述统计（平均数和分布或变量的测量）减少数据量。这些对于像购买的可能性这类尺度问题特别有效，因为其给出数字告诉你整个样本或子样本的平均水平及变量的数量。

14.6.3　双变量描述阶段

回顾你的调研目的之后（重新思考你的客户的业务问题），也许也看过了原始数据，你对于作为首选的变量以及想要每个问题的数据如何呈现在列联表中有不错的想法。我们在前面准备数据处理规范时关注到了这一点（参见第12章）。你应该有足够有关数据的信息可供选择，你应该具有选择性，这样就不会忽视了整体情况。只运行那些与你的调研目标相关的表格以及相关的首选变量、重新编码的变量和汇总统计。不必担心你是不是没有关注到调查产生的每个数据。只关注那些你需要的数据，如果你需要回顾时，其余的数据都在。在这一阶段最终数据简化需要考虑的是，你是否要让列或行的百分比数字四舍五入至整数，或是否要其计作小数点后一位或两位（或更多位数）。考虑数据简化时，所有的数字可能都会受到影响——除非你的调研目标需要，否则就要在表格或报告中加上脚注，以表明前面的操作步骤。

一旦你建立了列联表并进行了检验，并对接下来的操作过程有想法，你就想编辑这些表格使得整个过程更加清晰。编辑过程可能要除去没有信息含量的列或数据；标注或重新设置表格或列以吸引主要调研结果的注意；重新对列进行排序使得结果突出显示，例如，根据对产品的兴趣重新对年龄组从左到右进行排序；以更相关的基准重新计算表中的百分比，比如从总样本改换到那些购买产品或使用服务的人群（可以看上文在表格中如何处理"不知道"答案的案例）。我们在稍后的展示和报告一节中会关注这类的操作（参见第16章）。

14.6.4　数据展示也是数据简化

数据展示本身是一种技术，当然它也是一种数据简化方法。中国有句格言：一图胜千言。存在着大量的数据可视化软件工具以帮助你完成这一任务。戴维·麦坎德利斯（2011）是一位数据分析专家，他推荐IBM公司的Many Eyes数据可视化工具，它可以上传你的数据。其他软件分析工具包括InfoTools、Data Liberation、Dapresy Pro以及Roambi的移动应用等。

当你想同时展现两个变量的数据时，合适的有散点图、折线图和条形图，它们可以帮助你决定两个变量间是否存在着关联。制作散点图（见图14-9）经常是进行相关分析和回顾分析之前的第一个步骤。要想更好、更精确地描述数据，你还可以使用象形图、网络图、流程图、

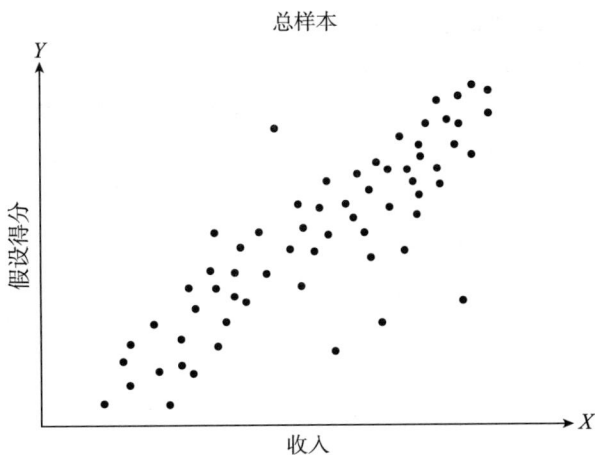

图 14-9　散点图例子

地图或蛛网图。想要设计出美观而精致的图表，可以参考 Hans Rosling 和 Gapminder 的作品（http://www.gapminder.org）。

专栏 14-3

示例：数据简化

假如你被政府委派进行全体成年人对于医疗保险认知情况的调研，你现在就需开始计划分析，你需要从数据中得到些什么，以及如何开展工作。这个案例是基于一个真实的问卷调查。你可以从 www.ark.ac.uk/nilt/2006/main06.pdf 网站下载问卷，如果你想进一步探索数据，也可以从 www.ark.ac.uk/nilt/datasets/index.html 网站下载全部的数据。

调研分析的目的

本次调研的目的在于：

● 描述人们对 NHS 及其各组成部分的满意度。

● 描述"NHS 应该只针对低收入人群"这一观点的支持度。

把所有成年人作为整体，你需要从样本中得到满意度和支持度的数据，你还想要确认总体中是否存在持有不同观点的特定群体。

问题

本问卷调查所用到的问题如下：

Q.1 总的来说，你对于当今 NHS 的满意度如何？

回答选项以 5 级量表呈现，从"非常满意"到"非常不满意"，另外加上一个"不知道"选项。

Q.2 依你的个人经历或所见所闻，你对于 NHS 各组成要件的满意度如何？首先，专科医生和全科医生？NHS 医生？住院时？门诊时？

本题的回答选项设置和 Q.1 一样。

Q.3 你自己买过个人健康保险吗？

本题的回答选项为"是"和"否"。

Q.5 很多人都建议 NHS 应该只针对那些低收入人群，这就意味着税率可能会变得更低，从而大多数人可以自行决定购买医疗保险或健康保险。你支持这种观点吗？

回答选项形式为 4 级量表加上一个"不知道"选项。

Q.7 请仔细回想一下，和你的同龄人比起来，你最近 12 个月总的身体情况如何？

非常好 / 很好 / 较好 / 不太好 / 很不好 / 不知道

Q.8 你长期以来都患有疾病或残障、体弱吗？

本题的回答选项为"是"和"否"。

Q.8a 你患有的这种长期疾病在某种程度上限制你的日常活动吗？

本题的回答选项为"是"和"否"。

如果被访问者同时回答了 Q.8 和 Q.8a，那么就不再询问 Q.8b。

Q.8b 你曾经得过长期疾病，以至于影响你的日常活动吗？

本题的回答选项为"是"和"否"。

数据简化的第一步

考虑一下你之前学到的知识和本次调查所用的问卷，你可以将一些变量，如人口统计、态度、行为变量，列在列联表的最顶端，并以此进行分类。例如：

- 年龄；
- 性别；
- 是否育有孩子；
- 社会地位；
- 是否有疾病或残障（Q.8）；
- 是否购买了个人健康保险（Q.3）；
- 自我健康评价（Q.7）。

这样的分类会有助于你比较不同群体间的差异。例如，老年人和青年人；男性和女性；患有长期疾病的个体和没有患长期疾病的个体；已购买个人健康保险和没有购买个人健康保险的个体等。

数据简化的第二步

你需要检查一下所有样本的频率分布来确定数据的准确性，以及确定你所选定的分类标准能否充当这一角色。因此，你需要继续以下数据简化活动：

- 重新编码变量值以获得社会阶层这一变量；
- 将是否患有疾病/残障和疾病/残障是否会影响日常活动，重新编码成一个变量；
- 将自我健康评价重新编码成3个变量；
- 四舍五入后，将最接近列百分比数字的整数归入表格中；
- 展示描述性统计的结果（平均值、标准差）。

做完以上活动后，你就会得到22种分类标准，估计这是一张纸上能呈现出的最多可能了。

- 年龄：6类（18～24岁、25～34岁、35～44岁、45～54岁、55～64岁、65+岁）
- 性别：男；女
- 是否育有孩子：是；否
- 社会地位：AB；C1C2；DE
- 是否患有疾病或残障：没有；患有不影响日常活动的疾病或残障；患有影响日常活动的疾病或残障
- 是否购买了个人健康保险：是；否
- 自我健康评价：非常/很好；一般；很/非常差

建立起列联表后，你就可以继续完成以下活动：

- 描述样本中相关问题的回答，比如Q.1——样本对于现有NHS系统的满意度：
- 描述每个样本分类对相关问题的回复，比如Q.1——样本对于现有NHS系统的满意度：

总样本（1 200）	%
非常满意	6
比较满意	36
既不是满意也不是不满意	13
比较不满意	25
非常不满意	19
不知道	1

分组	%	%	%	%	%	%
	18～24岁	25～34岁	35～44岁	45～54岁	55～64岁	65岁+
	（168）	（168）	（226）	（240）	（180）	（220）

（续）

分组	%	%	%	%	%	%
非常满意	6	3	5	5	7	11
比较满意	49	39	30	27	29	46
既不是满意也不是不满意	22	12	11	11	13	9
比较不满意	16	29	28	35	25	17
非常不满意	7	16	27	22	26	16
不知道	1	1	0	0	1	1

- 分辨出每个分类中回复的差异和变动：例如，年轻人和老年人中的大多数人都对现有 NHS 系统比较满意或非常满意；对现有 NHS 系统不满意的人则是 45 ～ 54 岁的群体。

数据简化的第三步

经过一步又一步的数据简化活动，例如，清除不必要的数据信息，重构数据表格——如将回复总结并重新编码为"非常满意"和"很满意"，"非常不满意"和"很不满意"；重新排列表格中的纵列，以使其更具逻辑性等，而下一步则就是更详细地去探讨变量间的关联和因果关系。

本章总结

- 数据分析的目的是要从数据中寻求有意义的观点，进而产生可信、可靠的结果以解决研究问题，这是非常有规则并严格的过程，详细而系统。
- 计划分析意味着你要认清为什么开展这项调研以及如何完成调研工作，在这里有三个非常有价值的文件：调研手册、抽样计划和问卷。调研手册指出了整个调研的蓝图，而抽样计划和问卷则会指出收集到的回答中会存在何种数据。在这三个文件的指引下进行系统而严格的分析计划，这样你就不会被大量的分析工作所压倒了。你的策略或计划应该被设计以满足调研手册的要求。
- 数据是通过一个被称为数据录入的过程，由问卷收集而来的回答转化而来的。数据录入可由计算机辅助完成，需要检查和编辑数据，例如，缺省值、超出范围的值和由于错误安排问题顺序导致的数据非连续错误。一个完整的分析称为一个个案，典型的就是一套问卷就是一个个案。问卷中出现的问题称为变量，而对应的回答则称为变量值。
- 数据有好几个计量尺度，也就是存在着好几种的数据：定类数据、定序数据、定距数据和定比数据。定类数据和定序数据是非计量的，而定距数据和定比数据是可计量的。使用哪种数据很重要，因为这决定着你后续采取何种推断性统计分析方法。
- 数据分析有四种类型：单变量描述性统计分析、双变量描述性分析、探索性分析和推断性分析。推断性分析要依赖于由抽样调查所得出的数据。
- 单变量描述性分析就是只针对一个变量的统计分析，频率计数、频率分布、百分比、比例、中心集中趋势测量（平均数、众数、中位数）和变异测量（极值、标准差）等，都是单变量描述性统计分析的例子。

- 双变量描述性分析就是涉及两个变量的统计分析，多变量分析就是指那些涉及变量超过两个的统计分析。列联表是查看样本回答的最方便的方式，横行由自变量组成，竖列由因变量组成。列联表是由问卷相关问题的回答而制成的，但并非所有的问题都会涉及所有的样本个体，也不是所有的问题都相关，因此要根据对特定问题的特定回答过滤数据。
- 为样本赋予权重是为了使得样本更好地代表总体的某些特点，也是为了确保样本中某些特点的重要性和总体一样。
- 数据简化是指把大量的数据减少为更易管理也更有意义的东西。

问题与练习

1. 解释以下术语：
   a. 变量；
   b. 计量尺度；
   c. 缺省值。
2. 从 http://www.ark.ac.uk/nilt/2006/main06.pdf 网站下载"生活与时代"调查（2006）问卷，看看第二部分的社群关系和第六部分的政治态度问卷中各个变量是哪种类型的。你可以在 www.ark.ac.uk/nilt/datasets/teaching/index.html 网页中查询自己的答案是否正确。
3. 解释以下名词，并说出你会使用哪些方法去解决这些问题：
   a. 集中趋势测量；
   b. 变异测量。

第 15 章

分析定量数据

□ 引言

在第 14 章中,我们讲述了对于数据的计划分析以及描述性分析的基本工具和方法。请牢记,数据分析的目的是要从数据中寻求有意义的观点,进而产生可信、可靠的结果以解决所研究的问题。我们现在将学习探索性分析和推断性分析的有关内容。探索性分析将帮助你探讨和进一步描述变量之间的关系或联系;推断性分析属于这样的分析类型——当你需要从一个随机样本推断宽泛的总体结果时才实施。这里将介绍几种与此有关的检验方法。本章的目的是介绍几种适用的分析方法和它们的使用条件。

□ 本章主题

- 寻求模式与关系
- 探索性分析
- 推断性分析

□ 学习目标

- 理解探索性分析包括哪些内容
- 懂得何时以及如何使用推断性分析
- 理解并评估定量调研成果

15.1 寻找模式与关系

我们在第 14 章中学过双变量描述性分析,知道这是关于两个变量间关系或联系的描述,也是关于这个关系强度的测量。那么如何测量这种关联度?这是接下来要说的。

我们先来看关联度测量(measures of association)这个术语。类似于集中趋势(平均数、众数和中位数)和离散分布(measures of dispersion)的测量(极差、标准差),关联度测量也是一种总结性的统计数字:它会告诉我们两个变量间的关联程度有多强。当然,它也能显示出两个变量间是否存在关联性。但局限在于,它不能告诉我们到底是哪个变量在影响着哪个变量。两个变量可能会"共变"(co-vary),也就是 X 和 Y 同时变化,如广告投入和产品销售量同增同减。但是,当 X 和 Y 不存在任何关系时,它们也有可能在表面上呈现出有关联的样子。例如，销售量和广告投入可能不存在任何关系，你之所以观察到二者相关（同增同减），原因是竞争者的活跃程度在发生变化。这就涉及外生变量（extraneous variable）或混杂变量（confounding variable）的问题，我们会在稍后予以讨论。

最基本地，关联度分析会告诉你两个变量间到底是正相关、负相关还是根本不存在任何关系。正相关是指如果一个变量值增加，那么另一个变量值也会增加。例如，广告投入增加，销售量也增加。负相关是指一个变量值增加时，另一个变量值则会减少，例如，消费者的年龄越大，升级手机的可能性越低。

正如集中趋势和变动测量一样，关联度的测量也有好几种方法，究竟用哪种方法很大程度上取决于分析的是何种类型的变量。专栏15-1列出了不同类型的变量适应的关联测量方法，其中最常用的是卡方相关系数（chi square contingency coefficient）和皮尔逊相关系数（Pearson's r）。

专栏 15-1

如何选择关联度测量的方法

变量1	变量2	条　件	测量关联度的方法
定类变量	定类变量	每个变量至少有三类	Cramer's V，标准相关系数
定类变量	定类变量	每个变量都分成两类，如男性和女性	Phi coefficient
定类变量	定序变量	每个变量至少有三类	Cramer's V，标准相关系数
定类变量	定序变量	每个变量都分成两类	Phi coefficient
定序变量	定序变量	有一定的顺序	Kendall's tau-b, gamma
定序变量	定序变量	小样本	斯皮尔曼秩相关系数
计量变量	定类变量	定类变量可分成两类	皮尔逊相关系数，也被称为皮尔逊积矩相关系数（PMCC）
计量变量	定类变量	重新编码、具有一定顺序的计量变量	皮尔逊相关系数
计量变量	定序变量	定序变量可分成两类	皮尔逊相关系数
计量变量	定序变量	重新编码、具有一定顺序的计量变量	Kendall's tau-b, gamma
计量变量	计量变量		皮尔逊相关系数

15.1.1　卡方系数与相关系数

相关系数（contingency coefficient）是由卡方系数（χ^2）得来的。那么什么是卡方系数呢？卡方系数是衡量两个变量间关联度的统计数字，它通过计算预期频率分布（E）与实际观测到的频率分布（O）进行比较。它的计算是，算出观测出来的数据（O）减去预期数据（E）的差值进行平方，然后除以列联表中的预期数据（E）。预期数字与实际观测到的数字差距越大，也就是 χ^2 越大，则两个变量间的关联程度越强。

计算卡方系数，我们可以得出相关系数，这是一个介于 0 ～ 1 的数字，它也可以衡量两个变量间的关联程度：相关系数若为 0，则说明两个变量间不存在任何关联，而相关系数为 1 则说明两个变量完全正相关；如果相关系数为 0.07，则两个变量间的关系很弱，如果相关系数为 0.67，则两个变量间的关联程度较高。

那么，要通过何种方法才能从卡方系数中得出相关系数呢？首先，由于卡方系数的值会受到列联表的大小影响，所以为了消除这种影响，我们需要把卡方系数转化成相关系数。计算相关系数时，需要把卡方系数除以样本数 n，然后加上卡方系数，并为这个新得到的值开平方后，我们就得到了相关系数 C，对于这个得到的相关系数，我们要标准化相关系数。

15.1.2 φ 系数、Cramer's V、gamma 和 Kendall's tau-*b*

另外一个相关系数是 phi cofficient（φ）系数，这特别适合于 2×2 的列联表分析。用卡方系数除以样本数，然后开平方即可得到 φ 值。φ 的范围和相关系数一样，都介于 0 ~ 1。Cramer's V 也是一种关联度测量的方法，适用于大于 2×2 的列联表，其范围也介于 0 ~ 1。

Goodman 和 Krushal's gamma 适用于测量定序变量间的关联程度，如受教育程度与收入水平之间的关系，Gamma 值介于 −0.1 和 +0.1 之间。Gamma 值的局限是它只适用于存在线性关系的两个变量，而 φ 系数则适用于变量间的各种关系（线性 / 曲线关系、对称 / 非对称关系）。Kendall's tau-*b* 也适用于两个变量都是定类变量的情况，特别适用于正方形的列联表分析（如 4×4、5×5 等）。

15.1.3 斯皮尔曼相关系数

斯皮尔曼秩相关系数（Spearman's *rho*），也被称为斯皮尔曼相关系数，对具有一定等级序列的数据测量非常具有用，如李克特量表式的问题。如果变量值之间的间隔并不是等分的，那么可以使用 Kendall's *tau* 而不是斯皮尔曼相关系数。

15.1.4 皮尔逊相关系数

如果你有两个计量型的变量，也就是连续性变量，如每月发送的短信数、气温和软饮料销售量、寿命和收入、受教育的年限等变量。如果你想验证这些变量间是否具有关联，最合适的就是皮尔逊相关系数，也被称为皮尔逊积矩相关系数（Pearson's product moment correlation coefficient，PMCC）。寻求相关关系的第一步是绘制散点图，这会形象化地展示出两个变量间的关系。你可以从散点图中大致看出两个变量间存在的是线性关系还是曲线关系，是正相关关系还是负相关关系。可以通过数学方法计算出两个变量间的相关系数 r，r 会显示出两变量间的关系强弱。r 的值介于 −1 和 +1 之间；$r=-1$ 意味着两变量间存在着强负相关关系（例如，X 价格上升时，X 的销量却下降）；$r=+1$ 意味着两变量间存在着强正相关关系（例如，收入越高，寿命越长）；$r=0$ 则说明两变量间不存在任何线性关系。

如果把 r 进行平方就会得 R^2，这就是决定系数（coefficient of determination），决定系数是描述在两个变量的总的变化中，可以相互以线性关系说明那部分所占的比重。

例如，如果 $r=+0.2$，两个变量间存在着非常弱的正相关关系，比如气温与软饮料的销售量；如果 $r=+0.7$，则两个变量间存在着较强的正相关关系，此时 $R^2=0.49$，也就是说，49% 的软饮料销售量变动是由气温变化引起的。

皮尔逊相关系数自身就非常有用。它也被用于其他分析方法，如偏相关分析。偏相关分析是皮尔逊相关系数分析的一种延伸，它可以控制一些"混杂变量"。多元回归、聚类分析等都是皮尔逊相关分析的延伸。皮尔逊相关系数也被称为零秩相关系数（zero-order correlation coefficient），值得注意的是，皮尔逊相关系数也可以被用来检验显著性问题，我们会在稍后讨论这个问题。

15.1.5　解释关联度测量

对于关联度测量，你应该弄清楚以下事情。

1. 线性：线性或非线性关系

在进行两个变量间的测量时，有些假设两个变量间存在的是线性关系，如果你观察散点图，你会发现可以从左上端画一条到右下端的直线，或者是从左下端画一条到右上端的直线，这说明这两者间存在着线性关系；如果不是这样的话，那么这两个变量间可能存在的是非线性或曲线关系。如果两个变量间存在的是非线性关系，那么皮尔逊相关系数就可能低估了两个变量间的关联程度。

2. 离散值

我们在第 14 章中已经知道离散值会影响到变量中心集中趋势，比如平均数。离散值也会对两变量间关联度测量产生影响，特别是样本数太少时，因此在数据记录或是数据录入时，检查离群值并及时修正绝对是有帮助的。

3. 正态分布

理想状况，变量值应该是正态分布的，也就是说，你所绘制出的变量值的直方图或条形图应该是钟形的。样本的分布会影响到统计检验的结果，因此有必要检查变量值的分布情况。

4. 同方差性

同方差性（homoscedasticity），也被称为方差齐性（homogeneity of variance），是说一个变量的变动情况与其他变量相同。如果你描绘出每个变量的散点图，则散点图大致呈现出椭圆形。如果对变量进行皮尔逊相关系数或回归运算，则你需要使数据遵循同方差性。

15.2　探索性分析

虽然我们已经知道了两个变量存在相关关系，但是我们至今还不知道原因是什么。为了寻求这个原因，我们需要把列联表中的一些变量列为自变量（也可以称为探索性变量或预测性变量），然后把另一些变量列为因变量。自变量可能是人口统计变量（如年龄、性别、工作状态等）、地理人口统计变量（如邻居的类型）、行为变量（如上个月使用过 X 产品），态度变量（如对于环境问题的态度）。当我们寻求两变量间的关系，并把其中一个变量列为自变量，另外一个列为因变量时，我们就指出了影响的方向，即因变量随自变量的改变而改变。这是探索性分析的开始，但它可以提供一些有说服力的结果。

15.2.1 研究设计和探索性分析

探索性分析可以：
- 寻求变量间的关系、协方差或相关性；
- 寻求合适的时间序列；
- 排除其他可能作为自变量的变量；
- 得到合理且符合规范的结论。

一个横截面设计，如一次性或临时性调查，这也是在市场调研和社会调研中最常见的收集数据的方式。与横截面设计不同的是，探索性调研是通过控制自变量值去观测因变量值的变化。在实验中，还可以控制时间序列。

除了测量两变量间是否存在关联关系，我们还可以检查是否存在着一个影响方向，如 Y（产品 A 的销售量）是直接受 X（A 的广告投入）影响而变化，或者两个变量间存在非线性关系，如 X 和 Y 都只是中间变量。例如，职业可能只是受教育程度和收入水平两个变量间的中间变量，这就涉及多元变量分析，在多元变量分析时，使用偏相关系数来衡量关联关系。如果你用实验的方法进行探索性分析，你可以通过控制变量法来排除其他变量可能对变量的影响。但是实验是人为的，不经常用于解决客户实际的商业问题。而且在实际的营销和社会问题中，也无法像实验中那样采用控制变量法。所以，在采取实验的方法时，一定要对其解释的变量间的因果关系程度抱有谨慎态度，这样可能会帮助你排除一些变量对因果关系的影响。

现在我们关注时间序列问题。横截面设计也有局限，因为进行横截面设计收集的数据都是一个时间点的。而纵向设计会消除这些局限，因为它是在一组时间点上对同一份样本收集数据。但进行纵向设计会十分昂贵且费时，所以很难进行操作，也可能不符合客户的要求。

15.2.2 双变量探索性分析

如同测量关联度一样，具体采用哪种方法测量影响也取决于变量的类型，具体的请参考"专栏 15-2"。影响的测量分成两类：对称（影响）与非对称（影响）。对称影响指两变量间相互影响，并不存在着唯一的影响关系；非对称影响则是指两变量间存在着唯一的影响方向，也就是说存在着自变量和因变量，本章我们只讨论非对称影响关系。

專栏 15-2

如何测量影响

自变量	因变量	条 件	测量方法
定类变量	定类变量		λ
定类变量	定序变量		λ
定序变量	定序变量		D 系数
计量变量	计量变量		二元回归
定类变量	计量变量	计量变量经过整理，变成定序变量	λ
定类变量	计量变量	进行平均数分析	eta
定类变量	计量变量	定类变量可分为两类，计量变量可分为多类	二元回归
定序变量	计量变量	计量变量经过整理，变成定序变量	λ
定序变量	计量变量	进行平均数分析	eta
定序变量	计量变量	定类变量可分为两类，计量变量可分为多类	二元回归
计量变量	定类变量	计量变量经过整理，变成定序变量	λ
计量变量	定序变量	计量变量经过整理，变成定序变量	D 系数

1. Goodman 和 Krushal's λ

进行双变量探索性分析时，当一个变量为自变量而另一个变量是因变量时，λ 值用来预测因变量由于自变量变化而变化的程度。λ 值越大，则一个变量对另一个变量的影响程度越大。

2. D 系数

D 系数（Somer's d）描述的是一个定序变量对另一个定序变量的影响程度，D 系数的作用和 gamma 系数相同。D 系数本身带有正负号，它能显示出两变量间影响关系的本质。

3. 二元回归

二元回归也被称为线性回归（linear regression）或普通最小二乘法（ordinary least-squares，OLS）回归。二元回归要求的是两个变量均为可计量变量，二元线性回归是基于两个变量间存在的是线性关系，也就是一个变量的增加会引起另一个变量相应地增加或减少，且两变量间的增加或减少幅度呈一定比例。例如，如果对收入和幸福感两个变量进行线性回归分析时，给定一个人的幸福感，我们就可以计算出其相应的收入水平（见图 15-1）。

二元回归是指在以自变量为 X 轴，以因变量为 Y 轴的散点图中，可以沿着各离散点画出一条直线。通过这条回归直线可以看出一个变量对另一个变量

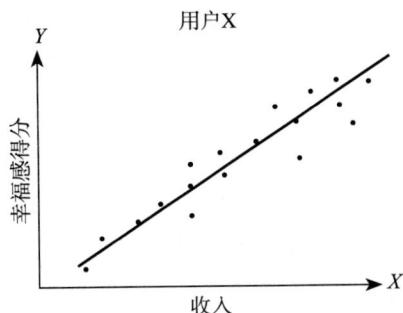

图 15-1　最佳拟合线散点图例子

的影响程度。二元回归的代数表达式为 $y=bx+a$，其中，x 是自变量，y 是因变量，b 是回归直线的斜率，a 是回归直线在纵轴上的截距（b 可以由相关系数计算而得）。把 b 标准化，我们可以得到回归系数 β，双变量的标准相关系数会告诉我们自变量在多大程度上影响因变量。

接下来就是计算回归直线在多大程度上能解释两个变量间的回归关系，因为对不同的变量而言，可能取得相同的回归直线。我们把回归系数 R 进行平方后得 R^2，这也就是我们之前所讲过的可决系数，R^2 可以衡量在多大程度上因变量变化是由自变量引起的。

那么，给定自变量的值，回归直线多大程度上解释了因变量的值？也就是对于那些没有落在回归直线上的各个散点，如何进行解释？我们知道，理想情况下，各个散点都应该落在回归直线上，因此对于给定的自变量值，我们先计算其对应的回归值，然后与它的实际因变量值相减，这也就是给定自变量的条件下回归值的误差（error），也被称为残差（residual）。我们对各个散点做同样的处理，把残差平方然后加总，就得到了估计值的标准差。估计值的标准差和标准差的作用相同，都是用来衡量变量的分布情况：估计值的标准差越大，变量分布越广泛；估计值的标准差越小，则分布越集中。

15.2.3 多变量探索性分析

探索两个变量间的因果关系是非常有用的，但就从我们的日常生活经验来看，现实生活中的关系可远比这复杂多了，通常多个变量间都会存在因果关系。所以，我们下面探索多变量的分析方法。

例如，你观察到广告投入和销售量之间存在着相关关系——随着广告投入的增加，销售量也上升。但请记住，即使广告投入和销售量之间不存在任何因果关系，也可能会看到两者相关，这种相关关系是虚假的。原因可能是存在着一个外生变量或混杂变量，如竞争者的活跃程度，或者是存在着中间变量或调节变量。为了研究这个问题，我们需要学习多变量分析。请记住我们之前所提到的，双变量相关也称为零秩相关，三个变量相关也称为一秩相关，四个变量相关也称为二秩相关，以此类推。

1. 偏相关

正如我们在之前提到过的，偏相关系数是皮尔逊积矩相关系数（PMCC）的一类延伸。当可能存在超过两个变量存在相关关系时，我们就使用偏相关系数进行检验。对于三个变量来说，偏相关系数是通过数学方法"控制"第三个变量来计算两个变量间的相关关系（见图 15-2）。为了使用偏相关计算，变量必须是可计量变量（定距变量或定比变量），必须是线性关系，必须是正态分布，必须方差齐性。偏相关计算会排除第三个变量的影响，比较偏相关系数和两个变量间的相关系数，可以告诉我们第三个变量究竟对两个变量间的相关关系有什么影响。如果两者间的差值很小，则第三个变量的影响很小；如果两者间的差值较大，则第三个变量确实影响到了两个变量间的关系。

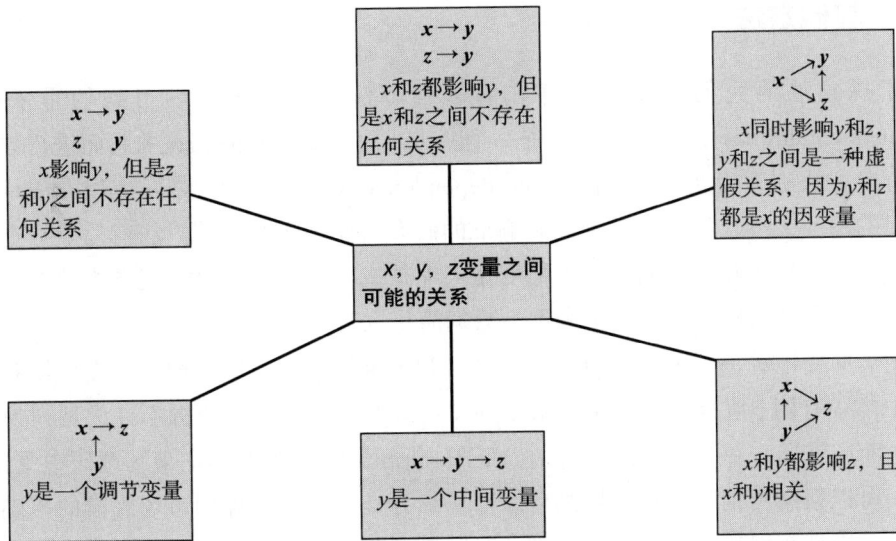

图 15-2　三个变量间的关系

2. 多元回归

多元回归是多元变量探索性分析中经常用到的方法之一，它以两个或更多的变量充当自变量，以另一个变量充当因变量。要求是，因变量须是可计量变量，自变量可能是可计量变量，也可能是可分类变量，如果是可分类变量，那么这种回归我们称为逻辑回归（logistic regression）。多元线性回归可以允许我们基于多个自变量的变化预测因变量的变化，还可以计算出每个自变量对因变量的影响程度。多元线性回归的基本原理和二元回归 / 线性回归一样，我们就不再赘述了。

使用多元线性回归有一系列条件：样本不能太小（≥ 100）；自变量不能高度相关（一种成为多重共线性的现象）；不存在奇点（singularity，也就是自变量不能是其他自变量的组成变量）；采取合适的手段处理离散值（移除等）；检查变量值的分布情况，它们是否符合线性关系、正态分布和方差齐性。

存在着包括标准多元线性回归、等级多元线性回归和逐级多元线性回归等多种多元线性回归方式，本书不予以阐述。想了解这些内容，可以参考专业书籍（如 Tabachnikand and Fidell，2012）。

3. 方差分析

方差分析（analysis of variance，ANOVA）用于分析一个可计量的因变量结果和一个可分组的自变量结果间是否相关，例如，由于社会阶层或性别产生的收入差异，或者由于城市不同而导致的不同犯罪率问题。方差分析的基本思想是：通过分析研究不同来源的变异对总变异的贡献大小，从而确定可控因素对研究结果影响力的大小。通过分析研究中不同来源的变异对总变异的贡献大小，从而确定可控因素对研究结果影响力的大小。

15.2.4 其他方法

对于探索性研究的数据分析存在着多种方法。我们之前学习到的是依赖方法（dependence techniques），它是基于检查一个变量或更多变量间的相关关系而进行数据分析的。还有些方法称为相互依赖方法（interdependence techniques），相互依赖方法是检查一组变量间的相互关系，且没有基于谁影响谁的假设。使用相互依赖方法就是要检查一组变量间到底有多少是相互关联的，进而把变量组缩减成几个变量，这也就是为什么一些人也把因子分析、聚类分析、维度分析等称为数据简化方法。

我们会简要地看一下因子分析、聚类分析和多维尺度法，这三种方法在市场调研和社会调研中都很有用 [值得注意的是，哈里斯（1981）指出，聚类分析不应该被列为相互依赖方法，而应该属于一个单独的分类]。因子分析和聚类分析尤其在市场调研中受到欢迎，因为它们可以帮助营销者进行市场细分。市场细分是营销者在识别市场规模的基础上，按照一定的标准把消费者分成不同的组别，营销者据此可以定位自己的目标市场并更有效地进行营销活动，这个标准可能是人口统计因素、地理人口统计因素、行为因素、态度因素等。

1. 因子分析

因子分析的目标在于把一大堆变量整合成几个因子，此外因子分析也广泛用于检验变量间的相关关系。例如，在一份针对消费者对电信公司所提供服务的认知感知的调研中，回答者被要求就服务的 16 个属性进行评级打分。因子分析就是要检验所有变量间的相关关系，并把这些变量总结成几个大的变量，这样我们就会得知到底什么是这项服务的主要感知决定因素。

因子分析也可以用于其他问题，包括产品测试研究、市场细分研究等。因子分析的目的不是用于解释或说明什么，用于因子分析的变量要求是可计量变量，但现实中，也经常使用到定序变量。

2. 聚类分析

聚类分析的目的在于把大样本（$n \geq 100$）分成若干同质性的组或群，每个集群将包含受访者对特定变量相似的特征或值，每个集群又与其他集群不同（有时我们也可以称为同质集群，即某一集群内的人或物具有一定的共性，而不同集群间则相互不同）。态度类变量经常用来进行聚类分析，例如，可以根据对社会和政治问题的态度进行分群。

聚类分析可以帮助营销者根据数据产生的集群进行定位分析，也可以把数据简化为更少也更有意义的数据单元。聚类分析经常被用于研究某一特定市场的构成，以及细分市场内目标消费者的偏好。

经常有人会把因子分析和聚类分析搞混，因此我们需要记住，因子分析是把变量聚在一起，而聚类分析则是把人或物分组聚类。

案例研究 15-1

旺斯连锁：定位本地需求

以下这个案例研究是关于美国一家零售商在满足本地购物者需求时使用的集群分析实际应用。

为什么这个案例研究值得阅读

本案例研究值得阅读有以下原因：它是集群分析的实际应用；它展示了整个集群分析的过程——集群分析前需要哪些工作，以及结果如何实际应用；它展示了人口统计和销售数据的有用之处；它展示了"市场定位"是如何起作用的。

关键词： 人口统计资料、集群分析、扫描仪数据、连锁店。

引言

旺斯（Vons）是美国西海岸的一家连锁零售商，它的每一家零售店的面积和装修都和其目标服务范围密切相关。依靠其广泛的分组技术，旺斯把消费者资料转化为每个连锁店的绩效。那么，它是如何实现的呢？本案例将予以解释。

目标范围的人口统计资料

旺斯为每个目标服务区域绘制了相应的人口统计资料，进行相关分析后得出的结论是：每个连锁店的绩效表现与三个主要人口统计变量相关，按其重要性排序，分别为收入、年龄、种族。

集群分析

基于以上人口统计分析，旺斯连锁进行了集群分析，其中消费者一共可分为12组。为了更好地指导实践，旺斯又把这12组合并，最后形成了以下5组：

- 高等拉美裔 / 低收入群体；
- 中到高等拉美裔 / 中到高收入群体；
- 高等英裔 / 低收入群体；
- 中到高等英裔 / 中到高收入群体；
- 平均型。

销售数据与货架空间配置

对于每一个旺斯连锁店，店内的扫描仪会提供每周每件商品的销售数据。考虑到连锁店大小与货架空间因素，空间管理系统会把货架空间按照每种商品及其主要消费进行分配，当然这也涉及把某些商品移下货架。这个货架空间配置系统也会咨询采购部门的意见，已使得空间配置更有效。最终，要参考采购团队的咨询意见并由其最终批准不同连锁店的货架上应该摆放哪些商品。

最终结果与后续行动

这项集群分析使得旺斯成功锁定了五类目标消费者，为了满足目标需求，从而更好地确定商品范围和货架空间管理。货架空间管理和商品范围的维护和更新需要考虑到季节的变化、竞争者的活动、新品引入情况和单品销售情况等因素。由于成功地由一家一体化零售店转型为五种专业零售店，旺斯也开发了两种全新概念的零售店类型，分别为

Tianguise 和 Pavilions。同样地，这也是采用了相同的集群分析方法，从而成功定位于特定消费者群体的。

资料来源：Adapted from Johnson, M.(1997).'The application of geodemographics to retailing: meeting the needs of the catchment', *International Journal of Market Research*, 39,1 pp.201-24, www.ijmr.com.

3. 多维尺度法

多维尺度法（multidimensional scaling，MDS）其实是一种绘图方法，有时也被称为概念绘图法。如果你想知道消费者对某一观点的感知程度，那么你就可以使用 MDS，比如联合分析和对应关系分析。对应关系分析的目的在于绘出展现变量间两维度的对应情况，对应关系分析所使用的数据都应该来自联合矩阵，即关于变量属性或图像的表格，如超市品牌、汽车的型号和啤酒的品牌等。变量（属性）和项目（品牌）以点的形式呈现在图中（见图 15-3）。从图中我们可以得知品牌和其属性的关系，并据此进行市场定位。对应关系分析在理解市场、市场细分、消费者对品牌的感知，以及如何通过广告进行有效定位，是否存在未进入的市场等问题上非常有帮助。

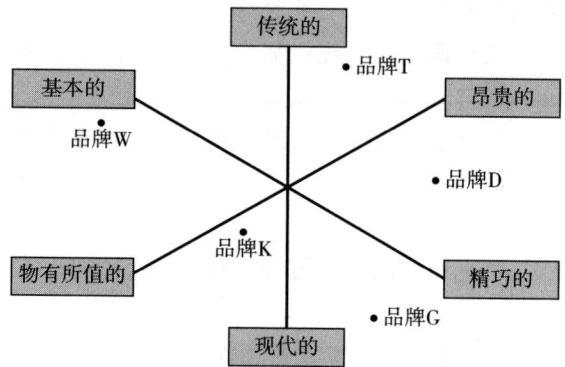

图 15-3 概念图的例子

15.3 推断性分析

如果你从样本数据中分析得出了一些结论，那么它是否适用于总体呢？这就涉及了推断性分析的内容。如果样本可以真正代表总体，那么就可以依赖样本来推断总体，这也就意味着样本必须遵循随机抽样或者样本具有至少 65% 的总体代表性。如果你采用的是定额抽样，或者样本代表性较低，那么这时候就不适合使用推断分析了。但是，我们还可以采用第 14 章中学到的其他方法，如关联测量和影响测量等，并不只局限于推断性分析。

即使是概率随机抽样，样本可能也不具有代表性。例如，你在欧盟各国随机抽样进行民意调查，最后你想比较德国和法国的被调查者民意的不同，即这两组间是否存在着不同。对一系列问题进行对比后，你发现有些问题回答上两组存在很大差异，有些则差异很小，那么这些差异是由于总体选民的不同而导致的吗？这时你就可以使用推断性分析，进行统计分析来验证是否存在真正的差异。但是进行统计验证后，你也不能确保真的在总体上存在这种差异。因为统计检验只会在一个概率上验证你的假设，因此你只能说德国和法国的选民样本只是统计上显著的。

15.3.1 参数检验与非参数检验

当你在参考一本统计学教科书或 SPPS 操作指南时，会经常碰到被称为参数和非参数的统计检验。我们在之前知道了为进行统计检验以得到一个有效的统计检验结果需要哪些条件，例如需要变量总体服从正态分布。对于比较两个来自不同总体的样本时，必须要保证这二者方差相同。当这些条件得到满足时，你可以使用参数检验；如果不是，则可以使用非参数检验。

15.3.2 显著性水平、置信水平和置信区间

我们在第 8 章中曾经提到过一个问题，在何种概率下我们接受一个假设，或者说它是统计显著的呢？显著性水平是估计总体参数落在某一区间内可能犯错误的概率，错误可能是由随机误差和条件误差等引起的，如显著性水平为 5%（$p=0.05$），也就是说存在着 5% 的概率结果中存在错误。当然，我们也可以用置信水平来说明这件事，当显著性水平为 5% 时，置信水平为 95%，置信水平说明了依据样本判断总体的可靠度，95% 也是大多数市场调研和社会调研问题中的最低置信水平。

置信区间是指在某一置信水平下，样本统计值与总体参数值间的误差范围，置信区间的范围称为置信限，置信区间的最大值是置信上限，最小值是置信下限。经常可以看到，在对美国总统选举的民意调查中，民众对共和党候选者的支持率是 45%±3%，其中 ±3% 就是置信限。置信水平越高，则置信区间越大。换句话说，你对样本值的要求越精确（置信水平越高），则误差会越大（置信区间越大）。我们在第 8 章中曾经学过，如果样本数越大，则可以提高置信水平，降低置信限。但现实中不经常使用大样本的调查，因为费时且昂贵，因此我们需要在精确和预算中做出选择。样本越大，则也会出现样本非概率抽样的风险。

15.3.3 显著性检验

在双变量描述性分析和双变量探索性分析中，我们可以使用显著性检验来检查从样本中得出有关关联度、因果关系等是否也适用于总体。为了进行显著性检验，我们首先需要对两变量间的关系做出假设（hypothesis）。我们可能不能证明一个经验论断，但是可以推翻它，我们只需要检验原假设（null hypothesis）就可以，原假设和经验论断二者是一致的。如果检验结果可以拒绝原假设，那么我们就可以接受研究的假设；如果检验结果不能拒绝原假设，那么我们就不能接受研究假设。以下是关于假设检验的步骤。

1. 假设检验步骤
- 制定一个具体的研究假设（例如，男性和女性对待环境问题的态度存在不同）；
- 写出其对应的原假设（即男性和女性对待环境问题的态度一致）；
- 给定显著性水平；
- 选择合适的统计测试方法；

- 进行测试并得出结果；
- 解释所得到的统计数字；
- 拒绝或接受原假设；
- 在给定研究假设的条件下得出结果；
- 得出结论。

2. Ⅰ型和Ⅱ型错误

我们早在第 8 章中就讨论过随机抽样中的Ⅰ型和Ⅱ型错误，现在我们讨论统计检验中的Ⅰ型和Ⅱ型错误。在拒绝和接受原假设时，其实都存在着犯错的概率，存在两种类型的错误，即Ⅰ型（α）错误和Ⅱ型（β）错误。当原假设正确，但你却拒绝时，就犯了Ⅰ型错误，例如，一个清白的人却被判有罪；当原假设错误，但你却接受时，就犯了Ⅱ型错误，例如，有罪之人却被无罪释放。犯Ⅰ型错误的概率一定小于显著性水平，因此显著性水平也被称为 α 值。如果我们把显著性水平设为 1% 或 0.1%，则可以降低犯Ⅰ型错误的概率。如果降低了显著性水平，那么你犯Ⅱ型错误的机会则变大了，因为你增加了检验的严格性，并把置信限提高到了 99% 或 99.9%。

为了在Ⅰ型和Ⅱ型错误中寻求一个平衡，我们得设置一个合适的显著性水平。如果Ⅰ型错误被认为比Ⅱ型错误更严重，那么我们应该把显著性水平设置得低一些（如 0.1%）；相反，如果Ⅱ型错误被认为比Ⅰ型错误更严重，则相应地我们应该提高显著性水平。为了同时减小犯Ⅰ型和Ⅱ型错误的概率，我们需增大样本。

15.3.4　进行何种检验

选择进行何种检验是很重要的，因为如果你选择了错误的检验方法，那么你的分析结果很可能就没有任何意义。因此，我们首先需要确定所研究的假设是有方向还是无方向的。如果是有方向的，我们需要采用单尾检验；如果是无方向的，则需要进行双尾检验。接下来你要确定检验的到底是什么，是差别还是关系呢？

15.3.5　差别还是关系

统计检验可以检验变量间的差别和关系，差别检验，如变量间的平均值、比例等是否存在差别。例如，独立零售商和连锁零售商所售卖的 X 产品的平均价格是否存在差别；又如，X 品牌洗衣机出故障的次数是否与 Y 品牌的洗衣机存在显著差异。此外，我们也可以通过统计检验变量间的关系，例如，性别与使用的产品或服务有关吗？X 产品是更多地被男性使用，还是被女性使用？接下来，我们就需要查看检验的数据类型了。

15.3.6　数据：测量的层次如何

正如我们在之前说过的，对于可计量变量，即定距变量和定比变量，我们可以使用参数检验和非参数检验，选用哪种方法取决于你在给定的置信水平下想要达到的精确度有多高。参数检验因为可以较多地避免Ⅱ型错误的发生，因此比非参数检验更精确。但是参数检验也有局限性，除了要求分析的都是可计量变量外，还要求变量须是正态分布。对于非计量变量，我们只能使用非参数检验。非参数检验适用于所有类型的变量，缺点则是不够精确。

最后，我们需要检查所检验的数据来自一份样本还是两份样本，对于两份样本而言，我们需要知道样本间是否存在关联。

15.3.7 一份样本还是两份样本，关联与否

当我们进行一份样本的数据分析时，我们说的是把样本中的相关统计数据，如平均数、比率、标准差等，与已知的总体数据相比较。例如，我们已经知道全国的犯罪率，现在我们想比较某个城市的犯罪率是否与全国犯罪率存在差异，这就是一份样本分析。两份样本分析分为有关联的样本和非关联的样本，非关联的样本指的是第一个样本内的数据不会影响到第二个样本，比如对于德国和日本企业，从企业利润中用于再投资研发的比例是否存在差异？两份样本——日本企业和德国企业，是毫不相干的。相关样本分析是指两份样本间存在关联（也成为配对样本），比如一群消费者对于 S 产品和 R 产品的评价。我们可以计算出对 S 产品和 R 产品评价的平均分，但因为受访者都是相同的消费者，他们的回答可能互相影响。因此，虽然我们有两份样本，但它们之间并不相互独立。

15.3.8 尾注

虽然经过统计检验发现两个变量间的关系统计显著，但也可能在调研目标中这是没什么意义的。也就是说，有意义的结果可能并不统计显著，我们应该把调研发现和研究目标联系起来，以解决客户实际的问题。

🖐 专栏 15-3

如何选择推断统计分析方法

分析类型：分析差异还是分析关系 / 相关性

如果分析差异：

变量是可计量变量还是非计量变量？

- 如果是非计量变量：是一份样本还是两份样本？
- 如果是一份样本：卡方检验或二项式拟合优度。
- 如果是两份相关样本：符号检验、Wilcoxon 检验和卡方检验。
- 如果是两份不相关样本：曼 – 惠特尼 U 检验、卡方检验、Krusal-Walls、ANOVA；
- 如果是可计量变量：是一份样本还是两份样本？
- 如果是一份样本：z 检验和 t 检验（参数检验）；曼 – 惠特尼 U 检验或 Wilcoxon 检验（非参数检验）；
- 如果是不少于两份的相关样本：配对 t 检验；
- 如果是不少于两份的非相关样本：z 检验、t 检验、ANOVA 和 F 检验；

如果分析关系：

自变量和因变量的类型是什么？

- 如果自变量和因变量都是非计量变量：卡方检验、相关系数、Cramer's V、Kendall's tau-b（和其他）；
- 如果自变量是分类变量，因变量是可计量变量：ANOVA（F 检验）；
- 如果自变量和因变量都是可计量变量：回归分析和相关分析（对于二元回归采用 t 检验；多元回归采用 F 检验）。

本章总结

- 探索性分析的目的在于分析一个变量与另一个变量（二元变量分析）或者一个变量与其他多个变量（多元变量分析）的关系，对应不同类型的变量存在着不同的探索性分析方法。
- 探索性分析，除了探索变量间的因果关系外还存在着很多相互依赖分析方法，比如因子分析和聚类分析。
- 因子分析和聚类分析常被用于市场调研和社会调研中，因为它们可以帮助营销者进行市场细分。
- 以推断性统计检验为基础的推断性分析应该只用于随机抽样产生的样本（或者样本代表性超过 65% 的样本），推断性分析的目的在于将从样本中得到的结论推广至总体。

问题与练习

1. 描述一个你曾经从事过或即将从事的调研项目，其调研目标和使用或预计使用的分析方法都有哪些？
2. 解释以下术语：
   (a) 探索性分析；
   (b) 推断性分析。

调研结果的交流和审查

□ 引言

调研项目最后阶段的工作就是将问题情境下的调研结果进行沟通交流以及对调研结果进行审查，调研结果可以以口头或者是书面报告的形式展示出来。本章的目的就是帮助你更清晰、准确、有效地进行调研结果的展示，同时给出调研结果审查的一些指导。它能帮助你从调研结果使用者的角度思考调研项目的调查结果，以及调查结果对最初调研问题的应用等，同时又针对性地进行报告设计。

□ 本章主题

- 调研结果的交流
- 准备展示结果
- 撰写报告
- 以图表形式展示数据
- 评价调研质量
- 附加值

□ 学习目标

- 以汇报或报告的形式呈现调研结果
- 审查调研结果的质量

16.1　调研结果的交流

如果最后的调研结果不能以某种形式呈现给人们，调研项目就会变得毫无意义，调研结果的呈现主要有两种形式：口头或书面报告，大多数调研项目的结果展示都是采用这两种形式。梅瑟（2010）在有关 188 家调研公司的调查中报告说，2009 年，51% 的商业调研项目最终以 PPT 的形式进行项目报告，17% 使用打印版报告的形式呈现调研结果。在结果的展示中更多地使用数据可视化工具或仪表板来突出调研结果。在针对公司内部进行的调查项目中，调查人员需采用一系列方法来吸引内部使用者。可以浏览网页 http://www.quadrangle.com/theuseofresearch/，仔细看一下索尼音乐是如何利用内部客户细分的方法进行调查的。在一些项目中，调查结果以会议记录以及出版刊物或书籍的形式保存下来。展示和报告之所以对企业来说很重要，主要是因为：

- 它们能够明晰地反映调研结果；
- 可以用于调研结果的沟通和传播；
- 可以作为影响说服客户的一种方法；
- 可以强调调研结果的价值；
- 是调研者外部营销的一种能力和专业技能。

展示之所以重要，还在于它是涉及客户以及调研者的一种双向沟通过程，双方可以一起讨论调研结果，探索结果之下的信息。报告还有其独特的力量，作为一种包含了调研项目全部资料的文件，报告记录着从原始问题界定到最终调研结果反映的信息，记录了调研中已经完成的工作。很多阅读报告以及参与展示的人员并不负责调研项目中某一阶段的工作，他们的任务可能仅仅是展示调研结果。客户在委托未来的一些工作时就需要参考这些报告对调研的质量以及调研提供商提供的服务质量进行评价，因此在撰写报告时你需要了解报告可能的用途。就像帕森斯（2004）描述的那样，你最后提交给客户的文件通常是要能够说明你所要展示内容的一些资料。不考虑口头评论，你需要考虑的是如何让文件更好地说明调研结果，可能你想在文件中包含一个口头评论的书面版本。这可以增加文件的价值。

报告的撰写可以在展示之前或之后，如果在与客户沟通之后客户认为不需要详细的报告，而倾向于摘要性的报告（或被称为管理摘要报告），可以准备摘要性报告。有时候客户在展示之前也会要求详细报告，这样才能对调研数据、调研结果以及结果背后的一些信息形成更准确的认识。有时候并不需要进行展示，一些客户可能会要求在展示之前先获得报告草案，根据报告草案对调研结果显示出一些问题进行讨论，并决定下一步该如何行动。展示之后，调研者需要准备讨论之后的报告，并记录讨论结果，展示以及报告也可以在项目进展过程中进行。在大规模以及跨国调研项目中，调研者可能会展示调研中发现的一些阶段性成果，在定性探索阶段以及定量调研阶段获得的一些结果，这样的目的是及时地对项目小组的工作进行信息分享和更新。

16.1.1 沟通与交流

在详细介绍展示准备和报告撰写之前，很有必要先看一下沟通的艺术，究竟什么是沟通？沟通主要涉及什么内容？沟通的目的在于传递一些东西，如数据、信息以及知识、想法，目的是为了能够影响或者说服别人。沟通的工作包括四个部分：

- 信息来源；
- 信息本身；
- 信息传播渠道；
- 信息接收者。

为了能让沟通过程更加有效，你需要首先了解这四部分的内容以及它们之间的相互作用。你需要知道自己想要表达的内容，信息具体是什么，信息接收者都有谁，以及对他们来讲信息重要的原因。目的是为了使信息能够满足客户的需求，并且更好地利用渠道提高信息传递速度；具体来说，你需要让自己的调研在特定的情景下有实际意义。这一点大家可以借鉴之前介绍的索尼音乐调查案例。

16.1.2 计划展示或报告

在计划展示以及报告之前，你首先需要明白自己想要达到的目的，展示的目的是什么，客户为什么要委托调研项目？在调研过程中他们遇到哪些问题前来和你沟通？他们期望调研能够为其带来什么？

1. 目标

聚焦于客户的需求，从他们的角度来思考问题。你需要实现的最终目的是什么？在展示结束之后你希望客户方面会做出什么样的行动？你是否为了满足客户某种需要而提供定制化服务？你如何能做到这一点，在调研中有没有能够说明这样需求的线索？是否能为客户需求提供一些暗示？你是否打算劝说客户采用广告方案 A 而非 B，并说明为什么方案 A 在传达品牌价值方面要比方案 B 更有效？

在准备展示的过程中，要时刻考虑客户的需求，努力将客户的想法与你保持一致。展示的最后，客户应该明白接下来要做出什么样的行动，下一阶段的工作该如何展开。展示准备阶段，不要总是考虑是否能够在一定的时间或空间范围内获得多少数据，数据并不是客户真正感兴趣的，他们真正感兴趣的是信息和知识，是那些能够帮助他们做出更好决策的线索。展示内容要根据最终调研结果、调研目标而定，而不是调研过程中产生的一些数据，目的在于向客户传递相关信息，尤其是对其业务有价值的信息。展示结束后，最好不要让客户说"那又怎样"。事实上，展示的过程中你就应该提醒自己这一点，这样在报告之后客户才会清楚自己接下来需要进行的行动。

2. 说明假设

为了能够更好地说明假设，你需要清楚客户的需求，了解决策过程的本质，以及决策环境的作用机制，还需要对听众有所了解。因此，先要明白自己真正掌握的以及假设自己已经掌握的信息，再思考一下为什么要进行调研，调研结果主要用于哪些方面，客户需要做出的决定，以及他们现在的一些想法，要先考虑一下对以上问题自己做出的假设。客户主要面对什么样的问题？他们对这次的调研、问题以及将要做出的决策态度和看法是怎样的？对于调研实践和调研技巧他们了解多少？听众中是否有人持不同的意见？对这些问题存在疑问的话，就需要在展示之前或之后及时地提出，之所以需要这样的信息是为了让展示中传递的信息符合听众需求，从而实现你的目的。要记住，展示会议是你同客户团队进行沟通的唯一机会，也是客户团队能够聚在一个地方彼此交流调研结果的有限机会之一，你的责任就是要能够更好地利用你和他们共同的时间。

展示会议中的听众可能非常多元化，而且其中可能会有潜在的政治趋势，要试着去发现这些因素。如果不能做到的话，至少要清楚与会人不会采用相同的思维方式，对最终结果也存在着不同的预期。展示之前，你需要决定自己最先需要影响的人有哪些，并且努力在展示过程中实现这样的目标。有时也需要你针对不同的听众准备不同的展示，以满足他们各自的需求，关于听众你需要询问的关键问题有：

- 他们是谁？
- 各自的职务级别是什么？
- 他们对于调研的熟悉程度如何？
- 他们对问题的熟悉程度如何？
- 他们会在哪里听展示，比如是否会和你在同一个会场中，是电话会议还是视频会议的形式？
- 会有多少听众？

16.2 准备展示成果

通过对调研项目的背景调查，你已经知道将会出席展示会议的听众了，接下来就是有关如何设计展示以吸引听众兴趣的问题了。

16.2.1 媒体选择

展示中信息来源是展示人员，也就是你自己，使用的媒体渠道就是一些视觉工具，媒体的选择会影响信息接收的方式，可能会提高信息的传递，也可能阻碍信息传递，媒体还会增加或减弱信息的可靠性，对于视觉工具的选择取决于背景（屋子的大小及听众的多少）、获得设备的可能性以及自己的偏好这三种因素。

1. 视觉工具的选择

要在特定的会场中考虑选择以最佳的方式将信息传递给听众，使用恰当的手册、活动挂图、幻灯片这些工具也能实现像多媒体工具那样的效果。

尽管手册相比之下容易准备并且可以作为资料记录永久保存，但手册若作为主要的展示资料能产生的影响实际上很不理想，因此最好是在展示结束后再将手册分发给听众。活动挂图在听众数目比较少的时候会很有效，它们容易准备，但对于规模较大的会场效果不是很好（特别是字较小且不清楚的情况下）。

幻灯片也是很容易准备的，很多会场都有放映幻灯片的设备，设计良好的幻灯片——有较少或适量的文本以及从文本中提炼而来的背景介绍，能够发挥很大的作用，但是幻灯片的设计、演示要操作得很好则有一定的困难。可以使用软件包或模板配合要展示的内容，并且多多练习，这样在向客户展示时才会让其感觉舒适并取得比较好的效果。展示中如果你要使用会场电脑或自己的笔记本电脑，你需要先确保这些设备可以使用，还要为会议中可能发生的意外事件准备好应对方案，可以将幻灯片文件上传到网上或是移动硬盘中，甚至是准备好纸质版文件。

2. 图表设计

在设计图表或幻灯片的过程中要考虑到人们消化吸收信息的不同方式，有些人喜欢数据，有些人喜欢文字，还有一些可能更偏向于图片或图表。实际设计中，一般幻灯片会综合文字、数据、图表等内容，打破某种固定的风格，保证幻灯片不是将资料单调地堆砌起来，资料的处理方式要符合资料本身的特点（参见第 14 章）。

目前展示中使用最多的是 PPT，但还有其他的一些提供不同功能的程序，如 Prezi，可以根据演示需求左右平移、放大局部细节或缩小以显示演示文档全貌。还有很多软件能够帮你更加形象生动地展示数据，可以看一下 GooleVisualisation、InfoTools 以及 Data Liberation UK Ltd 中的相关内容，它们分别从表格制作、多维演示、仪表盘以及报告的制作几个方面向你展示。

16.2.2　内容和结构

严格编辑你的展示资料，在展示的过程中只对有助于理解问题的数据或调研结果进行展示。考虑一下如何展示能够支持你的论据或解释，可以通过使用两面性论述、摘要、重复论述以及强调的方式，引用其他数据资料或之前你进行的调查来进行阐述。展示的结构要根据项目以及客户特点进行选择，可以采用先对展示进行框架说明或简要介绍调研结果，然后再进行详细介绍；或者采用先论述调研结果，再提供相关资料证明。

考虑一下展示主要结果时的顺序，要知道你要吸引听众的注意力，因此内容要能够清晰地说明调研结果和结果背后的信息。如果展示中要宣布不好的消息，最好先向听众传递好消息，这样包含坏消息在内的全部信息才有可能被接受。在展示中最好加入标记和占位符，这样有助于听众随时知道展示进展，并在不同的展示资料间建立起联系。

16.2.3　准备和实践

展示之前最好做充足的准备。充分彻底地了解资料，在展示时间上进行控制。邀请同事来听一下你的展示，让他们对你的展示提问并给予相关反馈，反馈中尤其要注意以下问题：

- 可听度；
- 声调；
- 语速；
- 肢体语言；
- 与听众的互动；
- 视觉工具的操作；
- 视觉工具的质量；
- 对资料的掌握程度；
- 展示的逻辑性；

- 标记的设置；
- 时间；
- 对论点的说明；
- 开篇以及收尾；
- 提问和讨论的组织。

如果无法组织展示模拟演练的话，你也可以一个人通过大声练习的方式模拟一下展示的全过程，大声地说出来意味着要比自己在脑海中过一遍演示过程花费更多的时间。出声演示的方式能够帮助你发现在调研结果展示过程中可能出现的一些问题，比如发现那些比较薄弱的论据，从而加强它们。

此外，还应该考虑一下展示过程中可能提出的问题，根据展示的种类，这些问题可能是技术上也可能是方法论上的疑问，甚至是对于你的陈述方式、提出的建议、对问题的看法、问题的商业社会背景等的疑问。

16.2.4 组织工作

展示之前要首先确定展示时间，陈述时间、讨论时间以及其他部分的时间各占多少，并根据时间安排调整自己的展示。不要让大量的数据占据了你的展示，要知道人们通常集中注意力的时间不会超过 45 分钟，因此要有意识地缩短展示时间。如果展示之前被分配的时间为 45 分钟，最好在设计展示阶段将展示限制在 30 分钟，因为展示过程中很可能发生各种各样的事情打断调研结果的展示，比如与会人迟到时你可能需要等候一段时间，但是展示的时间限制却是固定的。

检查技术细节：保证展示中使用的设备不会发生障碍，会场的大小与听众以及展示的方式相适应。还要让自己或团队成员清楚在设备出现问题时如何解决，以保证不耽误调研结果的展示。一些展示中使用的资料要存有备份。

1. 适应展示的环境

提前进入会场，熟悉会场环境，你需要调整会场至适宜的温度，过低会让听众无法集中精力，过高则会让人感觉乏力。展示之前你会感觉很紧张，没关系，要相信自己能够做好，因为你已经做了充足的准备，练习的也足够多，展示时分泌的肾上腺素会帮助你表现得很好，还可以通过放慢自己的呼吸来调整紧张的心态。

2. 开始展示阶段

展示开始之前将你的手表或手机放在讲桌上，方便你能很自然地看到时间，在全部与会人员到场后，要先试调一下设备，保证每个人都能听清并看清放映的幻灯片。开始展示时，要有意识地控制自己的语音语速，人在紧张的时候很容易加快语速或提高音调。尝试在陈述的过程中灵活地转变语调，使自己的演示听起来更加声情并茂。展示中你的目标是吸引听众的注意力，从而建立起比较好的联系，要让听众将注意力放在展示的内容而非展示的方式上。展示中还要注意肢体语言，让自己的肢体语言看起来更加大方友好，保持和听众之间的目光接触，把听者带入到你的陈述中来。还要注意最好不要在展示的过程中念稿子或背对着听众，更不要有一些会分散听众注意力的动作，比如转笔，将手放在口袋里，来回走动甚至是玩弄自己的首饰等。如果你使用笔记本电脑进行展示，可能会有一些打印出来的资料，展示中不要照着资料读，也不要照着幻灯片上的内容念，那样你的展示会变得很单调乏味，只是将这些资料作为展示过程中对你的提示。还要注意自己的语音语调，你是在汇报工作，而不是在分配任务。

如果与会人中有一些母语并不是你使用的语言，要努力让自己的陈述足够清晰，避免使用过多的俚语，还要在手册以及图表中标注展示的主要内容，一般来讲，使用第二语言的人对书面资料理解的会更好。

16.2.5 开始阶段：吸引听众兴趣

展示过程中如何吸引听众的兴趣，激发他们对展示内容的关注？如果在展示之初，你就已经从听众的角度为满足他们的需求来思考展示的结构，结果就会是自然而然的。人们总是倾向于接受他们感兴趣以及同其需求相关的一些信息，因此一个好的开始就变得十分重要。展示开始阶段你需要同听众建立起良好的联系，开始阶段主要是为接下来的讲解做预热，使听众做好接收信息的准备。可以利用这个时间使大家放松一下，说一些大家都知道的信息，比如进行调研的原因；如果之前已经介绍过调研背景，这时你就可以说一下下面的讲解会如何解释调研结果。另一种开始的方式是，先说明目前已经提出来的选择方案或客户在决策时可能遇到的问题，介绍时可以按照你认为调研结果会如何作用于客户需求方面。调研结果中会包含很多故事，你也可以选择其中一些比较有意思的来吸引听众的兴趣，这些故事还可以为客户提供一个全新的视觉来审视问题。

考虑到听众以及项目性质，可能需要在展示时先对调研方法论进行一个简要的介绍，包括样本结构描述等，这部分不能占用太多时间，毕竟人们不会对详细的方法论有很大的兴趣。听众的目的是为了获知调研结果，尽管这些信息会使他们在调研效度和信度上有更好的理解，但展示开始阶段太多晦涩难懂的信息会打击听众的热情。同时，对于那些可能存在争论的问题，最好不要在展示开始阶段涉及，这有可能分散他们的注意力，当然，在需要启发听众对调研课题产生新的理解时可以考虑使用。

无论采用什么样的方式，都要努力在展示开始阶段尽可能吸引听众兴趣，引导他们关注接下来的展示。可以考虑在展示时向听众展现一个本次展示陈述结构图，让与会者能够清楚地知道展示涉及哪些内容，最终会引领他们得到什么样的结论。告知与会者这次展示会持续多长时间，是否有准备好的资料手册，这样他们可以决定是否要带着笔记本记录展示会议的内容。

16.2.6 保持持续的兴趣

展示进行中你需要做的就是保持听众的兴趣以及你们之间建立的联系，展示中所有的因素都可以帮助你实现这一目标。你也可以通过参加别人的展示来发现自己在展示中出现的问题，下面列出的是展示过程中常见的问题，在准备以及进行展示的过程中要尽力避免这些。

1. 信息的内容和结构引起的问题

- 展示结构过于混乱，你已经不知道展示现在进行到什么地方了。
- 展示过程中内容过于散乱，没有遵照一定的顺序。
- 内容乏味无趣。
- 展示过程中很难跟上展示人的思路，而且不易理解。
- 展示内容重点不突出。

2. 展示人可能出现的问题

- 展示中语调单调无力。
- 完全按照讲稿朗读。
- 展示中存在各种会分散听众注意力的衣着或首饰。
- 没有与听众进行目光接触或肢体语言的交流。
- 眼睛紧盯着屏幕，没有面对着听众。

3. 视觉工具可能出现的问题

- 表格没有按照正确的顺序排列。
- 设备出现问题。
- 图表中的文本显示不清楚或字体过小，听众无法看清。
- 图表中的信息很难理解。

16.2.7　展示的结束阶段

展示的结束阶段，要用一些概括性语言或建议来提醒听众调研结果的展示阶段已经接近尾声，概括总结信息的几个关键部分，也就是再次简短地强调主要信息以加深听众对调研问题的认识。要根据自己之前的展示内容提出概括性或结论性的语言，这一阶段就不要在发表一些新的信息了，如果可以的话，提供一些对未来行动的建议也不错。这些建议主要是针对下面一些阶段的工作内容，邀请听众在存在疑问的情况下联系你，或者对此次调研项目进行评价等内容。保证展示能够在规定的时间完成，如果这时已经没有很多时间，完全可以跳过这部分直接进入展示的最后部分。

16.2.8　讨论 / 回答问题阶段

在很多展示中，讨论以及回答问题阶段是放在最后的，在回答问题中要思考缜密一些，不要匆匆忙忙就给出答案；也不要害怕会有停顿，要知道停顿的时间其实并没有你感觉的那么长。回答问题时，可以先重复一下问题，这样让大家理解问题也能为自己争取一些思考的时间；如果展示现场还有其他展示小组的成员，可以请他们帮忙记录下问题和你的回答，以便在需要的时候可以查看一下。在回答问题时，你不仅是回答提问者，而是回答全部与会者，还要让自己给出的答案与问题相关，而不是抛开问题去讲那些你脑海里闪现的内容。如果一些问题与展示主题并不相关，你可以告诉他们这些问题可以在会议之后单独地详细作答。

16.2.9　获得反馈

展示结束之后，要与自己的同事进行交流，获得他们的反馈，明白展示中哪些是表现比较好的，而哪些地方需要进行改进。

16.3　撰写报告

与展示相比，撰写报告使用的媒介是不同的，但两者都是为了清晰有效地传递调研结果。撰写报告时你需要详细地构思一番，构思时要清楚报告要达到什么样的效果，以及撰写报告的原因、报告的目的、报告的读者，读者的需求以及在阅读报告之后可能做出的决策等。在撰写报告之前弄清楚这些问题能够帮你确定报告内容、语言以及结构。在你明确了报告目的和对象之后，撰写报告时在报告内容、格式和风格上就会有很多想法，现在就开始撰写调研报告吧。

16.3.1　准备一个概述

撰写报告之前，最好的方法是先构建一个报告框架（见图 16-1），然后再往框架里面添加东西，以这样的方式进行报告的写作会变得很容易。写作之前收集所有数据、信息，并且记录下主要观点、问题、关键调研结果以及一些有意思的事情，这时收集的资料不要拘泥于要采用什么样的结构展现，只需将它们按照主题分类规整在一个文档中。然后回想一下报告的目标是什么，在报告中你想要传递什么样的信息，从读者的角度考虑并问自己以下这些问题：

- 撰写报告的原因是什么。
- 报告想要达到什么样的效果。
- 报告的阅读者都有哪些人。
- 他们为什么要阅读这个报告。
- 他们已经掌握了论文哪些信息。
- 他们想要知道些什么。

在明确报告目的的基础上对这些不同的题目进行排列，并且构建出报告框架，这在一个标准文档程序中很难做到，但是可以通过 Scrivener 程序来实现（有关该软件的特点可以访问网络 http://www.literatureandlatte.com/scrivener.php?show=features）。

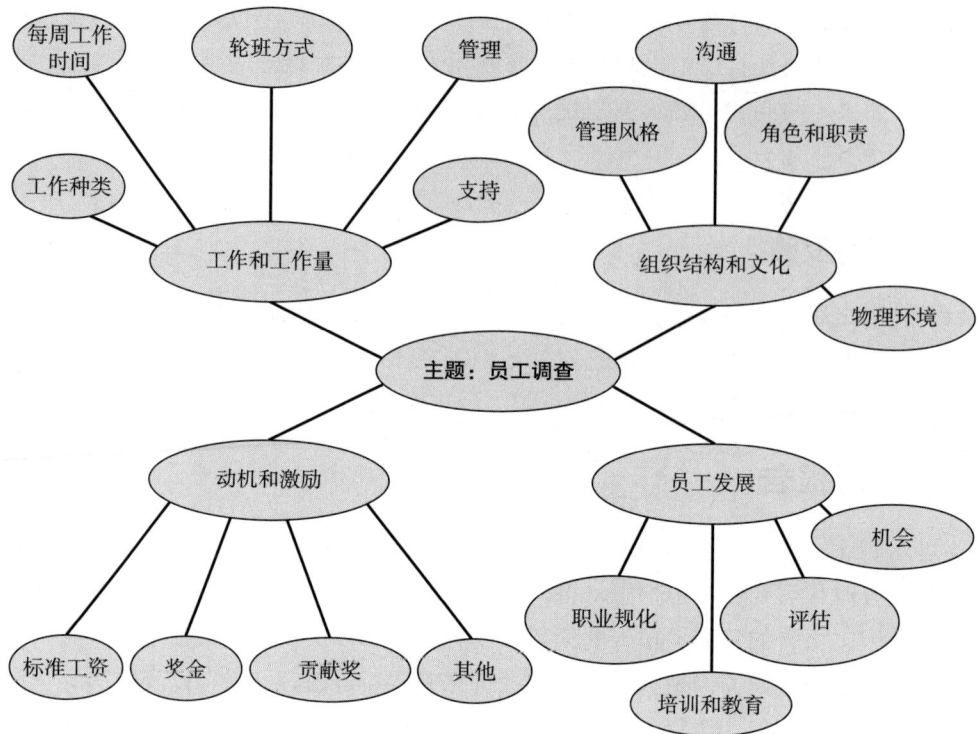

图 16-1 报告结构

16.3.2 报告布局

报告布局主要是指报告在页面上呈现出来的视觉效果，它能够极大地促进阅读者对报告的热情和理解。因此，你需要利用好页面空白处，保证印刷版式和风格的连续性；使用不同格式的标题将报告结构明晰化；对于报告中出现的一些表格要注意编码以方便读者阅读。如果报告中多次参考了同样的图表，最好在每一处都重新说明，这样读者就不需要回到第一次参考该图表的地方以免影响其对报告的理解。很多报告的布局结构是相似的，报告涉及的内容依次为引言、方法论介绍、调研结果说明、摘要、结论以及提出的建议。当然这种格式并不是固定的，可以根据调研组织的风格或读者特别的需求进行适当调整，"专栏 16-1"给出了比较详细的报告结构和内容。

🖐 专栏 16-1

示例：报告主题

- 标题
- 报告或管理的摘要
- 目录
- 背景和引言

- 文献综述
- 问题识别
- 授权调查范围（调查需要传递的信息以及调查目的）
- 调研的方法论或方法：
  - 调研设计
  - 样本选择
  - 数据收集方法
  - 形成的问卷或讨论指南
  - 调查结果的局限性
- 对调查结果的分析
- 讨论和说明
- 结论
- 建议
- 附录：
  - 技术性细节信息，比如具体的样本情况
  - 全部的问卷和讨论指导说明
  - 组织方面的细节
  - 项目组成员的简历

1. 标题

对于报告来说，标题很重要，尤其是那些发行量很大或是要出版的报告，标题必须能够吸引读者的注意力，引起他们的阅读兴趣，并且要能表现整个报告的主要关注点和结构。事实上，要找一个能够达到以上效果的标题有时候是很难的。在报告撰写准备阶段，最好是先确定一个暂时的标题，等到报告完成之后再决定最后的标题，写作的过程中可能就会想到比较合适的标题。在确定标题时可以采用头脑风暴法或在项目小组成员内形成一种竞争，以此确定最终标题。一般来说，标题由两部分组成：主标题用来吸引读者的兴趣，副标题则用来对报告内容进行进一步的解释。

2. 摘要

摘要部分是对报告内容的总结和框架的绘制，摘要较短，字数一般在150～300字，不超过500字。摘要在周刊和学术性报告中很常见，但在调研报告中加入一个这样的摘要也很好，因为有的读者可能没有时间详细阅读报告，只能通过阅读摘要了解主要信息。摘要在报告中所起的作用就是为读者提供关键信息，方便他们决定是否要继续阅读下去，摘要一般包括以下内容：

- 调研问题；
- 调研原因；
- 调研方法；

- 调研结果；
- 调研意义或结论。

还有一种结构就是调研目标、调研设计 / 方法、调研结果、调研价值。

尽管说摘要在报告完成之后会更容易写出，但你也可以在完成报告概述后写出摘要草稿，这种方法可以加深你对报告所要表达信息的理解。要写出准确、简洁而又明晰的摘要并不容易，你需要为此准备多个摘要草案，还要写出一个比摘要内容更丰富的主要调研结果小结。

3. 目录

报告中的目录要清晰、有逻辑，好的目录能够帮助读者了解报告内容和范围，并帮助他们迅速找到相关内容。

4. 背景和引言

这部分内容主要是对调研主题的调研背景进行介绍，以方便读者能够对调研有更深的理解。在准备调研计划的时候可能你就已经写了这部分相关内容，但是现在的背景和引言部分要从调研工作已经结束的角度进行介绍，因为调研中很多条件和调研之前的方案策划相比已经发生了变化。

5. 文献综述

项目中要有一部分内容来介绍有关该项目主题的文献，文献综述是对调研主题相关内容的系统评价，既包括之前的调研也包括很多与调研题目相关的文献内容，文献综述部分要能体现对调研设计、数据分析以及调查结果的解释。在写文献综述的时候，不要仅仅满足于通过文献综述部分体现自己对调研内容的熟悉，也不要对文献仅做简单的介绍，而是要进行批判性思考。文献综述部分要能达到以下目标：

- 为项目主题提供知识背景以及分析情境；
- 对项目之前的相关内容进行简要评价；
- 突出表现这次项目调研在知识点和理解上同其他调研的差别；
- 说明项目的意义。

6. 方法论

这部分内容主要是要介绍调研中使用的各种方法，包括调研设计以及方法的选择，在方法论的介绍中你至少需要说明以下问题：

- 调研的结构或设计；
- 调研的目标人群是谁，如何与他们建立联系？
- 基于何种标准进行选样，以及选择这种标准的原因是什么？
- 调查对象有何特点？
- 数据收集中使用什么样的方法，为什么要选择这样的方法？
- 你是如何将调研目标转化为问卷或讨论指南的？
- 处理数据的方法是什么？

- 调研中都遇到了什么问题，你是如何解决的？
- 调研以及数据是否存在什么不足？

7. 对调查结果的分析

你可以集中一章来分析调查结果，或是在每一章中介绍一个调研主题，无论采用什么样的方法分析调查结果，你都需要在写作之前先明确写作顺序以及章节安排。在写作的过程中要随时回顾一下报告框架，以保证报告能够达到预期的效果，报告顺序符合逻辑，读者能够真正理解报告。

8. 讨论和说明

这部分主要是将原始调研中出现的问题、调研结果，以及在文献综述中讨论过的之前的相关调研和在引言部分对调研问题的描述进行总结。也就是说，这部分主要是要说明调研结果对调研主题和调研问题的更广泛的商业问题背景。当然，还可以加入一些从这次调研中积累的可用于今后调研的经验以及改进的地方。

9. 结论和建议

有关调研中的结论和建议也可以在讨论说明章节中涉及，或是另写一章，这一点可以自行决定。在调研项目中，阅读报告的人一般都很繁忙，他们只能用有限的时间仅仅阅读摘要、引言、结论和建议部分，更多的是先阅读摘要、结论和建议部分，然后才是引言以及主要调研结果。在写作时要注意，摘要部分是对主要调研结果的总结概括；结论部分则是对一些论据的总结性陈述，报告中也不要添加那些比较新的观点。同引言一样，结论部分要向读者提供报告的关键要点；建议部分要加入自己对调研行动的一些观点，尤其是那些在接下来的调研中你认为应该遵守的部分。结论部分要客观展现出信息，建议部分则是要给出自己对行动的意见。

10. 附录

附录部分是要向有兴趣的读者提供同调研项目没有直接联系但有助于其理解项目的一些资料。附录可以包括技术和方法上的一些细节，比如选样的步骤、样本数据的处理方法、加权的方式等。还应该包括问卷的全部内容以及讨论说明，组织进行调研的相关单位和个人，有时也需要将参与调研的项目组成员的简历放在附录部分；根据报告种类的不同，附录部分还可能包括一些引用参考文献的详细介绍。一般情况下，数据表格、访问草案、实地调查中的记录甚至编码方案，可以分别呈现，也可以合并在附录部分展现。

16.3.3　开始撰写报告

一般情况下，在最终版本确定下来之前，需要进行多次报告撰写，以保证最终版本能够将调研项目介绍得清晰、简洁、有效。几乎没人能在第一次写作时就完成报告，重要的是，即便是在这种情况下还是继续报告的撰写。事实上很少人能够阅读到初稿，你呈现给读者的是最终稿。在初稿的写作过程中，你还处在不断地构建自己思路的状态。你也可以在获得数据之前就开始撰写报告，这时候可以从对调研问题背景和定义调研问题入手，可以借用调研项目建议书中写作的方式。这种方法能够帮助你理解调研目的并且集中于调研问题，在你获得数据后可以更加高效地对数据进行审核和说明。

1. 结构

在获得调研数据、分析结果以及调研中的原始记录后，你就要对这些资料进行系统整理。在你理解数据分析结果之后，就要及时地记录下你对这些分析结果的感受，在处理调研结果时也要记录下与调研项目相关的有意义的一些想法。这时候不需要考虑要以何种语言呈现你的想法，以及以什么样的顺序进行叙述。在你清楚自己对调研项目的所有想法后，就要开始考虑在有助于实现报告目的的基础上如何构建这些资料，采用什么样的逻辑顺序进行说明。组织报告的逻辑方法有很多种，并不是说必须采用某种方式。当然，你也可以采用其他的方法帮你确定各个主题的叙述顺序，比如将所有的主题写在卡片上，按照某种顺序组合，并检查这种顺序能否更好地说明报告内容，这种方法能够帮助你找到最适合的写作顺序。

在报告中，每一段要能够表达一个主题，内容必须是相互关联的，因此将你的主题划分为不同的段落，这也可以帮助读者更好地理解报告内容。写作过程中可以通过将每段首句组成一个新的段落，每一部分的首段汇总在一起，来检查是否能说明这一部分的主要内容在论述过程中是否存在问题。

要注意变化句子长短，一句话应该只表达一种思想，每句话的字数也要控制在15 ~ 20字，这有助于读者阅读。

2. 语言

确定报告结构之后就可以考虑语言的使用了，在报告中，结构能够帮助你辨明将要叙述的信息和观点，而语言则会帮助你更好地叙述。在写作过程中，注意使用自己最熟悉的语言，并且在行文中注意体现出自己积极的态度。采用不同语言撰写的报告会产生不同的效果，那些语言比较消极、句子冗长的报告或含有过多专业术语、过长段落的报告，往往不能产生预期的效果。还要注意，避免使用不常用的词语，也可以通过删除不必要的形容词或副词来使报告更加简洁，帮助你更好地说明自己的观点，读者也往往更容易集中精力在报告上。

3. 获得反馈

报告草稿完成之后可以先请同事阅读，并要求他们给予反馈，例如，报告可读性强不强，是不是容易理解，以及精确性怎样等。此时反馈出来的很多问题往往是由于在表达观点和写作逻辑上不是很清晰。如果在这一阶段，一些同事提出来的反馈是针对一些用词或句子结构的，这时你可以先忽略这些问题，以后对其进行修改。因为这一阶段的主要目的是让观点、信息或论据论述得清晰，报告中应该存在一条主线，以帮助读者理解你的调研结论和整个调研项目的概况，你可以通过大声朗读报告的方式来检查报告语言的使用情况，如果感觉很拗口的话，可能就需要重写报告。

在重写报告的时候，注意在保证准确的基础上尽量让报告更加简洁清晰，同时还要注意为客户提供准确完善的报告，要保证报告的真实准确。

4. 报告的发表

在报告完成之后就要将报告提交发表。实际上在完成报告之后，很多人认为应该花更多的时间检查报告。事实上，你需要在撰写报告之前利用更多的时间考虑报告目的，针对报告内容做出计划安排，并且设计出有效的结构和符合逻辑的顺序，而不是最后的检查。

16.4 以图表形式展示数据

在第 14、15 章中我们已经讨论过数据处理的相关问题，并且初步介绍了数据展示。数据展示的目的主要有两个：减少数据量；以信息的形式展示数据。之前已经介绍过数据展示的重要性，尤其是在将信息传达给客户和数据最终使用者的阶段，数据展示能够帮助数据使用者更好地理解和利用数据。因而，将数据简化并以一种能够呈现出相关信息的形式展示数据在调研项目中是很重要的。正如之前介绍过的，目前有很多种数据可视化工具来帮助你实现这一目标。

16.4.1 文本概述

一些数据可以表示成文本形式，文本概述可以在调研项目展示中或报告中吸引听众或读者的注意。如果能够以很好的形式展现，这些文本形式的数据可以用来传递一些比较复杂的数据。但在调研项目展示中，这种文本概述可能会因为不能达到图表那种视觉效果而缺少影响力。下面的一些指南能够帮助你更好地以文本形式展示数据，甚至是报告中的一些摘要：

（1）文本
- 文本内容要能够很容易阅读；
- 展示界面应该足够大，以方便大多数人的阅读；
- 界面之间的搭配要温和，不至于刺激人的眼睛（尤其在展示一个图表中使用多个界面时，各个界面之间应该相互融合，否则的话展示结果会显得很凌乱）；
- 文本的颜色应该保证在固定的背景下能凸显。

（2）文字和语法
- 使用简短的文字；
- 避免较多的缩写；
- 在对文字进行删减时要保证能清楚地表达意思；
- 为每张表格设置名称。

（3）布局
- 合理利用空间：避免过多的文本以及拥挤的文本布局。

16.4.2 定性资料的图表

在报告或展示中，大多数的定性资料（包括调查结果和对调查对象的一些描述性统计）

都会以文本的形式给出。同时，你也可以使用图表来说明调研结果。例如，利用图表说明不同的调查对象与某种特定购买行为之间的关系，或者说明决策制定过程中关键影响因素之间的关系。这时与文字和文本相比，图表更能够帮助你清晰地说明问题，图 16-2 和图 16-3 就是两个例子。当然，加入一些调研中形成的资料也很重要，比如一些在调查访谈中收集的录音、视频或小组讨论中的音频资料等，这些都可以在报告中体现出来。

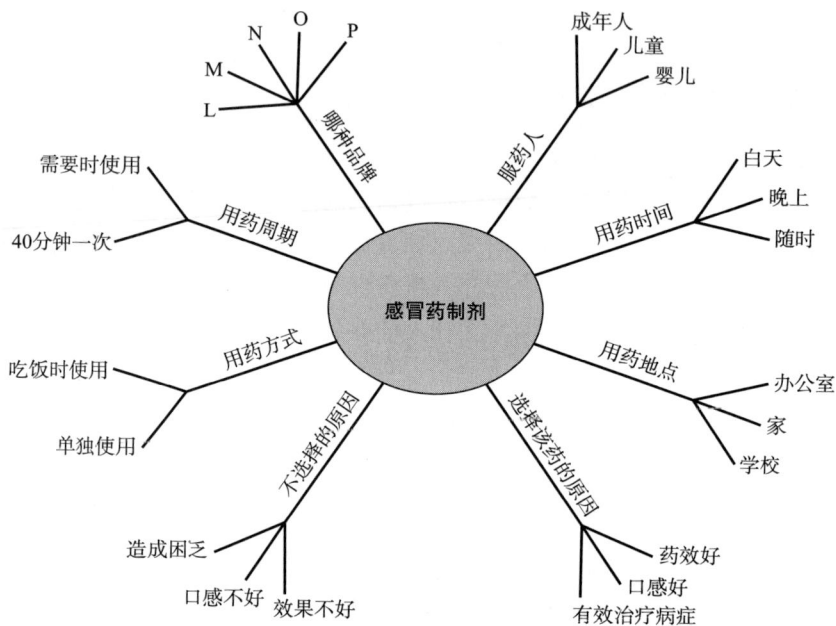

图 16-2 蛛网图

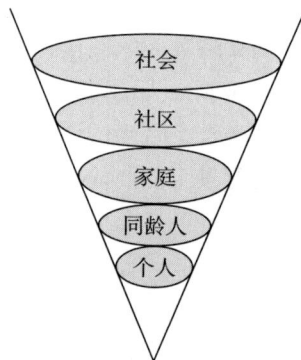

图 16-3 锥形图

16.4.3 定量数据的表格

在展示或报告中，要避免使用数据处理过程中生成的原始数据表格，因为这种数据表格中包含了很多与你需要表达的内容不相关的数据。因而，在定量数据表格的选择上，要根据报告目标对数据处理中生成的表格进行筛选，选出那些有助于实现报告目标的表格。

1. 摘要表

展示或报告中的表格要进行适当的设计，以保证听报告的人员和读者能够很清楚地明白数据表格背后的信息。每个表格应该有个简短准确的名称，整个报告中所有的表格要进行编号，文本中对表格行列信息的描述应该清晰准确，也就是说，表格行列的名称最好不要使用过多的缩写词，以保证读者能够理解表格内容。表格编号要标记清楚，并在需要的时候在表格中填加基本的数据容量和统计性数据。

在数据表的设计上，要尽可能的清晰明确；在进行数据对比时，最好将数据成列列出，方便对比；避免表格包含过多的行列以及文本，或者使用可能影响阅读效果的背景颜色。表格中的数据格式要一致，如果表格中一些数据保留的是两位小数，一些保留的是一位小数，这就要根据整体数据特征考虑怎样统一格式。表格行列的选择要符合逻辑并且按照一定的顺序，可以按样本顺序排列，或者按文本内容排列。

表 16-1a 和表 16-1b 反映了从相关数据表中提炼的有关感冒治疗的虚构数据。如果仅看表 16-1a，很难理解这些数据究竟传达什么样的信息，很难从这个表格中找出不同品牌和引起感冒的相关变量之间的关系，以及不同变量的重要程度。而表 16-1b 通过简单地重新排列以及添加另一列数据，就将这些变量之间的关系描述得很清楚。对于两种不同的品牌 M 和 N，多数调查对象认为在治疗感冒上都很有效，并且适合全天使用，也能很快起到药效。在口感上很多人认为品牌 N 的味道要比 M 更好，品牌 P 是在调研中发现的第三种比较受大众欢迎的感冒药。同 M 和 N 一样，品牌 P 在治疗感冒上也是很有效、适用于感冒引发的全部症状并且在口感上有着和 N 一样的优势。但是，很多调查对象表示这种药不适于全天使用，因为服用了药物 P 之后会变得很困乏。调研中一小部分人指出，感冒药品牌 O 同 P 一样，也会导致服药人比较困乏，但同样适用于感冒引发的全部症状并且药效很好。相比之下，L 就不会导致人困乏，同时对所有的感冒症状都有着很好的效果。

表 16-1a　品牌贡献率数据表

贡　献	品牌 L（%）	品牌 M（%）	品牌 N（%）	品牌 O（%）	品牌 P（%）
口感好	42	67	84	72	78
使人困乏	62	19	25	78	82
药效快	24	79	76	69	74
易食用	38	66	79	79	76
适于全天使用	25	83	84	22	29
适用于感冒引发的全部症状	22	82	76	56	79
药效好	27	89	72	62	74
贡献率平均值	32	69	71	63	70

表 16-1b　品牌贡献率数据表

贡　献	品牌 M（%）	品牌 N（%）	品牌 P（%）	品牌 O（%）	品牌 L（%）
现在购买	82	71	52	38	11
药效好	89	72	74	62	27

（续）

贡　献	品牌 M（%）	品牌 N（%）	品牌 P（%）	品牌 O（%）	品牌 L（%）
适于全天使用	83	84	29	22	25
适用于感冒引发的全部症状	82	76	79	56	22
药效快	79	76	74	69	24
口感好	67	84	78	72	42
易于服用	66	79	76	79	38
使人困乏	19	25	82	78	62
贡献率平均值	69	71	70	63	32

2. 详细数据表

在报告或附录中添加详细的数据表也很重要，在准备这些详细的表格时也需要按照上面所说的数据表处理方法来进行。此外，你可能还需要在报告中添加一些说明性文字来说明表格中各变量的含义，数据来源以及对调研结果的评价等。

3. 表格中数字的形式：使用指数、比率以及百分数

在数据展示中，为了体现一段时间内数据的变化程度，可以将原始数据转化为指数，以基数的百分比这种形式按照时间顺序展示这些数据。表 16-2a 中是之前讨论过的三种感冒药在 2008 ～ 2012 年的销售情况，第一列的数据是 2012 年销售情况。

为了更直观地表现出这几年销售情况的变化，可以以 2008 年的销售情况为基数，相比列出其他年份的销售状况。具体操作中我们将每年每种产品的销售量除以其 2008 年的销售量，再乘以 100。表 16-2b 中的数据就是采用这种方法转变而来的，这种方法下的各数据看起来更加直观，而且可以得到每一年销售量的增减情况。表 16-2c 和前面的两个表格相比，读起来更加简单，这是因为通过在该表格中调整年份，使得数据呈现的形式更符合人们的阅读习惯。

表 16-2a　销售情况（2008 ～ 2012 年）

	2012 年	2011 年	2010 年	2009 年	2008 年
产品 X	376	320	298	246	202
产品 Y	499	348	306	298	288
产品 Z	636	588	542	322	288

表 16-2b　销售情况（2008 ～ 2012 年）（2008=100）

	2012 年	2011 年	2010 年	2009 年	2008 年
产品 X	186	204	148	122	100
产品 Y	173	121	106	103	100
产品 Z	221	204	188	119	100

表 16-2c　销售情况（2008 ～ 2012 年）（2008=100）——再订购部分

	2008 年	2009 年	2010 年	2011 年	2012 年
产品 X	100	122	148	158	186
产品 Y	100	103	106	121	173
产品 Z	100	119	188	204	221

在揭示不同数据之间的区别时，比率是一个很常用的数据种类。这里举一个虚构的例子来说明，为了抵消反酒后驾驶组织每 1 美元广告产生的影响，酒精生产商需要花费 10 美元来赞助赛车活动。

在数据展示中表现出数据的变化是很重要的，在使用比率以达到这样的效果时，你需要保证作为基准的数据或样本容量要足够大，否则数据会由于不准确误导读者得出错误的结论，这一点可以通过表 16-3 看到。在表 16-3 最后一列可以看到，车型 W 在销量上的增长率最高达到了 71%，而车型 U 增长率为 53%。车型 W 销售量的基数比较小，之所以增长率最高就是因为基数小的缘故。在基数比较小的情况下使用比率要谨慎，此时的比率会有误导性，尤其是在同基数或样本容量比较大的相比时，这时得到的结果往往是没有任何意义的。

表 16-3　不同车型豪华车在前两个季度的销售情况

车型	第一季度	第二季度	变化量	变动浮动（%）
R	192	79	−113	−59
S	440	460	+20	+5
U	204	312	+108	+53
W	42	72	+30	+71

16.4.4　图形中的定量数据

在报告或展示中，设计合理的图形能增加整个资料的可读性，能让读者尽快地理解吸收资料中的相关内容。图形可以将一些复杂的数据表达得更清楚，但在具体操作中，设计出这样的图形是有一定难度的。采用的格式要和资料相适应，而且图形要能清楚准确地表达出相关信息。

下面的这些内容可以帮助你更有效地设计图形：
- 设计中要避免不利于理解图形的因素；
- 图形的标题要能很好地概括图形内容；
- 图形中的文本内容要足够大以方便阅读；
- 在添加背景图案或颜色时，要保证文本内容能够凸显出来；
- 图形的设计要简洁大方；
- 以标签的形式直接标出图形主要内容，而不是在图形中加注各种图标；
- 在为图形添加标签时不要添加的过乱，标签内容只需要包含文本和一些必要的解释性数字就可以；
- 图形中的文本要有助于读者理解图形，并且要能够将读者引导至相关调研结果上；
- 还要注意图形中的标签和文本不要使用过多的缩略词。

在设计图形时还要注意将图形中的各部分综合在一起，以方便读者阅读和理解，有很多软件以及 App 能够帮你实现这样的目标。一些工具如 InfoToo、Data Liberation、Dapresy Pro 以及移动终端（如 Roambi），都能够帮助你将图形设计得更好。你也可以访问一些网站通过学习别人设计好的图形来改善自己的工作。

专栏 16-2

图形的选择指导

饼图

- 用于非连续性数据；
- 如果需要表现不同种类数据间的情况；
- 饼图中各部分要按照一定的逻辑顺序排列；
- 在数据分类较多时不适合使用。

条形图

- 用于非连续性数据；
- 能够清楚地说明不同种类数据的频率以及百分数；
- 可以使用垂直或水平条形；
- 条形要按照某种顺序排列；
- 一个图形中可以使用多个条形图（见图16-4）；
- 可以按照实际含义对不同的条形进行分割合并。

直方图

- 用于连续性数据；
- 直方图的排列要有意义。

线形图

- 用于连续性数据（见图16-5）。

散点图

- 适用于展现二元变量之间的关系，不适合单变量数据。

其他类型的图形

- 统计图和地图。
- 象形图（见图16-6）。

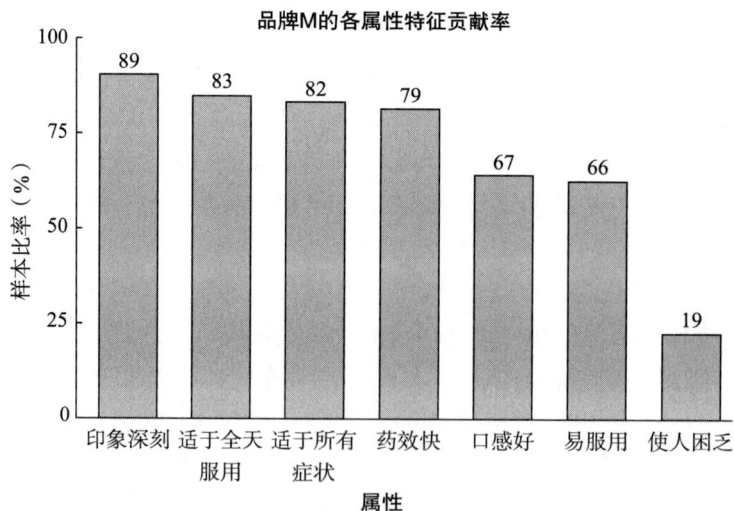

图 16-4 条形图例子

图 16-5 的标题：

2005～2009年的销售情况（百万美元）

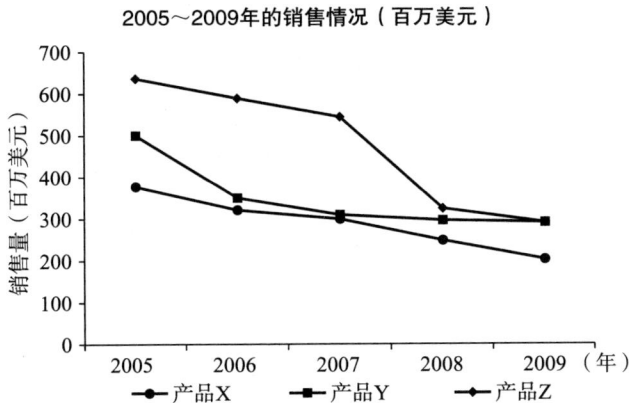

图 16-5 线性图例子

国家X平均每周啤酒消费量（单位：升）

男性

女性

图 16-6 象形图例子

16.5 评价调研质量

在整本书的论述中，我们讨论了如何展开高水平的调研。假设目前调研已经完成，调查结果也已经整理并公开，有关调研的建议书和研究设计已经完成。那么，现在你的工作就是要回顾一下这次的调研项目是如何展开和管理的，以及最终调研结果的发布方式。

是否已经得到了所需要的相关资料

首先需要考虑的是，在调研任务概要和建议书中是否得到了自己需要的信息，如果这一过程出现了问题，是采用何种方法解决的？这次的问题是不是在你尚且有时间处理的时候发生的？例如，调研中无法与被调查者取得联系，调查者是否解释了出现这种现象的原因？给出的解释是否可信，这种情况对整个调研数据的严谨性和准确性有没有显著的影响？你本身是否满意这样的解释？在调研过程中，调查者有没有严格遵守准则，他们的工作是不是做得足够好，调研团队合作效果如何？调研小组总结的调研结果有没有包括数据分析？在实际调研中有没有组织后备调研小组？对于调查者在调研过程中的表现你是否满意？

1. 调研管理

在选择调研服务提供商的时候，主要通过评估他们以前组织的调研项目，但他们为你提供的调研如何？这点可以通过考察调研项目最终结果来评价，或者参与到他们的调查项目中进行亲身评价。仔细考虑一下如何从下面这几方面评价调研项目：

- 实地调查简介以及任务简章；
- 实地调查工作的展开和管理；
- 质量控制和检查程序；
- 数据录入、验证、编辑以及编码和数据分析；
- 服务提供商的专业性和经验。

例如，在进行调研时是否有遵守选样标准和问卷指导？对于问卷中的开放式问题是否有收到详细的描述？问卷答案中是否有过多的"无反应"或"不知道"？编码程序是否能很好地反映调查对象的作答？数据表是否准确无误？在展示或报告中引用的数据是否与原始数据表一致？

2. 项目管理和关系 / 界面

从项目管理的角度评价调研质量，有的指标是能够度量的，但是有些却不易度量，因而从这一角度进行调研评价时可以考虑以下问题：

- 你对调研项目管理的满意程度如何？
- 参与制定调研任务简章的调研项目高级管理人员是否全程参与调研工作？
- 项目进行中你有没有收到及时更新的项目进展信息？
- 调研结果提交时间是否满足计划要求？
- 调研过程中调研者解决突发事件的能力如何？
- 调研者有没有为你带来额外的价值，比如某方面的服务是否超出你的预期？
- 调研者是否清楚你所在行业领域面临的问题？
- 在你组织的讨论中他们有没有表现出一定的兴趣和热情？
- 他们提供的服务同其收费是否相匹配？

3. 调研结果的交付和说明

在对调研报告和展示进行回顾时，主要是考虑在交付调研结果的时候效果怎样。在回顾时可以通过回答下面的问题来帮你实现回顾效果：

- 在报告或展示中对调研活动中采取的一些行动、安排的计划是否足够清晰明朗，是否还存有疑问？
- 调查者对调研主题的理解是否准确？
- 在信息和数据的获得上，是否掌握了足够的数量，调查者有没有将调查结果与研究主题联系在一起？
- 调研中发现的一些事实数据与最初的预测是否存在很大的出入？
- 调查者对数据事实给出的解释如何，是否存在其他解释？
- 调查者在列出论据时有没有按照一定的顺序，这些论据是否都有事实数据支持？

- 是否存在与论据相悖的事实数据，如果存在，怎么解决这样的问题？
- 在结束问题的过程中，调查者是否知晓相关的假设或一些限制条件？
- 调查结果是否与你自己的理解相吻合，是否存在一些新的发现？如果发生这些事情的话，有没有什么支持性的解释？
- 根据数据分析得出的结论与根据你自己对问题的理解做出推测所得出的结论是否一致？

4. 数据资料的质量、适应性和对调研用途的作用

询问调研结果的最终使用者以下问题：

- 有没有使用调研中获得的数据资料？
- 获得的数据资料是否可信？
- 数据资料有没有促进对问题或相关知识的理解？
- 调研是否有助于制定决策？
- 获得的数据资料是否严谨？
- 调研项目是否已经达到了调研目标，是否能解释调研问题？
- 除了已经获得的资料，你觉得还需要什么资料？

16.6　附加值

在顾客从调研以及调研项目提供商那里能够得到的信息介绍中，你可能已经理解了附加值的含义。但是，有关附加值的明确定义学术界并没有统一的规定，在一般的理解中主要是指"超出想象"，将超乎客户期望的一些服务或产品传递给客户。

在附加值的介绍中，很多人提到了以更高标准进行调研活动。"附加值"可以是从客户角度思考，以帮助他们更好地解决问题；也就是理解在客户利用调研结果进行决策时调研结果所发挥的作用。关于这一点，史密斯（2005）曾经说，"……市场调研不仅仅是研究营销的问题……市场调研的内容不仅仅包括数据以及报告草案，还有调查人员对这些调研内容的理解……在制定营销战略的时候，客户也需要根据市场调研的结果做出决策采取行动"。

有些人可能会认为，这时市场调研提供的并不是附加价值，只是客户希望能够获得的。

专栏 16-3

专业实践与《MRS 行为准则》：报告结果

以下节选的部分内容说明了在报告调研结果中调查者的一些责任，有关《MRS 行为准则》的全部内容可以访问网站 www.mrs.org.uk.

B49 项目组成员必须保证报告以及展示中的调研结果真实可信，并且有相关数据的支持。

B50 项目组成员必须遵守已出版调研项目中有关调研数据公开可信的规定。

B51 项目组成员的姓名要保证只能用于确认评估调研项目是否符合调研行为准则,不能用作其他用途。

B52 由于调研项目是为了满足客户的某种需要,因此调研中要保证客户可以对调研的调查质量以及数据质量进行检查。

B53 项目组需要向客户提供一些数据处理技巧的细节内容,以方便其随时检查调研结果的有效性。

B54 在报告中需要添加充分的技术性信息,以保证能够解释结果的有效性。

B55 报告中要有足够的信息支持解释调研结果。

B56 报告以及调研结果的展示要与调研获得的事实资料区分开来。

B57 报告人要注意,在引用数据解释调研结果时,数据应该清晰明确。

B58 除了报告说明和结论部分,项目组成员要保证定性报告和展示内容能够清楚地说明调查结果。

B59 调研报告出版之前,项目组成员要首先检查客户方面是否有要求上的修改,以保证出版的报告满足客户需求并且准确无误。

评论:这意味着在报告出版之前,项目组成员需要确认报告中所包含的最终报告细节以及资料来源。

B60 项目组成员需要保证在已出版报告中的信息以及调研结果准确无误。

B61 如果项目组成员发现在客户提交的信息中有些存在错误或可能出现错误,要及时地进行补救,暂停客户对该报告的引用,并采用其他方式尽快修正报告中的不准确信息。

资料来源:MRS Code of Conduct 2010. Used with permission.

📌 本章总结

- 调研结果展示和报告对市场调研之所以很重要在于:它们是将调研结果形象展示的重要方法,也是传播调研结果的一种方式,同时还能影响客户的决策过程以及宣传调研专家的工作。展示过程中也为人们提供了一个共同讨论调研结果并给出解释的一个机会;报告则可以将调研项目中产生的很多资料综合在一起,又可以作为调研项目工作的记录来反映已完成的工作内容。此外,展示和报告还可以帮助评价调研项目的质量以及调研服务提供商服务的质量。

- 无论在调研结果展示还是报告中,唯一的目标都是清晰、准确、高效地向客户传达调研结果。因而,在这一过程中要时刻明确自己的任务目标,从客户的需求出发为其定制设计信息。在编辑相关信息时也要严谨,展示中只需要突出有助于说明问题的数据即可。

- 全面准备你的展示,包括展示资料中包含的资料以及扩展的一些资料,还要练习展示操作。选择效果好的一些工具来帮你更好地呈现调研结果,还要考虑设备、展示房间空间以及听众人数等因素。

- 报告中要首先说明报告目的，准备好报告主要内容框架，然后再开始具体的写作。报告要使用自己的母语，还要体现出报告的主线，以引导读者得出某一结论。在完成报告初稿后自己进行检查，或者邀请同事提出建议。
- 要设计合适的表格、图形，以方便读者阅读和信息传递。
- 在完成之后还要做进一步的检查，这时主要是检查展示或报告是否能够帮助决策制定者解决问题。检查调研结果，看自己能否根据已收集的资料得出同样的结论。在调研结束后，需要及时对调研项目中的管理情况进行评估。

问题与练习

1. 参考期刊或调研报告中的内容回答下面问题。
   a. 对文章结构、语言、风格以及整体的可读性进行评价。
   b. 评价文章引言或摘要部分对文章内容的总结效果。
2. 假设你所在的公司招录了一名调研者，你需要针对调研结果的展示或报告的写作对他进行培训。试着从展示或报告的结构安排，以及制作效果比较好的表格和图形，从这两方面设计出相应的培训方案。
3. 假设你打算从质量和实用性两方面对你所在组织近两年负责的调研项目进行评价。现在为了能够高效地完成工作，需要你准备评估调研项目的评价清单。

营销教材译丛系列

INTERNATIONAL MARKETING
国际市场营销学
（原书第15版）

CONSUMER BEHAVIOR
BUILDING MARKETING STRATEGY
消费者行为学
（原书第11版）

SERVICES MARKETING
服务营销
（原书第5版）

Strategic Marketing
for Nonprofit Organizations (7th Edition)
战略营销
非营利组织的视角
（原书第7版）

课程名称	书号	书名、作者及出版时间	定价
网络营销	即将出版	网络营销：战略、实施与实践（第4版）（查菲）（2014年）	65
销售管理	978-7-111-32794-3	现代销售学：创造客户价值（第11版）（曼宁）（2011年）	45
市场调研与预测	978-7-111-36422-1	当代市场调研（第8版）（麦克丹尼尔）（2011年）	78
国际市场营销学	978-7-111-38840-1	国际市场营销学（第15版）（凯特奥拉）（2012年）	69
国际市场营销学	978-7-111-29888-5	国际市场营销学（第3版）（拉斯库）（2010年）	45
服务营销学	978-7-111-44625-5	服务营销（第7版）（洛夫洛克）（2013年）	79